E. LEFRANÇOIS
Docteur en Droit
Avocat à la cour d'Appel de Grenoble

TABLE PERPÉTUELLE

DES TEXTES LÉGISLATIFS

CONTENANT

Dans un ordre alphabétique et chronologique
la nomenclature des principaux textes
(Lois, Décrets, Circulaires, Instructions, Arrêtés,... etc... etc...
en vigueur depuis le 1er janvier 1880.

L'ouvrage est tenu au courant depuis le 1er janvier 1901

PAR

E. SCHAFFHAUSER
Avocat, Docteur en Droit
Rédacteur en chef des Lois Nouvelles

AVEC LA COLLABORATION DE

H. CHEVRESSON
Avocat à la Cour d'Appel de Paris
Secrétaire de la Rédaction des Lois Nouvelles

LES RÉFÉRENCES SONT DONNÉES
D'APRÈS LES SIX PUBLICATIONS SUIVANTES :

Revue des Lois Nouvelles	*L. N*
Recueil périodique de Dalloz.	*D. P*
Lois annotées de Sirey	*S.*
Recueil périodique des Pandectes françaises (*depuis* 1886).	*P. F.*
Recueil périodique de la Gazette du Palais.	*G. P.*
Journal officiel (depuis 1900)	*J. off.*

PARIS

31 *bis*, Rue du Faubourg-Montmartre, 31 *bis*

1901

Table perpétuelle des Textes législatifs

Aux bureaux des **Lois Nouvelles**

31 *bis*, rue du Faubourg-Montmartre, PARIS

Prix : Quinze francs.

Moyennant un abonnement annuel (Prix cinq francs) il est adressé aux souscripteurs de la table perpétuelle, tous les trois mois, les 1er janvier, 1er avril, 1er juillet et 1er octobre de chaque année, des fiches nouvelles, au courant des changements de la législation, qui devront être mises en place des anciennes fiches.

La Table perpétuelle est établie sur des fiches, qui au lieu d'être brochées ou reliées, se **trouvent classées dans un relieur électrique** dont le modèle a été choisi avec le plus grand soin et qui a été **construit spécialement** à cet effet.

Cette table ainsi établie se trouve **perpétuellement tenue au courant** de toutes les modifications qui surviennent dans la législation.

En effet, chaque fois qu'un texte nouveau paraît sur une matière quelconque, la fiche sur laquelle le texte doit prendre place **est refaite entièrement** et envoyée au souscripteur.

Supposons qu'une loi intervienne en matière de *Presse;* la fiche portant l'indication *Presse* est réimprimée avec les références du texte nouveau, et est adressée au souscripteur qui à sa réception **ouvre le relieur, retire l'ancienne fiche et met la nouvelle à sa place.**

La Table renvoie pour le texte aux principaux recueils : les *Lois Nouvelles*, le *Dalloz*, le *Sirey*, les *Pandectes françaises*, la *Gazette du Palais.*

Principales Abréviations.

L. N.	Lois Nouvelles.	L.	Loi.
D. P.	Dalloz périodique.	D.	Décret.
S.	Sirey.	C.	Circulaire.
P. F.	Pandectes françaises.	Ar.	Arrêté.
G. P.	Gazette du Palais.	I.	Instruction.

Explication des Abréviations.

ACCIDENTS

L. 9 avril 1898.

L. N. 1898-3-78. — D. P. 1898-4-49. — S. 1899-761. — P. F. 1899-3-49. — G. P. 98-1-8. — V. Commentaire, *Lois Nouv.* 1899-1-165.
Responsabil. des accidents dont les ouvriers sont victimes dans leur travail.

Cette mention doit être traduite ainsi :

Loi du 9 avril 1898.

Voir le texte de cette loi dans : Les Lois Nouvelles, année 1898, 3me partie, page 78. — Dalloz périodique, année 1898, 4me partie, page 49. — Sirey, année 1899, Lois et Décrets page 761. — Pandectes françaises, année 1899, 3me partie, page 49. — Gazette du Palais, année 1898, 1er semestre, Lois et Décrets page 8. — Voir le Commentaire de cette loi paru dans *les Lois Nouvelles*, année 1899, 1re partie, page 165.

INDEX [1]

DES MOTS ET DES RENVOIS

Contenus dans la TABLE PERPÉTUELLE

---

1. — Avis important : On a distingué par des caractères différents les **Renvois proprement** dits et les *simples références ou sous-renvois.*— Ainsi la mention :

Abordage. . . . . **V. Code de commerce. — Navigation.**

signifie que la matière de l'abordage ne fait pas l'objet d'une fiche spéciale et se trouve traitée soit au mot **Code de commerce** soit au mot **Navigation.**

Au contraire, la mention :

Agent de change . . . . *V. aussi Effets publics.*

signifie qu'il existe une fiche **Agent de change**, mais qu'après s'y être reporté, le lecteur pourra compléter ses recherches en consultant *aussi* la fiche Effets publics.

Le présent index sera tenu au courant des modifications qui seront apportées à la Table par le service de révision trimestrielle.

Bail-Bailleur (et Privilège du).	**V. Louage.**
Banque de France.	
Bâtiments civils	**V. Palais nationaux.**
Beaux-arts et arts industriels. .	**V. Arts**(*Beaux-arts et arts industriels*).
Bérenger (Loi)	**V. Atténuation et aggravation des peines.**
Beurres.	
Bibliothèques.	
Bicyclettes	**V. Vélocipèdes.**
Bienfaisance (Bureaux de) . . .	**V. Bureaux de Bienfaisance.**
Bière.	
Boissons (et débits de).	*V. aussi : Alcool. — Bière. — Octroi. — Timbre. — Vins.*
Boissons hygiéniques	**V. Boissons.** — *V. aussi : Paris (ville de).*
Bonnes mœurs (outrage aux) . .	**V. Outrage aux bonnes mœurs.**
Bouilleurs de cru.	**V. Alcool.**
Bourse.	**V. Agent de change - Effets publics.**
Bourses du travail	**V. Travail.**
Brasseurs.	**V. Bière.**
Brevet d'invention	*V. aussi : Art. — Marques de fabrique. — Propr. litt., artist. industr. — Traités internation. (Propr. litt. artist. et indust.).*
Brocanteurs.	
Budget.	
Bureaux de Bienfaisance.	
Cadastre.	
Caisse d'assur. en cas de décès. .	*V. aussi : Accidents.*
Caisse des dépôts et consignations.	*V. aussi : Accidents. — Notaires.*
Caisses d'épargne (*postale et municipales*).	
Caisse nationale des retraites pour la vieillesse.	
Caisses de retraites, secours et prévoyance.	
Caisses régionales agricoles. . .	**V. Crédit agricole.**
Candidatures multiples	**V. Elections.**
Cartes à jouer	*V. aussi Cercles.*
Carrières	**V. Mines.**
Casier judiciaire.	
Caution judicatum solvi (*et traités internation. y relatifs*).	
Cautionnement (*de fonctionnaires*)	
Cercles.	
Chambres de commerce. . . .	**V. Commerce et Chambres de commerce.**

Eaux.	
Ecoles	**V. Instruction publique.**
Ecoles maternelles.	
Ecole polytechnique	*V. aussi : Armée.*
Effets de commerce	**V. Lettre de change.**
Effets publics	
Election et éligibilité	*V. aussi : Commune. — Conseils d'arrondis. — Conseils généraux. — Député. — Sénat.*
Electricité.	
Employés et commis. (Privilège des)	**V. Louage d'ouvrage et de services** (*L. 6 févr. 1895*).
Emprisonnement.	**V. Code pénal. — Prisons.**
Enfants.	
Pour ce qui concerne le travail des enfants.	*V. Travail.*
Engins explosifs.	**V. Code pénal** (*L. L. 2 avril 1892 et 18 décembre 1893*). **Dynamite ; poudres et salpêtres.**
Engrais.	
Enregistrement	*V. aussi : Frais de justice. — Hypothèq.*
Enseignement	*V. aussi : Facultés. — Instruct. publiq. — Université.*
Epargne (Caisses d').	**V. Caisses d'épargne.**
Epidémies.	**V. Médecine.**
Epizooties.	**V. Code rural — Police sanitaire.**
Epoux (Dispositions entre)	**V. Dispositions entre époux.**
Erreurs judiciaires , ...	**V. Révision.**
Espionnage.	
Essences	**V. Huiles de pétrole.**
Etablissements dangereux, insalubres, incommodes.	
Etablissements publics et d'utilité publique.	
Etalons.	**V. Police sanitaire.**
Etat civil et actes d'Etat civil. .	*V. aussi : Témoins.*
Etrangers.	
Evasion	**V. Code pénal** (*D. 29 mai 1895*).
Explosifs	**V. Code pénal** (*L. L. 2 avril 1892 et 18 déc. 1893*). —
Exploits	**V Huissiers (actes des). Dynamite. — Poudres et salpêtres.**
Exponse	**V. Louage** (*L. 8 février 1897*).
Extradition (et Traités internat. y relatifs).	

Monnaies et conventions monétaires.
Monuments et objets historiques. *V. aussi : Palais nationaux.*
Municipalité. . . . . V. Commune.
Musées nationaux. . . . . . . *V. aussi : Art.*
Mutations par décès. . . . . . V. Enregistrement (*L. 25 fév. 1901*).

Nantissement . . . . *V. aussi : Hôteliers.*
Nationalité.
Navigation . . . . *V. aussi : Code de commerce. — Marine.*
Notaires . . . . *V. aussi : Officiers publics et ministériels.*
Nouvelles (fausses) . . . . . . V. Code pénal (*L. 3 février 1893*).

Objets d'or et d'argent.
Objets historiques. . . . . V. Monuments et objets historiques.
Octroi . . . . *V. aussi : Boissons. — Circonst. attén.*
Offense envers les chefs d'Etats étrangers . . . . V. Presse (*L. 16 Mars 1893*).
Office du Travail. . . . . V. Travail.
Officiat de santé . . . . V. Médecine.
Officiers publics et ministériels. *V. aussi : Greffiers. — Huissiers. — Notaires.*
Opérations de Bourse. . . . . . V. Agents de change. — Effets publics.
Or (objets d') et d'argent . . . . V. Objets d'or et d'argent.
Ordre (juge spécial). . . . . . . V. Organisation judic.
Ordres civils et militaires . . . V. Décorations.
V. aussi : Légion d'honn. — Mérite agric.

Organisation administrative.
Organisation judiciaire. . . . . . *V. aussi : Cours et Tribunaux*
Orthographe.
Outrage. . . . . V. Code pénal (*L. 28 décembre 1894*).—Presse (*L. 16 mars 1893*).

Outrage aux bonnes mœurs.
Ouvrage (Louage d') et de services V. Louage d'ouvrage et de services.
Ouvriers . . . . V. Accidents.—Arbitrage. — Louage d'ouvrage et de services. — Marchés administ. — Mines. — Travail.

Palais nationaux et bâtiments civils. *V. aussi : Monuments et objets historiques.*
Panama.
Parcours . . . . V. Code rural.

Pari mutuel. . . . . V. Courses de chevaux.
Paris (Ville de).
Passeports.
Pasteur (Institut) . . . . V. Institut Pasteur.
Patentes.
Pêche fluviale . . . . *V. aussi : Forêts.*
Pêche maritime.
Peines . . . . V. Amnistie. — Attén. et aggrav. des peines (Loi Bérenger). — Casier judic. — Circonst. attén. — Code pénal. — Colonies. — Détention prévent. — Extradition. — Frais de justice. — Prison. — Récidive et relégation. — Réhabilitation. — Révision. — Travaux forcés.
Pensions de retraites . . . . . *V. aussi : Armée. — Forêts. — Marine.*
Pétrole. . . . . V. Huiles de Pétrole.
Pharmacie . . . . *V. aussi : Sérums thérapeutiq. — Substances vénéneuses.*
Philloxera. . . . . V. Agriculture.
Phosphore . . . . *V. aussi : Substances vénéneuses.*
Pigeons voyageurs.
Poids et mesures.
Poinçons . . . . V. Objets d'or et d'argent.
Police (commissaire de) . . . . V. Commissaires de police.
Police sanitaire.
Ponts à péage.
Ponts-et-chaussées.
Portes et fenêtres (Impôt des).
Postaux (colis) . . . . V. Colis postaux.
Postes . . . . *V. aussi : Colis postaux. — Télégr. et téléph.*
Pour tout ce qui concerne la Caisse d'Epargne postale . . *V. Caisse d'Epargne.*
Poudres et salpêtres.
Président de la République.
Presse . . . . *V. aussi : Amnistie. — Anarchistes. — Diffamation et injure.*
Prévention . . . . V. Détention préventive.
Prévoyance (Caisse des retraites, secours et) . . . . V. Caisse de retraites, secours et prévoyance).
Prisons.
Privilèges (en général).

ABORDAGE

V. Navigation

ABATTOIRS

D. 27 mars 1894.

D. P. 1895-4-120. — S. 1895-961. — P. F. 1895-3-64.
Relatif à l'ouverture d'abattoirs publics.

ACCIDENTS

L. 9 avril 1898.

L. N. 1898-3-78. — D. P. 1898-4-49. — S. 1899-761. — P. F. 1899-3-49. — G. P. 1898-1-8. — V. Commentaire, *Lois nouv.* 1899-1-165.
Responsabilité des accidents dont les ouvriers sont victimes dans leur travail.

D. 28 févr. 1899.

L. N. 1899-3-16. — D. P. 1899-4-10. — S. 1899-803. — P. F. 1899-3-101.
Règlem. d'Admin. publ. pour l'exécut. de l'art. 26 de ce texte.

2e D. 28 février 1899.

L. N. 1899-3-21. — D. P. 1899-4-11. — S. 1899-804. — P. F. 1899-3-102.
Réglem. d'Admin. publ. pour l'exécut. de l'art. 27 du même texte.

3e D. 28 février 1899.

L. N. 1899-3-25. — D. P. 1899-4-12. — S. 1899-805. — P. F. 1899-3-110.
Réglem. d'admin. publ. pour l'exécut. de l'art. 28 *in fine* du même texte.

Ar. 1er mars 1899.

D. P. 1900-4-17. — S. 1900-1025. — P. F. 1899-3-110.
Instituant un Comité consultatif des assur. contre les accidents du travail.

Avis nombreux de ce comité.

D. P. 1900-4-18-19 et 20. — S. 1900-1148 et suiv.
Sur l'interprétation des textes se rapportant à la législation des accidents du travail (28 avis de dates diverses).

D. 5 mars 1899.

L. N. 1899-3-26. — S. 1899-806. — P. F. 1899-3-112.
Émoluments alloués aux greffiers de paix pour les actes de procédure prévus par la L. 9 avril 1898.

Ar. 29 mars 1899.

L. N. 1899-3-51. — P. F. 1899-3-140.
Détermin. les bases des cautionnements que doivent constituer les Soc. d'assur. contre les accid. du travail.

Ar. 30 mars 1899.

L. N. 1899-3-52. — P. F. 1899-3-106.
Détermin. les primes prévues à l'art. 6 du D. 28 févr. 1899 et à l'art. 2 du D. 29 mars 1899.

2e Ar. 30 mars 1899.

L. N. 1899-3-52. — P. F. 1899-3-144.
Détermin. le barême minim. pour la vérification des réserves mathémathiq. des Soc. d'assur. contre les accid. du travail.

3e Ar. 30 mars 1899.

L. N. 1899-3-52. — P. F. 1899-3-106.
Détermin. les groupements d'industries prévues par l'art. 6 du D. 28 févr. 1899 en ce qui concerne les Soc. mutuelles d'assur. contre les accid. du travail.

D. 2 mai 1899.

L. N. 1899-3-57. — S. 1900-1025. — P. F. 1899-3-144.
Instit. au Minist. du Commerce une Commiss. en vue de l'applic. de l'art. 5 de la L. 9 avril 1898.

C. 5 mai 1899.

L. N. 1899-3-157.
Applicat. de la L. 9 avril 1898 aux mines, minières et carrières.

A. 5 mai 1899.

L. N. 1899-3-60. — P. F. 1899-3-144.
Complétant ceux des 29 et 30 mars 1899.

D. 10 mai 1899.

L. N. 1899-3-61. — S. 1900-1025. — P. F. 1899-3-144.
Conférant au Comité consultat. des Assur. contre les accid. du travail la gestion de certaines caisses de secours constituées en vertu de l'art. 6 de la L. 9 avril 1898.

A. 16 mai 1899.

L. N. 1899-3-61. — P. F. 1899-3-162.
Statuts-types à insérer, pr. l'exécut. de l'art. 5 de la L. 9 avril 1898, et les statuts des Soc. de Secours mutuels qui se proposent de contracter avec les chefs d'entreprise, aux conditions spécifiées par ce texte.

L. 24 mai 1899.

L. N. 1899-3-66. — D. P. 1899-4-40. — S. 1899-830. — P. F. 1899-3-163. — G. P. 1899-1-2.
Étendant les opérat. de la Caisse nation. d'Assurance (fondée en vertu de la L. 11 juill. 1868) pour l'applicat. de la L. 9 avril 1898.

D. 25 mai 1899.

L. N. 1899-3-69. — D. P. 1899-4-43. — S. 1899-833.
Approuv. les tarifs établis par cette Caisse en conformité du texte précéd.

Note, 27 mai 1899.

L. N. 1899-3-74. — D. P. 1899-4-45.
Sur l'application de ces deux derniers textes.

L. fin. 30 mai 1899.

L. N. 1899-3-75. — D. P. 1899-4-76. — S. 1899-853. — P. F. 1899-3-147. — V. Commentaire, *Lois Nouv.* 1899-1-552.
Chap. 48 *bis* : Secours aux ouvriers victimes d'accidents jusqu'à la date d'application de la loi.

D. 8 juin 1899.

L. N. 1899-3-125.
Circulation en franchise de certaines [correspondances échangées en exécution de la L. 9 avril 1898.

C. 10 juin 1899.

L. N. 1899-3-96.
Relative à l'applicat. de la L. 9 avril 1898.

D. 22 juin 1899.

L. N. 1899-3-136. — P. F. 1900-3-16.
Approuv. les statuts du Syndicat général du bâtiment et des trav. publ., pr. l'exécut. de la L. 9 avril 1898.

L. 29 juin 1899.

L. N. 1899-3-137. — D. P. 1899-4-90. — S. 1899-835. — P. F. 1900-3-16. — G. P. 1899-2-1. — V. Commentaire. *Lois Nouv.* 1899-1-557.
Résiliation des polices souscrites par les chefs d'entreprises soumis à l'application de la L. 9 avril 1898.

L. 30 juin 1899.

L. N. 1899-3-138. — D. P. 1899-4-92. — S. 1899-838. — P. F. 1899-3-145. — G. P. 1899-2-1.
Accidents causés dans les exploitations agricoles par l'emploi de machines mues par des moteurs inanimés. — V. Commentaire, *Lois nouv.*, 1899-1-353.

D. 30 juin 1899.

L.N. 1899-3-139. — D. P. 1900-4-7. — S. 1899-841. — G.P. 1899-2-1.
Relatif à l'exécut. des art. 11 et 12 de la L. 9 avril 1898.

C. 11 juillet 1899.

L. N. 1900-3-83.
Applicat. de la L. 9 avril 1898 aux mines, minières et carrières. Déclarations et enquêtes.

A. 13 juillet 1899.

L. N. 1899-3-171.
Instituant une commis. à l'effet d'arbitrer les indemnités attribuables aux ouvriers victimes d'accidents survenus pendant le mois de juin 1899.

C. 12 août 1899.

L. N. 1899-3-188. — P. F. 1900-3-9.
Sur l'observat. du Réglem. d'Admin. publ. du 28 févr. 1899.

D. 18 août 1899.

L. N. 1899-3-190. — D. P. 1900-4-71.
Sur l'applicat. de l'art. 11 de la L. 9 avril 1898 (déclar. d'accidents).

C. 21 août 1899.

L. N. 1899-3-190. — P. F. 1900-3-10.
Sur l'applicat. de ce texte.

C. 21 août 1899.

L. N. 1899-3-201. — P. F. 1899-3-165.
Transmettant une instruct. de la Caisse des dépôts et consignations, relative à l'applicat. de l'art. 26 de la L. 9 avril 1898.

C. 24 août 1899.

L. N. 1899-3-204. — P. F. 1900-3-13.
Sur l'applicat. de la L. 9 avril 1898.

C. 6 octobre 1899.

L. N. 1899-3-214.
Accidents survenus pendant le mois de juin 1899.

C. 10 octobre 1899.

L. N. 1900-3-130.
Tentative de conciliat. devant le Président. — Convocat. par lettres recommandées. — Remboursem. des avances.

D. 24 octobre 1899.

L. N. 1900-3-131.
Franchise postale pour la correspondance échangée par les juges de paix entre eux pour l'exécution de la L. 9 avril 1898.

Ar. 28 novembre 1899.

L. N. 1899-3-240.
Publiant la liste des Sociétés d'assur. contre les accidents du travail fonctionnant de conformité à la L. 9 avril 1898.

Lettre minist. 18 décembre 1899.

L. N. 1900-3-128.
Sur l'applicat. de la L. 9 avril 1898. (Émoluments et avances des Greffiers de Paix).

L. fin. 13 avril 1900.

L. N. 1900-3-143. — D. P. 1900-4-33. — S. 1900-1066. — P. F. 1900-3-100. — V. Commentaire, *Lois Nouv.*, 1900-1-217.
Art. 31 : Conciliation. — État taxé par le Président ; exécutoire des dépens, avances du Trésor, droits, frais et émoluments.

D. 31 mai 1900.

L. N. 1900-3-224. — D. P. 1901-4-27. — S. 1900-1084. — P. F. 1900-3-117.
Frais de transport des juges de paix en matière d'accidents du travail.

C. 1er juin 1900.

L. N. 1900-3-296.
Applicat. de la L. 13 avril 1900. art. 31. — Greffiers, droit d'expédit. Juges de paix, frais de transport. Recouvr. des frais en cas de conciliation.

D. 14 août 1900.

P. F. 1901-3-48. — S. 1901-56.
Approuv. le nouveau tarif de la Caisse nationale d'assurances en cas d'accidents.

C. 28 août 1900.

L. N. 1900-3-309.
Transactions contraires aux disposit. de la loi. Nullité.
Devoir du magistrat conciliateur.

Avis du comité consultatif.

L. N. 1900-4-61 et 1901-4-52. — D. P. 1900-4-18 et 71, et 1901-4-83. — S. 1900-1148.
Sur l'interprét. des textes relatifs aux accidents du travail.

D. 10 octobre 1900.

P. F. 1900-3-47. — *J. off.* du 24 octobre 1900.
Modif. la compos. du Comité consult. des assurances et des accidents du trav.

A. 18 octobre 1900.

P. F. 1901-3-144. — *J. off.* du 21.
Modif. l'art. 1er de l'arrêté du 11 août 1899 (org. du service central du contrôle des soc. d'assur. contre les accid. du travail).

Note 20 novembre 1900.

L. N. 1901-3-29.
Administration départementale et communale ; service vicinal. — Prestataire blessé au cours des travaux de prestations. — Loi du 9 avril 1898 inapplicable.

A. 22 décembre 1900.

L. N. 1901-3-6. — *J. off.* du 23.
Déterminant les primes prévues par le décret du 28 février 1899 et l'arrêté ministériel du 29 mars 1899, relatifs aux sociétés d'assurances contre les accidents du travail.

2e A. 22 décembre 1900.

L. N. 1901-3-6. — *J. off.* du 23.
Déterminant un barème minimum pour la vérification des réserves mathématiques des sociétés d'assurances contre les accidents du travail.

Décis. 8 et 16 janvier 1901.

L. N. 1901-3-187.
Frais de justice criminelle ; greffiers ; transmission de l'enquête. — Exécutoires ; reversements.

C. 8 juin 1901.

L. N. 1901-3-132. — P. F. 1901-3-97. — *J. off.* des 13 juin et 30 juin 1901 (errata).
Du min. Comm. aux préfets (taxe addit. établie par l'art. 25, L. 9 avril 1898). — Tableaux annexes des professions assujetties et avis du Comité consultatif.

C. 10 août 1901.

L. N. 1902-3-15.
Prix de la journée dans les établissements hospitaliers.

D. 4 décembre 1901.

L. N. 1902-3-1. — *J. off.* du 14 décembre 1901.
Prorog. au 31 décembre 1904 le tarif établi par la caisse nationale d'assurances en cas d'accidents, annexé au D. 14 août 1900.

L. 22 mars 1902.

L. N. 1902-3-121. — S. 1902-305. — P. F. 1902-3-65. — *J. off.* du 27.
Modif. divers articles de la L. 9 avril 1898.

D. 23 mars 1902.

L. N. 1902-3-124. — S. 1902-312. — P. F. 1902-3-69. — *J. off.* du 27.
Rel. à l'exécut. des art. 11 et 12, L. 9 avril 1898, modif. par la L. 22 mars 1902 (déclarat. d'accidents).

C. 23 mars 1902.

L. N. 1902-3-125. — *J. off.* du 27.
Du min. Comm., sur l'applic. des art. 11 et 12 ci-dessus.

ACCROISSEMENT

L. fin. 28 décembre 1880.

D. P. 1881-4-97. — S. 1881-67.
Art. 3. Taxe de 3 0/0 sur le revenu des val. mobil. et droits de mutation sur les accroissem. entre associés.

L. fin. 29 décembre 1884.

L. N. 1885-2-1. — D. P. 1885-4-38. — S. 1885-747. — V. Commentaire *Lois Nouv.* 1885-1, 4e section, p. 1 à 51.
Art. 9 : Impôt sur le revenu, droit d'accroissem. ; congrég. relig.

Instr. Enregistrement 3 juin 1885.

Lois Nouv. 1885-1, 4e section, p. 41 à 51. — S. 1885-754.
Pour l'exécution de l'art. 9 de la L. 29 décembre 1884.

L. fi.n 16 avril 1895.

L. N. 1895-3-45. — D. P. 1895-4-92. — S. 1895-1041. — P. F. 1896-3-17. — G. P. 1895-1-3. — V. Commentaire, *Lois Nouv.* 1895-1-227.
Art. 3 à 10 : Conversion du Droit d'accroissem. en taxe annuelle d'abonnement. — Conditions d'exemption de la taxe. — Taux. — Mode de recouvrement. — Pénalités. — Prescription. — Présomptions.

Instr. Enregistrement 6 mai 1895.

L. N. 1895-3-181.
Sur l'exécution de ce dernier texte.

Av. Cons. d'État 23 juillet 1896.

S. 1897-265.
Congrégat. relig. — Biens affectés à des œuvres d'assistance ou à des missions. — Défaut d'autorisation. — Acquisitions faites avec les revenus. — Présomption.

ACTE ADMINISTRATIF

V. Droit administratif ; organisation administrative.

ACTES DE L'ÉTAT CIVIL

V. État civil.

ACTES JUDICIAIRES ET EXTRA-JUDICIAIRES

(Transmission internationale des).

V. Traités internationaux.

AFFICHES

L. 30 mars 1880.

D. P. 1880-4-82. — S. 1880-640.
Timbre des affiches.

L. 29 juillet 1881.

D. P. 1881-4-71. — S. 1882-201.
Sur la liberté de la Presse.
Art. 15, 16, 17 : Régl. l'affich., le colportage et la vente sur la voie publique.

L. fin. 26 décembre 1890.

L. N. 1891-3-18. — D. P. 1891-4-50. — S. 1891-167. — *J. off.* du 27.
Art. 5-10 : Timbre proport. des affiches.

D. 18 février 1891.

L. N. 1891-3-58. — D. P. 1891-4-63. — S. 1892-268. — P. F. 1891-3-55. — G. P. 1891-1-3. — *J. off.* du 21.
Réglem. d'admin. publ. pr. l'exécut. de la L. fin. 26 décembre 1890.

Av. cons. d'État 19 novembre 1891.

S. 1893-554.
Les affiches peintes apposées d. les wagons de chem. de fer ne sont assujetties qu'au tarif minim. établi par la L. 26 décembre 1890.

L. fin. 26 juillet 1893.

L. N. 1893-3-246. — D. P. 1894-4-45. — S. 1894-721. — *J. off.* du 27.
Art. 18-20 : Droit de timbre des affiches.

L. fin. 28 décembre 1895.

L. N. 1896-3-14. — D. P. 1896-4-39. — S. 1896-68. — P. F. 1896-3-81. — *J. off.* du 29.
Art. 9 et 10 : Les auteurs des affiches peuvent les timbrer eux-mêmes.
Amende et solidarité supprimées, en ce qui concerne l'imprimeur, quand la contravention est le fait de l'auteur de l'affiche.

D. 2 janvier 1896.

L. N. 1896-3-40. — D. P. 1896-4-108. — S. 1896-85. — P. F. 1897-3-27. — *J. off.* du 3.
Timbres mobiles relatifs au texte ci-dessus.

Av. cons. d'État 20 mai 1898.

S. 1899-893.
La dispense de timbre accordée aux affiches électór. ne peut être invoquée, en matière d'élection législat., au 2e tour de scrutin, dès après la clôture du scrutin, encore que la commiss. de recensement n'ait pas proclamé le résultat de l'élection.

L. 27 janvier 1902.

L. N. 1902-3-65.—D. P. 1902-4-27.— G.P. 1902-1-857. — *J. off.* du 29. Modif. l'art. 16, L. 29 juill. 1881 (affich. sur les édifices ay. un caract. artistique).

L. fin. 30 mars 1902.

L. N. 1902-3-130. — P. F. 1902-3-70. — *J. off.* du 30. -- V. Commentaire *Lois nouv.* 1902-1-229.

Art. 44 : Affiches élector. ; prohibit. de la combin. des couleurs nationales.

AFFOUAGE

V. Code rural ; forêts.

—

L. 23 novembre 1883.

D. P. 1884-4-1. — S. 1884-630. — *J. off.* du 24. — V. Commentaire *Lois nouv.*, 1883-1-160.

Modif. l'art. 105 C. forest. (partage des bois d'affouage).

L. 19 avril 1901.

L. N. 1901-3-105. — D. P. 1901-4-78. — S. 1901. 193. — G. P. 1901-1-14. — *J. off.* du 21. — V. Commentaire *Lois nouv.*, 1901-1-350.

Portant modific. de l'art. 105 Code for. (affouage).

AGENT DE CHANGE

V. aussi : Effets publics.

D. 7 octobre 1890.

L. N. 1890-3-382. — D. P. 1891-4-79. — S. 1891-113. — P. F. 1890-3-82. — G. P. 1890-2-10 — V. Commentaire, *Lois Nouv.*, 1891-1-721.
Réglem. d'administration publ. pour l'exécut. de l'art. 90, C. com., et de la L. 28 mars 1885.

Règlement 3 décembre 1891.

L. N. 1891-3-208. — S. 1898-649. — P. F. 1893-3-44.
Réglem. particul. de la Cie des agents de change de Paris.

L. fin. 28 avril 1893.

L. N. 1893-3-96. — D. P. 1893-4-79. — S. 1893-620. — P. F. 1893-3-65.
Art. 28 à 35 : Timbre des bordereaux, opérations de Bourse, communicat. du Répert., monopole des agents de change.

D. 20 mai 1893.

L. N. 1893-3-143. — D. P. 1893-4-101.
Réglem. d'administration publ. pour l'exécution de ce dernier texte.

Instr. 30 mai 1893.

D. P. 1893-4-102.
Sur l'exécution de ces deux derniers textes.

D. 17 novembre 1894.

L. N. 1894-3-180. — D. P. 1896-4-23. — S. 1895-1072. — P. F. 1895-3-127 et 1894-3-6.
Droit de courtage à percevoir par les Ag. de change dans les bourses de commerce non pourvues de parquets, pour la négociation des effets publics.

D. 28 mai 1896.

L. N. 1896-3-115. — D. P. 1897-4-106.
Transferts de rentes certifiés dans les départements.

D. 23 décembre 1896.

L.N. 1897-3-4. — D. P. 1897-4-107. — S. 1897-244. — P. F. 1897 3-112.
Extension de la compét. des agents de change près les Bourses départementales.

D. 29 juin 1898.

L. N. 1898-3-234. — S. 1898-648. — P. F. 1898-3-112. — *J. off.* du 30 juin. — V. Commentaire *Lois nouv.* 1897-1-437 et 1898-1-365.
Modif. les art. 17, 55 et 56, D. 7 octobre 1890 (chambre syndicale; élections ; resp. collective des agents).

2e D. 29 juin 1898 (2 textes).

L. N. 1898-3-235. — S. 1898-649 et 652. — P. F. 1898-3-144. — *J. off.* du 30 juin. — V. Commentaire *Lois nouv., ut suprà.*
Créant dix nouveaux offices d'agent de change près la Bourse de Paris.
Fixant le tarif maxim. des courtages à percevoir par les agents de change près la Bourse de Paris.

Règlement 30 janvier 1899.

P. F. 1899-3-161.
Modificat. au Règlem. particul. de la Cie des Agents de change de Paris.

D. 12 juillet 1901.

L. N. 1901-3-189. — S. 1902-326. — *J. off.* du 14.
Fixant le courtage des négoc. à la Bourse de Paris (abrog. du 2e D. 29 juin 1898).

L. 8 février 1902.

L. N. 1902-3-73. — D. P. 1902-4-30. — S. 1902-321. — P. F. 1902-3-81. — G. P. 1902-1-857. — *J. off.* du 9.
Portant modific. de la L. 15 juin 1872 sur les titres au porteur.

D. 8 mai 1902 (2 textes).

L. N. 1902-3-193 et 194. — S. 1902-325. — G. P. 1902-1-863. — *J. off.* du 9.
Réglem. d'adminis. pub. pour l'exécut. : 1° de l'art. 19; 2° de l'art. 15 § 6, L. 15 juin 1872, modif. par la L. 8 février 1902.

AGENTS DIPLOMATIQUES ET CONSULAIRES

D. 10 juillet 1880.

D. P. 1881-4-54. — S. 1880-630.
Conditions d'admiss. ds. les carrières diplomat. et consulaire.

D. 31 mars 1882.

D. P. 1883-4-24. — S. 1882-381.
Organisation des corps diplomatique et consulaire.

2e D. 31 mars 1882.

D. P. 1883-4-24. — S. 1882-382.
Vice-consuls, chanceliers, drogmans et interprètes.

D. 17 juillet 1882.

D. P. 1883-4-75. — S. 1883-447.
Traitements des Agents diplomat. et consulaires.

D. 2 janvier 1884.

L. N. 1884-2-1. — D. P. 1884-4-82. — S. 1884-545.
Conditions de jouissance des traitements.

D. 23 août 1888.

L. N. 1888-2-112. — S. 1888-413.
Modif le D. 10 juill. 1880 (condit. d'admiss. ds. les carrières diplom. et consul.).

D. 17 juin 1890.

L. N. 1890-3-196.
Organisant un Comité consultatif des Consulats.

D. 14 octobre 1890.

L. N. 1890-3-405. — S. 1892-247.
Modif. celui du 10 juill. 1880 (admiss. aux carrières diplom. et consul.).

D. 20 décembre 1890.

L. N. 1891-3-4. — D. P. 1891-4-108. — P. F. 1891-3-73.
Révis. de la comptabil. des chancelleries, justificat. des frais de service, et liquidat. des frais de voyage des agents diplom. et consul.

D. 17 janvier 1891.

L. N. 1891-3-47. — S. 1892-270. — P. F. 1991-3-80.
Réorganisat. du corps diplomat. et consul.

D. 1er avril 1891.

S. 1893-470. — P. F. 1895-3-144.
Mise en retrait d'emploi et révocation des fonctionnaires du Minist. des aff. étrang.

D. 9 mai 1891.

L. N. 1891-3-113. — S. 1893-486. — P. F. 1892-3-68. — G. P. 1891-1-9.
Modif. les art. 27 et 64 du D. 20 décembre 1890.

D. 20 juillet 1891.

L. N. 1891-3-155. — S. 1893-514. — P. F. 1892-3-75.
Traitement des agents des Services extér. du Minist. des aff. étrang. et fonctionn. assimilés, mis en disponibil. pr. cause de suppression d'emploi.

D. 12 novembre 1891.

L. N. 1891-3-193. — S. 1893-557. — P. F. 1893-3-30.
Organisation et recrutement du corps consulaire.

D. 11 octobre 1892.

L. N. 1892-3-160. — S. 1894-744. — P. F. 1893-3-103.
Modif. le précédent en ce qui touche les chancel. de 1re classe.

2e D. 11 octobre 1892.

L. N. 1892-3-160. — S. 1894-744. — P. F. 1893-3-102.
Supprim. le grade de conseiller d'ambassade.

D. 15 octobre 1892.

L. N. 1892-3-162. — S. 1894-744. — P. F. 1895-3-52.
Modif. les condit. d'admiss. d. les carrières diplom. et consul.

D. 19 avril 1894.

L. N. 1894-3-68. — S. 1895-964. — P. F. 1895-3-119.
Interdisant aux agents diplom. et consul. de contracter mariage sans l'autorisat. du Ministre.

D. 25 octobre 1894.

S. 1895-1008. — P. F. 1895-3-143.
Rétabliss. le cadre des consuls-suppléants.

D. 4 mai 1895.

S. 1895-1116. — P. F. 1896-3-30.
Traitements attribués aux secrétaires d. les ambassades et légations.

D. 8 février 1896.

L. N. 1896-3-74. — S. 1896-55. — *J. off.* du 13.
Frais de 1er établiss. et d'installation des agents diplom. et consul.

2e D. 8 février 1896.

L. N. 1896-3-76. — S. 1896-54. — *J. off.* du 13.
Instituant des primes de séjour au personnel consulaire.

D. 2 juin 1899.

S. 1901-11. — P. F. 1899-3-154. — *J. off.* du 7.
Modif. celui du 20 décembre 1890 (Comptabilité des chancelleries diplomat. et consul.).

L. 12 avril 1900.

L. N. 1900-3-142. — D. P. 1901-4-104. — *J. off.* du 14.
Egypte; banqueroutes et faillites; dessaisissement des trib. consulaires français.

D. 24 avril 1900.

S. 1902-295. — P. F. 1900-3-78. — *J. off.* du 6 mai.
Modif. les conditions d'admiss. aux emplois diplom. et consul.

L. 29 novembre 1901.

L. N. 1901-3-334. — D. P. 1902-4-18. — S. 1902-313. — G. P. 1901-2-752. — *J. off.* du 30.
Modif. les art. 170 et 171 C. civ., en conférant aux agents diplomatiques et aux consuls le droit de procéder, à l'étranger, à la célébrat. du mar. entre un Français et une étrangère.

D. 29 décembre 1901.

L. N. 1902-3-24. — S. 1902-314. — P. F. 1902-3-31. — G. P. 1902-1-856. — *J. off.* du 4 janvier 1902.
Autor. les agents diplomatiq. et consuls de France à procéder au mariage des Français avec des étrangères en pays de juridiction.

D. 31 décembre 1901.

L. N. 1902-3-24. — P. F. 1902-3-32. — *J. off.* du 10 janvier 1902.
Modif. le D. 24 avril 1880 (durée maxima du traitement de disponibilité).

2e D. 31 décembre 1901.

L. N. 1902-3-25. — P. F. 1902-3-32. — *J. off.* du 10 janvier 1902.
Modif. le D. 15 mars 1892 (cadre de la disposition).

Note janvier-février 1902.

L. N. 1902-3-199.
Echelles du Levant ; applicat. de la L. 29 novembre 1901.

D. 8 février 1902.

P. F. 1902-3-62. — *J. off.* du 14.
Modif. le D. 20 déc. 1890 (comptabilité des chancelleries diplomatiq. et consul.).

D. 10 juillet 1902.

L. N. 1902-3-269. — *J. off.* du 14.
Conditions d'admission dans les carrières diplomatiq. et consul.

AGRICULTURE

V. aussi Mérite agricole. — Warrants.

L. 15 décembre 1888.

L. N. 1888-2-154. — D. P. 1889-4-44. — S. 1889-563.
Création des Syndicats autorisés pour la défense des vignes contre le phylloxéra.

L. 24 décembre 1888.

L. N. 1888-2-159. — D. P. 1889-4-32. — S. 1889-502. — P. F. 1889-3-3.
Destruction des insectes et végétaux nuisibles à l'agriculture.

L. 13 janvier 1892.

L. N. 1892-3-18. — D. P. 1892-4-83. — S. 1892-393.
Encouragem. à donner à la culture du lin et aux cultures industr.

D. 13 avril 1892.

L. N. 1892-3-76. — S. 1892-394.
Règlem. d'administration publ. pr. l'exécut. de ce texte.

D. 4 mars 1893.

L. N. 1893-3-56. — P. F. 1894-3-15.
Composit. et fonctionnement du Cons. supér. de l'agriculture.

D. 18 mars 1893.

L. N. 1893-3-90.
Modif. celui du 13 avril 1892.

D. 28 mars 1893.

S. 1894-843.
Règlem. d'administration publ. et modif. le D. 13 avr. 1892.

D. 3 novembre 1894.

S. 1895-1026.
Concernant les commiss. de l'hydraulique agricole.

D. 17 septembre 1896.

L. N. 1896-3-181. — D. P. 1897-4-90. — S. 1897-206.
Modif. celui du 8 nov. 1869 (sels employés pr. l'agriculture).

L. 9 avril 1898.

L. N. 1898-3-93. — D. P. 1899-4-6. — S. 1898-589. — P. F. 1899-3-29.
Encouragements à donner à la culture du lin et du chanvre.

AGRICULTURE 2

V. aussi : Mérite agricole — Warrants.

C. 15 avril 1898.

L. N. 1898-3-123.
Constitut. et développem. des Sociétés mutuelles d'assur. agricoles.

D. 8 juillet 1898.

L. N. 1898-3-250. — D. P. 1900-4-7. — S. 1899-590. — P. F. 1899-3-67. — *J. off.* du 9 juillet.
Réglem. d'Admin. publ. pr. l'exécut. de la L. 9 avril 1898.

L. 30 juin 1899.

L. N. 1899-3-139. — D. P. 1899-4-92. — S. 1899-838. — G. P. 1899-2-1. — *J. off.* du 1er juillet.
Accidents causés, ds. les exploit. agricoles, par l'emploi de machines mues par des moteurs inanimés. — V. Commentaire, *Lois nouv.*, 1899-1-353.

C. 4 septembre 1899.

L. N. 1899-3-220. — P. F. 1899-3-166.
Sur les pâturages communaux.

D. 26 septembre 1899.

S. 1901-222. — *J. off.* du 29.
Rel. à l'école nationale des haras.

L. 24 juillet 1900.

L. N. 1900.3-258. — D. P. 1900-4-85. — S. 1901-195. — *J. off.* du 27.
Augment. l'effectif gén. des étalons nationaux.

L. 19 avril 1901.

L. N. 1901-3-105. — *J. off.* du 22 avril 1901. — V. Commentaire *Lois nouv.*, 1901-1-337.
Rel. à la répar. des dommages causés aux récoltes par le gibier.

D. 23 mai 1901.

L. N. 1901-3-131. — P. F. 1901-3- 128. — *J. off.* du 10 juin.
Institut. dans les colonies franç. et les pays étrangers des Conseillers d'agriculture de la France.

D. 18 août 1901.

L. N. 1901-3-260. — *J. off.* du 24 août 1901.
Modif. le D. 8 nov. 1869 (sels employ. pour l'agriculture).

ALCOOL

D. 9 janvier 1881.

D. P. 1881-4-117. — S. 1881-135.
Perception de l'impôt chez les dénaturateurs d'alcool.

D. 15 avril 1881.

D. P. 1881-4-118. — S. 1881-136.
Décret réglement. la perception de l'impôt ds. les distilleries.

L. 7 juillet 1881.

D. P. 1882-4-46. — S. 1881-178.
Rendant obligat. l'emploi de l'alcoomètre de Gay-Lussac.

L. 28 juillet 1883.

L. N. 83-2-82. — D. P. 1883-4-95. — S. 1883-520.
Modif. la précédente.

D. 27 décembre 1884.

D. P. 1885-4-78. — S. 1885-803.
Réglementant l'exécut. des L. précédentes.

L. fin. 16 avril 1895.

L. N. 1895-3-45. — D. P. 1895-4-92. — S. 1895-1041. — P. F. 1896-3-17. — G. P. 1895-1-3.
Art. 11: Redevance exigible des dénaturateurs d'alcool.

L. 16 décembre 1897.

L. N. 1897-3-287. — D. P. 1898-4-27. — S. 1898-513. — P. F. 1899-3-45. — G. P. 1897-2-6.
Régime fiscal des alcools dénaturés, et mesures diverses concernant les alcools.

D. 1er juin 1898.

L. N. 1898-3-214. — D. P. 1900-4-5. — S. 1898-518.
Réglem. d'admin. publ. pr. l'applicat. du texte précédent.

D. 29 novembre 1898.

L. N. 1899-3-2. — D. P. 1900-4-7. — S. 1900-1000.
Réglem. d'Admin. publ. pr. l'applic. des art. 7 à 10 du même texte.

L. fin. 30 mai 1899.

L. N. 1899-3-75. — D. P. 1899-4-76. — S. 1899-853. — P. F. 1899-3-147.
Art. 21 : Dispense du registre spécial pour les débitants qui ne font pas de ventes à d'autres débitants.

D. 19 janvier 1900.

L. N. 1900-3-159. — S. 1900-1060. — P. F. 1900-3-73. — *J. off.* du 8 avril.

Relatif à la déclarat. prévue par l'art. 10, L. 16 décembre 1897.

D. 9 mars 1900.

L. N. 1900-3-156. — S. 1900-1144. — P. F. 1900-3-110. — *J. off.* du 22 avril.

Accordant le bénéf. de l'Entrepôt commer. aux négociants, pr. l'alcool contenu ds. les vins mûtés de fabricat. algérienne destinés à l'exportat. et provenant directem. de chez le viticulteur.

D. 16 août 1900.

S. 1901-15. — P. F. 1901-3-13. — *J. off.* du 28.

Bénéfice de la franchise accordé à l'alcool méthylique employé à des usages industriels.

L. 29 décembre 1900.

L. N. 1901-3-13. — D. P. 1901-4-1. — S. 1901-65. — P. F. 1902-3-1. — G. P. 1901-1-1. — *J. off.* du 30. — V. Commentaire *Lois nouv.* 1901-1-149.

Concernant le régime des boissons.

Art. 9, 10, 11 et suiv. — Régime des alcools ; bouilleurs de crû et bouilleurs de profession ; distillateurs ; loueurs d'alambics ambulants ; essences dangereuses ; pénalités (rappel des).

D. 18 janvier 1901.

L. N. 1901-3-33. — S. 1901-81. — P. F. 1901-3-75. — G. P. 1901-1-5. — *J. off.* du 23.

Réglementant la production directe ou indirecte de l'alcool.

L. fin. 25 février 1901.

L. N. 1901-3-35. — D. P. 1901-4-33. — S. 1901-140. — P. F. 1902-3-33. — G. P. 1901-1-5. — *J. off.* du 26.

Art. 59 : Allocation aux préparateurs d'alcool dénaturé (9 fr. par hectol. d'alcool) ; taxe de fabrication de 0 fr. 80.

D. 23 août 1901.

L. N. 1901-3-60. — S. 1901-237. — P. F. 1901-3-151. — *J. off.* du 27.

Modif. le D. 15 avril 1881, portant réglem. d'administration pub. sur les distilleries.

ALCOOL 3

L. fin. 30 mars 1902.

L. N. 1902-3-130. — P. F. 1902-3-70. — *J. off*. du 30. — V. Commentaire *Lois nouv*. 1902-1-229.

Art. 13 : Circulation des alcools entre la France, l'Algérie et la Corse.

Art. 14 : Obligations et contrôle des détenteurs d'alambics dans Paris.

Art. 15 et 16 : Modif. l'art. 59 de la loi du 25 février 1901.

ALGÉRIE

D. 10 janvier 1880.

D. 5 juin 1880.

D. P. 1881-4-29. — S. 1880-600, et 1881-40.
Organisant l'Enseignement supér. en Algérie et les Écoles prépar. à l'Enseign. supér.

D. 31 mars 1880.

D. P. 1881-4-113.
Étendant à l'Algérie le service du recouvr. postal des effets de commerce.

L. 3 avril 1880.

D. P. 1881-4-60. — S. 1880-635.
Banque de l'Algérie.

D. 6 juillet 1880.

D. P. 1881-4-90. — S. 1880-632.
Comp. du Cons. academ. d'Alger.

D. 12 juillet 1880.

D. P. 1881-4-63. — S. 1881-63.
Marins inscrits en Algérie pr. le service de la Flotte.

D. 25 septembre 1880.

D. P. 1881-4-109. — S. 1881-10.
Modif. du tarif de l'Octroi de mer en Algérie.

L. 23 février 1881.

D. P. 1882-4-20. — S. 1881-133.
Organisation des conseils de Prud'hommes en Algérie.

D. 11 mars 1881.

D. P. 1882-4-84. — S. 1881-133.
Service des postes et télégr. en Algérie.

D. 5 mai 1881.

D. P. 1882-4-58. — S. 1881-133.
Appliquant à l'Algérie la L. 17 juillet 1880, sur les Débits de boissons.

L. 30 juillet 1881.

D. P. 1882-4-60.
Modif. le D. 24 octobre 1870 sur les Cours d'assises d'Algérie.

D. 26 août 1881.

D. P. 1882-4-84 et 85. — S. 1882-404.
Organisation administrative de l'Algérie.

L. 27 août 1881.

S. 1882-295.
Fixant le taux de l'intérêt légal en Algérie.

D. 26 décembre 1881.

L. N. 1882-2-1. — D. P. 1883-4-20. — S. 1882-358.
Appliquant à l'Algérie la L. 15 juillet 1880 sur les patentes.

D. 27 décembre 1881.

D. P. 1883-4-20. — S. 1883-419.
Étendant à l'Algérie les règlements applicables à la plaidoirie devant les Cours et Tribunaux de France.

D. 26 janvier 1882.

D. P. 1883-4-19. — S. 1883-416.
Concernant le service sanitaire en Algérie.

L. 23 mars 1882.

L. N. 1882-2-33. — D. P. 1882-4-107. — S. 1882-345.
Constituant l'État-civil des indigènes musulmans.

D. 13 février 1883.

L. N. 1883-2-26. — S. 1885-816.
Relatif à la réorganis. de l'Inst. primaire en Algérie.

D. 13 mars 1883.

L. N. 1883-2-37. — D. P. 1883-4-88. — S. 1883-464.
Règlement d'adm. publ. pr. l'exécut. de la L. 23 mars 1882 (constitut. de l'État-civ. des indigènes musulmans).

L. 17 juillet 1883.

L. N. 1883-2-74. — D. P. 1883-4-95.
Appliquant à l'Algérie la L. 11 juin 1880 (Tramways).

ALGÉRIE 3

D. 22 décembre 1883.

L. N. 1883-2-118. — D. P. 1884-4-79. — S. 1885-778.
Ouvrant les bureaux de Postes de l'Algérie au service de la Caisse d'Épargne.

D. 7 avril 1884.

L. N. 1884-2-26. — D. P. 1884-4-69. — S. 1884-617.
Représentat. des indigènes musulm. ds. les cons. municip.

D. 3 septembre 1884.

L. N. 1884-2-89. — D. P. 1885-4-14. — S. 1885-686.
Organis. des Greffiers en Algérie.

L. 23 décembre 1884.

L. N. 1884-2-76. — D. P. 1885-4-36. — S. 1885-761.
Établiss. d'une contrib. fonc. sur les propriétés bâties.

D. 30 mars 1885.

L. N. 1885-2-27. — S. 1885-775.
Déclarant applicab. à l'Algérie la L. 23 octobre 1884 (ventes judic. d'immeubles).

D. 31 mars 1885.

L. N. 1885-2-27. — D. P. 1885-4-80. — S. 1885-775. — P. F. 1886-3-9.
Déclarant applicab. à l'Algérie la L. 3 nov. 1884 (sur les échanges d'immeub. ruraux).

D. 15 avril 1885.

L. N. 1885-2-37. — D. P. 1885-4-86. — S. 1885-776.
Modif. celui du 9 juillet 1874 sur le cabotage algérien.

D. 16 avril 1885.

L. N. 1885-2-39. — D. P. 1885-4-83. — S. 1885-806. — P. F. 1886-3-8.
Déclarant applicab. à l'Algérie l'art. 8 de la L. de finances du 29 déc. 1884 (timbre des polices d'assur. incendie et vie).

L. 9 décembre 1885.

L. N. 1885-2-218. — D. P. 1886-4-45. — S. 1886-88.
Aménagement, rachat des droits d'usage d. les forêts d'Algérie, exploitation, abus de jouissance, police des forêts, reboisement.

D. 19 mars 1886.

L. N. 1886-2-47. — S. 1888-318. — P. F. 1886-3-38.
Appliquant le D. 21 févr. 1852 sur la domanialité publ. marit.

D. 23 mars 1886.

L. N. 1886-2-55. — D. P. 1887-4-36. — P. F. 1886-3-67.
Sur le pilotage en Algérie.

D. 7 septembre 1886.

L. N. 1886-2-223. — D. P. 1887-4-44. — S. 1886-108. — P. F. 1886-3-158.
Indemnités des Présidents d'Assises siégeant hors du département d'Alger.

D. 10 septembre 1886.

L. N. 1886-2-209. — D. P. 1887-4-45. — P. F. 1886-3-159.
Organisat. de la justice musulmane en Algérie.

D. 26 octobre 1886.

L. N. 1886-2-249. — D. P. 1887-4-55. — S. 1886-143. — P. F. 1886-3-208.
Réception des actes notariés en Algérie.

D. 27 décembre 1886.

S. 1887-157.
Rendant exécutoire en Algérie la L. 20 juill. 1886. (Caisse des retraites pour la vieillesse).

D. 3 janvier 1887.

D. P. 1887-4-63. — S. 1887-137. — P. F. 1887-3-39.
Déclar. exécut. en Algérie, ss. certaines réserves, les art. 3 et 4 de la L. fin., 28 décembre 1880, et l'art. 9 de la L. fin. 29 décembre 1884. (Congrég. relig. — Impôt sur le revenu. — Mutations par décès).

L. 28 avril 1887.

L. N. 1887-2-99. — D. P. 1887-4-65. — S. 1888-275. — P. F. 1887-3-57. — V. Commentaire, *Lois Nouv.* 1888-1-1.
Modif. et complétant celle du 26 juill. 1873 sur l'établissement et la conservat. de la propriété en Algérie.

D. 27 juin 1887.

L. N. 1887-2-126. — S. 1888-320.
Règlem. d'admin. publ. concernant l'octroi de mer en Algérie.

D. 22 septembre 1887.

D. P. 1888-4-10. — S. 1888-280.
Délimitat. de la propriété en Algérie.

D. 8 novembre 1887.

L. N. 1887-2-180. — D. P. 1888-4-15. — S. 1888-264. — P. F. 1887-3-92.
Règlem. d'admin. publ. pour l'applic. à l'Algérie de la L. 30 octobre 1886 sur l'organis. de l'enseign. primaire et des lois antérieures visées à l'art. 68.

D. 12 novembre 1887.

D. P. 1890-4-62. — S. 1889-530.
Réglem. d'admin. publ. pr. l'exécut. de la L. sur la police sanit. des animaux.

D. 12 novembre 1887.

D. P. 1888-4-16. — S. 1888-303.
Délai de laïcisat. pr. les Écoles publ. en Algérie.

D. 9 décembre 1887.

D. P. 1888-4-27. — S. 1888-265. — P. F. 1888-3-5.
Enseignt. publ. et privé en Algérie.

L. 1er mars 1888.

L. N. 1888-2-38. — G. P. 1888-1-2.
Ay. pour obj. d'interd. la pêche aux étrangers dans les eaux territoriales de France et d'Algérie.

D. 5 mai 1888.

S. 1888-386.
Réglem. sur la police de la pêche marit. côtière en Algérie.

D. 5 juillet 1888.

L. N. 1888-2-79. — S. 1888-390.
Applicat. aux partages et licitat. prévus par l'art. 19 de la L. 28 avril 1887, de l'art. 71 n° 11 du Tarif annexé au D. 10 septembre 1886. (Organis. de la justice musulm. en Algérie).

D. 9 juillet 1888.

S. 1889-575.
Fixant la limite des baies de l'Algérie, à partir de laquelle doivent être comptés les 3 milles déterminant la mer territor. française.

D. 22 décembre 1888.

D. P. 1889-4-53. — S. 1889-516.
Appliquant aux conventions constatées par les Cadis et aux jugem. par eux rendus diverses disposit. de la L. 22 frim. an VII (Enregistr.).

D. 15 mars 1889.

L. N. 1889-3-41. — S. 1889-474.
Réglem. d'administrat. publique pour le Personnel de la Trésorerie d'Algérie.

D. 17 avril 1889.

L. N. 1889-3-68. — D. P. 1890-4-45. — S. 1889-491. — P. F. 1889-3-9.
Remplaçant celui du 10 septembre 1886. (Justice musulmane).

C. 17 mai 1889.

L. N. 1889-3-110.
Signalant une omission dans le texte ci-dessus.

L. 19 juillet 1889.

L. N. 1889-3-211.
Sur les dépenses ordinaires de l'instruction primaire publique.
Art. 29, 30, 31. — Dispositions spéciales à l'Algérie ; traitement des instit.

D. 31 août 1889.

S. 1891-85.
Appliq. à l'Algérie la L. 22 juill. 1889 (procéd. devant les conseils de préfecture.

D. 15 mars 1890.

L. N. 1890-3-123. — D. P. 1891-4-46. — S. 1890-723.
Réorganisat. du corps milit. des Douanes en Algérie.

D. 21 juin 1890.

L. N. 1890-3-201. — D. P. 1890-4-55. — S. 1895-943. — P. F. 1890-3-50.
Soumettant les Étrangers qui arrivent en Algérie à une déclarat. d'identité et de nationalité.

D. 27 août 1890.

L. N. 1890-3-353.
Créant un droit de tonnage au port d'Alger.

D. 25 novembre 1890.

L. N. 1890-3-463. — D. P. 1891-4-106. — S. 1892-410. — P. F. 1891-3-15.
Promulg. en Algérie la L. 17 juill. 1889 et le D. 8 août 1890 (patentes).

L. 17 décembre 1890.

L. N. 1891-3-2. — P. F. 1892-3-30.
Modif. l'art. 21 de la L. 28 avr. 1887 (conserv. de la propr. en Algérie).

L. fin. 26 décembre 1890.

L. N. 1891-3-18. — D. P. 1891-4-50. — S. 1891-167.
Art. 51 : Suppress. du 1/4 colon. pour les fonctionn. civils d'Algérie.

D. 20 avril 1891.

L. N. 1891-3-102. — D. P. 1892-4-7. — S. 1892-269. — P. F. 1892-3-50.
Appliq. à l'Algérie plusieurs art. de la L. fin. 26 décembre 1890.

D. 25 mai 1892.

L. N. 1892-3-91. — D. P. 1892-4-20. — S. 1894-697.
Modif. et complét. le D. 17 avril 1889 (Justice musulmane).

D. 10 septembre 1892.

L. N. 1892-3-155. — D. P. 1892-4-105. — S. 1894-741. — G. P. 1892-2-7.
Appliq. à l'Algérie. la L. fin. 26 janv. 1892 (frais de justice) et les D. 23 juin 1892 (émolum. des greffiers. Papier des actes d'avoués à avoués).

D. 18 octobre 1892.

S. 1894-754.
Enseignement primaire public et privé des indigènes d'Algérie.

D. 3 novembre 1892.

L. N. 1892-3-170. — P. F. 1893-3-102. — G. P. 1892-2-10.
Comptabilité des Finances en Algérie.

D. 18 mars 1893.

D. P. 1894-4-77. — S. 1894-873.
Abrog. une disposit. de l'ordonn. 2 janvier 1846. (Purge légale en Algérie).

L. 14 avril 1893.

D. P. 1894-4-88. — S. 1893-552.
Reconnaissant d'utilité publ. les sociétés indigènes de prévoyance, de secours et de prêts mutuels des communes de l'Algérie.

D. 15 avril 1893.

L. N. 1893-3-95. — D. P. 1894-4-75. — S. 1894-844.
Appliq. à l'Algérie. la L. 11 juillet 1868, ainsi que les D. 10 août 1868 et 14 août 1877 sur les Caisses d'assur. en cas de décès.

D. 27 juin 1893.

L. N. 1893-3-164. — S. 1894-667. — P. F. 1896-3-25.
Impôt des licences en Algérie.

D. 28 juin 1893.

L. N. 1893-3-169. — D. P. 1894-4-95. — S. 1894-854. — P. F. 1894-3-53.
Modif. l'arrêté du 4 novembre 1848, instituant en Algérie une taxe sur les loyers au profit des communes.

D. 28 juillet 1893 (2 textes).

L. N. 1893-3-260 et 261.
Appliq. à l'Algérie la L. 1er décembre 1875 et les art. 19 à 26, 36 37 et 38 de la L. fin., 28 avril 1893.

D. 21 août 1893.

L. N. 1893-3-280. — P. F. 1895-3-101.
Appliq. à l'Algérie le D. 28 nov. 1890 sur le calcul des primes à payer pr. les assur. collect. contractées pár les Soc. de Sec. mut.

D. 21 septembre 1893.

L. N. 1893-3-292. — D. P. 1894-4-120. — S. 1894-885. — P. F. 1895-3-103.
Appliq. à l'Algérie les art. 5 à 8 de la L. fin. 28 avril 1893.

D. 10 janvier 1894.

L. N. 1894-3-22. — S. 1895-926.
Complét. l'art. 22 du D. 27 juin 1887 (octroi de mer).

D. 7 février 1894.

L. N. 1894-3-33. — D. P. 1895-4-33. — S. 1895-944. — P. F. 1895-3-106. — G. P. 1894-1-3.
Appliq. à l'Algérie la L. 8 août 1893 (séjour des étrangers).

D. 11 juin 1894.

L. N. 1894-3-85. — S. 1895-1899. — P. F. 1895-3-120. — G. P. 1894-1-3.
Relatif à l'organisat. de la justice musul. en Algérie.

D. 2 juillet 1894.

S. 1897-389.
Portant règlement sur la pêche maritime côtière en Algérie.

D. 30 juillet 1894.

L. N. 1894-2-134. — D. P. 1894-4-88.
Appliq. à l'Algérie la L. 28 juill. 1894. (Menées anarchistes).

D. 16 août 1894.

L. N. 1894-3-149. — S. 1895-926. — P. F. 1895-3-79.
Modif. celui du 27 juin 1887 (octroi de mer).

D. 30 décembre 1894.

D. P. 1896-4-23. — P. F. 1895-3-139.
Concernant l'impôt de capitation spécial à la Grande Kabylie.

D. 15 janvier 1895.

D. P. 1896-4-23. — S. 1895-1088.
Modif. l'art. 6. du D. 15 avril 1885 sur le cabotage algérien.

L. fin. 16 avril 1895.

L. N. 1895-3-45. — D. P. 1895-4-92. — S. 1895-1041. — P. F. 1896-3-17. — G. P. 1895-1-3.

Art. 13 : Droit de Licence dû en Algérie par les débitants de boissons et de tabacs.

Même L. fin. 16 avril 1895.

Art. 63 : Abrogeant l'art. 51 de la L. fin. 26 décembre 1890 (suppress. des indemnités de résidence pour les fonctionn. civils qui jouissent du 1/4 colonial).

D. 19 juillet 1895.

L. N. 1895-3-122.
Appliq. à l'Algérie la L. 25 avril 1895 (Sérums thérapeut.).

D. 12 octobre 1895.

L. N. 1895-3-178. — S. 1895-1137.
Exploitat. des phosph. de chaux en Algérie.

L. fin. 28 décembre 1895.

L. N. 1896-3-14. — D. P. 1896-4-39. — S. 1896-68. — P. F. 1896-3-81.

Art. 11 à 14 : Régime douanier, denrées, surtaxes, droits de quai.

Art. 15 : Obligat. pour tout capitaine de faire gratuitement le service postal entre la France et l'Algérie, et celui des colis postaux moyennant rémunération. Tarif.

Art. 16 à 17 : Modification au Code des Douanes pour l'Algérie.

Art. 18 à 22 : Droits de consommation, de fabrication et de Licence sur les spiritueux en Algérie.

D. 31 décembre 1895.

L. N. 1896-3-42. — D. P. 1897-4-21. — S. 1896-24.
Sur la comptabilité des établissements ecclésiastiques en Algérie.

Or. 24 février 1896.

L. N. 1896-3-81
Organisat. du contrôle des chemins de fer en Algérie.

D. 8 avril 1896.

L. N. 1896-3-103. — S. 1896-94.
Rendant exécut. en Algérie, la L. 20 juill. 1895 sur les caisses d'épargne.

D. 17 mai 1896.

L. N. 1896-3-111. — D. P. 1897-4-91. — S. 1896-148. — P. F. 1896-3-126.
Consignat. des titres et val. mobil. à la caisse des dépôts et consignations en Algérie.

D. 19 mai 1896.

D. P. 1897-4-92. — S. 1897-344.
Service hospitalier en Algérie (pour l'armée).

D. 3 juin 1896.

L. N. 1896-3-116.
Appliq. à l'Algérie divers art. de la L. fin., 28 décembre 1895 et les deux Décrets du 2 janv. 1896, rendus en exécution de ce texte.

D. 22 juillet 1896.

L. N. 1896-3-157. — S. 1896-159.
Appliq. à l'Algérie la L. 31 décembre 1895 (Caisse nat. des retraites).

D. 7 août 1896.

L. N. 1896-3-163. — D. P. 1897-4-92. — S. 1896-176. — P. F. 1897-3-44.
Régl. d'admin. publ. pr. l'applic. à l'Algérie de la L. 30 nov. 1892 sur l'exercice de la médecine.

D. 11 novembre 1896.

L. N. 1896-3-192. — D. P. 1897-4-92. — S. 1897-250. — P. F. 1898-3-47.
Rendant applicab. à l'Algérie la L. 2 juin 1891 sur les courses de chevaux.

D. 13 décembre 1896.

L. N. 1897-3-31. — D. P. 1897-4-93. — S. 1897-251. — P. F. 1898-3-33.

Appliq. en Algérie les textes relatifs aux pigeons voyageurs.

D. 17 décembre 1896.

L. N. 1897-3-32. — D. P. 1897-4-93. — S. 1897-251.

Réglem. d'admin. publ. pr. le transit., au travers de l'Algérie, de marchandises à destination des oasis sahariennes.

D. 31 décembre 1896.

L. N. 1897-3-5. — D. P. 1897-4-93. — S. 1897-244. — P. F. 1897-3-53.

Réorganis. le service de la haute administrat. de l'Algérie.

D. 28 janvier 1897.

L. N. 1897-3-45. — S. 1897-247.

Modif. celui du 15 mars 1889 sur la Trésorerie d'Algérie.

L. 16 février 1897.

L. N. 1897-3-67. — D. P. 1897-4-9. — S. 1897-257. — P. F. 1898-3-41. — G. P. 1897-1-2. — V. Commentaire aux *Lois Nouv.* 1897-1-322.

Sur la propriété foncière en Algérie.

D. 3 mars 1897.

L. N. 1897-3-223. — D. P. 1897-4-94. — S. 1897-375.

Sur la fabrication des spiritueux en Algérie.

D. 3 mai 1897.

L. N. 1897-3-131. — D. P. 1897-4-95. — S. 1897-304. — G. P. 1897-1-8.

Experts médecins devant les tribunaux Algériens.

D. 10 juin 1897.

D. P. 1897-4-95.

Rapportant les disposit. de l'art. 7 du D. 3 mars 1897 sur la fabricat. des spiritueux en Algérie.

L. 14 juin 1897.

L. N. 1897-3-139.

Prorog. les pouvoirs discipl. des admin. de communes mixtes.

D. 18 juin 1897.

S. 1898-404.
Modif. le régime du cabotage algérien.

D. 16 août 1897.

L. N. 1897-3-184. — D. P. 1897-4-96. — S. 1897-342.
Conditions auxquelles sont soumises les modérations de taxes applicab. aux alcools dénaturés.

D. 17 août 1897.

D. P. 1897-4-97. — S. 1898-688. — P. F. 1899-3-7.
Commerce de la poudre et police de la chasse en Algérie.

D. 18 août 1897.

D. P. 1897-4-97. — S. 1898-543.
Réorganisat. des services des trav. publ. en Algérie.

D. 12 octobre 1897.

L. N. 1897-3-245. — S. 1899-894. — P. F. 1898-3-88.
Appliq. à l'Algérie la L. 31 mars 1896 (vente des objets laissés en gage ou abandonnés aux hôteliers).

D. 15 nov. 1897.

L. N. 1897-3-234. — G. P. 1897-2-3.
Liquid. et compt. des frais prévus par l'art. 5, L. 16 février 1897 sur la propriété foncière en Algérie.

L. 21 décembre 1897.

L. N. 1897-3-294. — D. P. 1897-4-33. — S. 1898-449. — P. F. 1899-3-85. — G. P. 1897-2-7.
Pouvoirs disciplin. des Administrat. des communes mixtes en Algérie.

D. 30 décembre 1897.

L. N. 1898-3-7. — S. 1899-882. — P. F. 1898-3-93.
Droits de circulation des spiritueux en Algérie.

2e D 30 décembre 1897.

L. N. 1898-3-7. — S. 1899-881. — P. F. 1898-3-94.
Opérat. de distillation des bouilleurs de crû en Algérie.

3e D. 30 décembre 1897.

L. N. 1898-3-8. — S. 1899-903. — P. F. 1899-3-8.
Appl. en Algérie les réglem. relatifs au service de la vérificat. des Poids et mesures.

D. 29 janvier 1898.

L. N. 1898--3-20. — S. 1898-544. — P. F. 1898-3-107.
Limitat. de l'intérêt conventionn. et répression de l'usure en Algérie.

2e D. 29 janvier 1898.

L. N. 1898-3-21. — P. F. 1898-3-107.
Octroi de mer en Algérie.

D. 18 février 1898.

L. N. 1898-3-36. — D. P. 1899-4-97.
Organis. le service de la vérificat. des poids et mesures en Algérie.

D. 22 février 1898.

L. N. 1898-3-37.—D. P. 1899-4-97.— S. 1899-903.— P. F. 1898-3-86
Réorganisat. de l'admin. préfector. en Algérie.

D. 26 février 1898.

L. N. 1898-3-40. — D. P. 1899-4-97. — S. 1899-909. — P. F. 1898-3-144.
Fixant les attribut. du Gouvern. Génér. de l'Algérie en matière de police.

D. 16 mars 1898.

S. 1899-910.
Service des Postes et Télégraphes en Algérie.

D. 19 mars 1898.

D. P. 1899-4-97. — S. 1899-911. — P. F. 1898-3-107.
Service des forêts en Algérie.

D. 23 mars 1898.

L. N. 1898-3-61. — D. P. 1899-4-98.
Service de l'agriculture en Algérie.

D. 25 mars 1898.

L. N. 1898-3-56. — S. 1899-932. — P. F. 1898-3-108.
Recherche et exploitat. des phosph. de chaux en Algérie.

L. fin. 13 avril 1898.

L. N. 1898-3-93. — D. P. 1898-4-97. — S. 1898-600.
Art. 30 à 32 : modif. la L. 28 décembre 1895 sur les spiritueux algér.
Art. 60 à 63 : Intérêt conventionn. limité à 8 0/0 en matière civile et de commerce.— Intérêt légal abaissé à 5 0/0.— Loi de 1850 sur l'usure déclarée applicab. à l'Algérie ; loi 7 décembre 1835 abrogée.

D. 25 mai 1898.

L. N.1898-3-222. — S. 1899-912.
Fonctionn. en Algérie du service de l'Enregist., des domaines et du timbre.

D. 4 juin 1898.

L. N. 1898-3-270. — D. P. 1899-4-98. — S. 1900-1009. — P. F. 1899-4-29.
Prisons et établissements pénitenciers d'Algérie.

D. 21 août 1898.

L. N. 1898-3-280. — D. P. 1899-4-101. — S. 1900-1009. — P. F. 1899-3-71.
Service des contributions directes et indir. en Algérie.

2e D. 21 août 1898.

L. N. 1898-3-281. — D. P. 1899-4-101. — S. 1900-1010. — P. F. 1899-3-71.
Service chargé de l'assiette des impôts directs et des impôts arabes

D. 23 août 1898.

L. N. 1898-3-282. — D. P. 1899-4-98. — S. 1900-1010. — P. F. 1899-3-72.
Attributions du Gouver. génér. d'Algérie.

2e D. 23 août 1898.

L. N. 1898-3-284. — D. P. 1899-4-99. — S. 1900-1011. — P. F. 1899-3-72.
Délégations financières algériennes.

3e D. 23 août 1898.

L. N. 1898-3-286. — D. P. 1899-4-100. — S. 1900-1021.
Conseil supér. de Gouvernement.

4e D. 23 août 1898.

L. N. 1898-3-288. — D. P. 1899-4-100. — P. F. 1899-3-72. — S. 1900-1011.
Consistoires israélistes algériens.

D. 31 août 1898.

L. N. 1898-3-297. — S. 1900-992. — P. F. 1899-3-31.
Modif. ceux des 28 juin 1887 et 30 décembre 1897 (Alcools).

D. 10 septembre 1898.

L. N. 1898-3-297. — S. 1900-976. — P. F. 1899-3-31.
Appliq. à l'Algérie les D. 18 juin 1898 sur les Cons. de Fabriq. Conseils presbytér. et consistoires.

D. 22 septembre 1898.

S. 1900-1084.
Modif. le D. 21 avril 1866 sur la naturalisat. en Algérie.

D. 30 octobre 1898.

L. N. 1898-3-307. — S. 1900-1088. — P. F. 1899-3-74.
Appliq. à l'Algérie la L. 9 avril 1898 (Chambres de comm.).

D. 6 janvier 1899.

S. 1900-1109.
Dispenses de purge légale pr. les immeubles n'ayant pas cessé d'appartenir à des indigènes soumis à la loi musulmane.

D. 15 mars 1899.

S. 1900-1175.
Réglem. la pêche du corail en Algérie.

L. 23 mars 1899.

L. N. 1899-3-34. — D. P. 1899-4-69. — P. F. 1899-3-88.
Complétant les disposit. antér. sur la protection des vignobles algér.

D. 24 mars 1899.

S. 1900-1176.
Modif. les territ. dans la jurid. des Mahakmas.

D. 24 mars 1899.

L. N. 1899-3-58. — S. 1900-949. — P. F. 1899-3-142.
Appliq. à l'Algérie avec dispos. additionn. la L. 1er avril 1898, sur les Sociétés de Secours Mutuels.

D. 13 avril 1899.

S. 1901-7.
Cantonniers de l'État ; pensions viagères ; bonifications.

D. 15 juin 1899.

L. N. 1899-3-128. — S. 1900-1012. — P. F. 1900-3-26.
Règlem. les taxes des loyers, des prestations et des chiens, perçues au profit des communes d'Algérie.

D. 3 août 1899.

L. N. 1899-3-172. — D. P. 1900-4-22. — S. 1900-1005. — P. F. 1899-3-165.
Règlem. pr. l'exécut. de la L. 23 mars 1899 (protection des vignobles).

D. 21 septembre 1899.

S. 1901-12.
Conseils généraux ; D. 23 sept. 1875, art. 61 et 63 ; modification.

D. 31 octobre 1899.

L. N. 1900-3-128.
Condit. à remplir par les candidats aux offices publics ou ministér. en Algérie.

D. 28 novembre 1899.

L. N. 1900-3-2.
Portant fixation, pour l'Algérie, du tarif des honoraires, vacations, etc., dus aux notaires à l'occasion des actes de leur ministère.

D. 20 décembre 1899.

L. N. 1900-3-25.
Rendant exécutoires, en Algérie, les articles 12, 13 et 16 de la L. fin. 13 avril 1898, ainsi que le décret du 22 juin 1898, rendu pour l'application de l'art. 12 de cette loi (timbre ; impôt sur le revenu ; droit de transmission ; titres étrangers, etc.)

D. 4 janvier 1900.

L. N. 1900-3-27. — S. 1900-3-27. — D. P. 1900-4-48. — P. F. 1900-3-74. — G. P. 1900-1-1.
Complétant celui du 23 août 1898 sur les délégations financières.

D. 13 janvier 1900.

S. 1900-1136.
Relatif à la taxe d'abatage en Algérie.

D. 19 janvier 1900.

L. N. 1900-3-286. — D. P. 1900-4-63. — S. 1900-1126.
Appliq. à l'Algérie la L. 5 août 1899 (Casier jud. et réhabilit. de droit).

D. 8 février 1900.

L. N. 1900-3-122. — D. P. 1900-4-56. — S. 1900-1134. — P. F. 1900-3-74. — G. P. 1900-1-1.
Appliq. à l'Algérie la L. 21 nov. 1872 sur le jury.

D. 9 mars 1900.

L. N. 1900-3-156. — S. 1900-1144. — P. F. 1900-3-110.
Relatif aux entrepôts commerciaux de vins mûtés en Algérie.

D. 4 mai 1900.

D. P. 1900-4-88. — G. P. 1900-1-2.
Médaille d'honneur des services pénitentiaires en Algérie.

D. 14 mai 1900.

L. N. 1900-3-229. — P. F. 1900-3-117. — S. 1901-13.
Appliq. à l'Algérie les art. de la L. 5 avril 1889 et l'art. 17 de la L. 21 juin 1898 (police rurale) sur l'installat. des ruchers.

D. 24 juin 1900.

L. N. 1900-3-238. — D. P. 1900-4-79. — S. 1900-1136. — P. F. 1901-3-35.
Délai des ajournements devant les Tribun. d'Algérie.

L. 5 juillet 1900.

L. N. 1900-3-243.
Portant prorogat. du privilège de la Banque d'Algérie.

D. 9 juillet 1900.

S. 1901-32. — P. F. 1901-3-25.
Fixant les heures d'ouverture des bureaux de l'enreg. et des hypot. en Algérie.

D. 24 juillet 1900.

L. N. 1900-3-290. — D. P. 1900-4-64. — S. 1900-1127. — P. F. 1901-3-28.
Modif. celui du 19 janvier 1900 (Casier jud. en Algérie).

D. 29 juillet 1900.

D. P. 1900-4-87. — S. 1901-8.
Officiers de pol. jud. ; sous-officiers et commandants de brigades de gendarmerie.

L. 30 juillet 1900.

L. N. 1900-3-262. — P. F. 1900-3-138. — D. P. 1900-4-86.
Sur le rachat des rentes domaniales en Algérie.

D. 30 juillet 1900.

P. F. 1901-3-93. — *J. off.* du 25 août 1900.
Modif. l'art. 5, D. 25 août 1896 (transit à travers l'Algérie des march. à destin. des oasis sahariennes).

D. 7 août 1900.

P. F. 1901-3-7.
Applic. en Alg. des art. 17 et 237, L. 28 avril 1816, et de l'art. unique de la L. 23 avril 1816 (contrib. indir. ; contrôle).

2e D. 7 août 1900.

S. 1901-123. — P. F. 1901-3-7. — *J. off.* du 28 août 1900.
Applic. en Alg. des dispos. de la L. 16 déc. 1897 (régime fiscal des alcools dénaturés).

D. 13 août 1900.

S. 1901-124. — P. F. 1901-3-7. — *J. off.* du 28 août 1900.
Formalités pour la faculté d'entrepôt en ce qui concerne les droits de consommation et d'octroi de mer pour les alcools, spiritueux et liqueurs de toute origine.

D. 21 août 1900 (2 textes).

S. 1901-124. — P. F. 1901-3-9. — *J. off.* du 28 août 1900.
Régime de l'alcool en Algérie ; dénaturation et emploi des alcools destinés aux usages industr. ; vente de l'alcool dénaturé et disp. communes à la préparation et à la vente.
Octroi municipal de mer sur les alcools dénaturés pr. les us. industriels.

D. 22 août 1900.

S. 1901-127. — P. F. 1901-3-8. — *J. off.* du 28 août 1900.
Ordre des indic. à mentionner dans les déclarations prescrites par la L. 16 déc. 1897 pour les expéd. d'alcool en Algérie.

D. 11 octobre 1900.

L. N. 1900-3-303.
Rendant exécutoire en Algérie le D. 15 août 1900, qui a modifié la loi des finances du 26 janvier 1892 en ce qui concerne la réforme des frais de justice.

D. 13 novembre 1900.

L. N. 1900-3-383. — S. 1900-1159.
Sur le casier judiciaire et la réhabilit. de droit.

D. 7 décembre 1900.

L. N. 1901-3-2. — S. 1901-13.
Rendant exécutoire en Algérie la loi du 27 juillet 1900 (transf. en une taxe proport. des droits perçus sur les formalités hypothécaires).

L. 12 décembre 1900.

D. P. 1901-4-73. — S. 1901-110. — P. F. 1901-3-80.— *J. off.* du 13 déc. 1900.
Rachat des concessions de chemins de fer de la Cie franco-algér.

L. 19 décembre 1900.

L. N. 1901-3-3. — D. P. 1901-4-21. — P. F. 1901-3-73. — *J. off.* du 20 déc. 1900.
Création d'un budget spécial pour l'Algérie.

D. 21 décembre 1900.

D. P. 1901-4-74. — *J. off.* du 23 déc. 1900.
Autor., à titre transitoire, l'exploitation en régie des chemins de fer de la Cie franco-algérienne.

D. 28 décembre 1900.

L. N. 1901-3-11. — P. F. 1901-3-78. — *J. off.* du 1er janvier 1901.
Relatif au mode de concession des immeubles domaniaux aux communes de l'Algérie.

L. 29 décembre 1900.

L. N. 1901-3-19. — D. P. 1901-4-67. — *J. off.* du 30 décembre 1900.
Fixation du budget spécial de l'Algérie pour l'exercice 1901.

D. 11 janvier 1901.

L. N. 1901-3-26. — P. F. 1901-3-77. — *J. off.* du 19 janvier 1901.
Fixant les frais des enquêtes sur la propriété indigène en Algérie.

D. 9 mars 1901.

L. N. 1901-3-82.
Modif. le décret du 12 novembre 1887 relatif à l'exécution, en Algérie, de la loi sur la police sanitaire des animaux.

D. 17 mars 1901.

L. N. 1901-3-82. — P. F. 1901-3-112. — *J. off.* du 21 mars 1901.
Conférant à une assemblée composée des deux premières chambres de la cour d'appel d'Alger une partie des attributions de l'assemblée générale.

D. 25 mars 1901.

L. N. 1901-3-102. P. F. 1901-3-93. - G. P. 1901-1-13. — *J. off.* du 14 avril 1901.

Abrog. le décret du 5 mai 1881 et remettant en vigueur cert. dispositions du décret du 29 décembre 1851 sur les débits de boissons.

D. 6 juin 1901.
D. 24 juin 1901.

L. N. 1901-3-160 et 163. — P. F. 1901-3-136 et 159. — *J. off.* des 12 juin et 7 juillet 1901.

Portant modification au décret du 23 septembre 1875, relatif à l'organisation des conseils généraux en Algérie.

D. 27 juin 1901.

L. N. 1901-3-153. — P. F. 1901-3-125. — *J. off.* du 30 juin 1901.

Réglant les pouvoirs du gouverneur général de l'Algérie à l'égard des autorités militaires.

2e D. 27 juin 1901.

L. N. 1901-3-154. — P. F. 1901-3-125 — *J. off.* du 30 juin 1901.

Plaçant sous l'autorité du gouverneur général le personnel des officiers publics et ministériels de l'Algérie.

D. 5 juillet 1901.

L. N. 1901-3-163. — P. F. 1901-3-159. — *J. off.* du 7 juillet 1901.

Relatif au régime des distilleries en Algérie.

L. 8 juillet 1901.

L. N. 1901-3 200. — D. P. 1901.4.99. — P. F. 1901-3-132. — G. P. 1901-2-742. — *J. off.* du 25 juillet 1901.

Instit. des Caisses régionales de crédit agricole mutuel en Algérie.

D. 20 juillet 1901.

P. F. 1901-3-153. — *J. off.* du 25 juillet.

Plaçant le service des douanes sous la direction du gouv. général.

D. 26 juillet 1901.

L. N. 1901-3-209. — P. F. 1901-3-154. — *J. off.* du 18 août 1901.

Rel. au fonctionnem. du service des forêts en Algérie.

D. 7 août 1901.

L. N. 1901-3-262. — P. F. 1902-3-8. — *J. off.* du 14 août 1901.

Réglant le fonct. des douanes en Algérie.

C. 23 août 1901.

L. N. 1902-3-181.
Du garde des sceaux : exécution en Algérie et Tunisie des décisions et mandats émanés des jurid. répressives françaises.

D. 12 septembre 1901.

P. F. 1902-3-8. — *J. off.* du 20.
Perception en Algérie du droit sur les appareils à vapeur.

D. 12 octobre 1901.

P. F. 1902-3-15. — *J. off.* du 15.
Réorg. le service des postes et des télég. en Algérie.

D. 16 janvier 1902.

L. N. 1902-3-27. — P. F. 1902-3-17. — *J. off.* du 17 janvier 1902.
Rel. à l'org. du personnel et du régime financier en Algérie.

A. 17 janvier 1902.

L. N. 1902-3-208.
Du min. int., supprim. le 4e emploi de conseiller rapporteur au Conseil de gouv. de l'Algérie.

D. 1er février 1902.

P. F. 1902-3-61. — *J. off.* du 8.
Exemptant des droits de douane et d'octroi de mer les march. transitant à travers l'Algérie pr. les oasis du Maroc.

D. 3 février 1902.

L. N. 1902-3-70. — P. F. 1902 3-56. — *J. off.* du 6.
Règlem. du service des prisons et établiss. pénit. en Algérie.

D. 11 mars 1902.

L. N. 1902-3-154. — S. 1902-296. — *J. off.* du 5 avril.
Assuj. à la taxe des prestations les voitures automobil. et tracteurs.

D. 21 mars 1902.

L. N. 1902-3-158. — *J. off.* du 13 avril.
Appliq. à l'Algérie les art. 13, 14, 20, 21, 23 et 62 de la loi de fin. du 25 février 1901 (impôts de l'enreg. et du timbre ; taxe sur le revenu des valeurs mobilières).

D. 29 mars 1902.

L. N. 1902-3-129. — P. F. 1902-3-105. — *J. off.* du 31.
Organ. les trib. répressifs indigènes en Algérie.

D. 31 mars 1902.

L. N. 1902-3-159. — *J. off.* du 3 avril.
Créant, en Algérie, et règlem. des Chambres d'agriculture.

D. 16 avril 1902.

P. F. 1902-3-107. — *J. off.* du 21.
Soumettant les indigènes nommés ou promus dans la Légion d'honneur, à toutes les conditions imposées aux citoyens français par les statuts.

D. 12 mai 1902.

L. N. 1902-3-213. — *J. off.* du 14.
Portant modific. à l'assiette de l'impôt des licences en Algérie.

D. 28 mai 1902.

L. N. 1902-3-215. — G. P. 1902-1-864. — *J. off.* du 30.
Organ. les trib. répressifs indigènes en Algérie (modif. l'art. 1er, D. 29 mars 1902).

2e D. 28 mai 1902.

L. N. 1902-3-237. — *J. off.* du 3 juin.
Portant règlement de la circulation des automobiles en Algérie.

D. 17 juin 1902.

L. N. 1902-3-245. — *J. off.* du 21.
Réglem. d'admin. pub., en exécut. de l'art. 4, L. 19 déc. 1900, sur la répartition entre l'Algérie et la métropole de la charge des pensions des fonctionnaires et agents coloniaux.

D. 29 juillet 1902.

L. N. 1902-3-331. — *J. off.* du 24 août.
Rel. à l'imposition des vins de liqueur en Algérie.

D. 14 août 1902.

L. N. 1902-3-335. — *J. off.* du 23.
Portant réorganisat. du service des travaux publics de l'Algérie.

ALGÉRIE 23

D. 20 août 1902.

L. N. 1902-3-331. — *J. off.* du 24 août.
Rel. à l'imposition des vins de liqueurs à l'octroi de mer en Algérie.

D. 21 août 1902.

L. N. 1902-3-332. — *J. off.* du 24 août.
Rel. à la perception en Algérie des droits de consommation et d'octroi de mer sur les vins de liqueurs.

ALIGNEMENT

L. fin. 13 avril 1900.

L. N. 1900-3-143. — D. P. 1900-4-33. — S. 1900-1066. — P. F. 1900-3-100. — V. Commentaire, *Lois nouv.*, 1900-1-217.

Art. 3 : Extension des disposit. de la L. 3 mai 1841, art. 15 § 1, art. 16, 17, 18 et 58. aux contrats relatifs à l'acquisit. de terrains, poursuivie en vertu d'un plan d'alignement approuvé, pour l'ouverture ou le redressem. des rues, des places, chemins vicinaux ou ruraux reconnus. (Exemption du droit de timbre et d'enregistrement).

ALLUMETTES CHIMIQUES

L. 27 décembre 1889.

D. 30 décembre 1889.

L. N. 1890-3-19 et 21. — D. P. 1890-4-125 et 126. — S. 1890-790. — G. P. 1890-1-3.

Exploitation par l'État du monopole de la vente des allumettes chimiques.

D. 10 avril 1890.

L. N. 1890-3-151.

Vente en gros de la poudre spéciale et des frottoirs pour allumettes au phosphore amorphe.

D. 30 septembre 1890.

L. N. 1860-3-381.

Relatif à la vente des allumettes en bois.

D. 7 avril 1891.

L. N. 1891-3-102. — G. P. 1891-1-8.

Allumettes en bois des manufactures de l'État.

D. 11 avril 1891.

L. N. 1891-3-99.

Autor. l'admin. des manuf. de l'État à fabriq. une nouv. espèce, et à cesser la fabric. d'autres espèces.

D. 1er décembre 1893.

L. N. 1894-3-13.

Rel. à la vente des allumettes.

C. 5 mars 1894.

L. N. 1894-3-170.

Concernant la détention des fraudeurs en matière d'allumettes chimiques.

L. fin. 16 avril 1895.

L. N. 1895-3-45. — D. P. 1895-4-92. — S. 1895-1041. — P. F. 1896-3-17. — G. P. 1895-1-3. — V. Commentaire, *Lois nouv.*, 1895-1-281.

Art. 18 à 22 : Vente à domicile, colportage et fabricat. fraudul. et transport des allumettes chimiques. — Pénalités. — Confiscation.

D. 6 août 1895.

L. N. 1895-3-149.

Appliq. les disp. du D. 10 août 1875 à l'arrestation des fabric. frauduleux d'allumettes chimiques.

C. 5 février 1896.

L. N 1896-3-95.
Du Proc. gén. de Toulouse rel. à la répression des fraudes sur les allumettes.

C. 25 févr. 1896.

L. N. 1896-3-135.
Sur l'applicat. de la L. fin. 16 avril 1895.

L. fin. 30 mai 1899.

L. N. 1899-3-75. — D. P. 1899-4-76. — S. 1899-853. — P. F. 1899-3-147.

Art. 22 : La publicité sur les boîtes d'allumettes ne peut avoir pour but des émissions financières.

AMENDES

V. aussi : Enregistrement. Contributions indirectes.

D. 25 avril 1888.

L. N. 1888-2-50. — D. P. 1888-4-43. — S. 1889-441. — P. F. 1888-3-24.

Paiement des frais de délivrance des titres de perception pr. le recouvrement des condamnat. pécuniaires.

L. fin. 26 décembre 1890.

L. N. 1891-3-18. — D. P. 1891-4-50. — S. 1891-167. — P. F. 1891-3-49. — V. Commentaire, *Lois nouv.*, 1890-1-740.

Art. 11 : Répartit. des amendes et condamnat. pécun.

L. fin. 28 avril 1893.

L. N. 1893-3-96. — D. P. 1893-4-79. — S. 1893-620. — P. F. 1893-3-65. — V. Commentaire, *Lois nouv.*, 1893-1-189.

Art. 45 : Modif. le texte ci-dessus.

L. fin. 26 juillet 1893.

L. N. 1893-3-246. — D. P. 1894-4-45. — S. 1894-721.

Art. 32 : Modif. le texte ci-dessus.

L. fin. 21 juillet 1897.

L. N. 1897-3-154. — D. P. 1898-4-93. — S. 1898-591. — P. F. 1898-3-25. — G. P. 1897-2-1.

Art. 1er *in fine* : Amende de 100 à 200 fr., pouvant être doublée en cas de récidive. pr. les fausses déclarat. destinées à obtenir remise totale ou partielle de la contribution foncière.

L. fin. 13 avril 1898.

L. N. 1898-3-93. — D. P. 1898-4-97. — S. 1898-600.

Art. 84 : Modif. l'art. 11 de la L. fin. 26 décembre 1890.

C. 31 décembre 1899.

L. N. 1900-3-180.

Amendes et condamnations pécuniaires en matière forestière et de pêche.

L. fin. 13 avril 1900.

L. N. 1900-3-143. — D. P. 1900-4-33. — S. 1900-1066. — P. F. 1900-3-100. — V. Commentaire, *Lois nouv.*, 1900-1-217.

Art. 5 : Le trib. compétent pr. prononcer le principal de l'amende, doit égalem. prononcer condamnat. aux décimes et 1/2 décimes des dites amendes, dont la percept. est autorisée par les lois spéc. au budget.

AMENDES 2

L. fin. 30 mars 1902.

L. N. 1902-3-130. — P. F. 1902-3-70. — *J. off.* du 30 mars. — V. Commentaire *Lois nouv.* 1902-1-229.

Art. 33 : Remplaçant l'art. 5, L. 13 avril 1900 ; la condamn. à l'amende (sauf en mat. de douanes, de contrib. indir. et d'octroi), entraîne *de plein droit* l'oblig. de pay. les décimes et 1/2 décimes.

AMNISTIE

L. 16 mars 1880.

D. P. 1880-4-81. — S. 1880-633.
Amnistie aux déserteurs et insoumis des armées de terre et de mer.

L. 11 juillet 1880.

D. P. 1880-4-57. — S. 1880-638.
Amnistie des individus condamnés pour avoir pris part à l'insurrection de 1870-71.

L. 29 juillet 1881.

D. P. 1881-4-89. — S. 1882-234.
Amnistie des crimes et délits de Presse.

L. 19 juillet 1889.

L. N. 1889-3-223. — D. P. 1889-4-109. — S. 1890-622. — P. F. 1889-3-49.
Sur l'amnistie.

D. 2 août 1889.

L. N. 1889-3-258. — D. P. 1889-4-110. — S. 1890-627. — P. F. 1889-3-55.
Application du texte précédent.

L. 1er février 1895.

L. N. 1895-3-35. — D. P. 1895-125. — S. 1895-1012. — P. F. 1896 3-16. — G. P. 1895-1-2.
Sur l'amnistie.

L. 27 avril 1898.

L. N. 1898-3-155. — D. P. 1899-4-59. — S. 1899-843. — P. F. 1899-3-84.
Amnistie en faveur des insoumis et déserteurs.

C. 29 avril 1898 (Marine).

L. N. 1898-3-158.
Sur l'applicat. de ce texte.

C. 15 mai 1898 (Guerre).

L. N. 1898-3-162.
Même objet.

AMNISTIE 2

L. 27 décembre 1900.

L. N. 1901-3-9. — D. P. 1901-4-9. — S. 1901-17. — V. Commentaire *Lois nouv.* 1901-1-1.
Relative à l'amnistie.

C. 26-27 décembre 1900.

L. N. 1901-3-7 et 1901-1-7.
Du ministre de la marine, relative aux mesures à prendre à l'égard des déserteurs et insoumis en exécution de la loi.

C. 31 décembre 1900.

L. N. 1901-1-119.
Du ministre des finances sur l'application du texte ci-dessus.

Instr. 7 janvier 1901.

L. N. 1901-1-53 et 1901-3-26.
Du min. guerre, même objet.

C. 7 janvier 1901.

L. N. 1901-3-85.
Applic. de la loi; paiement des droits et frais; dispos. inapplic. au cas où il n'existe pas de condamn. passée en force de chose jugée.

C. 29 janvier 1901.

L. N. 1901-1-55.
Du ministre de la marine; applic. de la loi.

C. 22 mars 1901.

L. N. 1901-3-121.
Applic. de l'art. 1er, nos 6 et 7, et art. 2, no 1. — Condamnation pron. postérieurement à la promulgation de la loi pour des faits antérieurs au 15 décembre 1900.

ANARCHISTES

L. 28 juillet 1894.

L. N. 1894-3-120. — D. P. 1894-4-81. — S. 1894-809. — P. F. 1895-3-126. — G. P. 1894-2-5. — V. Commentaire, *Lois nouv.*, 1894-1-458.
Ayant pour objet de réprimer les menées anarchistes.

C. 6 août 1894.

L. N. 1894-3-121. — D. P. 1894-4-87. — S. 1894-823.
Sur l'application de ce texte.

ANDORRE

D. 13 juillet 1888.

L. N. 1888-2-80. — D. P. 1888-4-50. — S. 1899-923. — P. F. 1888-3-35.

Instituant à Perpignan un Trib. supér. pour juger, en dernier ressort, les contestat. judic. civiles en Andorre.

D. 19 janvier 1898.

L. N. 1898-3-12. — D. P. 1898-4-152. — S. 1899-923. — P. F. 1898-3-106.

Réorganis. le Trib. supér. d'Andorre.

ANNAM

V. Tonkin.

ANNONCES SUR LA VOIE PUBLIQUE

V. Presse. — Voirie.

APPAREILS A GAZ

L. fin. 13 avril 1898.

L. N. 1898-3-93. — D. P. 1898-4-97. — S. 1898-600.

Art. 9. Etendant aux appareils à gaz liquéfiés ou comprimés les dispos. de la L. fin. 18 juillet 1892 sur les épreuves des appareils à vapeur et la taxe y relative.

L. 18 avril 1900.

L. N. 1900-3-154. — D. P. 1900-4-49. — S. 1900-1049. — P. F. 1900-3-112. — V. Commentaire, *Lois nouv.*, 1900-1-264.

Contravent. aux règlem. sur les appareils à pression de vapeur ou de gaz.

APPAREILS A VAPEUR

V. aussi : Navigation.

D. 30 avril 1880.

D. P. 1881-4-55. — S. 1880-589.
Générateurs à vapeur non placés à bord des bâtiments.

D. 29 juin 1886.

L. N. 1886-2-155. — D. P. 1887-4-61. — S. 1886-103.
Même objet.

L. fin. 18 juillet 1892.

L. N. 1892-3-133. — D. P. 1893-4-74. — S. 1893-606.
Art. 6 et 7 : Taxe d'épreuve des appareils à vapeur.

L. 18 avril 1900.

L. N. 1900-3-154. — D. P. 1900-4-49. — S. 1900-1049. — P. F. 1900-3-112. — V. Commentaire, *Lois nouv.*, 1900-1-264.
Contravent. aux réglem. sur les appareils à pression de vapeur ou de gaz.

APPRENTISSAGE

L. 11 décembre 1880.

D. P. 1881-4-49. — S. 1881-99.
Sur les Écoles manuelles d'apprentissage.

D. 30 juillet 1881.

S. 1882-369.
Application du précédent texte.

D. 17 mars 1888.

D. P. 1888-4-38. — S. 1888-380.
Réglement. d'admin. publ. sur les Écoles manuelles d'apprentiss.

C. 30 juin 1888.

L. N. 1888-2-76.
Applicat. de ce dernier texte.

ARBITRAGE

L. 27 décembre 1892.

L. N. 1893-3-11. — D. P. 1893-4-33. — S. 1893-532. — P. F. 1895-3-62.— G. P. 1892-2-14.— V. Commentaire, *Lois nouv.*, 1894-1-233.

Conciliation et arbitrage facultatifs en matière de différends collectifs entre patrons et ouvriers ou employés.

C. 23 janvier 1893.

L. N. 1893-3-26. — D. P. 1893-4-35. — S. 1893-537. — P. F. 1895-3-73.

Application de ce texte.

C. 18 février 1893.

L. N. 1893-3-44. — D. P. 1893-4-36. — S. 1893-537. — P. F. 1895-3-74.

Même objet.

C. 11 juin 1894.

L. N. 1894-3-172.

Frais faits par les juges de paix en matière de conciliation et d'arbitrage.

C. 25 février 1896.

L. N. 1896-3-137.

Différends entre patrons et ouvriers, renseignements à fournir.

ARBITRAGE INTERNATIONAL

V. Droit international, traité international.

ARCHIVES NATIONALES

D. 14 mai 1887.

L. N. 1887-2-107. — S. 1887-255. — P. F. 1887-3-46.
Organisation des Archives nationales.

D. 23 février 1897.

L. N. 1897-3-71. — S. 1897-272. — P. F. 1897-3 71.
Relatif aux Archives nationales.

D. 12 janvier 1898.

L. N. 1898-3-10. — S. 1899-919. — P. F. 1899-3-5.
Règlem. d'admin. publ. pour le versement aux Archives nation. des papiers provenant des Ministères autres que ceux de la Guerre et de la Marine.

ARMÉE

D. 3 févr. 1880.

D. P. 1881-4-30. — S. 1880-582.
Modif. celui du 31 août 1878 sur les officiers de réserve et de territor.

D. 7 févr. 1880.

D. P. 1881-4-30. — S. 1880-582.
Organisant un comité d'admin. auprès du Ministre de la Guerre.

L. 20 mars 1880.

D. P. 1881-4-41. — S. 1880-623.
Sur le service d'État-Major.

D. 10 mai 1880.

D. P. 1881-4-48. — S. 1880-574.
Examens auxquels sont astreints les jeunes gens qui demandent à contracter un engag. conditionnel d'un an.

D. 15 juin 1880.

D. P. 1881-4-52. — S. 1880-627.
Recrutement du corps de santé militaire.

L. 8 juillet 1880.

D. P. 1881-4-26. — S. 1881-54.
Abrogeant celles des 20 mai et 3 juin 1874 sur l'aumônerie militaire.

D. 27 avr. 1881.

D. P. 1882-4-57. — S. 1881-138.
Ministres des différ. cultes devant être attachés aux armées en campagne (complétant la L. du 8 juill. 1880).

L. 23 juillet 1881.

D. P. 1882-4-35.
Rengagement des sous-officiers.

L. 18 août 1881.

D. P. 1882-4-81. — S. 1881-183.
Pensions des anciens militaires et marins, et de leurs veuves.

L. 24 mars 1882.

L. N. 1882-2-23. — D. P. 1882-4-123. — S. 1882-348.
Administration de l'armée.

ARMÉE 2

D. 28 octobre 1882.

L. N. 1882-2-186. — S. 1883-424.
Organisation du corps de contrôle.

D. 16 janvier 1883.

L. N. 1883-2-7. — S. 1883-435.
Régl. d'admin. publ. pr. l'exécut. de la L. 24 mars 1882, en ce qui concerne l'Intendance militaire.

L. 24 juillet 1883.

L. N. 1883-2-82. — D. P. 1883-4-95. — S. 1884-543.
Création d'une artillerie de forteresse.

D. 1er octobre 1883.

D. P. 1884-4-72. — S. 1883-516.
Organisation des Écoles du service de santé militaire.

L. 19 juillet 1884.

L. N. 1884-2-42. — D. P. 1884-4-127. — S. 1885-702.
Suppress. des Enfants de troupe, et création de six écoles militaires préparat.

D. 3 mars 1885.

L. N. 1885-2-13.
Pour l'exécut. du texte précédent.

L. 15 avril 1885.

L. N. 1885-2-36. — D. P. 1885-4-81. — S. 1885-762.
Pensions des armées de terre et de mer.

D. 16 mai 1885.

L. N. 1885-2-53.
Fusion de la brigade-topograph. du Génie avec le Service géograph. du Dépôt de la Guerre.

L. 22 mai 1885.

L. N. 1885-2-53.
Programme du Concours d'admiss. à l'École sup. de guerre.

D. 12 juin 1886.

L. N. 1886-2-136.

Fixant la situation des officiers hors cadre.

D. 12 juillet 1886.

L. N. 1886-2-160. — P. F. 1886-3-14.
Organisation des cercles militaires.

D. 10 août 1886.

L. N. 1886-3-189.— D.P. 1890-4-64.— S. 1886-104.— P.F.1886-3-149.
Modif. ceux des 20 août et 27 nov. 1884 (pensions à titre d'infirmités).

D. 23 novembre 1886.

D. P. 1887-4-60. — S. 1887-138.
Complétant et modif. celui du 2 août 1877 sur les réquisitions milit.

D. 6 avril 1888.

L. N. 1888-2-42. — P. F. 1888-3-15.
Emploi de médecins auxiliaires en cas de mobilisation.

D. 12 mai 1888.

L. N. 1888-2-55. — S. 1891-116.
Réorganis. le Cons. supér. de guerre, et supprim. le Comité de Défense.

D. 26 mai 1888.

L. N. 1888-2-61. — S. 1891-117.
Missions tempor. confiées à des membres du Cons. supér. de guerre.

D. 31 juillet 1888.

L. N. 1888-2-99.
Composit. et attrib. des comités et sections techniques.

L. 14 décembre 1888.

L. N. 1888-1-153. — D. P. 1890-4-41. — S. 1889-497.
Réorganisant une école de santé militaire.

D. 25 décembre 1888.

D. P. 1890-4-43. — S. 1889-499.
Création d'une Ecole du service de santé militaire à Lyon.

L. 28 décembre 1888.

L. N. 1888-2-160. — D. P. 1890-4-28. — S. 1889-481.
Sur le service militaire des chem. de fer.

D. 5 février 1889.

L. N. 1889-3-17.
Exécut. de la L. 28 décembre 1888 (Service milit. des chem. de fer).

D. 9 février 1889.

L. N. 1889-3-20.
Nouvelle réglementat. sur les Délégations de solde.

L. 18 mars 1889.

L. N. 1889-3-45. — D. P. 1890-4-49. — S. 1890-643. — P. F. 1890-3-55. — G. P. 1889-1-5.
Rengagement des sous-officiers.

D. 15 mai 1889.

L. N. 1889-3-100. — D. P. 1890-4-65. — S. 1891-27.
Modif. celui du 10 août 1886 (pensions à titre d'aggravat. de blessures ou d'infirmités).

L. 1er juillet 1889.

L. N. 1889-3-156. — D. P. 1890-4-68. — S. 1890-640. — P. F. 1890-3-50. — G. P. 1889-2-2.
Modif. celle du 16 mars 1882 sur l'admin. de l'armée, et donnant une autonomie complète au service militaire de santé.

L. 15 juillet 1889.

L. N. 1889-3-164. — D. P. 1889-4-73. — S. 1890-652. — P. F. 1889-3-25. — G. P. 1889-2-4. — V. Commentaire, *Lois Nouv.* 1891-1-1 à 241, avec l'analyse des lois et règlements en vigueur au 1er janvier 1891.
Sur le recrutement de l'armée.

L. 19 juillet 1889.

L. N. 1889-3-223.
Sur l'Amnistie (art. 2 et 3 : Insoumis et Déserteurs).

C. 3 août 1889.

L. N. 1889-3-262.
Sur l'applic. de ce texte et du D. 2 août 1889 réglementaire.
V. sur ce dernier point v° Amnistie.

D. 16 août 1889.

L. N. 1889-3-271.
Modif. diverses disposit. régissant le service de la solde et des tarifs.

D. 27 septembre 1889.

L. N. 1889-3-299.
Organisat. du service de la télégraphie militaire.

D. 28 septembre 1889.

L. N. 1889-3-304. — D. P. 1890-4-94. — S. 1890-714. — G. P. 1889-2-25
Engagements volontaires et rengagements.

D. 23 novembre 1889.

L. N. 1889-3-350. — D. P. 1889-4-104. — S. 1890-716. — P. F. 1890-3-34.
Réglement d'administration publiq. pr. l'exécut. de la L. 15 juill. 1889.

D. 22 janvier 1890.

D. P. 1891-4-15. — S. 1891-106. — P. F. 1891-3-30.
Condit. dans lesquelles peuvent être apposés les scellés au décès des officiers de l'armée de terre.

D. 10 février 1890.

L. N. 1890-3-81. — S. 1891-190. — P. F. 1890-3-48.
Concernant le service de l'intendance militaire.

D. 12 mars 1890.

L. N. 1890-3-114. — D. P. 1892-4-64. — S. 1891-200.
Ravitaillement de la populat. civile des places fortes

D. 25 mars 1890.

L. N. 1890-3-119.
Organisat. de l'école d'administr. de Vincennes.

D. 6 mai 1890.

L. N. 1890-3-155. — S. 1891-117. — G. P. 1890-1-13.
Organisation de l'état-major de l'armée.

D. 31 mai 1890.

L. N. 1890-3-171. — D. P. 1891-4-89. — S. 1892-215.
Reconnaiss. par l'État des écoles supér. de comm. pour l'applic. de la L. sur le recrutem. de l'armée.

D. 31 mai 1890.

L. N. 1890-3-172. — D. P. 1891-4-3. — S. 1890-719. — P. F. 1890-3-38. — G. P. 1890-1-14.
Modif. l'art. 2 du D. 23 novembre 1889 (Dispenses milit., diplômes).

L. 5 mars 1890.

D. 3 juin 1890.

L. N. 1890-3-182. — D. P. 1891-4-1. — S. 1891-8 et 9. — P. F. 1891-3-31 et 40. — G. P. 1890-1-10.
Réquisitions militaires.

L. 22 juin 1890.

L. N. 1890-3-200. — G. P. 1890-2-1. — V. Commentaire, *Lois Nouv.* 1890-1-796.
Modif. des lois des 24 juillet 1873 et 13 mars 1875 sur l'org. de l'armée.

L. 24 juin 1890.

L. N. 1890-3-203. — D. P. 1891-4-4. — S. 1891-118. — P. F. 1891-3-32. — G. P. 1890-2-2.
Modif. celle du 20 mars 1880 sur le service d'état-major.

L. 26 juin 1890.

L. N. 1890-3-208. — D. P. 1891-4-3. — S. 1891-111. — P. F. 1891-3-32.
Autoris. les ministres de la Guerre et de la Marine à conserver provisoirement sous les drapeaux, quand les circonstances l'exigent, les hommes convoqués à un titre quelconque pour une période d'instruction.

L. 2 juillet 1890.

L. N. 1890-3-211. — D. P. 1891-4-4. — S. 1891-112. — G. P. 1890-2-3.
Convocat. en temps de paix des réservistes et territor. affectés à la garde des voies de communication.

D. 4 juillet 1890.

L. N. 1890-3-227. — G. P. 1890-2-3.
Réglement d'admin. publ. relatif aux emplois réservés aux anciens sous-officiers des armées de terre et de mer.

D. 5 juillet 1890.

L. N. 1890-3-211.. — D. P. 1891-4-93. — P. F. 1890-3-76.
Modif. l'organisat. des compagnies de discipline.

D. 5 juillet 1890.

L. N. 1890-3-216. — D. P. 1891-4-91. — S. 1891-112. — P. F. 1890-3-78.
Organisat. de la garde des voies de communication.

L. 6 novembre 1890.

L. N. 1890-3-452. — D. P. 1891-4-76. — S. 1891-69. — P. F. 1891-3-12. — G. P. 1890-2-15.
Modif. l'art. 21 de la L. 15 juill. 1889 sur le recrutement.

D. 30 décembre 1890.

L. N. 1891-3-35. — D. P. 1891-4-76. — S. 1892-261. — P. F. 1892-3-10.
Règl. d'administr. publique sur la taxe milit., en exécut. de la L. 15 juillet 1889.

L. 2 février 1891.

L. N. 1891-3-54. — D. P. 1891-4-109. — S. 1891-70. — P. F. 1895-3-154. — G. P. 1891-1-2. — V. Commentaire *Lois Nouv.* 1891-1-398. — V. aussi *Lois Nouv.* 1891-1-1 à 241, analyse des lois et réglements en vigueur au 1er janvier 1891.
Modif. l'art. 17 de la L. 15 juill. 1889. (Recrutem. de l'armée).

D. 13 mars 1891.

L. N. 1891-3-86. — P. F. 1891-3-58.
Conseils d'enquête concernant les ss.-offic. et assimilés rengagés ou commissionnés.

Loi 26 mars 1891.

L. N. 1891-3-92. — G. P. 1891-1-7.
Avancement des sous-lieutenants (infanterie, cavalerie et train des équip.).

D. 14 novembre 1891.

L. N. 1891-3-196. — S. 1893-558. — P. F. 1893-3-31.
Recrutement des pharmaciens militaires.

L. 6 janvier 1892.

L. N. 1892-3-8. — D. P. 1892-4-47. — S. 1892-279. — P. F. 1893-3-54. — G. P. 1892-1-1.
Modif. des art. 3, 5, 7, 8 et 9 de la L. 18 mars 1889 (rengagement des sous-officiers).

ARMÉE 8

L. 1er février 1892.

L. N. 1892-3-45. — D. P. 1892-4-65. — S. 1893-458. — G. P. 1892-1-5.

Approvisionnement de la populat. civile des places fortes en cas de guerre.

L. 15 avril 1892.

L. N. 1892-3-79. — D. P. 1892-4-54. — S. 1892-396. — P. F. 1895-3-157.

Modif. l'art. 5 de la L. 19 juillet 1884 (créat. de 6 écoles milit. préparat.)

L. 11 juillet 1892.

L. N. 1892-3-127. — D. P. 1892-4-100. — S. 1893-450.

Modif. l'art. 59 de la L. 15 juillet 1889 (engagements).

L. 20 juillet 1892.

L. N. 1892-3-138. — D. P. 1892-4-101. — S. 1893-448. — P. F. 1893-3-93.

Modif. certaines disposit. des L. 24 juill. 1874, 13 mars 1875, et 15 juill. 1889 (durée du service milit.).

D. 19 octobre 1892.

S. 1894-750.

Règlem. sur le fonctionn. général des Sociétés d'assistance aux blessés et malades des armées de terre et de mer.

L. 11 novembre 1892.

L. N. 1892-3-174. — D. P. 1893-4-60. — S. 1893-546. — P. F. 1893-3-83. — G. P. 1892-2-10.

Modif. l'art. 28 de la L. 15 juill. 1889 (Élèves des Écoles du Gouver.).

L. 26 décembre 1892.

L. N. 1893-3-10. — D. P. 1893-4-48. — P. F. 1895-3-144. — G. P. 1892-2-14.

Modif. les art. 23 et 29 de la L. 15 juill. 1889. (Dispenses).

L. 8 juin 1893.

L. N. 1893-3-150. — D. P. 1894-4-4. — S. 1893-561. — P. F. 1894-3-57. — V. Commentaire, *Lois Nouv.* 1894-1-285.

Modif. les dispos. du C. civ. sur les actes d'état-civil et les testam. reçus aux armées ou au cours d'un voyage en mer.

L. 8 juin 1893.

L. N. 1893-3-149. — D. P. 1894-4-3. — S. 1893-565. — P. F. 1894-3-54.

Actes de procuration, consentem. ou autorisat. dressés aux armées ou ds. le cours d'un voyage en mer.

L. 25 juillet 1893.

L. N. 1893-3-231. — D. P. 1894-4-42. — S. 1894-675.

Rengagem. des sous-officiers.

L. fin. 26 juillet 1893.

L. N. 1893-3-246. — D. P. 1894-4-45. — S. 1894-721.

Art. 16, mod. l'art 35 de la L. 15 juillet 1889 (taxe milit.).

L. 30 juillet 1893.

L. N. 1893-3-261. — D. P. 1894-4-42. — S. 1894-661. — P. F. 1896-3-61.

Portant organis. de l'Armée coloniale.

L. 14 août 1893.

D. P. 1894-4-43. — S. 1894-737. — P. F. 1895-3-89.

Modif. l'art. 7 de la L. 15 juillet 1889 (fonctions publiq. interdites à ceux qui ne justifient pas qu'ils ont satisfait aux obligat. milit).

D. 24 février 1894.

L. N. 1894-3-35. — D. P. 1895-4-55. — S. 1895-953. — P. F. 1895-3-109

Modif. la L. 15 juillet 1889 (taxe militaire).

D. 7 juin 1894.

L. N. 1894-3-81. — S. 1895-992.

Instituant à Paris une nouvelle commiss. des examens pour les inventions intéress. les armées de terre et de mer. — Règlement.

C. 21 juin 1894.

L. N. 1895-3-133.

Transcript. des actes concernant les militaires (État civil).

L. 13 juillet 1894 (2 textes).

L. N. 1894-3-111. — D. P. 1895-4-60 et 61. — S. 1894-833 et 835.

Modif. les art. 6 et 13 de la L. 18 mars 1889 (rengag. des sous-offic., composit. des commiss. d'enquête) et l'art. 68 de la L. 15 juillet 1889 sur le recrutement de l'armée.

L. 20 juillet 1894.

L. N. 1895-3-123. — D. P. 1895-4-125. — S. 1895-1125. — P. F. 1896-3-76. — G. P. 1896-5-2-1.
Modif. l'art. 21 de la L. 15 juillet 1889 (Service de 2 frères).

D. 6 août 1894.

L. N. 1894-3-136. — D. P. 1896-4-17. — S. 1895-998.
Engagem. et rengagem. d. l'armée coloniale.

D. 23 novembre 1894.

D. P. 1896-4-22. — S. 1895-1082.
Modif. celui du 5 juillet 1890 sur les Cies de discipline.

L. 5 décembre 1894.

D. P. 1895-4-62. — S. 1895-993.
Portant création des troupes sahariennes.

D. 9 décembre 1894.

S. 1895-993.
Réglem. d'admin. publ. pr. l'exécut. du texte précédent.

D. 20 mars 1895.

D. P. 1896-4-56. — S. 1895-1082.
Même objet.

L. 13 juillet 1895.

L. N. 1895-3-114. — D. P. 1896-4-25. — S. 1895-1123.
Modif. l'art. 24 de la L. 15 juillet 1889 (obligat. milit. des étudiants).

L. 20 juillet 1895.

L. N. 1895-3-123. — D. P. 1896-4-24. — S. 1895-1126. — P. F. 1897-3-33. — G. P. 1895-2-1.
Obligat. milit. des membres du Parlement.

L. 27 juillet 1895.

D. P. 1896-4-102. — S. 1895-1103.
Pensions milit. des fonctionn. du service de la Trésorerie et des Postes aux armées.

C. 8 août 1895.

L. N. 1895-3-150.
Applic. de la L. 20 juill. 1895 (Service de 2 frères).

D. 15 novembre 1895.

S. 1896-9.
Attribut. du chef d'État-major général de l'armée.

L. fin. 28 décembre 1895.

L. N. 1896-3-14. — D. P. 1896-4-39. — S. 1896-68. — P. F. 1896-3-81.
Art. 41 : Pension de la veuve d'un militaire retraité pr. blessures ou infirmités, quand le mariage est antérieur aux infirmités.

D. 25 janvier 1896.

D. P. 1897-4-23. — S. 1896-60.
Réglem. d'adm. publ. sur les Conseils d'Enquête des sous-offic. et assimilés, rengagés ou commissionnés.

L. 13 mars 1896.

L. N. 1896-3-92. — S. 1896-89. — P. F. 1896-3-87. — G. P. 1896-1-2. — V. Commentaire, *Lois nouv.*, 1896-1-372.
Modif. l'art. 21 de la L. 15 juill. 1889 (service de 2 frères).

L. 6 février 1897.

L. N. 1897-3-46.— D. P. 1897-4-24.— S. 1897-241. — P. F. 1897-3-71.
Rengagem. des sous-officiers.

D. 26 février 1897.

S. 1897-3-270. — P. F. 1897-3-72.
Situat. du personnel civil d'exploit. des établissements milit.

L. 24 mars 1897.

L. N. 1897-3-75. — S. 1897-283. — P. F. 1899-3-7. — G. P. 1897-1-3.
Modif. l'art. 4 de la L. 15 juillet 1889 (Hommes exclus de l'armée).

L. 8 avril 1897.

G. P. 1897-1-6.
Modif. l'art. 48, L. 13 mars 1875 (cadres et effectifs, armées active et territ.).

L. 1er mai 1897.

L. N. 1897-3-116. — D. P. 1897-4-64. — S. 1897-289. — P. F. 1898-3-79. — G. P. 1897-1-8. — V. Commentaire, *Lois nouv.*, 1897-1-402.
Modif. les art. 5, 48 et 59 de la L. 15 juillet 1889 en faveur des hommes ayant bénéficié de la Loi Bérenger.

ARMÉE 12

L. 31 décembre 1897.

L. N. 1898-3-9. — S. 1898-500. — P. F. 1899-3-86.
Cumul des pensions concédées à des officiers et assimilés, avec des traitem. civils.

L. 26 mars 1898.

L. N. 1898-3-62. — D. P. 1898-4-21. — S. 1898-556. — P. F. 1899-3-82. — G. P. 1898-1-4.
Modif. celle du 15 juillet 1889 (service de deux frères).

L. 1er avril 1898.

L. N. 1898-3-75. — D. P. 1898. 4. 40. — S. 1898-503.
Réforme tempor. pour les hommes de l'armée active, réserve ou territor.

L. fin. 13 avril 1898.

L. N. 1898-3-93. — D. P. 1898-4-97. — S. 1898-600.
Art. 4. Remplaçant l'art. 35 de la L. 15 juillet 1889, modifiée par celle du 26 juill. 1893, art. 16 (taxe militaire).

L. fin. 13 avril 1898.

L. N. 1898-3-93. — D. P. 1898-4-97. — S. 1898-600. — V. Commentaire, *Lois nouv.* 1898-1-322.
Art. 37 et suiv. : Série de disposit. sur les pensions de retraites.

L. 20 avril 1898.

L. N. 1898-3-152. — D. P. 1899-4-1. — S. 1898-557. — P. F. 1899-4-83.
Complét. l'art. 32 de la L. 15 juill. 1889 sur le recrutement.

D. 24 mai 1898.

L. N. 1898-3-171. — D. P. 1899-4-60. — S. 1898-645. — P. F. 1899 3-14.
Réglem. d'admin. publ. pour l'exécut. du texte précédent.

D. 29 octobre 1898.

S. 1900-1102.
Modif. les textes antér. relatifs à l'organis. de l'École d'applicat. du service de santé militaire.

D. 18 novembre 1898.

S. 1900-1102.
Modif. celui du 26 févr. 1897 (personn. civil des établiss. milit.).

ARMÉE 13

C. 2 février 1899.

L. N. 1899-3-148.
Militaires, déserteurs, poursuites, devant les tribun. de droit commun. Exécution des peines.

1er D. 11 février 1899.
2e D. 4 mai 1899.
3e D. 15 septembre 1899.

S. 1900-1152.
Tirailleurs algériens ; bataillons nouveaux ; création.

D. 31 mars 1899.

S. 1900-1176.
Officiers de réserve et de territoriale ; mise hors cadre.

D. 22 avril 1899.

S. 1900-1176.
Officiers de réserve et de territoriale ; anciens élèves de l'École Centrale ; compagnies de chemins de fer ; attachés ; mise hors cadres.

D. 5 juin 1899.

D. P. 1900-4-54. — P. F. 1899-3-154.
Modif. celui du 28 septembre 1889 (Engagem. volont. et rengagements.)

D. 7 juillet 1899.

S. 1900-1-1157.
Chefs de musique ; personnel ; organisation.

L. 11 juillet 1899.

L. N. 1899-3-155. — D. P. 1899-4-95. — S. 1900-961.
Unifiant les pensions proportionn. des sous-officiers, caporaux et soldats rengagés et commissionnés.

D. 1er septembre 1899.

S. 1900-1-1158.
Chefs de musique ; conseils d'enquête ; composition,

D. 20 décembre 1899.

L. N. 1900-3-131. — D. P. 1900-4-69. — P. F. 1900-3-89.
Règlement sur les mouvements de troupes à l'intérieur en temps de paix.

Instr. 30 décembre 1899.

L. N. 1900-3-136.
Pour l'applicat. du texte précédent.

C. 14 mars 1900.

L. N. 1900-3-125.
Tenue des matricules et livrets des militaires ayant subi des condamnat. effacées par la réhabilitat. de droit.

L. 5 avril 1900.

L. N. 1900-3-159. — D. P. 1900-4-48. — S. 1900-1052. — P. F. 1900-3-137.
Complétant l'art. 32 de la L. 15 juillet 1889, et abrogeant la L. 30 avril 1898.

2e L. 5 avril 1900.

S. 1900-115.
Sur les pensions de retraite des chefs de musique de l'armée.

D. 9 avril 1900.

S. 1900-1131. — P. F. 1900-3-87.
Modif. l'art. 4 du D. réglement. 23 nov. 1889.

D. 11 mai 1900.

S. 1900-1158.
Chefs de musique ; personnel ; organisation.

C. 14 mai 1900.

L. N. 1900-3-276.
Sur l'applicat. de la L. 5 avril 1900.

L. 17 mai 1900.

L. N. 1900-3-222.—D. P. 1900-4-47. — S. 1900-1057.—G. P. 1900-1-3.
Complétant celle du 8 juin 1893, relative à certains actes de l'Etat civil et aux testaments faits aux armées.

L. 1er juillet 1900.

D. 1900-4-80. — S. 1900-1159.
Tenue de la cavalerie, de l'artillerie, etc.

L. 2 juillet 1900.

D. 1900-4-80.
Archivistes des bureaux d'État-major ; situation, etc.

L. 7 juillet 1900.

D. P. 1900-4-66. — S. 1900-1113.
Organisat. des troupes coloniales.

L. 24 juillet 1900.

D. P. 1900-4-85. — P. F. 1900-3-29.
Portant réorganisation de la télégraphie militaire.

D. 30 août 1900.

S. 1900-1131. — P. F. 1900-3-142.
Modif. les dates d'admiss. aux engagem. volontaires de 3 ans.

D. 3 septembre 1900.

P. F. 1901-3-46.
Relatif au ravitaillement de l'armée et de la population civile des places fortes.

D. 19 septembre 1900.

S. 1901-53.
Portant organisation des off. d'admin. du service du génie.

2e D. 19 septembre 1900.

S. 1901-53.
Réglement pour le recrutement, l'avancement et les limites d'âge des off. d'admin. du service de l'artillerie.

3e D. 19 septembre 1900.

S. 1901-54.
Relatif aux off. d'admin. du service d'état-major.

4e D. 19 septembre 1900.

S. 1901-55.
Organisation du corps des off. d'admin. du service de la justice militaire.

5e D. 19 septembre 1900.

S. 1901-56.
Limite d'âge des off. d'admin. du service de santé.

D. 25 septembre 1900.

P. F. 1900-3-113.
Modif. l'organis. de l'École spéciale militaire.

C. 1er octobre 1900.

P. F. 1900-3-143.
Mariage des officiers (Abrogat. des disposit. relatives à l'apport dotal).

Circ. 7 novembre 1900.

P. F. 1901-3-31.
Rel. au mariage des sous-officiers.

L. 7 décembre 1900.

D. P. 1901-4-28.
Comprenant les sous-directeurs, agents comptables des haras et dépôts d'étalons dans la nomenclature du tableau B annexé à la loi du 15 juillet 1889.

L. 9 décembre 1900.

D. P. 1901-4-28.
Modif. l'art. 57, L. 13 mars 1875 (cadres et effectifs de l'armée active et de l'armée territoriale).

D. 28 décembre 1900.

D. P. 1901-4-28.
Relatif aux hommes exclus de l'armée.

C. 11 janvier 1901.

P. F. 1901-3-46.
Sur la concession des congés pour les militaires des troupes coloniales.

L. 23 février 1901.

L. N. 1901-3-35. — D. P. 1901-4-33.
Dispensant les instituteurs de l'un des deux appels pour les manœuvres ou exercices de la réserve.

L. fin. 25 février 1901.

L. N. 1901-3-35. — D. P. 1901-4-33.
Art. 43, 45 ; subventions aux familles nécessiteuses de réservistes et territoriaux ; Congés à titre de soutiens de famille.

L. 2 avril 1901.

L. N. 1901-3-104.
Modifiant les art. 27 et 59 de la loi du 15 juillet 1889.

L. 2 avril 1901.

L. N. 1901-3-103. — D. P. 1901-4-76. — P. F. 1901-3-94. — G. P. 1901-1-13. — *J. off.* du 4. — V. Commentaire *Lois nouv.* 1901-1-421.

Modif. l'art. 200 Code de just. milit.

L. 17 avril 1901.

D. P. 1901-4-77. — *J. off.* du 19.

Exécut. des exercices de tir par les troupes de toutes armes.

D. 11 juin 1901.

L. N. 1901-3-162. — *J. off.* du 12.

Const. un corps d'armée en France des troupes coloniales.

L. 9 juillet 1901.

L. N. 1901-3-166. — D. P. 1901-4-101. — *J. off.* du 11.

Relative au rengagement des caporaux et soldats.

L. 18 juillet 1901.

L. N. 1901-3-191. — D. P. 1902-4-13. — S. 1902-297. — P. F. 1901-3-153. — G. P. 1901-2-745. — *J. off.* du 19. — V. Commentaire *Lois nouv.* 1901-1 433.

Garantissant leur travail et leur emploi aux réservistes et territoriaux appelés à faire leur période d'instr. militaire.

D. 14 septembre 1901.

D. P. 1901-4-102. — *J. off.* du 17.

Primes de rengag. et hautes pay. aux caporaux, brigad. et soldats (appliq. la L. 9 juill.-1901).

L. 29 décembre 1901.

L. N. 1902-3-115. — P. F. 1902-3-64. — *J. off.* du 27 février 1902.

Modif. le D. 2 août 1877 (réquisit. milit.), et le complét. par des disposit. spéciales aux exercices de tir.

C. 5 février 1902.

P. F. 1902-3-62. — *J. off.* du 7.

Sur les engagem. volontaires dans les troupes coloniales.

D. 26 février 1902.

L. N. 1902-3-111. — *J. off.* du 2 mars 1902.

Modif. les art. 7 à 11, D. 23 nov. 1889 (dispenses au titre de l'engagement décennal dans l'enseignement).

L. 6 mars 1902.

P. F. 1902-3-95. — *J. off.* du 9.

Modif. la liste jointe au D. 4 juillet 1890, portant réglem. d'admin. pub. pour l'exécut. de la L. 18 mars 1889 rel. au rengagem. des sous-off.

L. 11 mars 1902.

L. N. 1902-3-115. — P. F. 1902-3-31. — G. P. 1902-1-862. — *J. off.* du 15 mars.

Modif. le parag. 2 du 3ᵉ alinéa de l'art. 23, L. 15 février 1889 (suppr. les mots d'*Aix*, d'*Angers* et de *Châlons*).

L. fin. 30 mars 1902.

L. N. 1902-3-130. — P. F. 1902-3-70. — *J. off.* du 30. — V. Commentaire *Lois nouv.* 1902-1-229.

Art. 65 : Constit. des corps de troupes sahariens.

L. 7 avril 1902.

L. N. 1902-3-175. — *J. off.* du 11.

Dispens. les sapeurs-pompiers des périodes d'exercices militaires de l'armée territoriale.

ARMES

L. 14 août 1885.

L. N. 1885-2-156. — D. P. 1885-4-77. — S. 1886-5. — P. F. 1886, 3, 22.
Fabricat. et commerce des armes et munitions non chargées.

C. 10 nov. 1885.

S. 1886-7.
Pour l'exécut. de ce texte.

L. 13 avril 1895.

D. P. 1895-4-71. — S. 1895-1071. — G. P. 1895-1-3.
Modif. les conditions dans lesquelles le Ministre de la guerre peut interdire l'exportation des armes et munitions.

ART

(Beaux-arts et arts industriels.)

D. 12 février 1889.

L. N. 1889-3-23. — P. F. 1891-3-45. — *J. off.* du 14.
Instituant une commiss. consultative des travaux d'art.

L. 9 février 1895.

L. N. 1895-3-36. — D. P. 1895-4-69. — S. 1895-1861. — P. F. 1896-3-27. — G. P. 1895-1-2. — *J. off.* du 12 février.
Sur les fraudes en matière artistique.

D. 5 mai 1896.

L. N. 1896-3-107. — S. 1896-136. — P. F. 1896-3-139. — *J. off.* du 7 mai.
Organisant le Conservat. nation. de musique et déclamation.

D. 11 octobre 1899.

S. 1901-224. — *J. off.* du 13.
Règlement des écoles nationales d'arts et métiers.

D. 6 décembre 1899.

S. 1901-226. — *J. off.* du 9.
Règlement de l'école nationale pratiq. de Cluny.

D. 6 mars 1900.
D. 23 octobre 1900.

S. 1901-225. — *J. off.* des 9 mars et 5 déc. 1900.
Fixant les conditions d'âge et modif. les conditions du concours d'admission aux écoles ci-dessus.

L. fin. 13 avril 1900.

L. N. 1900-3-143. — D. P. 1900-4-33. — S. 1900-1066. — P. F. 1900-3-100. — *J. off.* du 14.
Art. 32 : Le Conservatoire des arts et métiers est investi de la personnalité civile. Il est représenté par un conseil d'administration.

D. 19 mai 1900.

S. 1900-1082. — P. F. 1901-3-14. — *J. off.* du 20.
Organisat. du Conservat. nation. des arts et métiers.

ART 2

(Beaux-arts et arts industriels).

D. 20 octobre 1900.

P. F. 1901-3-31. — *J. off.* du 31.
Fix. la composit. du Comité consultat. des arts et manuf.

D. 23 octobre 1900.

P. F. 1901-3-31. — *J. off.* du 5 décembre.
Modif. les condit. du concours d'entrée aux écoles.

D. 2 mai 1901.

S. 1901-227. — P. F. 1901-3-95. — *J. off.* du 5 mai 1901.
Modif. le D. 11 octobre 1899 portant réglem. des écoles nationales d'arts et métiers.

D. 5 juillet 1901.

P. F. 1901-3-160. — *J. off.* du 11.
Érigeant l'école de Cluny en école nationale d'arts et métiers.

L. 9 juillet 1901.
D. 9 juillet 1901.

L. N. 1901-3-167. — D. P. 1901-4-100. — S. 1902-339. — P. F. 1902-3-79 et 126. — *J. off.* du 10 juillet 1901.
Ayant pour objet l'organ. et le fonctionn., au Conservatoire national des arts et métiers, du laboratoire d'essais mécaniques, physiques, chimiques et de machines, créé par le D. 19 mai 1900, et d'un office national des brevets d'invention et des marques de fabrique.

D. 15 janvier 1902.

L. N. 1902-3-27. — P. F. 1902-3-27. — *J. off.* du 17.
Modif. le D. 9 juillet 1901.

D. 10 mars 1902.

P. F. 1902-3-95. — *J. off.* du 12.
Modif. l'Arrêté 1er déc. 1899 (épreuves du concours d'admiss. dans les écoles d'arts et métiers).

ASSISTANCE JUDICIAIRE ET TRAITÉS INTERNATIONAUX Y RELATIFS

L. 13 mars 1880.
D. 19 mars 1880.

D. P. 1881-4-47. — S. 1881-4.
Promulguant la convention signée le 14 mai 1879 entre la France et l'Autriche-Hongrie.

L. 12 février 1881.
D. 11 mars 1881.

D. P. 1882-4-21. — S. 1881-101.
Approuv. la convention franco-allemande du 20 février 1880.

D. 18 juin 1884.

D. P. 1884-4-126. — S. 1885-701.
Organisant l'assist. judiciaire en Tunisie.

L. 17 décembre 1885.
D. 7 janvier 1886.

L. N. 1886-2-2. — D. P. 1886-4-79. — S. 1886-130. — P. F. 1886-3. 183.
Approuv. la convention franco-espagn. du 14 mai 1884 relative à l'assistance judiciaire.

L. 29 février 1888.
D. 20 juin 1888.

D. P. 1888-4-49. — S. 1888-378. — P. F. 1888-3-31.
Approuv. la convent. du 23 mars 1885 relative à l'assistance judiciaire entre la France et l'Uruguay.

C. 14 novembre 1891.

L. N. 1891-3-203. — P. F. 1893-3-17.
Relative à l'assistance judiciaire.

L. 29 juin 1894.

L. N. 1894-3-87.— D.P. 1894-4-57. — S. 1894-774.— G. P. 1894-2-1.
Art. 27 : Accord. l'assist. judiciaire aux *intéressés*, pour les différends relatifs au fonctionnem. des caisses de secours et retraites des ouvriers mineurs. — V. Commentaire, *Lois nouv.*, 1894-1-429.

C. 15 décembre 1895.

L. N. 1895-3-130.
Relative à l'assistance judiciaire.

ASSISTANCE JUDICIAIRE 2
ET TRAITÉS INTERNATIONAUX Y RELATIFS

Inst. Enregistrement 18 novembre 1897.

L. N. 1898-3-259.
Sur le sens de l'expression : *intéressé*, employée par l'art. 27, L. 29 juin 1894.

C. 7 mai 1898.

L. N. 1899-3-36.
Délivrance de l'exécutoire. — Recouvrement des frais dus aux notaires, avoués, huissiers. Enregistrement.

C. 8 octobre 1898.

L. N. 1899-3-40.
Frais de justice, restitution de sommes indûment perçues.

D. 16 mai 1899.

L. N. 1899-3-62. — D. P. 1899-4-102. — S. 1900-981. — P. F. 1899-3-163. — *J. off.* du 19.
Promulg. la convention conclue à La Haye, le 14 nov. 1896, et le protocole additionnel du 22 mai 1897, sur diverses matières de droit internat. privé se rapportant à la procédure.
Les États signataires sont : la France, la Belgique, l'Italie, l'Espagne, le Luxembourg, les Pays-Bas, le Portugal et la Suisse. Les Etats adhérents sont : l'Allemagne, l'Autriche-Hongrie, le Danemark, la Roumanie, la Russie, la Suède et la Norwège.
Art. 14, 15 et 16 : Assistance judiciaire.

C. 19 mai 1899.

L. N. 1899-3-144.
Sur l'application dudit texte.

Lettre 18 janvier 1901.

L. N. 1901-3-186.
Du min. fin. au min. just. — Ass. jud. devant les Cours d'appel ; enregistrement et expédition du jugement de 1re instance.

L. 10 juillet 1901.

L. N. 1901-3-169. — D. P. 1902-4-49. — S. 1901-209. — G. P. 1901-2-742. — *J. off.* du 12. — V. Commentaire *Lois nouv.* 1902-1-301.
Sur l'assistance judiciaire.

C. 28 octobre 1901.

L. N. 1902-3-182.
Du garde des sceaux. — Aff. d'assist. jud. ; frais de justice crim. ; nécessité de présenter des mémoires.

ASSISTANCE JUDICIAIRE 3

Et traités internationaux y relatifs.

C. 16 juin 1902.

L. N. 1902-3-327.

Mémoires (rédaction des) ; huissiers ; exécution (actes d') ; témoins instrumentaires (avances aux) ; — Taxe des mémoires de transports ; magistrat compétent.

C. 23 juin 1902.

L. N. 1902-3-337.

Contrainte par corps exercée à la requête d'un particulier admis au bénéf. de l'ass. jud. ; frais (recouvrement des).

ASSISTANCE MÉDICALE

L. 15 juillet 1893.

L. N. 1893-3-185. — D. P. 1894-4-22. — S. 1894-681. — P. F. 1895-3-85. — *J. off.* du 18.
Sur l'assistance médicale gratuite.

L. fin. 16 avril 1895.

L. N. 1895-3-45. — D. P. 1895-4-92. — S. 1895-1041. — P. F. 1896-3-17. — G. P. 1895-1-3. — *J. off.* du 17.
Art. 47 : Application à ce service des fonds provenant du pari mutuel.

D. 16 mars 1896.

S. 1896-118.
Composit. de la commission chargée de répartir les ressources provenant du texte précédent.

L. fin. 29 mars 1897.

L. N. 1897-3-76. — D. P. 1897-4-33. — S. 1897-318. — G. P. 1897-1-3. — *J. off.* du 30.
Art. 43 : Contribution de l'État au service de toute pension annuelle, entre 90 et 200 fr., en faveur d'indigents septuagénaires ou infirmes.

C. 1er août 1901.

L. N. 1901-3-337.
Du min. int. — Exécut. de l'art. 43 ; pensions annuelles aux vieillards, infirmes et incurables.

C. 27 janvier 1902.

L. N. 1902-3-185.
Assist. médicale gratuite à fournir aux convalescents.

L. fin. 30 mars 1902.

L. N. 1902-3-130. — P. F. 1902-3-70. — *J. off.* du 30. — V. Commentaire *Lois nouv.* 1902-1-229.
Art. 61 : Augmentant la participation de l'État aux pensions prévues par l'art. 43, L. 29 mars 1897.

ASSISTANCE PUBLIQUE

D. 14 avril 1888.

L. N. 1888-2-44. — D. P. 1888-4-44. — S. 1888-377. — P. F. 1888-3-13. — *J. off.* du 15.

Instituant un Cons. supérieur de l'Assist. publiq.

D. 15 janvier 1894.

L. N. 1894-3-26. — D. P. 1895-4-32. — S. 1895-1063. — P. F. 1895-3-14. — *J. off.* du 21.

Réorganis. du Cons. supérieur de l'Assist. publiq.

D. 11 mars 1901.

P. F. 1901-3-155. — *J. off.* du 14.

Fixant la composit. du conseil supérieur de l'Assist. publiq.

L. 8 juillet 1901.

L. N. 1901-3-166. — P. F. 1902-3-16. — G. P. 1901-2-742. — *J. off.* du 9.

Modif. la L. 10 août 1871 en ce qui concerne l'incompatibilité appliquée aux médecins de l'Assist. publiq.

ASSOCIATION (CONTRAT D')

L. 1er juillet 1901.

L. N. 1901-3-155. — D. P. 1901-4-105. — S. 1902-242. — G. P. 1901-2-740. — *J. off.* du 2 juill. — V. Commentaire *Lois nouv.*, 1901-1-445.
Relative au contrat d'association.

A. 1er juillet 1901.

L. N. 1901-3-159. — D. P. 1901-4-131. — S. 1902-285. — G. P. 1901-2-740. — *J. off.* du 2.
Portant indication des pièces à fournir par les congrégations qui demandent l'autorisation.

D. 16 août 1901.

L. N. 1901-3-212. — D. P. 1901-4-132. — S. 1902-285. — G. P. 1901-2-746. — *J. off.* du 16.
Régl. d'admin. pub. pour l'applic. de la L. 1er juillet 1901.

2e D. 16 août 1901.

L. N. 1901-3-220. — D. P. 1901-4-134. — S. 1902-288. — G. P. 1901-2-748. — *J. off.* du 17.
Id. pour l'exécut. de l'art. 18 de la loi (liquidat. des biens détenus par les congrégations non autorisées et des allocations attribuées à leurs membres).

C. 23 août 1901.

L. N. 1902-3-17.
Du min. int. — Publicité des déclarations souscrites par les associat. par applicat. de la loi du 1er juillet 1901.

C. 24 septembre 1901.

L. N. 1901-3-277. — D. P. 1901-4-134. — S. 1902-288.
Applic. de la loi. — Poursuites contre les congrég. non autor. ou en instance d'autor. ; liquidation des biens ; procédure.

Instr. 14 décembre 1901.
Instr. 27 décembre 1901.

L. N. 1902-3-108-109.
Associations ; insertion des extraits des déclarations au *J. off.* et aux recueils des actes administratifs. — Modèle de récépissé de déclaration.

L. 3 février 1902.

L. N. 1902-3-72. — G. P. 1902-1-857. — *J. off.* du 5.
Régl. des soc. de prévoyance à partage et à durée illimitée.

ASSOCIATION (CONTRAT D') 2

C. 10 mars 1902.

L. N. 1902-3-248.
Congrégat. rel. ; applicat. de la L. 1er juillet 1901 ; demandes d'autorisation ; renseignem. demandés par les parquets ; avis de s'adresser aux préfets.

C. 20 juin 1902.

L. N. 1902-3-330.
Liquidat. des biens des congrégations ; frais de justice ; recouvrement ; greffiers ; états de liquidation.

C. 10 juillet 1902.

L. N. 1902-3-195.
Congrégat. non autor. ; frais de justice ; avances aux liquidateurs.

ASSOCIATIONS DE MALFAITEURS

V. Code pénal.

ASSOCIATIONS SYNDICALES

L. 22 décembre 1888.

L. N. 1888-2-156. — D. P. 1889. — S. 1889-566. — P. F. 1889-3-5. — G. P. 1888-2-9. — V. Commentaire, *Lois nouv.*, 1889-1-1.

Modif. celle du 21 juin 1865 sur la matière.

D. 9 mars 1894.

L. N. 1894-3-42. — D. P. 1895-4-63. — S. 1895-948. — P. F. 1895-3-111.

Règlem. d'Administration publ. pr. l'exécut. de ce texte.

ASSURANCE

Pour tout ce qui concerne la L. 9 avril 1898.
V. Accidents.
V. aussi : Caisse d'assurance en cas de décès.

L. 29 décembre 1884.

L. N. 1885-2-1. — D. P. 1885-4-38. — S. 1885-547.
Art. 8 : Timbre des contrats d'assurance incendie et vie.

Instr. Enregistrement, 8 mars 1885.

S. 1885-752.
Pour l'exécution de ce texte.

L. 19 févr. 1889.

L. N. 1889-3-26. — D. P. 1889-4-29. — S. 1889-549. — G. P. 1889-1-1. — V. Commentaire, *Lois nouv.*, 1889-1-305.
Restrict. du privil. de bailleur d'un fonds rural et attribution des indemnités d'assur. aux créanciers privil. ou hypothécaires.

L. fin. 13 avril 1898.

L. N. 1898-3-93. — D. P. 1898-4-97. — S. 1898-600. — V. Commentaire. *Lois nouv.*, 1898-1-322.
Art. 16 : Etendant l'abonnement prévu par l'art. 8 de la L. fin., 29 décembre 1884, aux contrats de rentes viagères en matière d'assurance-vie. — Affranchissement de taxe pr. les opérations souscrites ds. les succursales étrangères par des personnes domiciliées à l'étranger.
Art. 17 et 18 : Substit. une taxe de 6 fr. par million de capital assuré contre l'incendie. — Taxe inapplicab. aux réassurances.

C. 15 avril 1898.

L.N. 1898-3-123.
Constitut. et développem. des Soc. mutuelles d'Assur. agricoles.

D. 12 juillet 1898.

L. N. 1898-3-271. — D. P. 1899-4-55. — S. 1900-957.
Réglem. d'Adm. publ. pr. l'appl. de l'art. 17 de la L. fin. 13 avril.

L. 29 juin 1899.

L. N. 1899-3-137. — D. P. 1899-4-90. — G. P. 1899-2-1. — V. Commentaire, *Lois nouv.*, 1899-1-566.
Résiliat. des polices d'assur. souscrites par les chefs d'entreprises soumises à l'applicat. de la L. 9 avril 1898.

ASSURANCE 2

L. 4 juillet 1900.

L. N. 1900-3-245. — D. P. 1900-4-82. — S. 1901-110. — P. F. 1901-3-65. — *J. off.* du 9 juillet 1901. — V. Commentaire *Lois nouv.*, 1901-1-430.

Relative à la Constitution des sociétés ou caisses d'assurances mutuelles agricoles.

D. 10 juillet 1901.

L. N. 1901-3-188. — G. P. 1901-2-745. — *J. off.* du 14 juillet 1901.

Modif. le D. 22 janvier 1888 portant règlem. d'admin. pr. la constit. des sociétés d'assurances.

L. 2 janvier 1902.

L. N. 1902-3-14. — *J. off.* du 3 janvier.

Rel. à la compétence en matière d'assurances.

ATTÉNUATION ET AGGRAVATION DES PEINES

(Loi Bérenger).

L. 26 mars 1891.

L. N. 1891-3-92. — D. P. 1891-4-24. — S. 1891-122. — P. F. 1892-3-19. — G. P. 1891-1-7. — V. Commentaire *Lois Nouv.*, 1891-1-279 et 402.

Sur l'atténuation et l'aggravation des peines.

C. 20 février 1900.

L. N. 1900-3-225.

Relative à l'extension à donner à ce texte ; préférence à accorder aux peines pécuniaires sur les peines corporelles ; abus de la prison préventive à éviter.

L. 31 juillet 1901.

L. N. 1901-3-237. — *J. off.* du 6 sept. 1901.

Rendant applic. l'art. 463, C. pén. et l'art. 1er, L. 26 mars 1891, aux délits et contraventions en matière de pêches maritimes et de navigation.

AUBERGISTE

V. Hôtelier.

AUTOMOBILES

L. fin. 13 avril 1898.

L. N. 1898-3-93. — D. P. 1898-4-97. — S. 1898-600. — V. Commentaire *Lois nouv.*, 1898-1-322.

Art. 3. Etendant aux automobiles le tarif de la contribution sur voitures, chevaux et mulets faisant l'objet de la L. 21 décembre 1879, art. 1er.

D. 6 janvier 1899.

L. N. 1899-3-66.

Transport par bacs des vélocipèdes et automobiles.

D. 10 mars 1899.

L. N. 1899-3-39. — S. 1900-946.

Règlement relatif à la circulation des automobiles.

C. 10 avril 1899.

L. N. 1899-3-43. — S. 1900-947.

Sur l'application de ce dernier texte.

D. 24 février 1900.

L. N. 1900-3-122. — D. P. 1900-4-27. — P. F. 1901-3-41.

Règl. d'Admin. publ. pr. la justificat. de l'exécut. des services régul. de voitures automobiles subventionn. par l'État.

L. fin. 13 juillet 1900.

L. N. 1900-3-249. — D. P. 1901-4-29. — P. F. 1900-121.

Art. 5 : modif. l'art. 3. L. 13 avril 1898, relatif à la taxe des voitures automobiles.

D. 10 septembre 1901.

L. N. 1901-3-238. — *J. off.* du 13 sept. 1901.

Réglementant la circulation des automobiles.

AUTOMOBILES 2

A. 11 septembre 1901.

L. N. 1901-3-242. — D. P. 1902-4-24. — S. 1901-239. — P. F. 1902-3-10. — G. P. 1901-2-749. — *J. off.* du 13.
Réglementant la circulation des automobiles.

C. 11 septembre 1901.

L. N. 1901-3-242. — D. P. 1902-4-24. — S. 1901-239. — P. F. 1902-3-10. — G. P. 1901-2-749. — *J. off.* du 13.
Du min. des trav. pub. — Applic. du D. 10 sept. 1901.

A. 12 décembre 1901.

L. N. 1902-3-3. — P. F. 1902-3-90. — *J. off.* du 13.
Modif. l'art. 2 de l'arrêté du 11 sept. 1901 (réglem. les dimensions des plaques indicatrices des automobiles.

C. 16 décembre 1901.

L. N. 1902-3-8. — P. F. 1902-3-13. — *J. off.* du 18.
Sur l'applic. des D. 10 mars 1899 et 10 septembre 1901 (automobiles mis en circulat. par les constructeurs à titre d'essai).

C. 15 mai 1902.

L. N. 1902-3-214. — *J. off.* du 16.
Du min. des trav. pub. aux préfets. — Procédure pour l'applic. du D. 10 mars 1899, art. 8 (réglem. la circulation des auto.).

AVARIES

V. Navigation et Transport.

AVOCATS

Lettre 23 janvier 1895.

L. N. 1895-3-137.
Du min. just. au Proc. gén. de Nîmes, rel. à la nomin. du secrétaire de l'ordre.

Lettre 20 février 1895.

L. N. 1895-3-138.
Du même au Proc. gén. de Lyon, rel. à la désignation du bâtonnier de l'ordre.

A. 7 novembre 1899.

L. N. 1899-3-238.
Arrêté du Cons. de l'ordre des avocats à la Cour d'appel de Paris. relatif à l'applicat. de l'art. 16 de la L. 9 avril 1898 (sur les accidents) et au droit pr. l'avocat de prendre part à la tentative de conciliation devant le présid. du Tribunal.

D. 23 juin 1900.

L. N. 1900-3-237. — S. 1900-1135.
Appels des décisions des conseils de discipline des avocats devant la Cour de Paris (les 4 premières chambres réunies).

L. 1er décembre 1900.

L. N. 1900-3-335. — D. 1900-4-81. — S. 1901-1.
Permettant aux femmes licenciées en Droit de prêter serment d'avocat et d'exercer cette profession.

BAIL

Bailleur (privilège du)
Bail à complant.

V. Louage.

BANQUE DE FRANCE

L. 11 juillet 1885.

L. N. 1885-2-84. — D. P. 1885-4-83. — S. 1886-4. — *J. off.* du 12.
Interdisant de fabriquer, vendre ou colporter tous imprimés ou formules simulant les billets de Banque ou autres valeurs fiduciaires.

L. 25 janvier 1893.

L. N. 1893-3-31. — D. P. 1893-4-65. — S. 1893-541. — P. F. 1895-3-144. — *J. off.* du 28.
Limite de l'émission des billets de la Banque de France.

L. 17 novembre 1897.

L. N. 1897-3-284. — D. P. 1899-4-46. — S. 1898-473. — P. F. 1899-3-1. — G. P. 1897-2-3. — *J. off.* du 17. — V. Commentaire, *Lois nouv.*, 1898-1-352.
Prorogeant jusqu'au 31 décembre 1920, le privilège de la Banque de France qui devait expirer le 31 décembre 1897.

L. fin. 30 mars 1902.

L. N. 1902-3-130. — P. F. 1902-3-70. — *J. off.* du 30 mars. — V. Commentaire *Lois nouv.* 1902-1-229.
Art. 57 : Modif. l'intitulé et les art. 1 et 3, L. 11 juillet 1885 (interd. de fabriq., vendre, colporter ou distrib. tous imprimés ou formules simulant les billets de banque, valeurs fiduciaires et toutes imitations de monnaies.

BATIMENTS CIVILS

V. Palais Nationaux.

BEAUX-ARTS

V. Art.

BÉRENGER (LOI)

V. Atténuation et aggravation des peines.

BEURRES

L. 14 mars 1887.

L. N. 1887-2-56. — D. P. 1887-4-49. — S. 1887-229. — P. F. 1887-3-33.

Répression des fraudes commises dans la vente des beurres.

D. 8 mai 1888.

L. N. 1888-2-58. — S. 1888-320. — P. F. 1888-3-35.

Réglem. d'admin. publ. sur le mode et les conditions de la vérificat. des beurres.

L. 16 avril 1897.

L. N. 1897-3-101. — D. P. 1897-4-57. — S. 1897-362. — P. F. 1899-3-35. — G. P. 1897-1-6. — V. Commentaire, *Lois nouv.*, 1898-1-405.

Répress. des fraudes dans le commerce des beurres ; fabricat. de la margarine.

D. 9 novembre 1897.

L. N. 1897-3-229. — D. P. 1898-4-8. — S. 1897-363.

Règlem. d'administration publique pour l'application de ce texte.

C. 13 février 1898.

L. N. 1898-3-22.

Sur l'application de ces 2 textes.

C. 3 février 1899.

L. N. 1899-3-120.

Sur l'applicat. de la L. 16 avril 1897.

BIBLIOTHÈQUE

D. 17 juin 1885.

L. N. 1885-2-70. — D. P. 1886-4-64. — S. 1886-27.
Relatif à la Biblioth. Nationale.

D. 7 avril 1887.

D.P. 1887-4-75. — S. 1887-254.
Réorganisat. des Biblioth. Ste-Geneviève, de l'Arsenal et Mazarine.

D. 1er juillet 1897.

L. N. 1897-3-194. — S. 1898-494. — P. F. 1898-3-80.
Organisat. des Biblioth. publiq.

BIÈRE

D. 18 septembre 1880.

D. P. 1881-4-94. — S. 1881-53.

Franchise des droits sur les glucoses destinées à la fabrication des bières.

L. fin. 30 mai 1899.

L. N. 1899-3-75. — D. P. 1899-4-70. — S. 1899-853. — P. F. 1899-3-147. — *J. off.* du 31.

Art. 6 à 17 : Régime fiscal nouveau des bières.

D. 30 mai 1899.

L. N. 1899-3-86. — D. P. 1900-4-15. — S. 1899-865. — P. F. 1899-3-149. — *J. off.* du 31.

Déterm. les obligat. de détail auxquelles sont tenus les Brasseurs, par application du texte ci-dessus.

D. 10 août 1899.

L. N. 1899-3-184. — D. P. 1900-4-21. — S. 1899-868. — P. F. 1900-3-29. — *J. off.* du 12.

Détermin. des mesures d'exécut de l'art. 8 de la L. fin. 30 mai 1899.

L. 29 décembre 1900.

L. N. 1901-3-13. — D. P. 1901-4-1. — S. 1901-65. — P. F. 1902-3-1. — G. P. 1901-1-1. — *J. off.* du 30. — V. Commentaire *Lois nouv.*, 1901-1-149.

Sur le régime des boissons.

Art. 1er : Le droit de fabrication sur les bières est abaissé à 25 centimes par degré-hectolitre.

A. 24 janvier 1901.

P. F. 1901-3-76. — *J. off.* du 29.

Du min. fin. — Marche à suivre pour rech. la densité originelle des bières.

D. 18 avril 1901.

L. N. 1901-3-106. — S. 1901-81. — P. F. 1901-3-121. — *J. off.* du 23.

Modif. le D. 30 mai 1899.

L. fin. 30 mars 1902.

L. N. 1902-3-130. — P. F. 1902-3-70. — *J. off.* du 30 mars. — V. Commentaire *Lois nouv.* 1902-1-229.

Art. 19 : Modif. la L. 29 déc. 1900 (licences des brasseurs).

BOISSONS

Débit de boissons.

V. aussi : Alcool. Bière. Octroi. Timbre. Vins.

L. 17 juillet 1880.

D. P. 1880-4-93. — S. 1880-641.
Abrogeant le D. 29 décembre 1851 sur les cafés, cabarets et débits.

C. 20 août 1880.

S. 1880-642.
Exécution du texte précédent.

C. 11 août 1888.

L. N. 1888-2-108.
Du Direct. génér. des contrib. indir. sur les facilités accordées pour le transport des boissons en petites quantités.

L. 29 décembre 1897.

L. N. 1898-3-4. — D. P. 1899-4-55. — S. 1899-529. — P. F. 1899-3-48.
Suppress. des taxes d'octroi sur les boissons hygiéniques.

D. 16 juin 1898.

L. N. 1898-3-228. — D. P. 1900-4-3. — S. 1900-945. — P. F. 1898-3-140.
Établiss. à la charge des débitants, une licence municipale, en addition à celle perçue pr. le compte du Trésor.

L. 9 mars 1898.

L. N. 1898-3-49. — D. P. 1899-4-109. — S. 1898-537. — P. F. 1899-3-74.
Autorisant, pr. les communes, l'applicat. anticipée de L. 29 décembre 1897.

L. 29 juillet 1899.

L. N. 1899-3-138. — S. 1899-891. — P. F. 1900-3-29.
Prorogeant jusqu'au 31 décembre 1900 les délais fixés pr. l'applicat. de ce même texte.

L. 29 décembre 1900.

L. N. 1901-3-13. — D. P. 1901-4-1. — S. 1901-65. — G. P. 1901-1-1. — *J. off.* du 30. déc. 1901. — V. Commentaire *Lois Nouv.* 1901-1-149.
Concernant le régime des boissons.

L. fin. 30 mars 1902.

L. N. 1902-3-130. — P. F. 1902-3-70. — *J. off.* du 30 mars.

Art. 17 : Modif. l'art. 2§ 1er L. 29 déc. 1900 (pour les débitants dans les agglomérations de moins de 4.000 habitants).

Art. 18 : Etabliss. un classem. spécial pour les patentables ne se livrant qu'accessoirement au commerce des boissons.

BOURSE

V. Agent de change ; effets publics.

BREVET D'INVENTION

A. 30 décembre 1899.

L. N. 1900-3-88.
Rel. à la public. des descriptions et dessins de brevets en fascicules.

L. 9 juillet 1901.

L. N. 1901-3-167. — D. P. 1901-4-100. — S. 1902-339. — P. F. 1902-3-79. — *J. off.* du 10.
Organisat. et fonctionnem., au Conservatoire nat. des Arts et métiers, du laboratoire d'essais mécaniques, physiques et de machines, créé par le D. 19 mai 1900, et d'un office national des brevets d'invention et des marques de fabrique. (V. Art.).

A. 3 septembre 1901.

L. N. 1901-3-283. — P. F. 1902-3-9. — *J. off.* du 5.
Déterminant le format et l'échelle des dessins à produire à l'appui des demandes de brevets d'invention et de certificats d'addition.

C. 10 septembre 1901.

L. N. 1901-3-287. — P. F. 1902-3-9. — *J. off.* du 11.
Du min. com. — Création de l'office national des brevets d'invention et marques de fabrique et public. des brevets.

L. 7 avril 1902.

L. N. 1902-3-164. — D. P. 1902-4-50. — S. 1902-342. — P. F. 1902-3-72. — G. P. 1902-1-863. — *J. off.* du 9. — V. Commentaire *Lois nouv.* 1902-1-389.
Modif. divers art. de la L. 5 juillet 1844 sur les brevets d'invention.

A. 31 mai 1902.

L. N. 1902-3-215. — D. P. 1902-4-52. — S. 1902-344. — *J. off.* du 3 juin.
Rel. aux demandes, descript. et dessins, à la délivrance et à l'impression des brevets.

C. 31 mai 1902.

L. N. 1902-3-273. — *J. off.* du 3 juin.
Du min. int., sur l'application de la L. 7 avril 1902.

BOURSE

V. Agent de change. — Effets publics.

BROCANTEURS.

L. 15 février 1898.

L. N. 1898-3-34. — D. P. 1898-4-25. — S. 1898-457. — P. F. 1898-3-99. — G. P. 1898-1-1. — V. Commentaire, *Lois nouv.*, 1898-1-181.
Relative au commerce de brocanteur.

BREVET D'INVENTION

A. 30 décembre 1899.

L. N. 1900-3-88.
Rel. à la publication des descriptions et dessins de brevets en fascicules.

L. 9 juillet 1901.

L. N. 1901-3-167. — D. P. 1901-4-100. — *J. off.* du 10.
Organisat. et fonctionnem., au Conservatoire nat. des Arts et métiers, du laboratoire d'essais mécaniques, physiques et de machines, créé par le D. 19 mai 1900, et d'un office national des brevets d'invention et des marques de fabrique. (V. Art.).

A. 3 septembre 1901.

L. N. 1901-3-283. — P. F. 1902-3-9. — *J. off.* du 5.
Déterminant le format et l'échelle des dessins à produire à l'appui des demandes de brevets d'invention et de certificats d'addition.

C. 10 septembre 1901.

L. N. 1901-3-287. — P. F. 1902-3-9. — *J. off.* du 11.
Du min. com. — Création de l'office national des brevets d'invention et marques de fabrique et public. des brevets.

L. 7 avril 1902.

L. N. 1902-3-164. — P. F. 1902-3-72. — G. P. 1902-1-863. — *J. off.* du 9.
Modif. divers art. de la L. 5 juillet 1844 sur les brevets d'invention.

A. 31 mai 1902.

L. N. 1902-3-215. — *J. off.* du 3 juin.
Rel. aux demandes, descript. et dessins, à la délivrance et à l'impression des brevets.

BUDGET

L. 16 juillet 1880.

D. P. 1881-4-27. — S. 1881-50.
Contrib. directes et taxes assimilées pr. l'exercice 1881.

L. 28 décembre 1880.

D. P. 1881-4-97. — S. 1881-67.
Fixation du budget des recettes exercice 1881.

L. 29 juillet 1881.

D. P. 1882-4-86. — S. 1882-297.
Fixation des dépenses et recettes pr. le budget de l'exercice 1882.

L. 11 août 1882.

D. P. 1883-4-1. — S. 1883-428.
Contrib. directes et taxes assimilées de l'exercice 1883.

L. 29 décembre 1882.

L. N. 1882-2-250. — D. P. 1883-4-81. — S. 1883-425.
Fixation des dépenses et recettes de l'exercice 1883.

L. 30 juillet 1883.

L. N. 1883-2-83. — D. P. 1883-4-91. — S. 1884-638.
Contrib. directes et taxes assimilées de l'exercice 1884.

L. 30 décembre 1883.

D. P. 1884-4-91. — S. 1884-639-640.
Fixation du budget génér. des dépenses et recettes de l'exercice 1884.

L. 30 janvier 1884.

L. N. 1884-2-10. — D. P. 1884-4-92. — S. 1884-641.
Fixat. du budget génér. des dépenses et recettes de l'exercice 1884.

L. 14 août 1884.

L. N. 1884-2-59. — D. P. 1884-4-135. — S. 1885-746.
Contribut. directes et taxes assimilées de l'exercice 1885.

L. 29 décembre 1884.

L. N. 1885-2-1. — D. P. 1885-4-38. — S. 1885-747. — V. Commentaire, *Lois nouv.*, 1885 (4e section), p. 1 à 51.
Fixat. du budget des recettes de l'exercice 1885.

L. 21 mars 1885.

L. N. 1885-2-17. — D. P. 1885-4-41. — S. 1885-756.
Portant fixation du budget des dépenses de l'exercice 1885.

L. 30 juillet 1885.

L. N. 1885-2-127. — D. P. 1886-4-1. — S. 1886-34.
Contrib. dir. et taxes assimilées de l'exercice 1886.

L. 8 août 1885.

L. N. 1885-2-135. — D. P. 1886-4-40. — S. 1886-41.
Portant fixat. du budget génér. des dépenses et recettes de l'exercice 1886.

L. 19 juillet 1886.

D. P. 1886-4-86. — S. 1887-232. — P. F. 1886-3-116.
Contrib. dir. et taxes assimilées de l'exercice 1887.

L. 26 février 1887.

D. P. 1887-4-81. — S. 1887-235.
Portant fixation du budget des recettes et du budget des dépenses sur ressources extraordin. de l'exercice 1887.

L. 27 février 1887.

D. P. 1887-4-84. — S. 1887-242.
Portant fixation du budget des dépenses de l'exercice 1887.

L. 21 juillet 1887.

D. P. 1887-4-96. — S. 1888-393.
Contribut. directes et taxes assimilées de l'exercice 1888.

L. 30 mars 1888.

D. P. 1888-4-22. — S. 1888-401.
Budget général de l'exercice 1888.

L. 18 juillet 1888.

L. N. 1888-2-85. — D. P. 1888-4-50. — S. 1889-519.
Contrib. directes et indir. et taxes assimilées de l'exercice 1889.

L. 29 décembre 1888.

L. N. 1888-2-162. — D. P. 1890-4-26. — S. 1889-521.
Portant fixat. du budget génér. des dépenses et recettes de l'exercice 1889.

L. 25 janvier 1889.

L. N. 1889-3-15. — D. P. 1890-4-29. — S. 1890-627.
Relative aux exercices financiers (commencement et clôture).

L. 17 juillet 1889.

L. N. 1889-3-198. — D. P. 1890-4-71. — S. 1890-779. — V. Commentaire, *Lois nouv*.. 1890-1-713.
Portant fixat. du budget génér. des dépenses et recettes de l'exer. 1890.

L. 8 août 1890.

L. N. 1890-3-323. — D. P. 1890-4-76. — S. 1891-147. — P. F. 1890-3-88. — G. P. 1890-2-7.
Contrib. dir. et taxes assimilées de l'exercice 1891.

L. 26 décembre 1890.

L. N. 1891-3-18. — D. P. 1891-4-30. — S. 1891-167. — P. F. 1891-3-49.
Portant fixat. du budget génér. des dépenses et recettes de l'exercice 1891.

L. 20 juillet 1891.

L. N. 1891-3-141. — D. P. 1891-4-83. — S. 1892-297. — G. P. 1891-2-3.
Contrib. directes et taxes assimilées de l'exercice 1892.

L. 26 janvier 1892.

L. N. 1892-3-24. — D. P. 1892-4-9. — S. 1892-303. — P. F. 1892-3-33. — G. P. 1892-1-3. — V. Commentaire, *Lois nouv.*, 1892-1-9, et 414.
Fixation du budget des dépenses et recettes de l'exercice 1892.

L. 18 juillet 1892.

L. N. 1892-3-133. — D. P. 1893-4-74. — S. 1893-606. — G. P. 1892-2-5.
Contrib. directes et taxes assimil. de l'exercice 1893.

L. 28 avril 1893.

L. N. 1893-3-96. — D. P. 1893-4-79. — S. 1893-620. — P. F. 1893-3-65. — V. Commentaire, *Lois nouv*.. 1893-1-189.
Fixation du budget général des dépenses et recettes de l'année 1893.

BUDGET 4

L. 26 juillet 1893.

L. N. 1893-3-246. — D. P. 1894-4-45. — S. 1894-721.
Portant fixation du budget général des dépenses et recettes de l'année 1894.

L. 21 juillet 1894.

L. N. 1894-3-115. — D. P. 1895-4-89. — S. 1895-1032. — P. F. 1895-3-121.
Contrib. directes et taxes y assimilées de l'exercice 1895.

L. 16 avril 1895.

L. N. 1895-3-45. — D. P. 1895-4-92. — S. 1895-1041. — P. F. 1896-3-17. — G. P 1895-1-3. — V. Commentaire, *Lois nouv.*, 1895-1-227.
Fixation du budget général des dépenses et recettes de l'exercice 1895

L. 17 juillet 1895.

L. N. 1895-3-114. — D. P. 1896-4-36. — S. 1896-65. — P. F. 1896-3-47.
Contrib. directes et taxes assimilées de l'exercice 1896.

L. 28 décembre 1895.

L. N. 1896-3-14. — D. P. 1896-4-39. — S. 1896-68. — P. F. 1896-3-81. — V. Commentaire, *Lois nouv.*, 1896-1-93.
Fixat. du budget général des recettes et dépenses de l'exercice 1896.

L. 20 juillet 1896.

L. N. 1896-3-144. — D. P. 1897-4-28. — S. 1897-305. — P. F. 1897-3-31.
Contrib. directes et taxes assimilées pour l'exercice 1897.

L. 29 mars 1897.

L. N. 1897-3-76. — D. P. 1897-4-33. — S. 1897-318. — G. P. 1897-1-3. — V. Commentaire, *Lois nouv.*, 1897-1-280.
Fixat. du budget général des dépenses et recettes de l'exercice 1897.

L. 21 juillet 1897.

L. N. 1897-3-154. — D. P. 1898-4-93. — S. 1898-591. — P. F. 1898-3-25. — G. P. 1897-2-1.
Contrib. directes et taxes assimilées de l'exercice 1898.

L. 13 avril 1898.

L. N. 1898-3-93. — D. P. 1898-4-97. — S. 1898-600. — G. P. 1898-1-14. — *J. off.* du 14. — V. Commentaire *Lois nouv.*, 1898-1-322.
Fixation du budget général des dépenses et recettes de l'exercice 1898.

L. 21 juillet 1898.

L. N. 1898-3-256. — D. P. 1899-4-75. — S. 1899-847. — P. F. 1899-3-67. — *J. off.* du 23.
Contribut. directes et taxes assimilées de l'exercice 1899.

L. 30 mai 1899.

L. N. 1899-3-75. — D. P. 1899-4-76. — S. 1899-853. — P. F. 1899-3-147. — *J. off.* du 31.
Fixation du budget génér. des dépenses et recettes de l'exercice 1899.

L. 11 juillet 1899.

L. N. 1899-3-152. — D. P. 1900-4 31. — *J. off.* du 13.
Contribut. directes et taxes assimil. de l'exercice 1900.

L. 24 février 1900.

L N. 1900 3-97. — D. P. 1900 4-32. — S. 1900-1065. — *J. off.* du 25.
Portant : 1° Ouverture de crédits provisoires ; 2° Autorisat. de percevoir pendant le mois de mars les impôts et revenus publics.

L. 13 avril 1900.

L. N. 1900-3-143. — D. P. 1900-4-33. — S. 1900-1066. — P. F. 1900-3-100. — *J. off.* du 14. — V. Commentaire *Lois nouv.*, 1900-1-217.
Fixation du budget génér. des dépenses et recettes de l'exercice 1900.

L. 13 juillet 1900.

L. N. 1900-3-249. — D. P. 1901-4-29. — S. 1901-129. — P. F. 1900-3-121. — *J. off.* du 14.
Contributions directes et taxes assimilées de l'exercice 1901.

L. 30 décembre 1900.

S. 1901-136. — *J. off.* du 31.
Portant : 1° Ouverture, sur l'exercice 1901, des crédits provis. applic. au mois de janvier 1901 ; 2° Autoris. de percevoir, pendant ce mois, les impôts et revenus publics.

L. 25 février 1901.

L. N. 1901-3-35. — D. P. 1901-4-33. — S. 1901-140. — P. F. 1902-3-33. — G. P. 1901-1-5. — *J. off.* du 26. — V. Commentaire *Lois nouv.* 1901-1-189 et 321.

Fixation du budget génér. des dépenses et recettes de l'exercice 1901.

L. 1er juillet 1901.

L. N. 1901-3-163. — D. P. 1902-4-19. — *J. off.* du 3.

Concernant les dépenses de l'expédition de Chine.

L. 10 juillet 1901.

L. N. 1901-3-175. — D. P. 1902-4-57. — *J. off.* du 11.

Contrib. dir. et taxes assimilées de l'exercice 1902.

L. 26 décembre 1901.
L. 25 février 1902.

L. N. 1902-3-12. — D. P. 1902-4-59. — *J. off.* des 26 déc. 1901 et 25 février 1902.

Crédits provisoires; janvier-février 1902 et mars 1902.

L. 30 mars 1902.

L. N. 1902-3-130. — D. P. 1902-4-60. — P. F. 1902-3-70. — *J. off.* du 30. — V. Commentaire *Lois nouv.* 1902-1-229.

Fixant le budget gén. des dépenses et des recettes de l'exercice 1902.

L. 16 juillet 1902.

L. N. 1902-3-320. — *J. off.* du 19.

Contrib. dir. et taxes assimilées de l'exercice 1903.

BUREAUX DE BIENFAISANCE

—

Avis Cons. d'État 24 mars 1880.

S. 1880-625.
Etendue des droits et prérogat. en matière de quêtes et souscript.

Av. Cons. d'État 7 juill. 1881.

S. 1882-356.
Etendue et limitat. des droits en matière de legs.

Av. Cons. d'État 9 et 30 mai 1895.

S. 1896-42.
Libéralités faites en faveur des pauvres dans les communes où il n'existe pas de Bureau de bienfaisance.

D. 8 octobre 1899.

L. N. 1899-3-216.
Gestion financière des Bureaux de bienfais. et des Bureaux d'Assistance.

CADASTRE

D. 30 mai 1891.

L. N. 1891-3-120. — D. P. 1892-4-27.
Instituant au Minist. des Finances une Commiss. du Cadastre.

L. 17 mars 1898.

L. N. 1898-3-52. — D. P. 1898-3-38. — S. 1898-572. — P. E. 1899-3-82. — G. P. 1898-1-1. — V. Commentaire, *Lois Nouv.* 1898-1-309.
Tendant à rendre plus rapide et plus économique la révision du Cadastre.

D. 9 juin 1898.

L. N. 1898-3-179. — S. 1900-1015. — P. F. 1899-3-6.
Créant au Minist. des Fin. un service de renouvell. ou de révision et de conservation du Cadastre.

L. fin. 13 avril 1900.

L. N. 1900-3-143. — D. P. 1900-4-33. — S. 1900-1066. — P. F. 1900-3-100. — V. Commentaire, *Lois Nouv.* 1900-1-217.
Art. 19 à 21 : Opérations de triangulat., arpentage, nivellement sur les terrains particuliers, plantations de bornes ou signaux ; Dommage, indemnité, action, prescription, expropriation. Destruction des bornes ou signaux, pénalités.

CAISSE D'ASSURANCE EN CAS DE DÉCÈS

(Fondée en vertu de la L. 11 juillet 1868).

V. aussi : Accidents. — Assurance.

D. 28 novembre 1890.

L. N. 1890-3-467.—D.P. 1892-4-5. — S. 1892-252. — P. F. 1892-3-8.
Fixat. des primes à payer pr. les assur. collect. contractées au profit des Soc. de Secours mutuel.

D. 28 décembre 1893.

L. N. 1894-3-19. — D. P. 1895-4-22. — S. 1895-905.
Fixant l'intérêt composé du capital dont il est tenu compte pr. les tarifs servant de base aux primes à payer.

L. 17 juillet 1897.

L. N. 1897-3-148. — D. P. 1897-4-69. — S. 1897-377. — P. F. 1898-3-30. — G. P. 1897-2-1.
Autorisant cette Caisse à pratiquer l'assurance mixte.

L. 24 mai 1899.

L. N. 1899-3-66. — G. P. 1899-1-2.
Etendant les opérat. de cette Caisse, en vue de l'applicat. de la L. 9 avril 1898

D. 26 mai 1899.

L. N. 1899-3-69.
Approuv. les tarifs établis par cette Caisse en conformité du texte ci-dessus.

Note 27 mai 1899.

L. N. 1899-3-74.
Sur l'application de ces textes.

D. 27 avril 1900.

L. N. 1900-3-199. — D. 1900-4-87. — S. 1900-1134.— P. F.1900-3-79.
Réglem. d'admin. publ. pr. déterminer les conditions ds. lesquelles cette Caisse peut pratiquer l'assur. mixte, conform. à la L. 17 juillet 1897.

CAISSE DES DÉPOTS ET CONSIGNATIONS

V. aussi : Accidents. — Notaire.

L. fin. 16 avril 1895.

L. N. 1895-3-45. — D. P. 1895-4-92. — S. 1895-1041. — P. F. 1896-3-17. — G. P. 1895-1-3.

Art. 43 : Sommes déposées acquises à l'État au bout de 30 ans à défaut d'opérations de versement ou remboursement. Actes interruptifs. Avertissements.

C. 27 août 1899.

L. N. 1899-3-201.

Applicat. de l'art. 28 de la L. 9 avr. 1898 (sur les accidents).

Instr. 8 novembre 1900.

L. N. 1901-3 83 et 124.

Obligation des syndics de faillite de consigner les fonds qu'ils reçoivent; rappel d'une circulaire du garde des sceaux ; honoraires à allouer aux notaires pour l'établissement des quittances à la charge de l'administration de la Caisse.

CAISSES D'ÉPARGNE

(postale et municipales).

L. 9 avril 1881.

D. P. 1881-4-114. — S. 1882-288.
Création d'une Caisse d'épargne postale.

D. 31 août 1881.

D. P. 1882-4-118. — S. 1882-342.
Pour l'exécution du texte précédent.

L. 10 juin 1882.

D. P. 1882-4-120.
Minimum des versements à la Caisse d'épargne postale.

L. 3 août 1882.

L. N. 1882-2-162. — D. P. 1882-4-120. — S. 1882-407.
Création de timbres-épargne.

D. 30 novembre 1882.

L. N. 1882-2-227. — D. P. 1883-4-80. — S. 1883-458.
Règles à suivre pr. l'obtention d'un livret à la Caisse d'épargne post.

D. 10 mars 1883.

L. N. 1883-2-36. — D. P. 1883-4-91. — S. 1883-478.
Etablissant la pratique du timbre-épargne.

D. 18 mars 1885.

D. P. 1885-4-24. — S. 1886-86.
Créant une succurs. de la Caisse d'Épargne postale d. les divisions et à bord de chaque bâtiment.

D. 29 octobre 1885.

L. N. 1885-2-164. — D. P. 1886-4-67. — S. 1886-59.
Création de succursales de la Caisse nation. d'épargne à l'étranger.

D. 22 novembre 1886.

L. N. 1887-2-12.
Succursales navales de la Caisse d'épargne postale.

D. 14 décembre 1889.

L. N. 1890-3-9. — D. P. 1890-4-104. — S. 1891-87. — G. P. 1890-1-1.
Succursales de la Caisse nation. d'épargne.

CAISSES D'ÉPARGNE 2

(postales et municipales).

C. 12 février 1892.

L. N. 1892-3-54. — P. F. 1893-3-84.

Dépôt de fonds par les Syndic. profess. à la Caisse nation. d'Épargne.

L. 20 juillet 1895.

L. N. 1895-3-141. — D.P.1896-4-1. — S. 1895-1153.— P. F. 1897-3-1. — V. Commentaire, *Lois nouv.* 1895-1-367 et 1896-1-73.

Loi sur les Caisses d'épargne.

C. 24 juillet 1895.

L. N. 1895-3-187. — S. 1895-1168.

Sur l'exécut. de ce texte.

C. 19 février 1896.

L. N. 1896-3-134.

Même objet.

D. 20 septembre 1896.

L. N. 1896-3-183. — D. P. 1897-4-90. — S. 1897-237. — P. F. 1897-3-96.

Contrôle et vérificat. des opérat. des Caisses d'épargne.

C. 10 mars 1897.

L. N. 1897-3-73. — P. F. 1897-3-76.

Applicat. de l'art. 10 de la L. 20 juillet 1895 ; prêts aux Sociétés de construct. d'habit. à bon marché.

C. 8 février 1900.

L. N. 1900-3-177.

Délivrance des certific. de prop. relatifs au retrait des fonds versés dans les Caisses d'épargne.

L. 6 avril 1901.

L. N. 1901-3-104.

Relative aux retenues à opérer sur les doubles livrets des caisses d'épargne.

CAISSE NATIONALE DES RETRAITES
pour la vieillesse.

L. 20 juillet 1886.

L. N. 1886-2-164. — D. P. 1886-4-49. — S. 1887-147. — P. F. 1886-3-122.
Relative à la Caisse nation. des retraites pour la vieillesse.

D. 20 décembre 1886.

L. N. 1886-2-25.
Fixant le taux de l'intérêt à servir aux déposants.

D. 28 décembre 1886.

D. P. 1887-4-50. — S. 1887-155.
Réglem. d'administration publ. pour l'applic. de ces textes.

D. 28 décembre 1893.

L. N. 1894-3-20. — D. P. 1895-4-21.
Fixant l'intérêt du capital dont il est tenu compte dans les tarifs sur lesquels se calcule la rente viagère à servir aux déposants.

L. 31 décembre 1895.

L. N. 1896-3-37. — D. P. 1896-4-70. — S. 1896-33. — P. F. 1898-3-102.
Majoration des pensions servies par la Caisse nation. des retraites.

D. 9 juin 1896.

L. N. 1896-3-123. — D. P. 1896-4-73. — S. 1896-159.
Même objet.

L. fin. 29 mars 1897.

L. N. 1897-3-76. — D. P. 1897-4-33. — S. 1897-318. — G. P. 1897-1-3.
Art. 45 : Modif. l'art. 16 de la L. 20 juillet 1886.

D. 22 juin 1897.

D. P. 1897-4-106. — S. 1897-340.
Demandes de majoration de rentes viagères.

L. fin. 13 avril 1898.

L. N. 1898-3-93. — D. P. 1898-4-97. — S. 1898-600.
Art. 75 : Abaissant de 70 à 68 ans la limite d'âge permettant de bénéficier des majorations prévues par la L. 31 décembre 1895.

CAISSE NATIONALE DES RETRAITES 2

Pour la vieillesse.

D. 15 août 1898.

L. N. 1898-3-278.
Réglem. d'admin. publ. pour l'applic. de ce texte.

D. 8 octobre 1899.

L. N. 1899-3-219. — P. F. 1899-3-168.
Majorat. des rentes viagères de la Caisse nation. des retraites.

D. 24 juillet 1900.

L. N. 1900-3-257.
Demandes de majoration de rentes viagères.

L. fin. 25 février 1901.

L. N. 1901-3-35.
Art. 60 : Est abaissée à 65 ans la limite d'âge de 68 ans, prévue par l'art. 75, L. 13 Avril 1898, pour la majoration des pensions de retraite accordées en vertu de la L. 31 déc. 1895.

CAISSES DE RETRAITES, SECOURS ET PRÉVOYANCE

L. 27 décembre 1895.

L. N. 1896-3-12. — D. P. 1896-4-5. — S. 1896-49. — P. F. 1897-3-113. — *J. off.* du 29. — V. Commentaire *Lois nouv.* 1896-1-109.
Concernant les caisses de retraites, secours et prévoyance, fondées au profit des employés et ouvriers.

D. 10 janvier 1896.

L. N. 1893-3-68. — S. 1896-54. — *J. off.* du 4 février.
Instituant auprès du Ministre du Comm. une Commis. consultat. des Caisses syndic. et patron. des retraites, secours et prévoyance.

D. 14 octobre 1897.

L. N. 1897-3-220. — D. P. 1897-4-111. — S. 1899-894. — *J. off.* du 17.
Règlem. d'Admin. publ. pr. l'applicat. de la L. 27 décembre 1895.

L. 10 avril 1902.

L. N. 1902-3-178. — S. 1902-336. — G. P. 1902-1-863. — *J. off.* du 12.
Complét. l'art. 2, L. 27 déc. 1890 (homologation des statuts des Cies de chemins de fer).

D. 10 juillet 1902.

L. N. 1902-3-294. — *J. off.* du 21.
Portant modific. au règlem. de la caisse des retraites des agents et ouvriers commissionnés des chemins de fer de l'Etat.

CAISSES RÉGIONALES AGRICOLES

V. Crédit agricole.

CANDIDATURES MULTIPLES

V. Élections.

CARTES A JOUER

V. aussi : Cercles.

D. 26 mars 1889.

L. N. 1889-3-55. — D. P. 1890-4-34. — S. 1891-25.
Fabrication des cartes à jouer.

D. 12 avril 1890.

L. N. 1890-3-152. — D. P. 1891-4-48. — S. 1891-203. — P. F. 1890-3-32.
Timbres des cartes à jouer.

L. fin. 28 décembre 1895.

L. N. 1896-3-14. — D. P. 1896-4-39. — S. 1896-68. — P. F. 1896-3-81.
Art. 23 et 24 : Impôt des cartes à jouer.

D. 31 décembre 1895.

L. N. 1896-3-41. — S. 1896-84.
Taxation des cartes à jouer.

D. 18 janvier 1899.

S. 1900-1111. — P. F. 1899-3-161.
Modif. celui du 31 décembre 1895.

D. 20 juin 1900.

L. N. 1900-3-237. — S. 1900-1111.
Même objet.

CASIER JUDICIAIRE

L. 5 août 1899.

L. N. 1899-3-174. — D. P. 1899-4-113. — S. 1900-937. — P. F. 1900-3-33. — G. P. 1899-2-2. — V. Commentaire, *Lois Nouv.* 1900-1-89.
Sur le casier judiciaire et la réhabilitat. de droit.

C. 8 août 1899 (marine).

L. N. 1899-3-177. — P. F. 1900-3-70.
Pr. l'applicat. du texte ci-dessus.

D. 12 décembre 1899.

L. N. 1900-3-7. — D. P. 1900-4-11. — S. 1900-944. — P. F. 1900-3-40. — G. P. 1899-2-3.
Réglem. d'admin. publ. pr. l'applicat. de la L. 5 août 1899.

C. 15 décembre 1899.

L. N. 1900-3-10. — P. F. 1900-3-41.
Sur l'applicat. de ces textes.

C. 20 décembre 1899.

L. N. 1900-3-78.
Casiers judic. à joindre au dossier des candidats à la magistrature et aux fonctions d'offic. publ. ou ministér.

C. 22 janvier 1900.

L. N. 1900-3-216.
Applic. de la L. 5 Août 1899. — Infractions en matière de douanes, d'octrois, de poste, de contribut. indir. — Infract. forestières.

C. 17 févr. 1900.

L. N. 1900-3-242.
Nécessité de signifier tous les jugem. déclarat. de faillite. — Avances des frais par le Trésor.

C. 13 mars 1900.

L. N. 1900-3-216.
Sur l'applicat. de la L. 5 août 1899.

D. 7 juin 1900.

L. N. 1900-3-228. — D. P. 1900-4-64. — S. 1900-1135. — P. F. 1900-3-117.
Modif. celui du 12 décembre 1899 en ce qui concerne le coût des bulletins du casier judic. pr. l'hospitalisat. des indigents.

CASIER JUDICIAIRE 2

C. 23 juin 1900.

L. N. 1900-3-286.
Réduction du coût des casiers jud. ds. les administr. hospital.

C. 23 juin 1900.

L. N. 1900-3-302.
Certificat pouvant tenir lieu de la quittance de l'amende quand elle a été égarée.

L. 11 juillet 1900.

L. N. 1900-3-246.— D. P. 1900-4-60.— S. 1900-1137.— P. F. 1901-3-1. —*J. off.* du 17. —V. Commentaire *Lois nouv.* 1900-1-397.
Modif. celle du 5 août 1899.

C. 21 juillet 1900.

L. N. 1900-3-307.
Casier jud. ; sociétés de patronage ; délivrance des bulletins n° 2.

C. 10 août 1900.

L. N. 1900-3-308.
Procédures concernant les récidivistes ; extraits du casier judiciaire.

C. 10 septembre 1900.

L. N. 1900-3-310.
Extraits délivrés aux autorités maritimes. Recouvrem. des frais. Greffiers. Etats récapitulatifs.

D. 13 novembre 1900.

L. N. 1900-3-303. — D. P. 1900-4-65. — P. F. 1901-3-32. — G. P. 1900-2-4. — *J. off.* du 15.
Complét. le Règlem. d'Admin. publ. du 12 décembre 1899.

C. 30 novembre 1900.

L. N. 1901-3-29.
Sur le casier jud. et la réhabilitation de droit.

C. mai 1901.

L. N. 1901-3-196.
Appliq. des LL. 5 août 1899 (art. 5) et 11 juillet 1900 (art. 4 § 3).

C. 13 juin 1901.

L. N. 1901-3-291.
Extraits pr. admission ds. les soc. de sec. mutuels; enregistr. gratis.

C. 15 avril 1902.

L. N. 1902-3-250.
Du min. just. Duplicata des bulletins n° 1 (guerre et marine) ; vérification des antécédents des appelés des classes.

Décision mai-juin 1902.

L. N. 1902-3-331.
Cessions d'offices ; bulletin n° 2 du casier judiciaire du candidat ; frais à sa charge.

CAUTION JUDICATUM SOLVI

Traités internationaux y relatifs.

L. 5 mars 1895.

L. N. 1895-3-107. — D. P. 1895-4-36. — S. 1895-1065. — P. F. 1896-3-109. — V. Commentaire, *Lois Nouv.* 1895-1-362.

Appliq. aux étrangers, en matière commerc., l'art. 166 C. pr. civ.

Convention 27/15 juillet 1896.

L. N. 1896-3-203. — D. P. 1899-4-103. — S. 1900-980.

Caution *judicatum solvi* en cas d'actions introduites par des sujets russes devant les tribunaux français et réciproquement.

L. 31 mars 1899.
D. 12 avril 1899.

L. N. 1899-3-53. — D. P. 1899-4-103. — S. 1900-980. — P. F. 1899-3-164.

Promulg. le texte précédent.

D. 16 mai 1899.

L. N. 1899-3-62. — D. P. 1899-4-102. — S. 1900-981. — P. F. 1899-3.163.

Promulg. la convent. du 14 nov. 1896 et le protocole additionn. du 22 mai 1897, signés à la Haye sur diverses matières de droit internat. privé se rapportant à la procédure. — Les Etats signataires ou adhérents, sont la France, l'Italie, la Belgique, l'Espagne, les Pays-Bas, le Luxembourg, le Portugal, la Suisse, l'Allemagne, l'Autriche-Hongrie, le Danemark, la Roumanie, la Russie, la Suède et la Norwège.

Art. 11, 12 et 13 : Caution *judicatum solvi.*

C. 19 mai 1899.

L. N. 1899-3-144.

Sur l'application du texte précédent.

CAUTIONNEMENT de fonctionnaires.

L. fin. 28 avril 1893.

L. N. 1893-3-96. — D. P. 1893-4-79. — S. 1893-620. — P. F. 1893-3-65. — *J. off.* du 29. — V. Commentaire. *Lois nouv.*, 1893-1-189.

Art. 55 : Fixant la quotité et réduis. à 2.50 p. 100 au delà de 200.000 fr. l'intérêt des cautionn. des Trésor. pay. généraux.

D. 23 juin 1897.

L. N. 1897-3-140. — S. 1898-407. — P. F. 1898-3-76.— *J. off.* du 1er juillet.

Remboursem. des cautionnem. des comptables de l'État.

L. fin. 13 avril 1898.

L. N. 1898-3-93. — D. P. 1898-4-97. — S. 1898-600. — *J. off.* du 14.

Art. 55 : Fix. à 2,50 p. 100 l'intérêt des cautionn.; abrog. des L. L. 4 août 1844 (art. 7), et 28 avril 1893, *suprà.*

Art. 56 : Autoris. les comptables et autres fonctions assujetties à cautionn., à le constituer pr. la totalité en numéraire ou en rente sur l'Etat.

D. 2 juillet 1898.

L. N. 1898-3-238. — D. P. 1898-4-150. — S. 1898-652. — P. F. 1899-3-77. — *J. off.* du 11.

Réglem. d'admin. publ. pr. l'exécut. de ce texte.

D. 5 juillet 1898.

L. N. 1898-3-242.—S. 1898-653.— P. F. 1899-3-78. — *J. off.* du 11.

Délais de transformat. en cautionn. constitués par des rentes sur l'État, des cautionnements constitués en numéraire.

Ar. 6 juillet 1898.

L. N. 1898-3-242.— S. 1898-653.— P. F. 1899-3-78.— *J. off.* du 11.

Formes des déclarat. prévues par les textes sus-visés.

Ar. 6 décembre 1899.

P. F. 1900-3-49.

Autorisant les comptab. à faire opérer par le Trésor la transformation visée par les textes ci-dessus.

L. 12 juillet 1902.

L. N. 1902-3-273. — *J. off.* du 13.

Rel. au remboursem. des cautionnem. effectués en vertu de la L. 13 avril 1898.

CERCLES

V. aussi : Cartes à jouer.

L. fin. 17 juillet 1889.

L. N. 1889-3-198.
Art. 4 modif. l'art. 9 de la L. 16 septembre 1871 (impôt sur les ressources totales annuelles).

D. 1er avril 1890.

L. N. 1890-3-148. — S. 1890-799. — P. F. 1890-3-86.
Réglemt. d'admin. publ. pr. l'exécut. de ce texte.

L. fin. 8 août 1890.

L. N. 1890-3-322. — D. P. 1890-4-76. — S. 1891-147.—G.P. 1890-2-7.
Art. 33 : modif. les textes ci-dessus.

D. 30 décembre 1890.

L. N. 1891-3-33. — D. P. 1891-4-108. — S. 1892-260.
Régl. d'admin. publ. pr. l'exécut. de ce dernier texte.

CHASSE

—

L. 3 août 1882.

L. N. 1882-2-161. — D. P. 1882-4-122. — S. 1883-414.
Relative à la destruction des loups.

D. 28 novembre 1882.

L. N. 1882-2-223. — D. P. 1883-4-79. — S. 1883-415.
Applicat. du texte précédent.

D. 24 février 1897.

L. N. 1897-3-72. — P. F. 1898-3-72.
Transférant au Ministre de l'Agricult. les attributions exercées par le Minist. de l'intér. concernant la police de la chasse.

L. 16 février 1898.

L. N. 1898-3-37. — D. P. 1898-4-29. — S. 1898-537. — P. F. 1898-3-65. — G. P. 1898-1-2. — V. Commentaire *Lois nouv.* 1898-1-363.
Modif. l'art. 3 de la L. 3 mai 1844 sur la police de la chasse (Pouvoirs des Préfets).

Note 9 février 1900.

P. F. 1901-3-37.
Du ministère de l'agriculture. Formalités d'obtention d'une autor. pour le transport du gibier destiné au repeuplement.

C. 15 mars 1901.

L. N. 1901-3-121.
Du min. just. rel. à la chasse et à la répression des infractions.

L. 19 avril 1901.

L. N. 1901-3-105. — D. P. 1901-4-68. — S. 1901-89. — G. P. 1901-1-14. — *J. off.* du 21 avril 1901. — V. Commentaire *Lois nouv.* 1901-1-337.
Relative à la réparation des dommages causés aux récoltes par le gibier.

CHEMINS DE FER ET TRAMWAYS

L. 11 juin 1880.

D. P. 1881-4-20. — S. 1881-45.
Chemins de fer d'intérêt local et tramways.

D. 24 novembre 1880.

D. P. 1882-4-10. — S. 1881-1.
Reconstitut. du comité consult. des chem. de fer.

L. 27 décembre 1880.

D. P. 1882-4-12. — S. 1881-104.
Clôtures et barrières. Dérogation à la L. 15 juillet 1845.

D. 18 mai 1881.

D. P. 1882-4-78. — S. 1881-105.
Réglem. d'admin. publ. pr. l'exécut. de la L. 11 juin 1880.

D. 6 août 1881.

D. P. 1882-4-115. — S. 1881-162.
Même objet.

D. 20 mars 1882.

L. N. 1882-2-31. — D. P. 1883-4-22. — S. 1882-361.
Même objet.

D. 11 août 1883.

L. N. 1883-2-94. — D. P. 1884-4-8. — S. 1884-553.
Modif. l'ordonn. du 15 novembre 1846 sur la police, la sûreté de l'exploit. des chem. de fer (signal d'alarme).

D. 7 juillet 1884.

L. N. 1884-2-32. — D. P. 1884-4-126. — S. 1885-714.
Fixant les attrib. des commiss. génér. du contrôle des Cies de chem. de fer.

D. 30 juillet 1884.

L. N. 1884-2-49. — D. P. 1885-4-7. — S. 1885-736.
Organisant un service de surveillance médicale dans les gares.

Ar. 15 novembre 1885.

L. N. 1885-2-186. — P. F. 1886-3-41.
Instituant un code uniforme des signaux échangés entre les agents des trains et les agents de la voie ou des gares.

CHEMINS DE FER ET TRAMWAYS 2

D. 23 décembre 1885.

L. N. 1885-2-225. — D. P. 1886-4-78. — S. 1886-61.
Modif. le règl. d'admin. publ. du 20 mars 1882 relatif aux chem. de fer d'intérêt local et aux tramways.

D. 7 septembre 1887.

D. P. 1888-4-7. — S. 1888-324.
Réorganisat. du Comité consultat. des chem. de fer.

D. 29 octobre 1887.

D. P. 1888-4-13. — S. 1888-324.
Modif. le Décret précédent.

L. 28 décembre 1888.

L. N. 1888-2-160. — S. 1889-481.
Service militaire des chem. de fer.

D. 23 janvier 1889.

D. P. 1890-4-34. — S. 1891-24. — P. F. 1891-3-37.
Interdiction d'affecter au transport des voyageurs aucune locomot., tender ou voiture montés sur roues en fonte.

D. 5 février 1889.

L. N. 1889-3-17.
Exécution de la L. 28 déc. 1888.

D. 9 mars 1889.

L. N. 1889-3-40. — D. P. 1890-4-61. — S. 1891-24.
Réglementation des trains dits « légers ».

D. 17 octobre 1891.

L. N. 1891-3-183. — D. P. 1892-4-59. — S. 1893-556. — P. F. 1893-3-16. — G. P. 1891-2-9.
Composit. et attrib. du Comité de l'exploitation technique des chemins de fer.

L. 29 décembre 1891.
D. 25 novembre 1892.

L. N. 1892-3-4. — D. P. 1894-4-15. — S. 1893-601 et 602. — P. F. 1893-3-76.
Approuv. la convent. signée à Berne le 14 octobre 1890 entre la France, l'Allemagne, l'Autriche-Hongrie, l'Italie, les Pays-Bas, le Luxemb., la Russie et la Suisse (transport des marchandises par chem. de fer).

Ar. 20 mai 1893.

S. 1894-669.
Réorganisat. du contrôle des chemins de fer d'intérêt général.

D. 18 septembre 1893.

L. N. 1893-3-291. — D. P. 1895-4-2. — S. 1895-899.
Réorganisat. du comité consultatif des chem. de fer.

D. 30 janvier 1894.

L. N. 1894-3-31. — S. 1895-932.
Complétant l'art. 5 du D. 6 août 1881 (établissement de voies ferrées sur le sol des voies publiques).

D. 23 juin 1894.

L. N. 1894-3-105. — D. P. 1896-4-16. — S. 1895-996.
Répartissant les ports français en différents groupes, pour l'applicat. des tarifs de chem. de fer (transport de marchandises en transit).

D. 2 juillet 1894.

D. P. 1896-4-17. — S. 1895-997.
Réorganis. le corps des commiss. de surveill. administrative des chem. de fer.

D. 30 mai 1895.

L. N. 1895-3-92. — S. 1895-1117. — P. F. 1895-3-152.
Réglem. d'admin. publ. pour le service du contrôle des chem. de fer d'intérêt général.

Ar. 26 octobre 1895.

L. N. 1895-3-194.
Réorganisat. du contrôle des chem. de fer.

D. 10 décembre 1895.

L. N. 1896-3-7. — D. P. 1897-4-85. — S. 1896-11. — P. F. 1897-3-19.
Réorganisat. des chemins de fer de l'État.

D. 1er janvier 1896.

L. N. 1896-3-43. — D. P. 1899-4-103. — S. 1900-1173. — P. F. 1896-3-52.
Promulg. l'arrangement addition. à la Convention de Berne, signé le 16 juillet 1895 (transport des marchandises).

D. 18 janvier 1896.

L. N. 1896-3-65. — D. P. 1897-4-85. — S 1896-44.
Mise à la retraite des fonctionn. et agents des chem. de fer de l'État.

D. 19 octobre 1896.

S. 1900-1174.
Promulg. la déclar. signée à Berne, le 20 sept. 1896, addit. à celle du 14 octobre 1890 (transp. des march. par ch. de fer).

D. 22 novembre 1896.

L. N. 1896-3-199.
Mise à exécution du D. 1er janvier 1896.

L. 26 mars 1897.

L. N. 1897-3-76. — D. P. 1897-4-26. — S. 1897-284. — P. F. 1899-3-84. — V. Commentaire, *Lois Nouv*. 1897-1-260.
Autorisant des dérogat. à la L. 15 juillet 1845, art. 4, en ce qui concerne les clôtures et barrières.

L. fin. 29 mars 1897.

L. N. 1897-3-76. — D. P. 1897-4-33. — S. 1897-318. — G. P. 1897-1-3.
Art. 5 : Droit de timbre des permis, cartes et bons de circulation.

D. 31 juillet 1897.

L. N. 1897-3-198. — D. P. 1897-4-103. — S. 1897-341. — P. F. 1898-3-73.
Réglem. d'Admin. publiq. pr. l'exécution de ce dernier texte.

L. 26 octobre 1897.

L. N. 1897-2-228. — D. P. 1897-4-132. — S. 1898-437. — P. F. 1898-3-92.
Autoris. l'établiss. de surtaxes locales tempor. sur les voyageurs et march. soit à destination soit en provenance d'une gare ou halte, pr. assurer l'établissem., l'amélioration, l'entretien de cette gare ou halte.

D. 1er juin 1898.

L. N. 1898-3-177. — S. 1900-972.
Réorganisat. du Comité consultat. des chem. de fer.

D. 3 août 1898.

L. N. 1898-3-273. — S. 1900-1043. — P. F. 1899-3-23.
Modif. celui du 6 août 1881 (chem. de fer d'intér. local, tramways).

D. 17 août 1898.

S. 1900-973. — P. F. 1899-3-70.
Relatif à l'organisat. du Comité consultat. des chem. de fer.

D. 31 décembre 1898.

D. P. 1899-4-108. — S. 1900-1175.
Promulg. l'arrangement signé à Paris le 24 octobre 1898 entre la France, la Belgique, le Luxembourg et les Pays-Bas, relatif au transport de diverses marchandises par chemin de fer.

D. 20 juin 1899.

L. N. 1899-3-135. — S. 1901-11.
Instit. un comptable d'ordre pour les opérat. se rattachant à l'exécution des conventions avec les compagnies.

D. 25 juillet 1899.

L. N. 1899-3-172. — S. 1900-1044.
Modif. celui du 6 août 1881 en ce qui concerne l'éclairage des tramways.

C. 8 janvier 1900.

L. N. 1900-3-28.
Sur les mesures à prendre pour augmenter la sécurité de la circulation des trains.

2e C. 8 janvier 1900.

L. N. 1900-3-30.
Visites à opérer par les fonctionnaires et agents de contrôle des chemins de fer.

D. 9 janvier 1900.

L. N. 1900-3-31. — D. P. 1900-4-70. — S. 1901-14. — P. F. 1900-3-93.
Modif. celui du 30 mai 1895 sur l'organisat. du contrôle.

2e D. 9 janvier 1900.

L. N. 1900-3-90. — S. 1901-13. — P. F. 1900-3-92.
Réorganis. le comité techniq. d'exploitat. des chem. de fer.

C. 2 février 1900.

L. N. 1900-3-94.
Exécut. de la réglem. de la durée du trav. des agents.

D. 13 février 1900.

L. N. 1900-3-100. — S. 1900-1044. — *J. off.* du 14.
Modif. le Règlement du 6 août 1881, relatif au cahier des charges type des chem. de fer d'intérêt local et tramways.

C. 17 février 1900.

L. N. 1900-3-96. — *J. off.* du 19.
Enquête ouverte par le cons. sup. sur les voies de communication.

D. 25 février 1900.

P. F. 1901-3-96. — *J. off.* du 9 mars 1900.
Exonérant des taxes de transport sur les ch. de fer de l'État les dons et sec. en nature destin. aux prisonn. de guerre.

A. 13 février 1901.

P. F. 1901-3-56. — *J. off.* du 14.
Du min. trav. pub. — Créant des Comités du trav. sur les ch. de fer de l'État.

D. 1er mars 1901.
D. 12 juillet 1901 (texte rectifié).

L. N. 1901-3-69 et L. N. 1901-3-247 (texte rectifié). — D. P. 1901-4-23 et 1901-4-97. — S. 1901-33 et 201. — P. F. 1901-3-60. — G. P. 1901-1-8. — *J. off.* des 4 mars et 23 août 1901 (texte rectifié).
Modifiant l'ordonnance du 15 novembre 1846 sur la police, la sûreté et l'exploitation des chemins de fer.

Instr. 16 mai 1901.

P. F. 1901-3-89. — *J. off.* du 16.
Du min. des trav. pub., en vue de la codification des cahiers des charges pour la fourniture du matériel roulant des chemins de fer et l'unific. des types de matériel.

D. 31 juillet 1901.

L. N. 1901-3-223. — *J. off.* du 5 août.
Promulg. la convention add. à la convention internat. du 14 octobre 1890 (transport des march. par chemins de fer), signée à Paris le 16 juin 1898.

A. 10 octobre 1901.

L. N. 1901-3-294. — *J. off.* du 19.
Règl. la durée du trav. effectif des agents chargés de la surveillance, de l'entretien et du remaniement des voies.

D. 11 décembre 1901.

L. N. 1902-3-2. — S. 1902-327. — P. F. 1902-3-92. — *J. off.* du 12.
Réorg. le Contrôle commercial des chemins de fer.

Circ. 8 mars 1902.

L. N. 1902-3-149. — *J. off.* du 17.
Sur le matériel roulant des Compagnies de chemins de fer.

L. 10 avril 1902.

L. N. 1902-3-178.— S. 1902-336.— G. P. 1902-1-863.— *J. off.* du 12.
Complét. l'art. 2, L. 27 déc. 1890 (contrat de louage).

D. 19 avril 1902.

L. N. 1902-3-192. — *J. off.* du 3 mai.
Modif. l'art. 9, D. 10 déc. 1895, et soumett. le réseau de l'État à une inspection spéciale.

A. 20 mai 1902.

L. N. 1902-3-242. — *J. off.* du 6 juin.
Modif. l'arrêté du 4 nov. 1899, rel. à la durée du travail et du repos des mécaniciens et chauffeurs.

D. 12 juillet 1902.

L. N. 1902-3-294. — *J. off.* du 21.
Portant modific. au réglem. de la Caisse des retraites des agents et ouvriers commissionnés des chemins de fer de l'Etat.

CHEMINS RURAUX

V. Code rural.

CHEMINS VICINAUX

L. 12 mars 1880.

D. P. 1881-4-38. — S. 1881-38.
Ouvrant un crédit extraordinaire pour subventions.

D. 3 juin 1880.

D. P. 1881-4-39. — S. 1881-38.
Subventions à allouer aux Communes et Départements pour travaux de voirie.

L. 30 juillet 1881.

D. P. 1882-4-41. — S. 1882-331.
Modif. les avances que la caisse des chem. vicin. peut faire annuellement aux Départem. et communes.

L. 2 avril 1883.

L. N. 1883-2-53. — D. P. 1883-4-52. — S. 1883-518.
Augmentant les subvent. mises à la dispos. de la caisse des chem. vicin.

L. 24 juillet 1888.

L. N. 1888-2-87. — D. P. 1889-4-50. — S. 1889-577.
Condit. auxquelles les Départem. et les Comm. pourront emprunter pr. la création de chemins vicinaux.

C. 10 février 1900.

L. N. 1900-3-232.
Délits et contravent. en matière de voirie vicinale.

L. 15 mars 1900.

L. N. 1900-3-125. — D. P. 1900-4-28. — P. F. 1900-3-112. — G. P. 1900-1-1.
Modif. l'art. 7 de la L. 12 mars 1880.

CIMETIÈRES

L. 14 novembre 1881.

S. 1882-331.
Abrogeant l'art. 15 du D. 23 prairial an XII.

CIRCONSTANCES ATTÉNUANTES

L. 30 mars 1888.

D. P. 1888-4-22. — S. 1888-400. — P. F. 1891-3-51 (note).
Art. 42 : Admiss. des circonst. attén. en matière de délits et contravent. relatifs aux contributions indir.

L. 26 octobre 1888.

D. P. 1889-4-4. — S. 1889-497. – P. F. 1889-3-1.
Ajoutant un paragr. à l'art. 463 C. pén. pr. le cas où l'amende est substituée à l'emprisonn.

L. fin. 26 décembre 1890.

L. N. 1891-3-18. — D. P. 1891-4-50. — S. 1891-167. — P. F. 1891-3-49.
Art. 12 : Modif. l'application de la L. 30 mars 1888, art. 42, en cas de récidive ds l'année.

L. fin. 29 mars 1897.

L. N. 1897-3-76. — D. P. 1897-4-33. — S. 1897-318. — G. P. 1897-1-3. — V. Commentaire *Lois Nouv.* 1897-1-265.
Art. 19 : Exigeant pr. l'admiss. des circonst. atténuantes en matière de contributions indir., qu'il n'y ait pas eu récidive dans les 3 ans.

L. fin. 25 février 1901.

L. N. 1901-3-35. — D. P. 1901-4-33. — V. Commentaire *Lois Nouv.* 1901-1-321.
Art. 34 : Applic. de l'art. 463 C. pén. au contrevenant de bonne foi, dans le cas de contraventions communes à l'octroi et aux contrib. indir.
Art. 19 § 4, L. fin. 29 mars 1897 abrogé.

L. 19 juillet 1901.

L. N. 1901-3-205. — *J. off.* du 21 juillet 1901. — V. Commentaire *Lois Nouv.* 1901-1-461.
Appliq. l'art. 463 C. pén. (circ. attén.), à tous les crimes et délits réprimés par les Codes de just. militaire de l'armée de terre et de l'armée de mer.

L. 31 juillet 1901.

L. N. 1901-3-237. — *J. off.* du 6 sept. 1901.
Rendant applic. l'art. 463 C. pén. et l'art. 1er, L. 26 mars 1891, aux délits et contraventions en matière de pêches maritimes et de navigation.

CODE CIVIL

(Articles modifiés).

LIVRE PREMIER

TITRE I. — DE LA JOUISSANCE DES DROITS CIVILS.

Art.	7	L. 26 juin 1889. . . .	V. Nationalité.
—	8 § 2	L. 26 juin 1889. . . .	id.
—	8 § 3	L. 22 juillet 1893 . . .	id.
—	8 § 4	L. 26 juin 1889 . . .	id.
—	9	L. 22 juillet 1893 . . .	id.
—	10	L. 26 juin 1889. . . .	id.
—	11 à 12	L. 26 juin 1889. . . .	id.
—	16	L. 5 mars 1895. . . .	V. Caution *judicatum solvi*.
—	17 à 21	L. 26 juin 1889. . . .	V. Nationalité.

TITRE II. — ACTES DE L'ÉTAT-CIVIL.

Art.	37	L. 7 décembre 1897 . .	V. Témoins.
—	45	L. 7 décembre 1897 . .	id.
—	47	L. 8 juin 1893	V. État-Civil.
—	48	L. 8 juin 1893	id.
—	49	L. 17 août 1897 . . .	id.
—	59 à 62	L. 8 juin 1893	id.
—	70	L. 17 août 1897 . . .	id.
—	73	L. 20 juin 1896. . . .	V. Mariage.
—	76	L. 17 août 1897. . . .	V. Etat-Civil.
—	80	L. 8 juin 1893	id.
—	86 à 99	L. 8 juin 1893	id.
—	101	L. 8 juin 1893	id.

TITRE III. — DOMICILE.

Art.	108	L. 6 février 1893 . . .	V. Divorce. — Séparation.

TITRE V. — MARIAGE.

Art.	151 à 153	L. 20 juin 1896. . . .	V. Mariage.
—	155	L. 20 juin 1896. . . .	id.
—	179	L. 20 juin 1893. . . .	id.
—	205	L. 20 juin 1896. . . .	id.

TITRE VI. — DIVORCE.

Art.	230	L. 27 juillet 1884 . . .	V. Divorce. — Séparation.
—	234 à 248	L. 18 avril 1886. . . .	id.
—	248	L. 6 février 1893 . . .	id.
—	249 à 274	L. 18 avril 1886 . . .	id.
—	275 à 299	L. 27 juillet 1884 . . .	id.
—	299	L. 6 février 1893 . . .	id.
—	306	L. 27 juillet 1884 . . .	id.
—	307	L. 18 avril 1886. . . .	id.
—	310	L. 27 juill. 1884 L. 18 av. 1886.	id.
—	311	L. 6 février 1893 . . .	id.

CODE CIVIL 2

(Articles modifiés).

TITRE VII. — PATERNITÉ ET FILIATION.

Art. 313	L. 18 avril 1886. . . .	V. Divorce. — Séparation.
— 331	L. 17 août 1897 . . .	V. Etat-Civil.

TITRE VIII. — ADOPTION.

Art. 353	L. 17 mai 1900. . . .	V. État-Civil.

TITRE XI. — MAJORITÉ, INTERDICTION, CONS. JUD.

Art. 501	L. 16 mars 1893. . . .	V. Interdiction.

LIVRE DEUXIÈME

TITRE II. — PROPRIÉTÉ.

Art. 563	L. 8 avril 1898	V. Eaux.

TITRE IV. — SERVITUDES.

Art. 641 à 643	L. 8 avril 1898	V. Eaux.
— 666 à 673	L. 20 août 1881. . . .	V. Code rural.
— 682 à 685	L. 20 août 1881. . . .	id.

LIVRE TROISIÈME

TITRE I. — SUCCESSIONS.

Art. 723 à 724	L. 25 mars 1896. . . .	V. Enfants.
— 756 à 767	L. 25 mars 1896. . . .	id.
— 767	L. 9 mars 1891	V. Conjoint surviv.
— 843 à 844	L. 24 mars 1898. . . .	V. Rapport à success.

TITRE II. — DONATIONS ET TESTAMENTS.

Art. 908	L. 25 mars 1896. . . .	V. Enfants.
— 913 à 915	L. 25 mars 1896. . . .	id.
— 919	L. 24 mars 1898. . . .	V. Rapport à success.
— 980	L. 7 décembre 1897. . .	V. Témoins.
— 981 à 982	L. 17 mai 1900	V. Testaments.
— 983 à 984	L. 8 juin 1893	id.
— 988 à 998	L. 8 juin 1893	id.
— 1007	L. 25 mars 1899. . . .	id.
— 1094	L. 14 février 1900 . . .	V. Disp. entre époux ; quotité dispon.

TITRE III. — CONTRATS.

Art. 1153	L. 7 avril 1900	V. Intérêt de l'argent.

CODE CIVIL 3

(Articles modifiés).

TITRE IV. — ENGAGEM. QUI SE FORMENT SANS CONVENT.

Art. 1384	L. 20 juillet 1899. . . .	V. Enseignement.

TITRE VIII. — LOUAGE.

Art. 1734	L. 5 janvier 1883 . . .	V. Louage.
— 1780	L. 27 décembre 1890 . .	V. Louage de services.

TITRE XI. — DÉPÔT, SEQUESTRE.

Art. 1953	L. 18 avril 1889	V. Hôteliers.

TITRE XVII. — NANTISSEMENT.

Art. 2075	L. 1er mars 1898	V. Nantissement.

TITRE XVIII. — PRIVIL. ET HYPOTH.

Art. 2151	L. 17 juin 1893	V. Privilèges.

TITRE XX. — PRESCRIPTION.

Art. 2272	L. 30 novembre 1892 . .	V. Médecine.
— 2280	L. 11 juillet 1892. . . .	V. Louage.

CODE DE COMMERCE

L. 12 août 1885.

D. P. 1886-4-22. — S. 1886-15. — P. F. 1886-3-13.
Modif. plusieurs art. du livre II du Code de comm. (Commerce maritime).

L. 11 avril 1888.

L. N. 1888-2-43. — D P. 1888-4-17. — S. 1889-418. — P. F. 1888-3-10. — G. P. 1888-1-4. — *J. off.* du 13. — V. Commentaire *Lois nouv.* 1888-1. 3ᵉ section, 1.
Modif. les art. 105 et 108 C. comm. (transport).

L. 18 juillet 1889.

L. N. 1889-3-211. — S. 1890-596. — P. F. 1889-3-49. — G. P. 1889-2-16. — *J. off.* du 20. — V. Commentaire *Lois nouv.* 1889-1-685.
Modif. l'art. 617 C. com. (Composit. des Trib. de comm.).

L. 24 mars 1891.

L. N. 1891-3-91. — D. P. 1891-4-41. — S. 1891-145. — P. F. 1893-3-108. — G. P. 1891-1-7. — *J. off.* du 25. — V. Commentaire *Lois nouv.* 1891-1-457.
Abrogeant le § 3 de l'art. 435, et modif. l'art. 436, C. com. (commerce marit., dommages pr. avaries).

L. 7 juin 1894.

L. N. 1894-3-80. — D. P. 1895-4-54.—S. 1894-753.— *J. off.* du 8. — V. Commentaire *Lois nouv.* 1894-1-309.
Modif. les art. 110, 112 et 632 C. com. (Lettre de change).

L. 6 février 1895.

L. N. 1895-3-35. — D. P. 1895-4-34. — S. 1895-937.— G. P. 1895-1-2.— *J. off.* du 9. — V. Commentaire *Lois nouv.* 1895-1-208.
Modif. l'art. 549 C. com. (Privilège des commis).

L. 14 décembre 1897.

L. N. 1897-3-283. —D. P. 1898-4-10. — S. 1898-441. — P. F. 1899-3-89. — G. P. 1897-2-7. — *J. off.* du 19. — V. Commentaire *Lois nouv.* 1898-1-296.
Modif les art. 407 et 433 C. com. (Abordages, compétence).

L. 9 juillet 1902.

L. N. 1902-3-261. — D. P. 1902-4-53. — *J. off.* du 11 juillet.
Tendant à compléter l'art. 34 C. com. et l'art. 3, L. 24 juillet 1867 en ce qui concerne les actions de priorité et les actions d'apport.

CODE D'INSTRUCTION CRIMINELLE

L. 8 juin 1895.

L. N. 1895-3-96. — S. 1895-1089. — G. P. 1895-1-16. — V. Commentaire, *Lois Nouv.* 1896-1-1.
Revision des procès crim et corr. ; ind. aux victimes d'erreurs jud. (Art. 443 à 447 C. instr. cr.).

C. 16 juillet 1896.

L. N. 1897-3-43.
Mandat d'arrêt, mandat d'amener. Indemnité. Transfèrement.

L. 6 avril 1897.

L. N. 1897-3-89. — D. P. 1897-4-25. — S. 1897-383. — P.F. 1898-3-33. — G. P. 1897-1-4. — V. Commentaire, *Lois Nouv.* 1897-1-304.
Modif. l'art. 174. C. Instr. crim. (Appel des jugements de simple police).

C. 16 avril 1897.

L. N. 1897-3-136.
Sur l'applicat. de ce texte.

L. 8 décembre 1897.

L. N. 1897-3-259. — D. P. 1897-4-113. — S. 1898-409. — P. F. 1 898-3-1. — G. P. 1897-2-5. — V. Commentaire, *Lois Nouv.* 1898-1-157.
Sur la publicité de l'instruction préparatoire.

C. 10 décembre 1897.

L. N. 1897-3-261. — D. P. 1897-4-129. — S. 1898-430. — P. F. 1898-3-8.
Sur l'applicat. de ce texte.

L. 10 mars 1898.

L. N. 1898-3-49. — D. P. 1898-4-36. — S. 1898-574. — G. P. 1898-1-2. — V. Commentaire, *Lois Nouv.* 1898-1-197.
Modif. des art. 619 et 634. C. Instr. crim. (Réhabilitation).

L. 1er mars 1899.

L. N. 1899-3-20. — D. P. 1899-4-66. — S. 1899-913. — P. F. 1899-3-134. — G. P. 1899-1-1.
Modif. l'art. 445 C. instr. crim. (Révision).

CODE D'INSTRUCTION CRIMINELLE 2

C. 5 janvier 1900.

L. N. 1900-3-88.
Applicat. aux Enfants de l'Instruction, exclusion de la procéd. des flagrants délits.

C. 16 février 1900.

L. N. 1900-3-220.
Art. 164-196 et 370 C. Inst. crim. — Feuille d'audience, jugem. et arrêts en matière répressive. — Signature dans les 24 heures.

L. 19 avril 1900.

L. N. 1900-3-156. — D. P. 1900-4-31. — S. 1900-1051. — P. F. 1900-3-100. — G. P. 1900-1-2. — *J. off.* du 21. — V. Commentaire *Lois nouv.* 1900-1-214.
Modif. des art. 423, 424, 439 et 532 du Code d'Instr. crimin.

D. 4 mai 1900.

L. N. 1900-3-203. — G. P. 1900-1-2. — *J. off.* du 8.
Rel. aux officiers de police judiciaire.

C. décembre 1900.

L. N. 1901-3-28.
Poursuites contre les mineurs de 16 ans.

C. 25 janvier 1901.

L. N. 1901-3-78.
Du min. just. — Militaires. — Citations à comparaître. — Exécution des mandats ; entrée dans les établiss. militaires.

C. 31 janvier 1901.

L. N. 1901-3-179.
Id. Confrontations ; représentation des pièces à conviction.

L. fin. 25 février 1901.

L. N. 1901-3-35. — D. P. 1901-4-33. — S. 1901-140. — G. P. 1901-1-5. — *J. off.* du 26. — V. Commentaire *Lois nouv.* 1901-1-321.
Art. 38 : Modif. les art. 252 et 253 C. instr. cr. (cours d'assises).

C. 8 juillet 1901.

L. N. 1901-3-191.
Du Proc. gén. près la Cour de Paris. — Sursis ; détention préventive ; renseignem. télégraph. ; saisies et restit. ; expertises, enquêtes, etc.

C. 14 novembre 1901.

L. N. 1901-3-335.
Du Proc. gén. près la Cour de Paris. — Renseign. de police.

C. 18 novembre 1901.

L. N. 1901-3-335.
Du même. — Rappel. l'oblig. pour le minist. pub. d'exposer chaque affaire appelée devant le trib. pol. cor.

CODE PÉNAL

V. aussi Circonstances atténuantes.

L. 26 octobre 1888.

D. P. 1889-4-3. — S. 1889-497. — G. P. 1888-2-8.

Ajoutant un paragr. à l'art. 463 C. pén. pr. le cas où l'amende est substituée à l'emprisonn.

L. 4 juillet 1889.

L. N. 1889-3-160. — D. P. 1890-4-56. — S. 1890-593. — P. F. 1889-3-49. — G. P. 1889-2-3. — V. Commentaire, *Lois Nouv.* 1889-1-625.

Complétant l'art. 177 C. pén. (acceptat. de dons ou promesses pr. faire obtenir des distinctions ou récompenses).

D. 30 juin 1891.

L. N. 1891-3-140. — D. P. 1892-4-30. — S. 1893-513. — P. F. 1892-3-77. — G. P. 1891-2-1.

Fixant les éléments constitut. du délit d'évasion commis par les réclusionnaires coloniaux.

L. 2 avril 1892.

L. N. 1892-3-68. — D. P. 1892-4-42. — S. 1893-431. — P. F. 1893-3-51. — G. P. 1892-1-7. — V. Commentaire, *Lois Nouv.* 1892-1-149.

Modif. les art. 435 et 436 C. pén. (destruction par l'effet de mines et autres explosifs).

L. 3 février 1893.

L. N. 1893-3-40. — D. P. 1893-4-59. — S. 1893-548. — P. F. 1893-3-95.

Complétant les art. 419 et 420 C. pén. (bruits faux ou calomnieux pr. provoquer des retraits de fonds des caisses publiques).

D. 25 avril 1893.

L. N. 1893-3-120. — D. P. 1894-4-111. — S. 1894-846. — P. F. 1895-3-72.

Étendant les dispos. du D. 30 juin 1891 aux transportés libérés des trav. forcés ayant à subir des peines de réclusion et d'emprisonn.

D. 22 septembre 1893.

L. N. 1893-3-293. — D. P. 1895-4-21. — S. 1895-901. — P. F. 1895-3-105.

Organisant à la Guyane un service spécial de surveillance pr. empêcher les évasions des transportés, relégués et réclusionnaires.

CODE PÉNAL 2

V. aussi : Circonstances atténuantes.

L. 18 décembre 1893.

L. N. 1894-3-15. — D. P. 1894-4-13. — S. 1894-656. — P. F. 1895-3-53. — *J. off.* du 19. — V. Commentaire *Lois nouv.* 1894-1-265.
Modif. et complét. l'art. 3 de la L. 19 juin 1871 sur les explosifs.

L. 18 décembre 1893.

L. N. 1894-3-15. — D. P. 1894-4-11. — S. 1894-653. — P. F. 1895-3-51. — *J. off.* du 19. — V. Commentaire *Lois nouv.* 1894-1-265.
Modif. les art. 265, 266 et 267 C. pén., et abrogeant l'art. 268 (sur les associations de malfaiteurs).

C. 23 décembre 1893.

L. N. 1894-3-16. — D. P. 1894-4-14. — P. F. 1895-3-35.
Sur l'application des lois de sécurité publiq.

L. 28 décembre 1894.

L. N. 1895-3-20. — D. P. 1895-4-34. — S. 1895-897. — P. F. 1895-3-139. — *J. off.* du 30.
Abrog. les art. 226 et 227 C. pén. (outrages envers les dépositaires de la force publique).

D. 29 mai 1895.

D. P. 1896-4-68. — S. 1895-1145. — *J. off.* du 1er juin.
Approuv. l'arrêté pris le 30 janv. 1895 par le gouvern. de la Guyane relativem. au D. 22 septembre 1893 (évasion, visite des navires quittant la Colonie, pénalités).

C. 2 mai 1899.

L. N. 1899-3-55. — *J. off.* du 3.
Sur la répress. du vagabondage et de la mendicité.

L. 21 novembre 1901.

L. N. 1901-3-332. — *J. off.* du 22.
Modif. les art. 300 et 302 C. pén. (infanticide).

L. 5 décembre 1901.

L. N. 1901-3-336. — *J. off.* du 6.
Portant adjonction à l'art. 357 C. pén. (enlèv. et détourn. de mineurs).

CODE DE PROCÉDURE CIVILE

V. Frais et dépens; traités internationaux.

L. 2 juin 1881.

D. P. 1882-4-30. — S. 1881-198.
Modif. l'art. 693 C. proc. civ. (Saisie immobil.)

L. 8 mars 1882.

D. P. 1882-4-57. — S. 1882-335. — V. Commentaire, *Lois Nouv.* 1882-1-10.
Modif. l'art. 69 § 9, C. proc. civ. (défendeurs résidant à l'Étranger).

C. 19 décembre 1891.

P. F. 1893-3-42.
Commiss. rogat. adressées aux Tribun. français par les Trib. étrang.

L. 5 mars 1895.

L. N. 1895-3-107. — V. Commentaire, *Lois Nouv.* 1895-1-236.
Appl. aux étrangers, en matière commerc., l'art. 166 C. proc. civ. (caution judicatum solvi.).

L. 13 avril 1895.

L. N. 1895-3-45. — D. P. 1895-4-71. — P. F. 1896-3-111. — G. P. 1895-1-3. — V. Commentaire, *Lois Nouv.* 1895-1-197.
Modif. l'art. 1033 C. pr. civ. (délais de procédure).

L. 15 février 1899.

L. N. 1899-3-10. — D. P. 1899-4-9. — S. 1899-842. — P. F. 1899-3-97. — G. P. 1899-1-1. — V. Commentaire, *Lois Nouv.* 1899-1-144.
Modif. l'art. 68 du Code de procédure (secret des actes signifiés par huissier).

D. 16 mai 1899.

L. N. 1899-3-62. — D. P. 1899-4-102. — S. 1900-981. — P. F. 1899-3-163.
Promulg. la Convent. conclue à la Haye le 14 nov. 1896 et le protocole addit. du 22 mai 1897, sur diverses matières de Droit internat. privé touchant à la Procédure. Les États signataires ou adhérents sont : La France, la Belgique, l'Italie, l'Espagne, le Luxembourg, les Pays-Bas, la Suisse, le Portugal, la Russie, l'Allemagne, l'Autriche-Hongrie, le Danemarck, la Roumanie, la Suède et la Norvège.

CODE DE PROCÉDURE CIVILE 2

C. 19 mai 1899.

L. N. 1899-3-144.
Sur l'applicat. dudit texte.

D. 13 novembre 1899.

L. N. 1899-3-227. — S. 1900-988. — *J. off.* du 15.
Réglant l'allocation due aux huissiers relativem. à l'application de ce texte.

L. 11 mai 1900.

L. N. 1900-3-204. — D. P. 1900-4-47. — S. 1900-1053. — G. P. 1900-1-2. — *J. off.* du 13.
Modif. l'art. 69 C. pr. civ., §§ 9 et 10.

L. 8 juillet 1900.
D. 30 juillet 1900.

L. N. 1900-3-246 et 262. — D. P. 1900-4-50. — P. F. 1900-3-138 et 1901-3-149. — *J. off.* des 11 juillet et 1er août 1900. — V. Commentaire *Lois nouv.*, 1900-1-321.
Approuv. et promulg. la Convent. franco-belge du 8 juill. 1899 sur la compétence judiciaire, l'autorité et l'exécution des décisions, sentences et actes authentiques des deux pays.

D. 3 décembre 1900.

L. N. 1901-3-1. — D. P. 1900-4-80. — S. 1901-200. — *J. off.* du 5.
Portant approbation et public. de la Convention franco-belge signée à Paris le 16 novembre 1900, concernant la transmission des actes judiciaires et extra-jud. en mat. civ. et de comm.

A. 4 décembre 1900.

L. N. 1900-3-336. — *J. off.* du 5.
Instituant une commission chargée d'examiner les modifications à apporter aux tarifs des frais et dépens en matière civile et nommant les membres de cette commission.

L. 2 janvier 1902.

L. N. 1902-3-14. — *J. off.* du 3.
Rel. à la compétence en matière d'assurances.

CODE FORESTIER

V. Forêts.

CODE RURAL

L. 21 juillet 1881.

D. P. 1882-4-32. — S. 1882-317.
Sur la police sanitaire des animaux.

L. 20 août 1881.

D. P. 1882-4-1. — S. 1882-266.
Chemins ruraux. Chemins et sentiers d'exploitation.

2e L. 20 août 1881.

D. P. 1882-4-7. — S. 1882-275. — V. Commentaire, *Lois Nouv.* 1882-1-26.
Servitudes, mitoyenneté, plantations, passage, enclave.

C. 27 août 1881.

S. 1882-270.
Sur l'exécution du 1er de ces textes.

C. 23 nov. 1881.

S. 1882-274.
Même objet.

D. 22 juin 1882.

L. N. 1882-2-96. — D. P. 1883-4-11. — S. 1882-323.
Règlem. d'admin. publ. pr. l'exécution de la L. 21 juil. 1881.

L. 2 août 1884.

L. N. 1884-2-51. — D. P. 1884-4-121. — S. 1884-669. — V. Commentaire, *Lois Nouv.* 1885 (1re section), 1 à 26.
Vices rédhibit. de les ventes et échanges d'animaux domestiq.

CODE RURAL 2

L. 4 avril 1889.

L. N. 1889-3-61.—D. P. 1889-4-34.—S. 1889-552.— P. F. 1889-3-16. — G. P. 1889-1-8. — V. Commentaire, *Lois Nouv.* 1890-1-1.
Animaux employés à l'exploitat. des propriétés rurales.

L. 9 juillet 1889.

L. N. 1889-3-161.— D. P. 1890-4-20. — S. 1889-554.— P. F. 1889-3-48. — G. P. 1889-2-3. — V. Commentaire, *Lois Nouv.* 1890-1-57.
Parcours, vaine pâture, bans de vendanges, ventes du blé en vert, durée du louage des domestiq. et ouvriers ruraux.

L. 18 juillet 1889.

L. N. 1889-3-209. — D. P. 1890-4-22. — S. 1889-558.— P. F. 1889-3-47. — G. P. 1889-2-16. — V. Commentaire, *Lois Nouv.* 1890-1-57.
Sur le colonat partiaire.

L. 22 juin 1890.

L. N. 1890-3-202. — D. P. 1890-4-115. — S. 1891-1. — P. F. 1891-3-26. — G. P. 1889-2-1. — V. Commentaire, *Lois Nouv.* 1890-1-801.
Modif. les art. 2, 5 et 12 de la L. 9 juillet 1889.

C. 5 août 1890.

L. N. 1890-3-309.
Sur l'applicat. de ce texte.

L. 31 juillet 1895.

L. N. 1895-3-131. — D. P. 1895-126. — S. 1895-1121. — P. F. 1896-3-75. - G. P. 1895-2-2. — V. Commentaire, *Lois Nouv.* 1896-1-45.
Modif. les L. 21 juillet 1881 et 2 août 1884 (ventes et échanges d'animaux domest.).

L. 8 avril 1898.

L. N. 1898-3-126. — G. P. 1898-1-11. — V. Commentaire, *Lois Nouv.* 1898-1-453.
Sur le régime des Eaux.

L. 21 juin 1898.

L. N. 1898-3-180. — D. P. 1898-125. — S. 1899-705. — P. F. 1900--1. — G. P. 1898-1-15. — V. Commentaire, *Lois Nouv.* 1899-1-77.
Sur la Police rurale.

CODE RURAL 3

D. 14 novembre 1899.

L. N. 1900-3-1. — D. P. 1902-4-48. — S. 1900-984. — P. F. 1900-3-32. — *J. off.* du 8 décembre.

Appliq. la L. 8 avril 1898 sur le régime des eaux.

L. 30 décembre 1900.

L. N. 1901-3-22. — S. 1901-111. — P. F. 1901-3-67. — *J. off.* du 30 déc. 1900.

Prorog. pour 10 nouv. années la L. 6 déc. 1850 (procédure de partage des terres vaines et vagues dans l'ancienne province de Bretagne).

L. 19 avril 1901.

L. N. 1901-3-105. — D. P. 1901-4-68. — S. 1901-89. — G. P. 1901-1-14. — *J. off.* du 21 avril 1901. — V. Commentaire *Lois nouv.* 1901-1-337.

Relative à la réparation des dommages causés aux récoltes par le gibier.

L. 25 juin 1902.

L. N. 1902-3-259. — *J. off.* du 4 juillet. — V. Commentaire *Lois nouv.*, 1902-1-349.

Sur le Code rural (livre 1er, titre V) ; du bail emphytéotique.

COLIS POSTAUX

L. 3 mars 1881.

D. P. 1882-4-41. — S. 1882-336.
Approuv. les conventions conclues pr. l'organis. du service des colis postaux en France et dans les relations internation.

D. 19 avril 1881.

D. P. 1882-4-44. — S. 1882-339.
Droit de timbre des colis postaux.

D. 19 avril 1881.

D. P. 1882-4-44. — S. 1882-339.
Service des colis postaux à l'intérieur.

D. 21 avril 1881.

D. P. 1882-4-45. — S. 1882-340.
Service internation. des colis postaux.

L. 24 juillet 1881.

D. P. 1882-4-43. — S. 1882-341.
Timbre, bulletins d'expéd., acquits à caution, passavants.

L. 24 juillet 1881.

D. P. 1882-4-44. — S. 1882-341.
Volume et dimensions des colis postaux. — Envoi contre rembt.

D. 24 juillet 1881.

D. P. 1882-4-45. — S. 1882-393.
Échange des colis postaux avec la Corse, l'Algérie, la Tunisie, l'Allemagne, la Belgique, le Luxembourg et la Suisse.

D. 24 août 1881.

D. P. 1883-4-3. — S. 1882-391.
Colis postaux circulant à l'intérieur de la France continentale.

D. 11 octobre 1881.

D. P. 1883-4-4. — S. 1882-398.
Colis postaux circulant à l'intérieur de Paris.

L. 12 avril 1892.

L. N. 1892-3-75. — D.P. 1892-4-44. — S. 1893-441. — P. F. 1893-3-79 et 90. — G. P. 1892-1-7.
Service des colis postaux.

COLIS POSTAUX 2

D. 26 juin 1892.

D. P. 1892-4-97.
Promulg. la convent. internat. de Vienne du 4 juillet 1891 sur l'échange des colis postaux.

D. 27 juin 1892.

L. N. 1892-3-124. — D. P. 1893-4-40. — S. 1894-718. — P. F. 1893-3-82. — G. P. 1892-2-3.
Réglem. d'admin. publ. pr. l'exécut. des L. 12 et 13 avril 1892.

D. 1er septembre 1892.

L. N. 1892-3-154. — D. P. 1893-4-45. — S. 1894.741. — P. F. 1893-3-106. — G. P. 1892-2-6.
Taxe applicab. aux colis postaux de Paris pour Paris.

L. 17 juillet 1897.

L. N. 1897-3-148. — D. P. 1897-4-67. — S. 1897-385. — V. Commentaire, *Lois Nouv.* 1897-1-473.
Concernant le service des colis postaux.

D. 5 septembre 1897.

L. N. 1897-3-211. — D. P. 1897-4-68. — S. 1897-386. — P. F. 1898-3-84.
Fonctionn. du service des colis postaux de 5 à 10 kil.

D. 26 avril 1898.

L. N. 1898-3-154. — D. P. 1899-4-58. — S. 1900-960. — P. F. 1898-3-111.
Extension du service des colis postaux entre la France, l'Algérie et la Tunisie.

D. 26 décembre 1898.

S. 1900-1165. — P. F. 1899-3-132.
Portant exécut. de la L. 8 avril 1898 sur les colis postaux.
(V. pour ce texte de la convention de Washington, le mot : Poste).

D. 31 janvier 1899.

S. 1901-5.
Promulg. la convention rel. à l'amélioration du service des colis postaux signée à Paris, le 15 novembre 1898, entre la France et la Suisse.

COLIS POSTAUX 3

D. 25 février 1899.

S. 1901-6.
Colis postaux de 5 à 10 kilogs entre la France et la Corse.

D. 21 mars 1899.

S. 1901-5.
Prom. la convention signée à Luxembourg, le 7 octobre 1898, entre la France et le Grand-Duché, pour l'échange des colis postaux de 5 à 10 kilogs.

D. 24 mars 1899.

S. 1901-5.
Taxes pour l'affranchissement des colis postaux de 5 à 10 kilogs entre la France, la Belgique, le Luxembourg et la Suisse.

D. 28 janvier 1900.

P. F. 1901-3-36.
Taxe des colis postaux à destin. de l'Équateur.

D. 7 août 1900.

P. F. 1901-3-30.
Promulg. la conv. du 16 mai 1900, addit. à celle du 7 sept. 1888, pour l'échange des colis postaux entre la France et l'île Maurice.

D. 27 août 1900.

P. F. 1901-3-16.
Autor. l'envoi des colis postaux à destin. de la Canée et de la Russie par la voie de la mer Noire, et des bureaux allemands de Beyrouth, Jaffa et Smyrne. — Taxes.

2e D. 27 août 1900.

P. F. 1901-3-16.
Autor. l'envoi des colis postaux avec les protectorats allemands des îles Carolines, Mariannes, Palaos et Marshall. — Taxes.

D. 15 mars 1901.

P. F. 1901-3-55.
Taxe à percevoir pour les colis postaux à destin. de Ceylan, Hong-Kong et agences postales de Chine dépendant de Hong-Kong.

COLIS POSTAUX 4

D. 28 mars 1901.

P. F. 1901-3-93. — *J. off.* du 4 avril.
Ouv. le bureau franç. de Shanghaï au service des colis postaux avec déclarat. de valeurs.

D. 9 mai 1901.

P. F. 1901-3-151. — *J. off.* des 17-18 mai 1901.
Relat. à l'extension du service des colis postaux en Turquie.

D. 7 décembre 1901.

P. F. 1902-3-110. — *J. off.* du 14.
Extension de l'échange des colis postaux de 5 à 10 kilogs avec les bureaux français établis en Turquie, et les agences au Maroc et à Tripoli.

2e D. 7 décembre 1901.

P. F. 1902-3-127. — *J. off.* du 14.
Id. Relations de la Corse et de l'Algérie avec la Belgique, le Luxembourg et la Suisse.

D. 5 mars 1902.

P. F. 1902-3-91. — *J. off.* du 13.
Service des colis postaux de 5 à 10 kilogs aux bureaux franç. de Shanghaï et Zanzibar.

COLLISIONS EN MER

V. Navigation.

COLONAT PARTIAIRE

V. Code rural.

COLONIES

D. 18 février 1880.

D. P. 1881-4-113. — S. 1880-595.
Modif. l'organis. judiciaire des établissements français de l'Inde.

L. 16 mars 1880.

D. P. 1881-4-42. — S. 1880-585.
Applic. à la Cochinchine du code pénal métropolit., sous certaines modific. pour les crimes et délits des indigènes.

D. 3 avril 1880.

D. P. 1880-4-36. — S. 1880-526.
Applicat. aux colonies du D. 29 mars 1880 (congrég. relig.).

2° D. 3 avril 1880.

D. P. 1880-4-61. — S. 1880-589.
Réorganisation du service de la Justice en Cochinchine.

L. 3 avril 1880.

D. P. 1881-4-47. — S. 1880-635.
Applicat. aux Colonies de la L. 15 juin 1872 (titres au porteur).

COLONIES 2

D. 8 avril 1880.

D. P. 1881-4-48. — S. 1880-587.
Applic. à diverses colonies de la L. 27 févr. 1880 (tutelle).

D. 17 juin 1880.

D. P. 1881-4-59 et 60. — S. 1880-621.
Applic. à diverses colonies des prescriptions relat. aux machines à vapeur.

D. 17 juin 1880.

D. P. 1881-4-37. — S. 1881-81.
Taxes à percevoir sur la correspondance échangée entre les diverses colonies françaises.

D. 1er juillet 1880.

D. P. 1881-4-92. — S. 1881-60.
Réorganisat. du service de la justice dans les établiss. français de l'Océanie.

L. 17 juillet 1880.

D. P. 1881-4-27. — S. 1881-56.
Applic. aux colonies de la L. 2 août 1868, abrogeant l'art.1781 C. civ.

L. 27 juillet 1880.

D. P. 1881-4-36. — S. 1881-55.
Instituant le Jury dans les Colonies de la Martinique, de la Guadeloupe et de la Réunion.

D. 3 octobre 1880.

D. P. 1882-4-88. — S. 188-160.
Réorganisat. du service de la justice à la Guyane.

D. 25 mai 1881.

D. P. 1882-4-59. — S. 1881-127.
Réorganisant le service de la justice en Cochinchine.

2e D. 25 mai 1881.

D. P. 1882-4-59. — S. 1881-130.
Naturalisation des Annamites.

D. 21 septembre 1881.

D. P. 1883-4-2. — S. 1882-359.
Formes et conditions que doivent observer les natifs des Établissements français de l'Inde pour renoncer à leur statut personnel.

D. 28 février 1882.

L. N. 1882-2-21. — S. 1883-418.
Réorganisant l'administr. de la justice dans la Nouvelle-Calédonie.

D. 27 janvier 1883.

L. N. 83-2-21. — D. P. 1883-4-90. — S. 1883-462.
Mariage des Français en Cochinchine.

D. 6 mars 1883.

D. P. 1883-4-88. — S. 1883-464.
Appliquant aux colonies la L. 2 août 1882 (Répression des outrages aux bonnes mœurs. — (V. Presse).

D. 12 juin 1883.

D. P. 1884-4-7. — S. 1883-470.
Promulguant le Code d'Instr. crimin. ds. les Établissements français de l'Inde.

D. 22 juillet 1883.

D. P. 1884-4-69.
Organisation du régime des mines à la Nouvelle-Calédonie.

D. 3 octobre 1883.

D. P. 1884-4-77. — S. 1884-547.
Appliquant à la Cochinchine les disposit. du titre prélimin. et des titres 1 et 3, C. civ.

D. 19 octobre 1883.

L. N. 1883-2-107. — D. P. 1884-4-75. — S. 1883-518.
Instituant un Conseil sup. des Colonies.

D. 16 décembre 1883.

L. N. 1883-2-117. — D. P. 1884-4-80. — S. 1885-736.
Organis. les Etablissements français du Golfe de Guinée.

D. 2 janvier 1884.

L. N. 1884-2-1.
Appliquant aux colonies la L. 27 juill. 1880 (Débits de boisson).

D. 5 mars 1884.

L. N. 1884-2-18.
Procédure devant les Cours criminelles de Cochinchine.

COLONIES 4

D. 26 juin 1884.

D. P., 1884-4-136.
Application à la Guyane, Saint-Pierre et Miquelon, le Sénégal et la Nouvelle Calédonie, de la L. 5 avril 1884 (Organisat. municip.).

D. 25 août 1884.

L. N. 1884-2-60. — D. P. 1884-4-110. — S. 1884-669.
Application aux colonies de la L. 27 juill. 1884 sur le divorce.

D. 11 décembre 1885.

L. N. 1885-2-221.
Appliquant aux Colonies le D. 11 septembre 1870 (serment professionnel des fonctionnaires).

D. 20 février 1886.

L. N. 1886-2-20. — S. 1889-535. — P. F. 1886-3-29.
Réorganisat. du service de la justice à la Guyane.

D. 15 mai 1886.

L. N. 1886-2-128. — S. 1886-108.
Appliquant aux colonies la L. 12 avr. 1886 (Espionnage).

D. 19 septembre 1886.

L. N. 1886-2-224. — P. F. 1886-3-175.
Déclarant fériés les Lundis de Pâques et de Pentecôte.

D. 6 août 1887.

L. N. 1887-2-151. — P. F. 1888-3-2.
Appliquant aux Colonies la L. 10 juillet 1885 (hypoth. marit.).

D. 24 août 1887.

L. N. 1887-2-154. — S. 1888-210. — P. F. 1887-3-73.
Organisat. du Notariat ds. les Établiss. français de l'Inde.

D. 2 septembre 1887.

L. N. 1887-2-165.
Appliquant aux Colonies la L. 12 août 1885, modif. divers art. du C. de comm. (comm. marit.).

D. 20 octobre 1887.

L. N. 1887-1-178. — S. 1889-429.
Organisation de l'Indo-Chine.

COLONIES 5

D. 8 décembre 1887.

L. N. 1887-2-190. — D. P. 1888-4-28. — P. F. 1888-3-18.
Mariage des fonctionn. civils ds. les Colonies.

D. 20 décembre 1887.

S. 1888-382.
Rendant suspensif, ds. les colonies, le pourvoi en matière électorale.

D. 20 février 1888.

L. N. 1888-2-35. — S. 1888-339.
Modificat. aux statuts de la Banque de l'Indo-Chine.

D. 5 juillet 1888.

G. P. 1888-2-2.
Modifications apportées à l'organisation jud. de la Cochinchine.

D. 8 septembre 1888.

L. N. 1888-2-127. — G. P. 1888-2-4.
Portant organisation de la justice au Tonkin.

D. 18 septembre 1888.

L. N. 1888-2-128. — G. P. 1888-2-5.
Réglement. la procéd. devant les tribunaux de la Cochinchine, du Cambodge et du Tonkin, en matière civile, criminelle, correct. et de simple police.

D. 12 octobre 1888.

L. N. 1888-2-143. — S. 1889-536. — P. F. 1889-3-12.
Procédure des demandes de réhabilitation aux Colonies.

D. 5 novembre 1888.

L. N. 1888-2-144. — S. 1889-516. — P. F. 1889-3-4. — G. P. 1888-2-8.
Exercice de la profess. d'avoc. défens. en Indo-Chine.

D. 5 janvier 1889.

L. N. 1889-3-7. — G. P. 1889-1-1.
Admission aux fonctions de notaire dans l'Inde.

D. 5 mars 1889.

L. N. 1889-3-34.
Organisat. des Cons. d'Administration en Cochinchine.

—

D. 13 mars 1889.

L. N. 1889-3-58. — G. P. 1889-1-4.
Modif. pr. la Nouvelle-Calédonie, l'art. 9 C. Instr. crim.

D. 23 mars 1889.

L. N. 1889-3-54. — S. 1890-605. — P. F. 1889-3-41.
Appliquant aux colonies la L. 13 févr. 1889 (hypoth. lég. de la femme).

D. 23 mars 1889.

L. N. 1889-3-55. — P. F. 1889-3-15.
Appliq. à la Guyane la L. 2 juin 1881, modif. l'art. 693 C. pr. civ.

D. 10 mai 1889.

L. N. 1889-3-92. — S. 1891-39. — P. F. 1889-3-41.
Appliq. aux colonies la L. 26 octobre 1888 (circonst. attén.)

L. 12 mai 1889.

L. N. 1889-3-93. — S. 1889-590.
Modif. l'art. 165 § 2 de la L. municipale (application aux colonies).

D. 15 mai 1889.

L. N. 1889-3-101. — S. 1881-39. — P.F. 1889-3-51.
Réorganisat. judiciaire du Sénégal.

D. 19 mai 1889.

L. N. 1889-3-110.
Promulg. à La Guadeloupe et ses dépend. la loi 2 juin 1881, qui modif. l'art. 693 C. pr. civ.

D. 25 mai 1889.

L. N. 1889-3-111.
Rattach. à la Marine toutes les troupes coloniales.

D. 6 juin 1889.

L. N. 1889-3-119. — S. 1891-42.
Supprim. la contrib. mobil. ds. les Établiss. fran. d'Océanie.

D. 6 juin 1889.

L. N. 1889-3-119. — P. F. 1889-3-41.
Organis. judiciaire de la Guyane.

D. 17 juin 1889.

L. N. 1889-3-126. — S. 1891-45.
Modif. l'organis. jud. de la Cochinchine.

D. 22 juin 1889.

L. N. 1889-3-149. — S. 1891-51. — P. F. 1889-3-42.
Organis. judiciaire à Obock.

D. 2 septembre 1889.

L. N. 1889-2-283. — G. P. 1889-2-24.
Modif. pour la Guyane, l'art. 9 C. instr. c.

D. 13 septembre 1889.

L. N. 1889-3-285. — S. 1891.55. — G. P. 1889-2-24.
Tarif des honor. des Avocats-défenseurs en Cochinchine.

D. 26 septembre 1889.

S. 1891-63.
Appliq. aux Établiss. franç. de l'Inde la L. 23 mai 1863 (Gage comm.).

D. 4 octobre 1889.

L. N. 1889-3-311. — D. P. 1890-4-97. — S. 1891-77.
Régl. d'adminis. publ. pr. l'appli. aux colonies du code de jus. milit. de l'armée de mer.

D. 5 octobre 1889.

L. N. 1889-3-319.
Constitution du corps du commissariat colonial.

D. 22 octobre 1889.

L. N. 1889-3-338.
Réglement. la police de la chasse à la Réunion.

D. 8 novembre 1889.

L. N. 1889-3-344. — S. 1891-82.
Législat. pén. des maisons de jeu en Indo-Chine.

D. 8 novembre 1889.

L. N. 1889-3-345. — S. 1891-80.
Réorganisat. jud. du Cambodge.

D. 23 novembre 1889 (2 textes).

L. N. 1889-3-360 et 361. — D. P. 1890-4-102. — S. 1890-807.
Organisat. et fonctionn. de l'École coloniale.

D. 7 janvier 1890.

L. N. 1890-3-29. — S. 1892-263.
Constit. et organis. le Corps de Santé des Colonies et pays de protectorat.

D. 25 janvier 1890.

G. P. 1890-1-5.
Compétence du Conseil du contentieux admin. dans les colonies.

D. 4 février 1890.

L. N. 1890-3-75. — G. P. 1890-1-9.
Serment professionnel des magistrats coloniaux.

D. 28 février 1890.

L. N. 1898-3-102. — G. P. 1890-1-10.
Organisation de la justice au Tonkin.

D. 14 mars 1890.

L. N. 1890-3-117. — D. P. 1891-4-85. — S. 1892-294. — P. F. 1890-3-47. — G. P. 1890-1-11.
Administr. des successions vacantes aux Colonies.

L. 15 avril 1890.

L. N. 1890-3-152. — D. P. 1891-4-2. — S. 1891-9. — P. F. 1891-3-41. — G. P. 1890-1-13.
Organis. judic. à la Guadeloupe, la Martinique et la Réunion.

D. 7 mai 1890.

L. N. 1890-3-156. — D. P. 1891-4-89. — S. 1890-779. — P. F. 1890-3-55.
Appliq. aux Colonies la L. 24 juill. 1889 (protection de l'Enfance).

D. 7 mai. 1890.

D. P. 1891-4-89. — P. F. 1890-3-54.
Appliq. aux colonies la L. 23 oct. 1884 (ventes judic. d'immeub.).

D. 29 mai 1890.

L. N. 1890-3-168. — D. P. 1891-4-103. — S. 1892-283.
Réorganis. le Cons. supér. des Colonies.

D. 30 juin 1890.

L. N. 1890-3-231.
Réglementant l'immigration à la Guadeloupe.

D. 1er juillet 1890.

L. N. 1890-3-226. — D. P. 1891-4-104. — S. 1892-394. — P. F. 1890-3-79.
Appliq. aux Colonies la L. 2 juin 1881, modif. l'art. 693 C. pr. civ.

D. 9 juillet 1890.

L. N. 1890-3-226. — D. P. 1891-4-104. — S. 1892-394. — P. F. 1890-3-79.
Appliq. aux Colonies la L. 11 avril 1888, modif. les art. 105 et 108 C. com.

D. 9 juillet 1890.

L. N. 1890-3-257. — D.P. 1891-4-104.— S.1892-395.—P.F. 1890-3-79.
Appliq. aux colonies les lois 4 mars 1889 et 4 avril 1890 (Faillite, liquid. judiciaire).

D. 9 juillet 1890.

L. N. 1890-3-258. — D. P. 1891-4-104. — P. F. 1890-3-80.
Appliq. à la Martinique et la Reunion la L. 2 juin 1881, modif. l'art. 639 C. pr. civ.

D. 18 août 1890.

L. N. 1890-3-336.
Expropr. pr. cause d'util. publ. ds. les Établiss. français d'Océanie.

2e D. 18 août 1890.

L. N. 1890-3-351. — S. 1892-417.
Organisat. polit. et administr. du Soudan français.

D. 22 septembre 1890.

S. 1892-284. — P. F. 1890-3-67.
Frais de justice répress. à la Martinique, la Guadeloupe et la Réunion.

D. 26 septembre 1890.

L. N. 1890-3-371. — D. P. 1891-4-105. — S. 1892-291.
Appliq. à la Martiniq., la Guadel. et la Réunion la L. 30 oct. 1886 (enseignt. prim).

D. 25 novembre 1890.

L. N. 1890-3-464. — P. F. 1892-3-8.
Appliq. aux colonies la L. 11 juillet 1887 (diffam. et injure par carte-postale ou télégr.

2e D. 25 novembre 1890.

L. N. 1890-3-465.
Réorganis. la justice à Marie-Galante (Guadeloupe).

D. 17 décembre 1890.

L. N. 1891-3-2. — D. P. 1891-4-109. — S. 1892-419. — P. F. 1892-3-13.
Appliq. aux pays de Protector. de l'Indo-Chine, les Lois du 3 juin 1881 (art. 693 C. pr. civ.), 23 octobre 1884 (ventes jud. d'immeub.), 11 avril 1888 (art. 105 et 108 C. com.), 4 mars 1889 et 4 avril 1890, (faillite, liquid. jud.), et 23 juillet 1889 (enf. maltrait. ou abandonnés).

D. 24 février 1891.

S. 1893-455. — P. F. 1891-3-65.
Réorganis. le trib. crimin. à St.-Pierre et Miquelon.

D. 21 avril 1891.

L. N. 1891-3-108. — S. 1891-128. — P. F. 1892-3-23.
Appliq. aux colonies la L. 26 mars 1891 (Loi Bérenger).

D. 27 avril 1891.

L. N. 1891-3-103. — S. 1893-472. — P. F. 1892-3-50.
Réglant les pouvoirs du Gouvern. Génér. de l'Indo-Chine.

2e D. 27 avril 1891.

G. P. 1891-1-8.
Modif. la compos. du trib. de première instance de Cayenne.

L. 27 juin 1891.
D. 12 août 1891.

L. N. 1891-3-160. — S. 1892-275 et 286. — P. F. 1892-3-58 et 80.
Appliq. aux Colonies la législat. métropol. sur la contrainte par corps.

D. 4 septembre 1891.

G. P. 1891-2-5.
Régime disciplinaire des établissements de travaux forcés aux colonies.

D. 15 septembre 1891.

L. N. 1891-3-172. — G. P. 1891-2-8.
Emploi aux colonies de la main-d'œuvre des condamnés aux travaux forcés.

D. 18 octobre 1891.

L. N. 1891-3-185. — D. P. 1892-4-59. — S. 1893-556. — P. F. 1893-3-15. — G. P. 1891-2-8.
Modif. divers art. du C. civil relatifs aux conditions requises p. contracter mariage, et à l'Etat civil, ds. les Etablis. français d'Océanie.

D. 25 novembre 1891.

L. N. 1891-3-207. — S. 1893-560.
Modif. celui du 30 juin 1890 (immigrations à la Guadeloupe).

D. 13 décembre 1891.

L. N. 1891-3-224. — P. F. 1893-3-38.
Constituant au Sénégal des communes mixtes et des communes indigènes, et réglant l'organis. financ. des Pays de Protectorat.

D. 17 décembre 1891.

L. N. 1892-3-1. — S. 1893-579. — P. F. 1893-3-41.
Organisation de la Colonie française de Guinée.

D. 11 janvier 1892.

L. N. 1892-3-19. — P. F. 1893-3-56.
Appliq. aux Colonies le Code de Just. milit. pr. l'armée de mer.

D. 27 février 1892.

L. N. 1892-3-60. — S. 1893-600.
Réglementant le commerce chinois en Indo-Chine.

D. 12 mars 1892

L. N. 1892-3-67.
Ordonnancement du budget du service colonial.

D. 11 mai 1892.

L. N. 1892-3-85. — S. 1894-698.
Organis. le service de la justice ds. la colonie de la Guinée.

D. 23 août 1892.

L. N. 1892-3-146. — G. P. 1892-2-6.
Instit. des trib. de première instance à Madagascar.

D. 27 août 1892.

L. N. 1892-3-153. — S. 1894-740.
Modif. l'organis. polit. et administrative du Soudan français.

D. 6 septembre 1892.

L. N. 1892-3-155. —D. P. 1894-4-54. —S. 1894-741.—P. F. 1894-3-6. — G. P. 1892-2-7.
Appliq. aux colonies les L. 12 févr. 1872 et 24 mars 1891,modificat. des art. 450, 550, 445 et 436 C. com.).

D. 18 septembre 1892.

L. N. 1892-3-157. — D. P. 1894-4-22. — S. 1894-742.
Appliq. aux Colonies la L. 19 févr. 1889 (restrict. du privil. du bailleur d'un fonds rural, et attribution des indemnités d'assur.

D. 15 octobre 1892.

S. 1894-745. — P. F. 1893-3-102.
Modif. le régime des Mines en Nouvelle-Calédonie.

D. 21 octobre 1892.

L. N. 1892-3-163. — G. P. 1892-2-7.
Fonctionnement de jurid. permanentes au Soudan français.

D. 1er février 1893.

S. 1894-835.
Organisat. de l'Enseign. primaire dans les Établiss. français de l'Inde.

D. 27 février 1893.

L. N. 1893-3-55.
Appliq. aux Colonies la L. 3 févr. 1893 (délit de fausses nouvelles).

D. 10 mars 1893.

L. N. 1893-3-57. — S. 1894-841. — P. F. 1895-3-159.
Organis. des Colonies de la Guinée, Côte d'Ivoire et Bénin.

D. 24 juin 1893.

L. N. 1893-3-162. — S. 1894-854.
Appliq. à l'Indo-Chine les L. 5 juillet 1844, 31 mai 1856 et 23 mai 1868 sur les Brevets d'invention.

D. 24 juin 1893.

L. N. 1893-3-164. — S. 1894-854. — P. F. 1894-3-52.
Modif. celui du 22 juillet 1883 sur le régime des mines en Nouv. Calédonie.

D. 3 juillet 1893.

L. N. 1893-3-178. — D. P. 1895-4-7. — P. F. 1895-3-159.
Fixant au 8 0/0 l'intérêt légal en Nouvelle-Calédonie.

D. 21 juillet 1893.

S. 1894-858.
Portant réglementat. de l'immigrat. océanienn. en Nouv. Calédonie.

D. 24 juillet 1893.

L. N. 1893-3-212. — D. P. 1895-4-7. — S. 1894-862. — P. F. 1895-3-88.
Modif. celui du 12 août 1891 (applicat. aux établissem. d'Indo-Chine des lois sur la contrainte par corps).

L. 30 juillet 1893.

L. N. 1893-3-261. — D. P. 1894-4-42. — S. 1894-661. — P. F. 1896-3-61.
Organisat. de l'armée coloniale.

D. 16 août 1893.

L. N. 1893-3-276. — S. 1894-890.
Rendant exécutoires au Sénégal divers textes relatifs à l'impôt du Timbre (connaissements, effets de commerce, etc.).

D. 17 septembre 1893.

L. N. 1893-3-289. — P. F. 1895-3-101.
Appliq. aux colonies la L. 3 juillet 1877 (réquisit. militaires).

D. 15 novembre 1893 (2 textes).

L. N. 1893-3-299 et 301. — S. 1895-902 et 903. — P. F. 1894-3-50 et 51.
Organisat. du service judic. à la Nouvelle-Calédonie.

D. 13 janvier 1894.

D. P.1895-4-87. — S. 1895-931.
Appliq. au Sénégal les Lois relatives aux contrav. en matière postale.

D. 18 janvier 1894.

S. 1895-1001.
Organis. le régime des Eaux et Forêts à Diégo-Suarez.

D. 26 janvier 1894 (2 textes).

G. P. 1894-1-1 et 2.
Création d'une Cour d'appel au Tonkin.
Compétence des tribunaux du Tonkin.

D. 2 février 1894.

S. 1895-933.
Modif. celui du 23 nov. 1889 (École coloniale).

D. 19 février 1894.

L. N. 1894-4-34. — D. P. 1895-4-122.
Appliq. aux colonies la L. 18 avril 1886 sur l'espionnage.

L. 20 mars 1894.

L. N. 1894-3-62. — D. P. 1895-4-77. — S. 1894-805. — P. F. 1895-3-15.
Création du Ministère des Colonies.

D. 28 mars 1894.

S. 1895-946. — P. F. 1895-3-117.
Administ. de la justice à Diégo-Suarez et Nossi-Bé.

D. 28 mars 1894.

S. 1895-947. — P. F. 1895-3-119.
Organisant la justice indigène à Diégo-Suarez.

D. 17 mai 1894.

L. N. 1894-3-68. — G. P. 1894-1-3.
Traitement, parité d'office et costume des juges suppléants aux Antilles et à La Réunion.

D. 18 mai 1894.

L. N. 1894-3-79. — S. 1895-965. — P. F. 1895-3-119.
Appliq. aux Colonies le D. 27 fév. 1891 (marq. de fabriq.)

D. 22 juin 1894.

L. N. 1894-3-86. — D. P. 1895-4-123. — S. 1895-983. — P. F. 1895-3-24.
Organisat. et administ. du Dahomey et de ses dépendances.

D. 13 juillet 1894.

L. N. 1894-3-112. — S. 1895-997. — P. F. 1895-3-121.
Organisat. des territoires de l'Oubanghi.

D. 26 juillet 1894.

L. N. 1894-3-124. — S. 1895-983. — P. F. 1895-3-124.
Organisat. de la justice ds. le Dahomey et ses dépendances.

L. 26 juillet 1894.

L. N. 1894-3-120. — D. P. 1895-4-122. — S. 1895-979.
Législat. forestière de l'Ile de la Réunion.

D. 6 août 1894.

L. N. 1894-3-136. — S. 1895-998.
Engagem. et rengagem. dans l'armée coloniale.

D. 4 septembre 1894.

L. N. 1894-3-153. — S. 1895-1025. — P. F. 1895-3-80.
Organisat. du service judic. ds. le protectorat français de la Côte des Somalis.

D. 12 novembre 1894.

L. N. 1894-3-178. — D. P. 1896-4-23. — S. 1895-1028. — P. F. 1895-3-144.
Appliq. à l'Indo-Chine les Lois et Décrets réglement. la fabric. des explosifs.

D. 14 novembre 1894.

S. 1895-1073.
Réorganisat. du service sanitaire à la Réunion.

D. 16 février 1895.

L. N. 1895-3-38. — D. P. 1896-4-65. — S. 1895-1111. — P. F. 1895-3-141.
Appliq. aux colonies une série de disposit. relatives aux Douanes.

—

D. 29 avril 1895.

L. N. 1895-3-61. — S. 1895-1114. — P. F. 1896-3-30. — G. P. 1895-1-5.

Supprim. la Just. de paix à compétence étendue de Chandernagor et la remplaçant par un Tribunal.

D. 17 mai 1895.

L. N. 1895-3-69. — S. 1895-1139. — P. F. 1895-3-145. — G. P. 1895-1-8.

Réorganisat. de l'Administr. jud. de la Cochinchine et du Cambodge.

2e D. 17 mai 1895.

L. N. 1895-3-89. — G. P. 1895-1-15.

Fixant le traitement, la parité d'office et le costume des magistrats de l'Indo-Chine.

D. 16 juin 1895.

L. N. 1895-3-101. — S. 1895-1118.

Instituant un Gouvern. général de l'Afrique occident. française.

D. 17 juin 1895.

L. N. 1895-3-102. — S. 1895-1119.

Réglement. l'émigration, hors du Sénégal, de travailleurs originaires de la Colonie.

D. 21 juillet 1895.

L. N. 1895-3-125.

Applic. aux Antilles et à la Réunion de la L. 1er août 1893 (Soc. par actions).

L. 1er août 1895.

L. N. 1895-3-133. — D. P. 1896-4-101. — S. 1895-1136.

Applicat. du service militaire à la Réunion.

D. 10 août 1895.

S. 1896-40.

Réglementant l'élevage, l'abatage et la vente du bétail en Nouvelle-Calédonie.

D. 15 septembre 1895 (3 textes).

L. N. 1895-3-159. — S. 1895-1175. — P. F. 1896-3-80.

Modif. le D. 27 févr. 1893 sur la composit. du Conseil d'administrat. du Soudan français. — Conseil privé du Sénégal ; conseil supérieur du gouv. gén. de l'Afrique occident. franç.

--

D. 24 septembre 1895.

S. 1895-1137.
Organisat. du Recrutement milit. à la Réunion.

D. 5 décembre 1895.

S. 1896-3. — P. F. 1897-3-19.
Modif. les conditions d'admiss. à l'École coloniale.

D. 8 janvier 1896.

L. N. 1896-3-70. — D. P. 1896-4-97. — S. 1896-56.
Rattachant à l'admin. de Madagascar les Établiss. français de Diégo-Suarez, Nossi-Bé et Ste-Marie de Madagascar.

D. 2 avril 1896.

S. 1896-92. — P. F. 1896-3-133.
Réglant le fonctionnement de l'École coloniale.

D. 12 avril 1896.

L. N. 1896-3-103. — S. 1896-96. — P. F. 1896-3-134.
Recours en Cass. contre les décisions du Conseil d'Appel de la Guinée.

D. 20 mai 1896.

L. N. 1896-3-114. — P. F. 1896-3-135.
Appliq. aux colonies l'art. 16 de la L. fin. 28 déc. 1895 (Douanes).

D. 21 mai 1896.

L. N. 1896-3-113. — S. 1896-149. — P. F. 1896-127.
Organisat. de la justice à St-Pierre et Miquelon.

D. 21 mai 1896.

L. N. 1896-3-114.
Appliq. à l'Indo-Chine la L. 1er août 1893 (Soc. par actions).

D. 4 juillet 1896.

S. 1896-169.
Réorganis. le personn. des admin. coloniaux.

D. 31 juillet 1896.

S. 1896-175.
Organisat. du service forestier en Cochinchine.

L. 6 août 1896.

L. N. 1896-3-162. — G. P. 1896-2-1.
Déclarant Madagascar et les îles qui en dépendent colonie française.

D. 14 août 1896.

L. N. 1896-3-164. — S. 1897-198.
Recherche et exploitat. des mines au Sénégal et au Soudan rançais.

D. 31 août 1896.

L. N. 1896-3-175.
Appliq. aux colonies la L. 31 déc. 1895 (caisse nation. des retraites).

D. 16 octobre 1896.

L. N. 1896-3-184. — S. 1897-208. — P. F. 1897-3-93.
Réorganisat. du service de la justice en Cochinchine.

D. 17 octobre 1896.

S. 1897-221. — P. F. 1897-3-97.
Organis. du Régime des Mines à la Nouvelle-Calédonie.

D. 20 octobre 1896.
D. 27 octobre 1896.

S. 1897-232.
Organisation et cadres du service de santé des colonies.

D. 28 novembre 1896.

L. N. 1897-3-2. — P. F. 1897-3-93.
Promulg. à la Guyane le D. 2 octobre 1888 et la L. 8 août 1893 sur le séjour des étrangers en France.

D. 16 décembre 1896.

S. 1897-252. — P. F. 1897-3-30.
Réorganisat. du Service de la justice à la Côte d'Ivoire.

D. 16 décembre 1896.

S. 1897-254. — P. F. 1897-3-126.
Réorganis. du service de la justice à la Guyane.

D. 25 décembre 1896.

L. N. 1897-3-34. — S. 1897-253. — P. F. 1897-3-105.
Assessorat en Cochinchine.

—

D. 26 janvier 1897.

S. 1897-266.
Réglem. sur le fonctionnement du Service des Douanes à la Côte d'Ivoire.

D. 7 février 1897.

L. N. 1897-3-48. — S. 1897-792. — P. F. 1897-3-55.
Applicat. de la L. 26 juin 1889 à la Martiniq., La Guadeloupe et la Réunion, formes à suivre pr. la naturalisat. ds. ces colonies.

D. 31 mars 1897.

P. F. 1897-3-57.
Réglem. de Police sanitaire marit. ds. les Colonies et pays de Protectorat.

D. 24 avril 1897.

L. N. 1897-3-115. — G. P. 1897-1-7.
Modif. les art. 3 et 4 du D. 4 octobre 1889, constit. des trib. marit. spéciaux dans les colonies affectées à la transport. des condamnés aux trav. forcés.

D. 18 mai 1897.

L. N. 1897-3-132. — S. 1897-376.
Promulg. en Indo-Chine les L. 4 juillet 1889 (complét. l'art. 177 C. pén.), 28 décembre 1894 (abrog. les art. 226 et 227 C. pén.) et 6 févr. 1895 (modif. l'art 549 C. com.).

D. 6 juillet 1897.

S. 1898-408. — P. F. 1898-3-95.
Organis. les possess. françaises des Comores.

D. 12 juillet 1897.

L. N. 1897-3-146. — S. 1898-408.
Supprim. le Minist. publ. près les Just. de paix à compét. étendue en Cochinchine.

D. 17 août 1897.

L. N. 1897-3-206. — P. F. 1898-3-76.
Appliq. aux Colonies la L. 30 novembre 1892 (exercice de la médecine).

D. 28 septembre 1897 (2 textes).

L. N. 1897-3-214 et 215. — S. 1899-883. — P. F. 1899-3-99.
Réorganisat. au Congo français du Service de la Justice.

D. 6 octobre 1897.

S. 1899-886.
Organis. le service des Douanes et Régies en Indo-Chine.

D. 9 novembre 1897.

L. N. 1897-3-233.
Appliq. à l'Indo-Chine la L. 6 avril 1897 (appels de simple police).

D. 12 novembre 1897.

L. N. 1897-3-253.
Même objet pr. la Martinique, la Guadeloupe et la Réunion.

D. 12 février 1898.

L. N. 1898-3-21. — S. 1899-904.
Rétabliss. la contrainte par corps ds. les Établiss. franç. de l'Inde.

D. 6 mars 1898.

L. N. 1898-3-46. — S. 1899-930. — P. F. 1898-3-90.
Réorganis. le corps des avocats défenseurs en Cochinchine.

D. 10 mars 1898.

L. N. 1898-3-51. — S. 1899-931. — P. F. 1899-3-16.
Appliq. à l'Indo-Chine la L. 21 juill. 1881 (police sanit. des anim.).

L. 19 mars 1898.

L. N. 1898-3-54. — D. P. 1899-4-5.
Déclarant colonies françaises les Iles sous le Vent de Tahiti.

D. 9 avril 1898 (2 textes).

L. N. 1898-3-144 et 146. — S. 1899-885.
Organisat. du service de la justice au Congo français.

D. 21 avril 1899.

L. N. 1898-3-152. — S. 1900-962. — P. F. 1899-3-8.
Fixant le taux de l'intér. légal ds. les établiss. franç. d'Océanie.

D. 6 mai 1898.

L. N. 1898-3-160. — S. 1900. 965. — P. F. 1898-3-112.
Réorganisat. du service de la justice au Cambodge.

D. 24 mai 1898 (3 textes).

S. 1900-1014 et 1015.
Droits de formalités hypothécaires.—Droits d'Enregistrement.—Droits de mutation par décès et de donation entre-vifs à La Martinique.

D. 21 juillet 1898.

S. 1900-1020.
Modifi. celui du 2 avril 1896 relatif au fonctionn. de l'École coloniale.

D. 31 juillet 1898.

L. N. 1898-3-257. — S. 1900-1027. — P. F. 1899-3-26.
Portant création d'un budget général de l'Indo-Chine.

D. 8 août 1898.

L. N. 1898-3-275. — S. 1900-1028. — P. F. 1899-3-28.
Réorganis. le service de la justice en Indo-Chine.

D. 30 décembre 1898.

S. 1900-1037.
Organisant le service des Douanes et Régie en Indo-Chine.

D. 30 décembre 1898.

L. N. 1899-3-9. — S. 1900-1108. — P. F. 1899-3-158.
Régime de la presse en Indo-Chine.

D. 8 février 1899.

L. N. 1899-3-11. — S. 1900-1159.
Organis. le domaine publ. et les servitudes d'intér. publ. au Congo.

D. 3 mars 1899.

S. 1901-7.
Solde de parité d'office du personnel des ponts et chaussées et de mines aux colonies.

D. 12 mars 1899.

S. 1901-7.
Droit de sortie sur la nacre dans les établissements français de l'Océanie.

D. 14 mars 1899.

L. N. 1899-3-30. — S. 1900-1152. — P. F. 1899-3-112.
Portant création d'un office colonial.

D. 15 mars 1899.

L. N. 1899-3-34. — S. 1901-7.
Réglem. l'importation des armes et explosifs à Madagascar.

D. 28 mars 1899.

S. 1900-1160.
Régime de la propriété foncière au Congo.

D. 28 mars, 1er et 9 septembre 1899.

S. 1900-1150.
Organis. du Régime forestier au Congo.

D. 9 avril 1899.

S. 1900-1175.
Admission des secrétaires généraux des anciennes directions de l'intérieur dans le cadre des administrateurs coloniaux.

D. 19 avril 1899.

S. 1901.8.
Plaçant l'administration du Laos sous l'autorité d'un résident supérieur.

D. 13 mai 1899.

S. 1901-10.
Création des directions des douanes aux colonies.

D. 27 juin 1899.

S. 1901-11.
Création d'une caisse de prévoyance des services locaux du Soudan français exclus du bénéfice des pensions.

L. 6 juillet 1899.

P. F. 1900-3-50.
Réglem. sur la recherche et l'exploitat. des Mines dans les Col... et pays de Protectorat de l'Afriq. autres que l'Algérie et la T...

D. 20 juillet 1899.

L. N. 1899-3-168. — P. F. 1900-3-47.
Modif. celui du 31 mars 1897 sur la ... sanit. marit. ds. les colonies et pays de protectorat.

D. 11 août 1899.

L. N. 1899-3-186. — P. F. 1900-3-54.
Reorganis. le service de la justice au Sénégal.

2e D. 11 août 1899.

S. 1901-62.
Traitement et parité d'office des magistrats au Sénégal.

D. 1er septembre 1899.

S. 1900-1165.
Protection des forêts autour de Brazzaville (Congo).

D. 9 septembre 1899.

S. 1900-1165.
Portant addition à celui du 28 mars 1899 (Congo).

D. 17 octobre 1899.

P. F. 1900-3-53.
Réorganis. du Gouvern. Génér. de l'Afriq. Occid. française.

D. 23 octobre 1899.

L. N. 1899-3-218. — P. F. 1900-3-53.
Organ. financ. des pays de Protectorat au Sénégal.

D. 23 novembre 1899.

S. 1901-38.
Portant réorganisation du service de la justice au Congo français.

2e D. 23 novembre 1899.

S. 1901-38.
Fixant le traitement, la parité d'office et le costume des magistrats du Congo français.

D. 8 mars 1900.

P. F. 1900-3-108.
Relatif au rétabliss. des Droits de Navigation à la Guadeloupe.

D. 12 mars 1900.

P. F. 1900-3-111.
Droit de Magasinage à Saint-Pierre et Miquelon.

D. 3 avril 1900.

P. F. 1900-3-76.
Reconnaissance des terrains domaniaux de la Guyane.

L. fin. 13 avril 1900.

L. N. 1900-3-143. — D. P. 1900-4-33. — S. 1900-1066. — P. F. 1900-3-100.
Art. 33 : Modificat. du régime financier des Colonies.

D. 4 mai 1900.

L. N. 1901-3-203. — D. P. 1900-4-87. — S. 1901.8.
Rel. aux off. de pol. jud. en Tunisie.

L. 4-11 mai 1900.

L. N. 1900-3-204. — P. F. 1901-33. — G. P. 1900.1.2.
Modif. l'art. 69 C. pr. civ.

D. 16 mai 1900.

P. F. 1900-3-105.
Prorog. le privil. de la Banq. de l'Indo-Chine, et approuv. les modificat. apportées aux statuts.

D. 19 mai 1900.

P. F. 1901-3-40.
Portant modif. au régime financier des lycées coloniaux.

D. 22 mai 1900.

P. F. 1901-3-6.
Portant création d'un poste de président du conseil d'appel au Dahomey.

L. 7 juillet 1900.

D. P. 1900-4-66. — S. 1900-1113.
Organisat. des troupes coloniales.

D. 20 juillet 1900 (4 textes).

P. F. 1900-3-130.
Régime forestier. — Régime foncier. — Terres domaniales. — Domaine public au Sénégal.

L. 20 juillet 1900.

D. P. 1900-4-85.
Relative à la défense générale des colonies.

L. 30 juillet 1900.

L. N. 1900-3-260. — D. P. 1900-4-85.
Protection des citoyens français établis dans certaines îles et terres de l'Océan Pacifique.

D. 18 août 1900.

P. F. 1901-3-18.
Réglementant le fonctionnement des douanes à la côte française des Somalis.

A. 24 septembre 1900.

P. F. 1901-3-44.
Du ministre des colonies, fixant les épreuves du concours pour l'emploi d'admin. stag. aux colonies.

D. 1er novembre 1900.

L. N. 1900-3-311.
Modifiant certaines dispositions des décrets des 3 octobre 1880 et 16 décembre 1896, concernant l'organisation judiciaire de la Guyane.

D. 9 novembre 1900.

P. F. 1901-3-32.
Prorog. jusqu'au 1er janvier 1902 le privil. des Banques colon.

D. 10 décembre 1900.

L. N. 1901-3-2.
Modifiant l'administration de la justice à Madagascar.

D. 19 décembre 1900.

L. N. 1901-3-2.
Modifiant les réglements disciplinaires des établissements pénitentiaires coloniaux.

D. 6 janvier 1901.

L. N. 1901-3-25.
Organisant provisoirement le service de la justice militaire pour les troupes coloniales.

L. fin. 25 février 1901.

L. N. 1901-3-35. — D. P. 1901-4-33.
Art. 54 : Organisation du contrôle de l'administration des services civils coloniaux ; inspection des colonies.

D. 28 février 1901.

L. N. 1901-3-97.
Réglementant, au point de vue administratif et judiciaire, la situation des citoyens établis dans les îles et terres de l'Océan Pacifique ne faisant pas partie du domaine de la France et n'appartenant à aucune autre puissance civilisée.

D. 5 mars 1901.

L. N. 1901-3-81.
Création en Indo-Chine d'un cadre unique de commis-greffiers.

D. 20 mars 1901.

L. N. 1901-3-99.
Appliq. à l'Indo-Chine div. lois métropolitaines.

2e D. 20 mars 1901.

L. N. 1901-3-100.
Prestation de serment des magistrats, fonctionn. et agents de l'Indo-Chine.

D. 5 mai 1901.

L. N. 1901-3-112.
Attribuant aux sous-officiers et commandants de brigades et de postes de gendarmerie en Indo-Chine les fonctions d'officier de police judiciaire.

D. 26 mai 1901.

L. N. 1901-3-131.
Modif. le décret du 19 décembre 1900 réorganisant le service de la justice dans la côte française des Somalis. — Tableau annexe.

D. 9 juin 1901.

L. N. 1901-3-160. — *J. off.* du 30 juin 1901.
Rendant la loi du 21 juillet 1886 (retraites pour la vieillesse) applicable aux colonies soumises au régime monétaire de la métropole.

2e D. 9 juin 1901.

L. N. 1901-3-161. — *J. off.* du 30 juin 1901.
Portant règlement d'administration publique pour l'application de ces textes.

D. 4 août 1901.

L. N. 1901-3-259. — *J. off.* du 26 août 1901.
Portant règlem. sur la recherche et l'exploitation de l'or et des métaux précieux dans les colonies et pays de protectorat autres que l'Algérie et la Tunisie.

D. 6 août 1901.

L. N. 1901-3-230. — *J. off.* du 10 août 1901.
Réorganis. le service de la just. dans les col. de la Guinée franç., de la Côte d'Ivoire et du Dahomey.

D. 23 septembre 1901.

P. F. 1902-3-13. — *J. off.* du 4 octobre.
Réglem. la contrainte par corps dans les établissem. français de l'Inde.

D. 26 novembre 1901.

L. N. 1902-3-1. — *J. off.* du 22 décembre 1901.
Portant applicat. en Indo-Chine, de l'art. 2, L. 5 décembre 1876, modifiant et complétant l'art. 626 C. com.

D. 2 décembre 1901.

L. N. 1902-3-1. — *J. off.* du 11 déc. 1901.
Appliq. à la Guinée française la loi sur les logements insalubres.

L. 13 décembre 1901.

L. N. 1902-3-4. — *J. off.* du 15 déc. 1901.
Prorog. du privilège des banques coloniales.

D. 22 décembre 1901.

L. N. 1902-3-23. — *J. off.* du 4 janvier 1902.
Promulg. à la Guadeloupe la L. 27 juillet 1900 (transform. en taxe proport. des droits perçus sur les formal. hypot.).

D. 29 décembre 1901.

L. N. 1902-3-25. — *J. off.* du 14 janvier 1902.
Circulation et vente de l'or à la Guyane française.

D. 9 janvier 1902.

L. N. 1902-3-27. — *J. off.* du 15 janvier 1902.
Appliq. aux colonies la L. 5 déc. 1901 (adjonction d'un paragr. à l'art. 357 C. pén.).

D. 17 janvier 1902.

L. N. 1902-3-64. — *J. off.* du 23 janvier 1902.
Appliq. aux colonies soumises aux régime monétaire métropolitain la L. 1er avril 1898 sur les soc. de sec. mutuels.

D. 1er février 1902.

L. N. 1902-3-70. — *J. off.* du 9 février 1902.
Rel. à la promulg. des actes officiels en Indo-Chine.

D. 1er février 1902.

P. F. 1902-3-61. — *J. off.* du 7.
Réglant l'émigrat. indigène à Mayotte et dans l'archipel des Comorres.

D. 8 février 1902.

L. N. 1902-3-102. — *J. off.* du 17.
Appliq. aux colonies la L. 23 déc. 1901, réprimant les fraudes dans les examens et concours publics.

D. 11 février 1902.

P. F. 1902-3-89. — *J. off.* du 5 mars.
Appliq. à La Réunion div. lois et décrets (service postal et télégr.).

L. 6 avril 1902.

L. N. 1902-3-164. — *J. off.* du 10.
Approuv. la Conv. conclue le 6 fév. 1902 entre le protectorat de la côte française des Somalis et la Cie des chemins de fer éthiopiens.

L. 7 avril 1902.

L. N. 1902-3-175. — *J. off.* du 9.
Appliq. aux Colonies la L. 30 mars 1902 (répress. des fraudes en mat. élector.).

D. 15 avril 1902.

L. N. 1902-3-209. — S.1902-317. — *J. off.* du 19.
Modif. le D. 6 août 1901 (organ. le service de la justice à la Guinée française, à la Côte d'Ivoire et au Dahomey.).

D. 17 avril 1902.

L. N. 1902-3-191. — *J. off.* du 25.
Fix. le traitem. et la parité d'office des greffiers et commis-greffiers de la cour d'appel et des tribunaux du Sénégal.

D. 18 avril 1902.

L. N. 1902-3-192. — *J. off.* du 26.
Appliq. à la Martinique l'art. 25, L. 10 août 1871 sur les conseils généraux.

D. 26 avril 1902.

L. N. 1902-3-193. — *J. off.* du 6 mai.
Appliq. à la Martinique, la Guadaloupe et la Réunion la loi du 7 avril 1902 (modif. la loi 5 avril 1884 sur l'org. municip.).

D. 1er mai 1902.

L. N. 1902-3-262. — *J. off.* du 8 juillet.
Portant modificat. à l'organisat. judic. des îles St-Pierre et Miquelon.

D. 13 mai 1902.

L. N. 1902-3-214. — *J. off.* du 18.
Promulg. à la Guyane franç. div. lois métropolitaines.

D. 3 juin 1902 (3 textes).

L. N. 1902-3-242-243. — *J. off.* du 7 juin.
1° Modif. l'assiette de l'octroi de mer à la Guadeloupe.
2° Modif. l'assiette de l'octroi de mer à la Martinique (tabacs).
3° Modif. le D. 18 juillet 1876 (circul. et vente des vanilles à la Guadeloupe.

D. 3 juin 1902.

L. N. 1902-3-243. — *J. off.* du 15 juin.
Modif., pr. La Martinique, certains articles du D. 22 sept. 1890 (frais de justice criminelle, correct. et de simple pol.).

D. 5 juillet 1902.

L. N. 1902-3-265. — *J. off.* du 6.
Portant organisat. nouvelle de la colonie du Congo français.

D. 6 août 1902.

L. N. 1902-3-135. — *J. off.* du 13 août.
Appliq. à La Guadeloupe l'art. 35, L. 10 août 1871 sur les conseils généraux.

COLPORTAGE

L. 17 juin 1880.

D. P. 1880-4-89. — S. 1880-643.
Colportage des livres, brochures, lithographies et autres écrits imprimés.

C. 12 août 1880.

S. 1880-644.
Application du texte précédent.

COMMERCE ET CHAMBRES DE COMMERCE

Commerce (Code de). — V. Code de commerce.
Commerce (Fonds de). — V. Nantissement.
Commerce (Traités de). — V. Traités de commerce.
Commerce (Tribunaux de). — V. Tribunaux de commerce.

L. 4 mars 1898.

L. N. 1898-3-40. — D. P. 1899-4-2. — S. 1899-813. — P. F. 1899-3-75. — *J. off.* du 7.

Créant un office nation. du commerce extérieur et approuv. une convent. intervenue entre le Gouvern. et la Chambre de commerce de Paris.

L. 9 avril 1898.

L. N. 1898-3-86. — D. P. 1899-4-12. — S. 1899-689. — P. F. 1899-3-46. — *J. off.* du 19. — V. Commentaire, *Lois nouv.* 1898-1-625.

Chambres de commerce et Chambres consultatives des arts et manuf.

D. 21 mai 1898.

S. 1899-814. — *J. off.* du 26.

Instituant des correspond. du Ministère du commerce et de l'Office nation. du commerce extérieur.

D. 22 avril 1900.

P. F. 1900-3-126.

Relatifs aux conseillers du commerce extérieur.

D. 10 octobre 1901.

P. F. 1901-3-156. — *J. off.* du 11.

Réorg. l'admin. centrale du commerce et de l'industrie.

COMMISSAIRES DE POLICE

D. 23 décembre 1893.

L. N. 1894-3-18. — D.P. 1895-4-5.—S. 1895-1084. — P.F. 1894-3-64.
Juridiction des commissaires spéciaux de police.

D. 12 octobre 1897.

L. N. 1898-3-14. — V. Commentaire, *Lois Nouv*. 1898-1-218.
Modif. l'art. 4 du D. 28 mars 1852 et étendant la juridiction des commiss. de police.

COMMUNE

L. 5 avril 1884.

D. P. 1884-4-25. — S. 1884-553. — *J. off.* du 11. — V. Commentaire *Lois nouv.* 1884-1 (2e section), 1 à 274.
Loi municipale.

C. 10 avril 1884.

L. N. 1884-3-39. — D. P. 1884-4-33 (note). — S. 1884-595.
Application de ce texte.

C. 15 mai 1884.

L. N. 1884-3-57. — S. 1884-600.
Sur l'ensemble des modifications dues à la L. 5 avril 1884.

L. 29 mars 1886.

L. N. 1886-2-65. — *J. off.* du 30.
Appliq. à la ville de Paris l'art. 14 de la L. 5 avr. 1884 (Électeurs municipaux).

Av. Cons. d'Ét., 29 juillet 1888.

L. N. 1888-2-105 — S. 1888-370. — *J. off.* du 19 août.
Interdis. aux Comm. de s'autoriser de l'art.145 de la L. 5 avril 1884, pr. subventionner des écoles privées.

L. 12 mai 1889.

L. N. 1889-3-93. —P. F. 1889-3-40. — G. P. 1889-1-10.— *J. off.* du 24.
Modif. l'art. 165, § 2 de la loi municipale, sur l'applicat. dudit texte aux colonies.

L. 22 mars 1890.

L. N. 1890-3-127. —D. P. 1890-4-106. — S. 1890-799. — *J. off.* du 27
Ajoutant un titre à la L. 5 avril 1884. (Syndicats des communes).

Avis Cons. d'État, 24 octobre 1895.

S. 1896-43.
Les cons. municip. peuvent décider que les baux de biens commun. de moins de 18 ans seront passés sans adjudicat. publique.

D. 12 juillet 1899.

D. P. 1901-4-90. — *J. off.* du 13.
Subventions aux communes pour les sapeurs-pompiers et le matériel d'incendie (art. 59, L. fin. 13 avril 1898).

L. 4 février 1901.

L. N. 1901-3-34. — D. P. 1901-4-14. — S. 1901-57. — P. F. 1901-3-113. — G. P. 1901-1-5. — *J. off.* des 6 février et 12 mars 1901. — V. Commentaire *Lois nouv.*, 1901-1-401.

Sur la tutelle administrative en matière de dons et legs.

L. fin. 25 février 1901.

L. N. 1901-3-35. — D. P. 1901-4-33. — S. 1901-140. — G. P. 1901-1-5. — *J. off.* du 26. — V. Commentaire *Lois nouv.*, 1901-1-321.

Art. 50 : Receveurs municipaux spéciaux au-dessus de 60.000 francs de revenu.

C. 10 juin 1901.

L. N. 1901-3-264.

Dons et legs (acceptation des) ; tutelle administrative ; loi du 4 février 1901.

L. 8 juillet 1901.

D. P. 1901-4-100. — P. F. 1901-3-142. — *J. off.* du 12.

Remise aux communes des sommes payées en excédent sur les annuités concédées en vertu de la L. 11 juin 1885, pour la construct. d'établissem. d'enseignem. primaire.

D. 26 septembre 1901.

L. N. 1901-3-290. — *J. off.* du 2 octobre.

Rel. aux arrêts de la cour des comptes et aux arrêtés des cons. de préfecture sur les comptes des recev. des communes et comptables assimilés.

C. 10 octobre 1901.

L. N. 1902.-3-19.

Allocations votées par les villes en faveur des Bourses de travail :

L. 15 février 1902.

L. N. 1902-3-77. — *J. off.* du 19 février 1902.

Rel. à la protection de la santé publique.

L. 2 mars 1902.

L. N. 1902-3-111. — *J. off.* du 5.

Autor. des emprunts en dehors des formalités d'usage, pour les communes des départ. éprouvés par la crise viticole.

COMMUNE 3

L. fin. 30 mars 1902.

L. N. 1902-3-130. — P. F. 1902-3-70. — *J. off.* du 30.

Art. 3 et suiv. : Série de disposit. rel. aux communes, dont le contingent a été augmenté du fait de l'art. 3, L. 10 juillet 1901.

Art. 58 : les disp. de la L. 12 nov. 1808 sont applic. aux taxes communales assimilées aux contrib. dir. ; le privilège prendra rang après celui du Trésor public.

L. 7 avril 1902.

L. N. 1902-3-174. — P. F. 1902-3-72. — G. P. 1902-1-862. — *J. off.* du 9.

Abrog. les §§ 15 et 16 de l'art. 133 et modif. les art. 141, 142 et 143, L. 5 avril 1884 sur l'org. municipale (budget des communes).

CONGRÉGATIONS RELIGIEUSES

D. 29 mars 1880.

D. P. 1880-4-23. — S. 1880-524.
Fixation à la Société de Jésus, d'un délai pour se dissoudre et évacuer les établissements qu'elle occupe sur le territoire français.

2e D. 29 mars 1880.

D. P. 1880-4-24. — S. 1880-525.
Portant que toute congrégation non autorisée doit, dans les 3 mois, faire des diligences pour obtenir la vérification et l'approbation de ses statuts.

C. 2 avril 1880.

S. 1880-525.
Sur l'exécution des textes précédents.

Av. Cons. d'État 16 juin 1881.

S. 1882-356.
Les congrégat. relig. d'hommes ne peuvent acquérir la personnal. civ. que par une loi. Incapacité de recueillir.

L. fin. 29 décembre 1884.

L. N. 1885-2-1. — D. P. 1885-4-38. — S. 1885-747. — V. Commentaire, *Lois Nouv.* 1885 (4e section), 1 à 51.
Art. 9 : Impôt sur le revenu, droit d'accroissement.

Instr. Enregistrement 3 juin 1885.

L. N. 1885 (4e section), 41 à 51. — S. 1885-754.
Pour l'exécut. du texte précédent.

D. 25 septembre 1888.

D. P. 1890-4-30.
Rapportant celui du 6 mai 1853 (Assoc. relig. des Frères de Saint-Joseph vouée à l'Enseign.).

L. fin. 16 avril 1895.

L. N. 1895-3-45. — D. P. 1895-4-92. — S. 1895-1041. — P. F. 1896-3-17. — V. Commentaire, *Lois Nouv.* 1895-1-227.
Art. 3 à 10 : Convers. du droit d'accroissement en taxe d'abonnement. Condit. d'exempt. de la taxe. Taux. Mode de recouvrement. Pénalités. Prescription. Péremption.

Av. Cons. d'État, 7 mai 1896.

S. 1899-892.
L'État peut poursuivre la saisie des immeub. appartenant à une congrégat. autorisée sans avoir obtenu l'autorisat. préalab. par un Décret rendu en Cons. d'Etat.

Av. Cons. d'État, 23 juillet 1896.

S. 1897-265.
Acquisit. à titre onéreux. — Autorisation. — Meubles incorporels. — Droit d'accroissement. — Dispense. — Bien affectés à des œuvres d'assistance ou à des missions. — Défaut d'autorisation. — Acquisit. faites avec les revenus. — Présomption.

Av. Cons. d'État, 24 février 1897.

S. 1899-892.
Les congrég. hospital. de femmes ne sauraient invoquer le D. 18 févr. 1809 pour échapper au principe posé par l'avis précédent.

L. 1er juillet 1901.

L. N. 1901-3-155. — D. P. 1901-4-105. — *J. off.* du 2. — V. Commentaire *Lois nouv.*, 1901-1-445.
Rel. au contrat d'association.

A. 1er juillet 1901.

L. N. 1901-3-159. — *J. off.* du 2.
Pièces à fournir par les congrég. qui demandent l'autorisation.

1er D. 16 août 1901.

L. N. 1901-3-212. — *J. off.* du 16.
Régl. d'admin. pub. pour l'applic. de la L. 1er juillet 1901.

2e D. 16 août 1901.

L. N. 1901-3-220. — *J. off.* du 17.
Id. pour l'exécut. de l'art. 18 (liquidation des biens détenus par les congrég. non autorisées et des allocations attrib. à leurs membres).

C. 25 septembre 1901.

L. N. 1901-3-277.
Du min. just. — Applic. de la L. 1er juillet 1901 ; poursuites contre les congrég. non autor. ou non en instance d'autor. ; liquidation des biens ; procédure.

C. 14 novembre 1901.

S. 1902-290.
Du min. int., sur la nécessité de surveill. le recrutem. du Clergé paroissial, en présence de la sécularisation possible des membres de congrégat. d'hommes non autor.

C. 5 décembre 1901.

S. 1902-291.
Sur l'autorisation des établissem. qui dépendent de congrégat. autorisées.

Instr. 14 décembre 1901.
Instr. 27 décembre 1901.

L. N. 1902-3-108-109.
Insertion des extraits de déclarations au *J. off.* et aux Recueils des actes admin. — Modèle de récépissé de déclaration.

D. 24 décembre 1901.

L. N. 1902-3-11. — G. P. 1902-1-856. — *J. off.* du 1er janvier 1902.
Modif. l'art. 1er, D. 1er février 1896 (procédure en matière de dons et legs aux établissem. publics et aux associations religieuses autorisées).

C. 10 mars 1902.

L. N. 1902-3-248.
Congrégat. relig. ; applicat. de la L. 1er juillet 1901 ; demandes d'autorisation ; renseignements demandés par les parquets ; avis de s'adresser aux préfets.

C. 20 juin 1902.

L. N. 1902-3-330.
Liquidation des biens ; frais de justice ; recouvrement ; greffiers ; états de liquidation.

C. 10 juillet 1902.

L. N. 1902-3-195.
Congrégations non autorisées ; frais de justice ; avances aux liquidateurs.

CONJOINT SURVIVANT

L. 9 mars 1891.

L. N. 1891-3-79. — D. P. 1891-4-17. — S. 1891-97. — P. F. 1891-3-65. — G. P. 1891-1-51. — V. Commentaire, *Lois nouv.*, 1891-1-477 et 689.

Modif. les droits de l'époux sur la success. de son conjoint prédécédé (art. 767 et 205 C. civ.).

Sol. Enregistr., 1er décembre 1894.

L. N. 1895-3-203.

Success. du conjoint survivant (étranger).

Instr. Enregistr., 2 juillet 1895.

L. N. 1895-3-202.

Relative à la success. du conjoint surviv. (convers. de l'usufr. en rente viagère).

CONSEILS D'ARRONDISSEMENT

D. 10 avril 1883.

D. P. 1883-4-96. — S. 1885-712.
Modif. le tableau de répartition des Conseil. d'arrondiss.

D. 9 mai 1887.

D. P. 1887-4-74. — S. 1888-267.
Même objet.

L. 23 juillet 1891.

L. N. 1891-3-156. — D. P. 1891-4-74. — S. 1892-210. — G. P. 1891-2-4.
Modif. l'art. 8 de la L. 10 août 1871 (inéligibilités).

L. 14 avril 1892.

L. N. 1892-3-77. — D. P. 1892-4-48. — S. 1893-461. — G. P. 1892-2-7.
Modif. l'art. 11 de la L. 22 juin 1833 (élections).

L. 23 juin 1892.

L. N. 1892-3-115. — D. P. 1893-4-7. — S. 1893-447.
Élections des Conseill. généraux et d'arrondiss.

D. 17 mars 1897.

S. 1898-402.
Modif. le tableau des répartitions des Conseillers ds. certains arrondissements.

CONSEIL D'ÉTAT

L. 23 mars 1880.

D. P. 1880-4-81. — S. 1880-622.
Auditeurs de 2e classe.

D. 3 avril 1886.

L. N. 1886-2-83. — D. P. 1886-4-82. — S. 1886-65.
Modif. l'art. 7 du Règlem. intér. du Conseil d'État (2 août 1879).
Affaires soumises à l'Assemblée génér.

L. 1er juillet 1887.

L. N. 1887-2-137. — D. P. 1887-4-85. — S. 1887-249.
Auditeurs de 2e classe.

L. 26 octobre 1888.

L. N. 1888-2-140. — D. P. 1889-4-1. — S. 1889-482.
Créant une section tempor. du contentieux.

D. 10 novembre 1888.

L. N. 1888-2-146 et 147. — D. P. 1889-4-43. — S. 1889-504. — P. F. 1889-3-6.
Exécut. du texte précédent.

D. 9 décembre 1891.

D. P. 1892-4-60. — S. 1893-577.
Créant une section tempor. du contentieux.

D. 14 novembre 1892.

S. 1894-792.
Prorogeant la section tempor. du contentieux.

D. 6 janvier 1894.

L. N. 1894-3-27. — P. F. 1895-3-89. — G. P. 1894-1-1.
Formant une section tempor. du contentieux.

D. 16 février 1895.

L. N. 1895-3-37.
Même objet.

D. 30 mars 1897.

D. P. 1897-4-99. — S. 1897-297. — P. F. 1898-3-104.
Règlem. du concours pr. la nominat. des auditeurs de 2e class.

CONSEIL D'ÉTAT 2

L. fin. 13 avril 1900.

L. N. 1900-3-143. — D. P. 1900-4-33. — S. 1900-1066. — P. F. 1900-3-100. — V. Comment. *Lois Nouv.* 1900-1-217.

Art. 24 : Autoris. la divis. de la section du content. en deux sous-sections, et réduis. à 2 mois le délai du recours au Cons. d'Etat fixé à 3 mois par le D. 22 juill. 1806.

D. 11 mai 1900.

L. N. 1900-3-204. — D. P. 1900-4-76. — S. 1900-1082. — P. F. 1900-3-79.

Modif. le décret du 30 mars 1897.

D. 16 juillet 1900.

L. N. 1900-3-254. — D. P. 1900-4-76. — S. 1900-1082. — P. F. 1901-3-27.

Réglem. d'Admin. publ. pr. l'exécut. de l'art. 24 de la L. fin. 13 avril 1900 qui autorise la division de la section du contentieux en deux sous-sections.

L. 17 juillet 1900.

L. N. 1900-3-256. — D. P. 1900-4-77. — S. 1900-1153.

Modif. celle du 25 octobre 1888 relative à la création d'une section tempor. du contentieux.

D. 17 juillet 1900.

D. P. 1900-4-76. — S. 1900-1155.

Modif. celui du 2 août 1879 (Réglem. intér. du Cons. d'État).

D. 4 août 1900.

L. N. 1900-3-273. — D. P. 1900-4-78. — S. 1900-1154. — P. F. 1900-3-140.

Réglem. d'admin. publ. pr. l'exécution de la L. 17 juillet 1900.

D. 7 août 1900.

D. P. 1900-4-79. — S. 1900.1155. — P. F. 1900-3-141.

Modif. le réglem. du concours pr. la nomin. des audit. de 2e classe.

2e D. 7 août 1900.

D. P. 1900-4-79. — S. 1900-1155.

Portant que la section des finances sera composée d'un prés. et de 4 conseillers d'État.

CONSEILS DE FABRIQUE

Av. Cons. d'Etat 24 mars 1881.

S. 1881-198.
Interdisant aux fabriques de recevoir des Libéralités en vue de fonder ou d'entretenir des écoles.

Av. Cons. d'État 13 juillet 1881.

S. 1882-357.
Interdisant de recevoir des legs faits pour le service des pauvres.

L. fin. 26 janvier 1892.

L. N. 1892-3-24. — D. P. 1892-4-9.— S. 1892-303. — G.P. 1892-1-3.
Comptabilité des Fabriques.

D. 27 mars 1893.

L. N. 1893-77.— D. P. 1894-4-17.— S. 1894-689.— P. F. 1894-3-29.
Règlem. d'Admin. publique sur la comptabil. des fabriques.

D. 18 juin 1898.

L. N. 1898-3-230. — S. 1900-974. — P. F. 1898-3-141.
Complétant le texte précédent.

CONSEILS GÉNÉRAUX

L. 31 mars 1886.

L. N. 1886-2-69. — D. P. 1886-4-60. - S. 1886-92. (Convocations). Modif. l'art. 30 de la L. 10 août 1871.

L. 23 juillet 1891.

L. N. 1891-3-156. — D. P. 1891-4-74. — S. 1892-210. — G. P. 1891-2-1.
Modif. l'art. 8 de la L. 10 août 1871 (inéligibilités).

L. 23 juin 1892.

L. N. 1892-3-115. — S. 1893-447. — G. P. 1892-2-1.
Élections des conseill. génér. et d'arrondiss.

L. 12 juillet 1898.

L. N. 1898-3-253. — D. P. 1899-4-15. — P. F. 1899-3-126. - G. P. 1898-2-1.
Modif. les art. 40 et 41 de la L. 10 août 1871.

L. 29 juin 1899.

L. N. 1899-3-138. — D.P. 1899-4-88. — S. 1900-1005. — P. F. 1899-3-153. — G. P. 1899-2-1.
Modif. les art. 61 et 63 de la L. 10 août 1871.

L. 8 juillet 1899.

L. N. 1899-3-151. — D. P. 1899-4-90. — S. 1900-1006. — P. F. 1889-3-161.
Modif. l'art. 71 de la L. 10 août 1871.

L. 8 juillet 1901.

L. N. 1901-3-166. — *J. off.* du 9 juillet 1901.
Modifiant la loi du 10 août 1871 en ce qui concerne l'incompatibilité appliquée aux médecins de l'assistance publique.

CONSEIL JUDICIAIRE

V. Interdiction.

CONSEILS DE PRÉFECTURE

L. 22 juillet 1889.

L. N. 1889-3-226. — D. P. 1890-4-1. — S. 1890-631. — P. F. 1889-3-43. — G. P. 1889-2-16. — *J. off.* du 24. — V. Commentaire *Lois nouv.* 1890-1-293.

Procédure devant les conseils de préfecture.

D. 18 janvier 1890.

L. N. 1890-3-45. — D. P. 1890-4-7. — S. 1890-640. — P. F. 1890-3-29. — G. P. 1890-1-4. — *J. off.* du 22.

Allocations pr. la procédure devant les Cons. de préfecture.

C. 31 juillet 1890.

L. N. 1890-3-407. — P. F. 1891-3-1.

Application de la L. 22 juill. 1889.

D. 26 septembre 1901.

L. N. 1901-3-290. — *J. off.* du 2 octobre.

Rel. aux arrêts de la cour des comptes et aux arrêtés des conseils de préfecture sur les comptes des receveurs des communes et comptables assimilés.

CONSEILS PRESBYTÉRAUX

Av. Cons. d'État 13 avril 1881.

S. 1882-356.
Interdiction d'accepter des dons et legs à charge de fonder ou entretenir des écoles.

Av. Cons. d'État 13 juillet 1881.

S. 1882-357.
Interdiction de recevoir des legs faits pr. le service des pauvres.

L. fin. 26 janvier 1892.

L. N. 1892-3-24. — D. P. 1892-4-9. — S. 1892-303. — G. P. 1892-1-3.
Comptabil. des Cons. presbytéraux, consistoires, Fabriques.

D. 27 mars 1893.

L. N. 1893-3-70. — D. P. 1894-4-18. — S. 1894-691. — P. F. 1894-3-25.
Réglem. d'administration publ. sur le régime financier et la comptabil. des cons. presbytéraux, consistoires et fabriq.

D. 18 juin 1898.

L. N. 1898-3-225. — D. P. 1900-4-2. — S. 1900-975. — P. F. 1898-3-142.
Complétant le texte précédent.

CONSISTOIRE

Av. Cons. d'État 13 avril 1881.

S. 1882. 356.
Interdiction d'accepter des dons ou legs à charge de fonder ou d'entretenir des écoles.

Av. Cons. d'État 13 juillet 1881.

S. 1882-357.
Interdiction de recevoir des legs faits pour le service des pauvres.

L. fin. 26 janvier 1892.

L. N. 1892-3-24.— D. P. 1892-4-9. — S. 1892-303.— G. P. 1892-1-3.
Comptabil. des consistoires, Conseils presbytér., Fabriques.

D. 27 mars 1893.

L. N. 1893-3-70. — D. P. 1894-4-20. — S. 1894-693. — P. F. 1894-3-25.
Réglem. d'admin. publ. sur le régime financier et la comptabil. des consistoires, cons. presbyt. et Fabriques.

D. 18 juin 1898.

L. N. 1898-3-226. — D. P. 1900-4-3. — S. 1900-975. — P. F. 1898-3-142.
Complétant le précédent.

CONSTITUTION

L. 14 août 1884.

L. N. 1884-2-60. — D. P. 1884-4-113. — S. 1885-681. — V. Commentaire *Lois nouv.* 1885-1-37.

Portant révision partielle des Lois constitutionnelles.

L. 8 décembre 1884.

L. N. 1884-2-69. — D. P. 1885-4-5. — S. 1885-696.

Suspend. l'effet de l'art. 7 de la L. 24 févr. 1875 sur le remplac. des Sénat. inamovib.

L. 9 décembre 1884.

L. N. 1884-2-69.— D. P. 1885-4-1. — S. 1885-689.

Modif. les Lois organiq. sur le Sénat et l'élection des Sénateurs.

CONTRIBUTIONS DIRECTES

V. Budget.

V. aussi : Armée (taxe militaire). — Impôt foncier. – Portes et fenêtres. — Effets publics.

L. fin. 17 juillet 1895.

L. N. 1895-3-114. — D. P. 1896-4-36. — S. 1896-65. — P. F. 1896-3-47. —*J. off.* du 18.

Art. 16: Expertise en matière de contributions directes et de taxes assimilées. Procédure et frais.

D. 24 mars 1896.

L. N. 1896-3-97. — S. 1893-91. — *J. off.* du 1er avril.

Supprim. les perceptions des contrib. dir. dans les chefs-lieux d'arrondiss. de sous-préfect. dont la populat. est infér. à 20.000 habit., et rattachant ce service à celui des Recev. partic.

L. 6 décembre 1897.

L. N. 1897-3-256. — D. P. 1893-4-16. — S. 1898-434. — G. P. 1897-2-4. — *J. off.* du 7. —V. Commentaire *Lois nouv.* 1898-1-379.

Art. 12, 13 et 14 : Demandes en détaxe, procédure.

D 16 décembre 1899.

D. P. 1901-4-82.

Abrog. l'art. 22, D. 31 mai 1862 (receveurs des régies financières et contrib. dir.).

D. 12 avril 1900.

D. P. 1901-4-104. — S. 1901-15.

Communication aux agents des contrib. dir. des documents déposés dans les greffes et secrétariats.

L. fin. 13 juillet 1900.

L. N. 1900-3-249. — D. P. 1901-4-29. — P. F. 1900-121. — *J. off.* du 14.

Art. 2 à 4 : Impôt foncier ; propriété bâtie ; évaluation décennale ; réclamations. — Propriétés non bâties ; département ; contingent.

L. fin. 25 février 1901.

L. N. 1901-3-35. — D. P. 1901-4-33. — S. 1901-140. — G. P. 1901-1-5. — *J. off.* du 26. —V. Commentaire *Lois nouv.* 1901-1-321.

Art. 49 : les commandements concernant les contributions directes pourront être notifiés par la poste.

V. Budget.
V. aussi : **Armée (taxe militaire). — Impôt foncier. — Portes et fenêtres. — Effets publics.**

C. 10 mai 1901.

L. N. 1901-3-198.
Du min. int. — Jugem. des réclamations en mat. de contrib. dir.

D. 21 juin 1901.

L. N. 1901-3-162. — P. F. 1901-3-126. — *J. off.* du 26.
Condit. de recrutem. des receveurs partic. des fin.

L. fin. 10 juillet 1901.

L. N. 1901-3-175. — D. P. 1902-4-57. — *J. off.* du 11.
Art. 3: Fixant le mode de répartition du contingent en princ. de la contribut. personnelle mobilière, proport. à l'ensemble des valeurs locatives d'habitation (amendem. Le Moigne).
Art. 7 : Chemins vicinaux ; prestations ; automobiles ; tracteurs ; conversion en argent ; tarif.

C. 27 juillet 1901.

L. N. 1901-3-291.
Du min. int. — Taxe des prestations ; imposit. des véhicules servant de moteurs et des voitures attelées aux moteurs.

L. fin. 30 mars 1902.

L. N. 1902-3-130. — D. P 1902-4-60. — P. F. 1902-3-70. — *J. off.* du 30.
Art. 2 : Dégrèvement d'office des cotes mobilières augmentées de plus de 5 p. 100, dans toute commune dont le contingent en principal a été augmenté du fait de l'art. 3, L. 10 juillet 1901.
Art. 9 : Rôles auxiliaires : impression, confection et distribution ; avertissements aux locataires ou fermiers.
Art. 48 : Franchise postale et régime des sommations avec frais.

D. 24 avril 1902.

L. N. 1902-3-302. — *J. off.* du 21 août.
Réglem. d'admin. pub. pr. la notification par la Poste des sommations avec frais et des commandements concernant les contrib. dir., les taxes y assimilées et les amendes et condamnat. pécuniaires.

CONTRIBUTIONS INDIRECTES

V. Affiches. — Alcool. — Amendes. — Bière. — Budget. — Cartes à jouer. — Circonstances atténuantes. — Sels. — Sucres. — Tabacs. — Vinaigre. — Vins.

D. 1er novembre 1895.

L. N. 1895-3-202. — S. 1896-9. — *J. off.* du 5.
Modif. l'arrêté du 5 germin. an XII sur l'organisat de la régie des contrib. indir. (transaction sur procès-verbaux en matière de contravent. et de saisie).

D. 18 novembre 1897.

L. N. 1897-3-255. — S. 1899-872. — *J. off.* du 24.
Rapportant l'arrêté consulaire du 16 thermid. an VIII, relatif à la publicité des contraintes.

D. 22 avril 1898.

S. 1900-962.
Partage des amendes et confiscations recouvrées en matière de contrib. indir.

L. fin. 13 avril 1900.

L. N. 1900-3-143. — D. P. 1900-4-33. — S. 1900-1066. — P. F. 1900-3-100. — *J. off.* du 14. — V. Commentaire *Lois nouv.* 1900-1-217.
Art. 5 : Le Tribun. compét. pour prononcer la condamnat. au principal des amendes, doit également prononcer la condamnat. aux décimes et 1/2 décimes dont la percept. est autorisée par les lois spéciales et les lois de finances.

L. fin. 25 février 1901.

L. N. 1901-2-35. — D. P. 1901-4-33. — S. 1901-3. — P. F. 1902-3-33. — G. P. 1901-1 5. — *J. off.* du 26. — V. Commentaire *Lois nouv.* 1901-1-321.
Art. 34 : Circonstances atténuantes en matière de contraventions *communes* à l'octroi et aux contributions indirectes.

D. 16 mars 1901.

L. N. 1901-3-82. — *J. off.* du 20.
Rapportant le décret du 1er novembre 1895.

L. fin. 26 décembre 1901.

L. N. 1902-3-12. — *J. off.* du 27.
Art. 4 : A partir du 1er janv. 1902, l'admin. des domaines est substituée à l'admin. des contrib. indir. p. le recouvrement des fermages de la pêche et chasse sur les cours d'eau, des produits de la récolte des francs-bords, droits de bac et passage d'eau et touages, etc.

CONTRIBUTIONS INDIRECTES 2

V. Affiches. — Alcool. — Amendes. — Bière. — Budget. — Cartes à jouer. — Circonstances atténuantes. — Sels. — Sucres. — Tabacs. — Vinaigre. — Vins.

L. fin. 30 mars 1902.

L. N. 1902-3-130. — P. F. 1902-3-70 — *J. off.* du 30. — V. Commentaire *Lois nouv.* 1902-1-229.

Art. 50 à 57 : Série de dispos. rel. à l'interdiction de la saccharine — Surveillance des agents de l'Admin.

D. 12 avril 1902.

L. N. 1902-3-182. — *J. off.* du 20.

Oblig. et surv. des fabric. de saccharine (applic. de la L. fin 30 mars 1902).

CORRUPTION DE FONCTIONNAIRES

V. Code pénal.

CORSE

L. fin. 29 mars 1897.

L. N. 1897-3-76. — D. P. 1897-4-33. — S. 1897-318. —G.P. 1897-1-3.
Art. 6 : Perception des droits sur l'alcool en Corse.

D. 27 janvier 1898.

L. N. 1898-3-14. — D. P. 1898-4-151. — S. 1899-924.
Règlem. d'adminis. publ. pour l'applicat. de ce texte.

D. 7 août 1900.

S. 1900-1128. — P. F. 1900-3-116.
Modif. l'article 8 du D. 27 janvier 1898.

COUPS D'ÉTAT

(Victimes des).

L. 30 juillet 1881.
L. 19 décembre 1881.

D. P. 1882-4-40 et 41. — S. 1882-299 et 301.
Indemnités aux victimes du Coup d'État et de la Loi de sûreté génér.

C. 2 août 1881.

S. 1882-300.
Exécution de la L. 30 juill. 1881.

L. 7 août 1882.

L. N. 1882-2-163. — D. P. 1882-4-122. — S. 1882-407.
Modif. certaines disposit. de la L. 30 juillet 1881.

L. 30 novembre 1882.

L. N. 1882-2-226. — S. 1882-408.
Ouvrant au Minist. des fin. les crédits pour les victimes.

COURS D'ASSISES

L. 19 juin 1881.

D. P. 1882-4-20. — S. 1881-193.
Modif. l'art. 336 C. Instr. crim. (suppression du résumé du Président).

D. 16 février 1885.

L. N. 1885-2-11. — P. F. 1886-3-7.
Fixant l'indemnité accordée aux conseillers délégués pour présider les Assises dans les villes non chefs-lieux de Cours d'appel.

L. fin. 25 février 1901.

L. N. 1901-3-35.
Art. 38 : modif. les art. 252 et 253 C. instr. cr.

COUR DES COMPTES

D. 17 juillet 1880 (deux textes).

D. P. 1881-4 89. — S. 1881-39.
Augmentant le nombre des conseill. référend., et concernant les fonctions d'avoc. génér. et de substit.

D. 20 octobre 1884.

L. N. 1884-2-91. — D. P. 1885-4-19. — S. 1885-687.
Attrib. du Proc. Génér. près la Cour des comptes.

A. 15 novembre 1886.

L. N. 1887-2-6. — *J. off.* du 18.
Épreuves pr. l'examen des candidats aux fonctions d'auditeur.

D. 12 juillet 1887.

D. P. 1887-4-91. — P. F. 1887-3-79.
Notific. des arrêts de la C. des comptes et des arrêts des conseils de Préfecture sur la comptabil. des communes et établissements assimilés.

D. 7 mai 1888.

L. N. 1888-2-53. — D. P. 1888-4-44. — P. F. 1888-3-19. — *J. off.* du 10
Supprimant les fonctions de substit. à la Cour des Comptes.

D. 30 juin 1894.

L. N. 1894-3-107. — S. 1895-992. — P. F. 1895-3-121. — *J. off.* du 14 juillet.
Modif. celui du 25 déc. 1839 (auditeurs près la Cour des Comptes).

D. 26 septembre 1901.

L. N. 1901-3-290. — *J. off.* du 2 octobre.
Rel. aux arrêts de la Cour des Comptes et aux arrêtés des conseils de préfecture sur les comptes des receveurs des communes et comptables assimilés.

COURS ET TRIBUNAUX

V. aussi : Organisation judiciaire.

C. 16 février 1900.

L. N. 1900-3-220.
Art. 164,196 et 470 C. instr. crim. — Feuille d'audience. – Jugem.et arrêts en matière répressive. — Signature ds. les 24 heures.

D. 23 juin 1900.

L. N. 1900.3.237. — D. P. 1900-4-79. — P. F. 1901-3-25.
Conférant à une assemblée composée des 4 premières ch. de la cour d'appel de Paris une partie des attributions de l'assemblée générale.

2e D. 23 juin 1900.

L. N. 1900.3.237.— D. P. 1900-4-79. — P. F. 1901-3-25.
Conférant à ladite assemblée la désignation des médecins-experts devant les trib. du ressort de la cour d'appel de Paris.

D. 14 juillet 1900.

L. N. 1900-3-256. — D. P. 1900-4-84. — P. F. 1901-3-26.
Désign. les trib. auxquels seront attachés des juges supp. rétribués.

C. 8 novembre 1900.

L. N. 1901-3-58.
Trib. de 1re instance; expédition des affaires ; augmentation du nombre des audiences.

D. 28 novembre 1900.

L. N. 1900-3-311. — D.P. 1900-4-79. — S. 1900-1156.
Instituant un compte-rendu sommaire des audiences des Cours et Tribunaux.

D. 30 novembre 1900.

L. N. 1900-3-335. — S. 1900-1156. — P. F. 1901-3-47. — G. P. 1900-2-5.
Relatif aux menues dépenses des cours et tribunaux.

C. décembre 1900 (sans date).

L. N. 1901-3-27.
Suppression de l'usage de la messe de rentrée.

V. aussi : Organisation judiciaire.

C. 8. décembre 1900.

L. N. 1901-3-98.
Envois périodiques ; compte-rendu sommaire des audiences ; modèle annexe.

C. 15 février 1901.

L. N. 1901-3-183.
Du min. just. — Lecture à l'audience des trib. de 1re instance de l'ordonn. d'ouverture des assises ; suppress. du procès-verbal *in extenso* de tirage au sort du jury.

L. fin. 25 février 1901.

L. N. 1901-3-35. — D. P. 1901-4-33. — S. 1901-140. — P. F. 1902-3-33. — G. P. 1901-1-5. — *J. off.* du 26. — V. Commentaire *Lois nouv.*, 1901-1-321.
Art. 39 § 1er : remplaçant le tableau A annexé à la loi du 30 août 1883 (compos. des cours d'appel).
§ 2 : modifiant le tableau B (tribunaux) de ladite loi.
§ 3 : modif. l'art. 7, L. 30 août 1883 (prés. de section au trib. de la Seine).
Art. 40 : les suppressions auront lieu par voie d'extinction.

D. 22 mars 1901.

L. N. 1901-3-99. — *J. off.* du 24.
Étendant à la connaissance des affaires correction. la compétence de la chambre créée à la cour d'appel de Paris par la loi ci-dessus.

L. fin. 30 mars 1902.

L. N. 1902-3-130. — P. F. 1902-3-70. — *J. off.* du 30. — V. Commentaire *Lois nouv.* 1902-1-229.
Art. 59 : Lorsque, par suite de la diminut. de populat., un trib. descendra de classe, les magistrats et greffiers en fonction conserv. leur classe personnelle.
Art. 60 : Créat. de sections et de sièges au trib. de la Seine.

COURSES DE CHEVAUX

L. 2 juin 1891.

L. N. 1891-3-120. — D. P. 1891-4-49. — S. 1892. 257. — P. F. 1892-3-65. — G. P. 1891-1-9. — *J. off.* du 3. — V. Commentaire *Lois nouv.* 1891-1-429.
Régl. l'autorisat. et le fonctionn. des courses de chevaux.

D. 7 juillet 1891.

L. N. 1891-3-154. — D. P. 1893-4-66. — S. 1897. 249. — P. F. 1892-3-65. — *J. off.* du 24.
Réglement. pr. l'exécut. de ce texte.

L. fin. 16 avril 1895.

L N. 1895-3-45. — D. P. 1895-4-92. — S. 1895-1041. — P. F. 1896-3-17. — G. P. 1895-1-3. — *J. off.* du 17.
Art. 47 : Applicat. à l'assistance médicale gratuite des fonds provenant du pari mutuel.

D. 24 novembre 1896.

L. N. 1897-3-1. — D. P. 1899-4-63. — S. 1897-250. — P. F. 1897-3-47. — *J. off.* du 7 décembre.
Relatif aux Sociétés de courses.

L. 1er avril 1900.

L. N. 1900-3-127. — D. P. 1900-4-46. — S. 1900-1033. — P. F. 1900-3-75. — G. P. 1901-1-1. — *J. off.* du 3. — V. Commentaire *Lois nouv.* 1900-1-277.
Modif. l'art. 4 § 2 de la L. 2 juin 1891.

C. 20 juillet 1900.

L. N. 1900-3-305.
Applicat. de l'art. 4 de la L. 2 juin 1891.

D. 13 mars 1902.

L. N. 1902-3-153. — *J. off.* du 25.
Rel. à la composition de la commission des fonds du pari mutuel en faveur des œuvres locales de bienfaisance.

CRÈCHES

D. 2 mai 1897.

D. P. 1897-4-136. — S. 1897-344.
Etablissement et inspection des crèches.

CRÉDIT AGRICOLE

et Caisses régionales.

L. 5 novembre 1894.

L. N. 1894-3-176. — D. P. 1895-4-25. — S. 1895-969. — P. F. 1895-3-129. — V. Commentaire *Lois Nouv.* 1895-1-110.
Création des Sociétés de crédit agricole.

L. 31 mars 1899.

L. N. 1899-3-53. — D. P. 1899-4-50. — S. 1899-897. — P. F. 1899-3-137.
Instituant des caisses région. de Crédit agricole mutuel.
Encouragem. à donner à ces caisses, ainsi qu'aux Sociétés et banques locales de crédit agricole mutuel.

C. 18 août 1899.

L. N. 1899-3-211. — P. F. 1900-3-56.
Sur les caisses régionales agricoles.

D. 6 mai 1900.

L. N. 1900-3-207. — D. P. 1901-4-8 — S. 1901-40. — P. F. 1900-3-127.
Contrôle et surveillance des caisses régionales de crédit agricole mutuel prévues par la L. 31 mars 1899.

L. 4 juillet 1900.

L. N. 1900-3-245. — S. 1901-110. — P. F. 1901-3-65. — *J. off.* du 9 juill. 1900. — V. Commentaire *Lois Nouv.* 1901-1-430.
Constitut. des sociétés ou caisses d'assur. mutuelles agricoles.

L. 25 décembre 1900.

L. N. 1901-3-7. — D. P. 1901-4-28. — S. 1901-111. — P. F. 1901-3-68. — *J. off.* du 29 déc. 1900.
Modif. la L. 31 mars 1899.

L. 20 juillet 1901.

L. N. 1901-3-205. — *J. off.* du 4 août 1901. — V. Commentaire *Lois Nouv.* 1901-1-471.
Modif. l'art. 6, L. 5 nov. 1894.

CRÉDIT FONCIER

D. 26 juillet 1882.

D. P. 1883-4-76. — S. 1883-481.
Approuv. des modif. aux statuts.

C. 28 janvier 1901.

L. N. 1901-3-111.

Du Crédit foncier, relative aux élections de domicile à faire dans les limites des nouvelles circonscriptions, pour les inscriptions hypothécaires à prendre au profit de cet établissement.

CULTES

V. aussi : Conseils presbytéraux, Consistoires, Fabriques.

D. 12 mars 1880.

D. P. 1881-4-94. — S. 1880-625.
Décret réglement. pr. l'exécut de la Loi 1er août 1879 sur l'organis. de l'Eglise de la confession d'Augsbourg.

D. 25 mars 1882.

D. P. 1883-4-16. — S. 1883-441.
Réglem. d'Administ. publ. pr. la réorganis. de l'Église réformée de Paris.

C. 13 juin 1882.

S. 1883-412.
Processions.

C. 22 juin 1882.

S. 1883-412.
Fête nation., drapeaux, illuminations, églises, presbytères, sonneries de cloches.

Av. Cons. d'État, 26 avril 1883.

S. 1884-618.
Portant que le gouvern. peut suspendre ou supprimer, par mesure disciplin., les traitem. de ts. les ministres du culte salarié par l'État, sans distinction.

D. 30 avril 1891.

L. N. 1891-3-109. — P. F. 1892-3-52.
Modif. celui du 12 mars 1880, art. 27 §§ 1 et 3.

Av. Cons. d'État, 27 novembre 1892.

S. 1895-981.
Interprét. des mots « Ministres des cultes » contenus ds. le tableau B. annexé à la L. sur le recrutem.

Av. Cons. d'État 12 décembre 1895.

S. 1896-60.
Pr. accéder au clocher, le maire a droit seulement à la clef de l'Église, non celle de la sacristie ou du presbytère, quand la disposition des lieux oblige de pénétrer ds. ces bâtiments.

CULTES 2

Av. Cons. d'État, 24 décembre 1896.

C. 27 janvier 1897.

L. N. 1897-3-40. — P. F. 1897-3-68.

Sur le Régime légal des édifices paroissiaux et des cimetières ds. les départem. des Deux Savoie et des Alpes-Maritimes.

DÉCORATIONS

V. aussi : Légion d'honneur. — Mérite agricole.

D. 24 décembre 1885.

L. N. 1885-2-226. — S. 1886-66.
Portant réglement. pr. l'obtention des décorations universitaires.

D. 10 mars 1891.

L. N. 1891-3-84. — D. P. 1892-4-57. — S. 1893-468. — P. F. 1891-3-47.
Réglement. le port des décorat. et médailles françaises et étrangères.

L. fin. 26 juillet 1893.

L. N. 1893-3-246. — D. P. 1894-4-45. — S. 1894-721.
Art. 75 : Instituant une médaille coloniale unique.

D. 6 mars 1894.

S. 1894-826.
Détermin. les actions ou campagnes donnant droit à la médaille coloniale.

D. 12 mai 1894.

L. N. 1894-3-69. — D. P. 1895-4-86. — P. F. 1895-3-159.
Appliq. aux titul. de la médaille colon. les dispos. disciplin. des D. 16 mars et 24 nov. 1852, 14 avril et 9 mai 1874.

D. 23 mai 1896.

L. N. 1896-3-115. — D. P. 1897-4-109. — S. 1893-137. — P. F. 1896-3-96.
Relatif aux ordres coloniaux.

D. 12 janvier 1897.

L. N. 1897-3-39. — D. P. 1897-4-109. — S. 1897-246. — P. F. 1897-3-78.
Nominations et promotions ds. les ordres coloniaux.

C. 24 septembre 1897.

L. N. 1897-3-213. — D. P. 1897-4-111.
Port des décorations étrangères.

D. 4 août 1898.

S. 1900-1029.
Décorations universitaires.

DÉCORATIONS

V. aussi : Légion d'honneur. — Mérite agricole.

D. 24 décembre 1885.

L. N. 1885-2-226. — S. 1886-66.
Portant réglement. pr. l'obtention des décorations universitaires.

D. 10 mars 1891.

L. N. 1891-3-84. — D. P. 1892-4-57. — S. 1893-468. — P. F. 1891-3-47.

Réglement. le port des décorat. et médailles françaises et étrangères.

L. fin. 26 juillet 1893.

L. N. 1893-3-246. — D. P. 1894-4-45. — S. 1894-721.
Art. 75 : Instituant une médaille coloniale unique.

D. 6 mars 1894.

S. 1894-826.
Détermin. les actions ou campagnes donnant droit à la médaille coloniale.

D. 12 mai 1894.

L. N. 1894-3-69. — D. P. 1895-4-86. — P. F. 1895-3-159.
Appliq. aux titul. de la médaille colon. les dispos. disciplin. des D. 16 mars et 24 nov. 1852, 14 avril et 9 mai 1874.

D. 23 mai 1896.

L. N. 1896-3-115. — D. P. 1897-4-109. — S. 1896-137. — P. F. 1896-3-96.
Relatif aux ordres coloniaux.

D. 12 janvier 1897.

L. N. 1897-3-39. — D. P. 1897-4-109. — S. 1897-246. — P. F. 1897-3-78.
Nominations et promotions ds. les ordres coloniaux.

C. 24 septembre 1897.

L. N. 1897-3-213. — D. P. 1897-4-111.
Port des décorations étrangères.

D. 4 août 1898.

S. 1900-1029.
Décorations universitaires.

DÉCORATIONS 2

—

L. 7 avril 1900.

S. 1901-199. — *J. off.* du 8.
Récompenses à décerner à l'occasion de l'Exposit. univ. 1900.

D. 3 mai 1900.

D. P. 1900-4-88. — *J. off.* du 11 mai.
Médaille d'honneur des services pénitentiaires en Algérie.

D. 26 juin 1900.

D. P. 1901-4-95. — *J. off.* du 4 juillet.
Renseignements pour nomin. dans la Légion d'honneur et les ordres coloniaux.

L. 3 juillet 1900.

D. P. 1900-4-82. — S. 1900-1176. — *J. off.* du 4.
Augmentant le nombre des décorations à attribuer aux troupes de la réserve de l'armée active ou de l'armée territoriale.

L. 10 juillet 1900.

D. P. 1900-4-84. — S. 1901-198. — *J. off.* du 11.
Récompenses à l'occasion des événements de Chine.

L. 11 juillet 1900.
D. 27 novembre 1900.

D. P. 1900-4-83. — S. 1901-199. — *J. off.* des 14 juill. et 28 nov.
Supplément de récompenses à l'occasion de l'Exposit. univ.

L. 14 décembre 1900.

S. 1901-199. — *J. off.* du 16.
Autor. de décerner des croix de la Légion d'honneur et des médailles milit. à titre exceptionnel.

L. 17 décembre 1900.

S. 1901-199. — *J. off.* du 19.
Méd. milit. au personnel de la légation de France à Pékin.

L. 13 mars 1901.

P. F. 1901-3-128. — *J. off.* du 14.
Modif. la L. 28 janvier 1897 sur les récompenses nationales en faveur des Français résidant à l'étranger.

DÉCORATIONS 3

D. 15 mars 1901.

P. F. 1901-3-54. — *J. off.* du 16.

Rel. au tableau d'avancem. et de concours pour la Légion d'honneur et la médaille militaire.

DENTISTE

L. 30 novembre 1892.

L. N. 1892-3-176. — D. P. 1893-4-8. — S. 1893-489. — G. P. 1892-2-11. — V. Commentaire *Lois nouv.* 1893-1-53.
Sur l'exercice de la médecine (V. titres II et IV).

D. 25 juillet 1893.

L. N. 1893-3-223. — D. P. 1894-4-110. — S. 1894-883. — P. F. 1894-3-63.
Relatif au diplôme de chirurgien-dentiste.

D. 31 décembre 1894.

L. N. 1895-3-24. — S. 1895-1088.
Établissem. d'enseignem. supér. libre dentaire.

D. 31 décembre 1894.

L. N. 1895-3-24. — S. 1895-1088. — P. F. 1896-3-44.
Admettant aux examens de chirurgien-dentiste les aspir. au doctorat en médecine.

D. 31 décembre 1894.

L. N. 1895-3-24. — S. 1895-1088.
Modif. celui du 25 juillet 1893 relatif aux études pr. l'obtention du diplôme de chirurgien dentiste.

DÉPARTEMENT

L. fin. 18 juillet 1892.

L. N. 1892-3-133. — D. P. 1893-4-74. — S. 1893-606.
Art. 18 et suiv : Suppress. du budget sur ressources spéciales.

D. 12 juillet 1893.

D. P. 1894-4-97. — S. 1894-874.
Règlement. d'Adminis. publ. sur la comptabil. départem.

D. 20 janvier 1900.

L. N. 1900-3-162. — S. 1900-1054.
Modif. le texte ci-dessus.

I. minist. 22 janvier 1900.

L. N. 1900-3-173.
Pour l'application de ce décret.

DÉPOT NÉCESSAIRE

V. Hôtelier.

DÉPUTÉ

L. 16 juin 1885.

D. P. 1885-4-68. — S. 1885-784. — P. F. 1886-3-9.
Ayant pour objet de modifier la loi élector. (Scrutin de liste).

L. 13 février 1889.

L. N. 1889 3-25. — D. P. 1889-4-46. — S. 1889 590. — P. F. 1890-3-19. — *J. off.* du 14.
Rétablissant le scrutin uninominal et abrogeant les art. 1, 2 et 3 du texte précédent.

L. 30 mars 1902.

L. N. 1902-3-147. — D. P. 1902-4-28. — *J. off.* du 31.
Modif. le tableau des circonscrip. électorales annexé à la L. 13 février 1889.

DÉTENTION PRÉVENTIVE

L. 15 novembre 1892.

L. N. 1892-3-170. — D. P. 1893-4-1. — S. 1893-425. — P. F. 1895-3 41. — G. P. 1892-2-10. — V. Commentaire *Lois nouv*. 1893-1-1 et 253.

Imputant la détention préventive sur la durée des peines.

C. 22 mars 1893.

L. N. 1893-3-63.

Applicat. du texte précédent.

C. 30 avril 1902.

L. N. 1902-3-251.

Du min. just. — Extraits judiciaires ; imputation de la détention préventive ; mention de l'interdiction de séjour.

DETTE PUBLIQUE

L. 27 avril 1883.

L. N. 1883-2-58. — D. P. 1883-4-25. — S. 1883-449.
Autorisant la conversion en 4 1/2 0/0 des rentes 5 0/0.

D. 27 avril 1883.

L. N. 1883-2-60. — D. P. 1883-4-27. — S. 1883-452.
Pour l'exécution du texte précédent.

D. 2 février 1884.

L. N. 1884-2-12. — D. P. 1884-4-94. — S. 1885-745.
Autorisant l'emprunt de 350 millions en 3 0/0 amortissab.

A. 2 février 1884.

L. N. 1884-2-12. — D. P. 1884-4-95.
Fixant la date, le taux et les conditions de cet emprunt.

D. 10 juin 1884.

L. N. 1884-2-33. — D. P. 1884-4-120. — S. 1885-740.
Autorisant les agents de ch. à certifier les transferts du 3 0/0 amortissable.

L. 1er mai 1886.

L. N. 1886-2-116. — D. P. 1886-4-61. — S. 1886-95. — P. F. 1886-3-82.
Portant émission de rentes 3 0/0 pr. un capital de 400 millions.

D. 1er mai 1886.
A. 1er mai 1886.

L. N. 1886-2-117 et 118. — D. P. 1886-4-61. — S. 1886-95. — P. F. 1886-3-82.
Fixant le taux de cet emprunt, et ses conditions.

L. 7 novembre 1887.
D. 7 novembre 1887.

D. P. 1887-4-99 et 100. — S. 1888-285.
Conversion des rentes 4 1/2 0/0 (anciens fonds) et 4 0/0 en rentes 3 0/0.

D. 24 novembre 1887.

D. P. 1887-4-100. — S. 1888-357.
Conditions de rembours. des rentes 4 1/2 0/0 (anciens fonds) et 4 0/0 non converties.

DETTE PUBLIQUE 2

L. 24 décembre 1890.

L. N. 1891-3-16. — D. P. 1891-4-62.—S. 1891-186. — G.P.1891-1-1-
Émission de rentes 3 0/0 perpét. et de rentes 3 0/0 amortissab. — Remboursem. de diverses obligt. du trésor.

D. 29 décembre 1890.

D. P. 1891-4-62. — S. 1891-189.
Remboursem. des oblig. du trésor et des bons de liquid.

D. 2 janvier 1891.

L. N. 1891-3-45. — D. P. 1891-4-63.
Sur l'émission prévue par la L. 24 déc. 1890.

D. 31 décembre 1891.
A. 31 décembre 1891.

D. P. 1892-4-61. —P. F. 1893-3-40 et 64.
Remboursem. des bons de liquid. en vertu de la L. fin. 30 déc. 1891.

L. 17 janvier 1894.
D. 17 janvier 1894.

L. N. 1894-3-27. — D. P. 1894-4-113 et 114. — S. 1894-793 et 795- G. P. 1894-1-1.
Conversion des rentes 4 1/2 0/0 en rentes 3 1/2 0/0.

D. 20 janvier 1894.

L. N. 1894-3-29. — D. P. 1894-4-115. — S. 1894-796.
Émission du nouveau fonds 3 1/2 0/0.

D. 5 février 1894.

L. N. 1894-3-32. — D. P. 1894-4-115. — S. 1894-796.
Conditions du remboursem. des rentes 4 1/2 0/0 non converties.

L. fin. 28 décembre 1895.

L. N. 1896-3-14. — D. P. 1896-4-39. — S. 1896-68. — P. F. 1896-3-81. — V. Commentaire *Lois Nouv.* 1895-1-227.

Art. 8. Réduction du droit de timbre prévu par la L. 28 avril 1893 lorsque l'opérat. porte sur des rentes françaises.

D. 28 mai 1896.

L. N. 1896-3-115. — D. P. 1897-4-106. — S. 1896-152. — P. F. 1896. 3135.
Transferts de rentes certifiés ds. les départements.

DETTE PUBLIQUE 3

L. fin. 30 décembre 1900.

S. 1901-136. — *J. off.* du 31.
Art. 6 : Rente perpétuelle 3 0/0 ; annulation de 16.500.000 francs de rente 3 0/0.

L. 6 décembre 1901.

L. N. 1901-3-336. — D. P. 1902-4-20. — *J. off.* du 7.
Emission de rentes 3 0/0 perpétuelles ; régularis. des dépenses de l'expédition de Chine.

L. 9 juillet 1902.

L. N. 1902-3-266. — *J. off.* du 10.
Portant autorisat. de rembourser ou de convertir en rente 3 0/0 les rentes 3 1/2 0/0 inscrites au grand livre de la dette publique.

D. 9 juillet 1902.

L. N. 1902-3-268. — *J. off.* du 10.
Rel. au remboursement ou à la conversion.

DIFFAMATION. — INJURE

V. Presse.

L. 11 juin 1887.

L. N. 1887-2-116. — D. P. 1887-4-53. — S. 1887-231. — P. F. 1887-3-49. — V. Commentaire *Lois nouv.* 1887 (2e section), 1 à 16.

Diffamations et injures commises par correspondances postales et télégraphiq. circulant à découvert.

DIOCÈSE

Avis Cons. d'État, 6 avril 1880.

S. 1880-624.

Portant que le Diocèse est dépourvu de personnal. civ. et incapab. de recevoir des dons ou legs.

DISPOSITIONS ENTRE ÉPOUX

L. 14 février 1900.

L. N. 1900-3-73. — D. P. 1900-4-25. — S. 1900-977. — P. F. 1900-3-65. — G. P. 1900-1-1. — V. Commentaire *Lois nouv.* 1900-1-228.
Modifiant l'art. 1094 C. civ.

L. fin. 25 février 1901.

L. N. 1901-1-35. — V. Commentaire *Lois Nouv.* 1901-1-189.
Art. 18 : Droits d'enregistrement (sans décimes), entre époux.

DISPOSITIONS ENTRE VIFS ET TESTAMENTAIRES

I. — Acceptation ; personnes morales. — V. Commune.
(L. 4 février 1901 sur la tutelle admin. en mat. de dons et legs).

II. — Quotité disponible. — Rapports. — V. ces mots.
V. encore : Code civil (articles modifiés).

Quotité disponible entre époux. — V. Dispositions entre époux. (L. 14 février 1900, modif. l'art. 1094 C. civ.).

Successions. — Conjoint survivant. — V. ces mots.

Succession (droits de) des enfants naturels. — V. Enfants (L. 25 mars 1896).

III. — Régime fiscal. — V. Enregistrement.
(L. fin. 25 février 1901 ; régime fiscal des donations entre-vifs et mutations par décès.

V. encore : Hypothèques.
(L. fin. 25 février 1901, art. 18 ; taxe établie par cette loi sur la transcription des donations.

IV. — Testament. — V. ce mot.

DIVORCE

Séparation de corps.

L. 27 juillet 1884.

D. P. 1884-4-97. — S. 1884-654. — V. texte et commentaire *Lois nouv.* 1884 (3e section), p. 1 à 401.

Loi organique du divorce.

C. 3 octobre 1884.

L. N. 1884-1-3e section, 400. — S. 1885-713.

Applic. du texte précéd.

D. 1er mai 1885.

L. N. 1885-2-46. — D. P. 1885-4-25. — S. 1885-720. — P. F. 1886-3-10.

Portant que les appels en matière de divorce seront jugés en audience ordinaire.

L. 18 avril 1886.

L. N. 1886-2-94. — D. P. 1886-4-27. — S. 1886-50. — P. F. 1886-3-65. — V. Commentaire *Lois nouv.* 1886-1-40, et 1887 (2e section), p. 113.

Procédure en matière de divorce et de séparat. de corps.

L. 6 février 1893.

L. N. 1893-3-42. — D. P. 1893-4-41. — S. 1893-473. — P. F. 1893-3-33. — V. Commentaire *Lois nouv.* 1893-1-261.

Modif. le régime de la séparation de corps.

L. fin. 25 février 1901.

L. N. 1901-3-35.

Art. 62 : abrogeant l'art. 17 n° 12, L. 26 Janvier 1892 (droit de 150 fr. sur l'arrêt confirmatif.)

DOMAINE PUBLIC

L. 6 décembre 1897.

L. N. 1897-3-256. — D. P. 1898-4-16. — S. 1898-434. — P. F. 1898-3-89. — G. P. 1897-1-4. — V. Commentaire *Lois nouv.* 1898-1-379.

Prescrivant diverses mesures de décentralisat. et de simplificat. concernant les services du minist. des finances.

DOUANES

Traités internation. y relatifs.

L. 7 mai 1881.

D. P. 1882-4-18. — S. 1882-234.
Établissement du tarif général des Douanes.

D. 22 septembre 1882.

L. N. 1882-2-176. — D. P. 1883-4-53. — S. 1883-436.
Réorganisant sur de nouvelles bases le corps militaire des Douanes.

D. 6 avril 1883.

L.N. 1883-2-73. — D. P. 1884-4-6.
Désignant les bureaux de Douane ouverts à l'importat. et au transit des animaux des espèces chevaline, asine, ovine, caprine et porcine.

L. 5 avril 1884.

D. P. 1884-4-96. — S. 1885-729.
Modification au tarif génér. des Douanes.

D. 18 juin 1886.

L. N. 1886-2-140. — D. P. 1886-4-85. — S. 1886-72.
Droits à percevoir par les Receveurs des douanes chargés du service de l'hypoth. marit., et cautionnements à leur imposer.

D. 26 juillet 1887.

D. P. 1887-4-91. — S. 1887-251.
Pensions des agents du service actif des Douanes.

D. 31 décembre 1889.

D. P. 1890-4-104.
Répartit. du produit des amendes et confiscat. pr. infractions aux lois de Douane.

D. 15 mars 1890.

L. N. 1890-3-123. — D. P. 1891-4-47. — S. 1890-737.
Modif. le D. 22 septembre 1882 (corps milit. des Douanes).

D. 8 août 1890.

D. P. 1891-4-100. — S. 1892-239.
Droit pour l'Administ. de transiger sur les infractions en matière de douane.

DOUANES 2

Et traités internation. y relatifs.

L. 29 décembre 1891.
D. 30 janvier 1892.

L. N. 1892-3-3 et 43. — D. P. 1892-4-63, et 1894-4-70. — S. 1892, 386 et 388.
Fixant le régime douanier qui pourra être appliqué aux pays jouissant du tarif conventionn. (tarif minimum).

L. 2 janvier 1892.
D. 7 janvier 1892.

L. N. 1892-3-7 et 10. — D. P. 1892-4-76. — S. 1893-433. — P. F. 1893-3, 51 et 52.
Approuv. la convent. de Bruxelles du 5 juillet 1890 sur la création d'une Union internat. pour la publication des tarifs douaniers.

L. 11 janvier 1892.

L. N. 1892-3-13. — D. P. 1892-4-77. — S. 1892-344. — P. F. 1892-81. — G. P. 1892-1-2. — V. Commentaire *Lois nouv.* 1892-1-201.
Établissement du tarif général des Douanes.

D. 30 décembre 1893.

L. N. 1894-3-21. — S. 1895-912. — P. F. 1894-3-52.
Appliq. aux marchandises origin. d'Espagne le tarif minim. inscrit au tableau A annexé au texte précéd.

L. 16 août 1895.

S. 1896-17.
Modif. la L. 11 janvier 1892.

D. 16 août 1895.

D. P. 1896-4-15. — S. 1896-22.
Appliq. le tarif minimum annexé au texte précédent, aux marchandises originaires de Suisse.

L. fin. 29 mars 1897.

L. N. 1897-3-76. — D. P. 1897-4-33. — S. 1897-318. — G. P. 1897-1-3. — V. Commentaire *Lois nouv.* 1897-1-485.
Art. 57 : Mode de preuve des infractions. — Prescript. de 3 ans.

L. 15 décembre 1897.

S. 1898-521.
Relèvement des droits, projets de lois, applicat. provis. par décrets.

Traités internation. y relatifs.

L. 2 février 1899.
D. 7 février 1899.

L. N. 1899-3-10. — D. P. 1899-4-74. — S. 1900-978. — P. F. 1899-3-165.
Admettant les produits italiens (les soies exceptées) au bénéfice du tarif minimum.

L. 30 mars 1899.

S. 1900-983.
Modif. le Décret-Loi du 12 juin 1860, relatif au tracé de la frontière douanière de France en Savoie.

D. 1er avril 1899.

S. 1901-8.
Sucres pour savons d'exportation ; admission temporaire.

D. 22 avril 1899.

S. 1901-104. — *J. off.* du 30 avril 1899.
Détaxe à l'entrée en France des cafés et cacaos origin. du Congo français.

D. 13 juin 1899.

S. 1901-11.
Admission temporaire des clous et griffes de girofle.

L. 8 mai 1900.

D. P. 1901-4-82. — *J. off.* du 11 mai 1900.
Etendant le régime de l'admiss. temporaire aux thés et déchets de thés destinés à la fabrication de la caféine.

L. 13 juillet 1900.

L. N. 1900-3-252. — D. P. 1900-4-84. — S. 1901-120. — P. F. 1900-3-121. — *J. off.* du 14 juill. 1900.
Créant un rayon douanier autour de la principauté de Monaco.

L. 17 juillet 1900.

L. N. 1900-3-256. — P. F. 1901-3-28.
Modif. le tarif en ce qui concerne le café en fèves et en pellicules.

DOUANES 4

Traités internation. y relatifs.

D 17 juillet 1900 (2 textes).

P. F. 1901-3-27. — *J. off.* du 18.
Mode de perception des droits sur les cafés. Régime des cafés brésiliens.

L. 17 juillet 1900.
D. 31 juillet 1900.

L. N. 1900-3-261. — S. 1901-120. — *J. off.* des 22 juill. et 3 août 1900.
Promulg. l'arrangement additionn. à la convent. franco-monégasque du 9 nov. 1865, conclu à Paris le 10 mars 1899 et relatif aux Douanes.

D. 6 octobre 1900.

S. 1901-40. — P. F. 1901-3-30. — *J. off.* du 17.
Admission tempor. des thés et déchets de thés pour la fabric. de la caféine.

D. 7 décembre 1900.

P. F. 1901-3-158. — *J. off.* du 15.
Modif. l'art. 3. D. 16 juillet 1897 (nomin. de chimistes dans les laboratoires de douanes et de contrib. indir.).

D. 16 janvier 1901.

P. F. 1901-3-74. — *J. off.* du 23 janvier 1901.
Fixant la tare légale afférente aux cafés en sacs ou en balles de jute.

D. 25 janvier 1901.

P. F. 1901-3-74. — *J. off.* du 31 janvier 1901.
Modif. les condit. d'admission de la chicorée sèche destinée à être torréfiée.

L. 26 juillet 1901.

L. N. 1901-3-208. — *J. off.* du 28 juillet 1901.
Surtaxe sur les figues d'origine européenne.

D. 12 novembre 1901.

P. F. 1902-3-16. — *J. off.* du 21.
Fixant le régime douanier applicable à leur entrée en France, à certains produits originaires des Nouvelles-Hébrides.

Traités internation. y relatifs.

L. 29 décembre 1901.

L. N. 1902-3-13. — D. P. 1902-4-22. — *J. off.* du 31.
Rel. à la zone frontière franco-belge.

D. 31 janvier 1902.

L. N. 1902-3-148. — *J. off.* du 30 mars 1902.
Approb. et public. de l'arrangem. entre la France et l'Allemagne, du 1er octobre 1901, en vue de régulariser le mouvement des alcools et spiritueux à la frontière.

L. 4 février 1902.

L. N. 1902-3-71. — P. F. 1902-3-56. — *J. off.* du 5.
Portant modific. du régime des admissions temporaires du froment.

L. 22 février 1902.

L. N. 1902-3-111. — P. F. 1902-3-63. — *J. off.* du 23.
Rel. au régime douanier des denrées coloniales.

D. 9 mars 1902.

L. N. 1902-3-154. — *J. off.* du 5 avril.
Modif. les condit. d'admission temporaire du maïs destiné à la fabric. de l'amidon pour l'exportation.

L. 15 mars 1902.

L. N. 1902-3-153. — *J. off.* du 18.
Appliq. aux mistelles étrangères le tarif général des douanes du 11 janvier 1892, modifié par la loi du 1er février 1899 (*J. off.* du 1).

L. 7 avril 1902.

L. N. 1902-3-174. — *J. off.* du 9.
Complétant le tableau A du tarif général des Douanes. (L. 11 janvier 1892).

L. 10 avril 1902.

L. N. 1902-3-176. — *J. off.* du 12.
Surtaxe d'entrepôt sur les oranges d'origine européenne, importées d'ailleurs que du pays de production.

L. 3 mai 1902.

L. N. 1902-3-193. — *J. off.* du 7.
Sur l'entrée en franchise des dons et sec. destinés aux prisonn. de guerre.

L. 12 juillet 1902.

L. N. 1902-3-320. — *J. off.* du 17 juillet.
Modif. la législ. douanière rel. aux poivres importés d'Indo-Chine.

DYNAMITE

D. 28 octobre 1882.

L. N. 1882-2-188. — D. P. 1883-4-56. — S. 1883-441. — *J. off.* du 29.
Vente et transport de la dynamite.

D. 26 juillet 1890.

L. N. 1890-3-295. — D. P. 1891-4-93. — S. 1892-237. — *J. off.* du 27.
Vente des cartouches de dynamite.

D. 5 novembre 1891.

L. N. 1891-3-193. — S. 1891-392. — P. F. 1893-3-63. — *J. off.* du 8.
Prohibant l'emploi de la dynamite comme procédé de pêche.

A. 15 février 1893.

P. F. 1894-3-47.
Sur la fabrication de la dynamite.

D. 23 décembre 1901.

L. N. 1902-3-54. — *J. off.* du 21 janvier 1902.
Conservation des explosifs dans les exploitations souterraines.

C. 21 janvier 1902.

L. N. 1902-3-57. — *J. off.* du 21 janvier 1902.
Pour l'applicat. du décret ci-dessus.

EAUX

L. 12 février 1883.

L. N. 1883-2-251 — D. P. 1883-4-40. — S. 1883-449.
Modif. celle du 14 juill. 1856 sur les Établiss. d'eaux minér. natur.

D. 9 mai 1887.

S. 1896-119.
Concernant l'inspection des fabriques et dépôts d'eaux minérales, eaux de Seltz et gazeuses.

D. 11 avril 1888.

L. N. 1888-2-46. — D. P. 1888-4-45. — S. 1888-378.
Modif. l'art. 6 § 2 du D. 8 septembre 1856 sur la conservat. et l'aménagem. des sources d'eaux minérales.

D. 1er juillet 1897.

S. 1898-494.
Chargeant l'Admin. des Forêts de l'étude des projets et de l'exécution des travaux d'utilisat. agricole des eaux des régions forestières ou pastorales.

L. 8 avril 1898.

L. N. 1898-3-126. — D. P. 1898-4-136. — S. 1898-662. — P. F. 1899-3-113. — G. P. 1898-1-11. — V. Commentaire, *Lois nouv.* 1898-1-453.
Sur le régime des Eaux.

D. 14 novembre 1899.

L. N. 1900-3-1. — S. 1900-984. — P. F. 1900-3-32.
Applicat. de la L. 8 avril 1898 sur le régime des Eaux.

ÉCOLES MATERNELLES

D. 2 août 1881.

D. P. 1882-4-62. — S. 1882-286.
Règlement général pr. l'établiss. des Écoles maternelles.

A. 28 juillet 1882.

L. N. 1882-2-148. — D. P. 1882-4-78. — S. 1882-317.
Organisat. pédagogiq. des Ecoles matern. publ.

ÉCOLE POLYTECHNIQUE

V. aussi : Armée.

L. 10 janvier 1890.

L. N. 1890-3-40. — S. 1890-735. — P. F. 1891-3-48.
Réduisant à 6 mois la durée du temps de service imposé aux milit. candid. à l'École politechn. et prorogeant la limite d'âge jusqu'à 21 ans.

D. 1er mars 1890.

S. 1890-722.
Cond. d'aptitudes physiq. à exiger des candidats.

L. 2 mars 1894.

L. N. 1894-3-41. — D. P. 1895-4-66. — S. 1894-802.
Modif. les limites d'âge d'admission des candidats.

D. 13 mars 1894.

S. 1895-956. — P. F. 1895-3-19.
Portant réglement sur l'organisat. de l'École polytechnique.

EFFETS PUBLICS

D. 6 février 1880.

D. P. 1881-4-32.
Négociation en France des valeurs étrangères.

L. 28 mars 1885.

L. N. 1885-2-26. — D. P. 1885-4-25. – S. 1885-766. — P. F. 1886-3-8. — V. Commentaire *Lois nouv.*, 1886, 1re section, 1 à 70.
Sur les marchés à terme.

L. 11 juillet 1885.

L. N. 1885-2-84. — D. P. 1885-4-83. — S. 1886-4. — P. F. 1886-3-12.
Interdis. de fabriquer, vendre ou colporter tous imprimés ou formules simulant des billets de Banque ou autres valeurs fiduciaires.

D. 7 octobre 1890.

L. N. 1890-3-382. — D. P. 1891-4-79. — S 1891-113. — P. F. 1890-3-82. — G. P. 1890-1-10. — V. Commentaire, *Lois nouv.*, 1891-1-721.
Règlem. d'Administration publ. pr. exécut. de la L. 28 mars 1885.

L. fin. 28 avril 1893.

L. N. 1893-3-96. — D. P. 1893-4-79. — S. 1893-620. — P. F. 1893-3-65.
Art. 28 à 35 : Timbre des bordereaux, opérat. de Bourse, monopole et obligat. des agents de change.

D. 20 mai 1893.

L. N. 1893-3-143. — D. P. 1893-4-101. — S. 1893-644. — P. F. 1896-3-22.
Réglem. d'administration publ. pr. l'exécution de ce dernier texte.

Instr. 30 mai 1893.

D. P. 1893-5-102. — S. 1893-644.
Relative à l'exécution de la L. 28 avril 1893 et du D. 20 mai 1893.

L. fin. 26 juillet 1893.

L. N. 1893-3-246. — D. P. 1894-4-45. — S. 1894-7-21.
Art. 21 : Prescript. quinquen. de l'action du Trésor pr. le recouvr. de la taxe établie sur le revenu des valeurs mobil.

EFFETS PUBLICS 2

D. 1er décembre 1893.

L. N. 1893-3-315. — D. P. 1895-4-7. — S. 1894-896. — P. F. 1895-3-159.

Modif. l'art. 4 du D. 6 févr. 1880 (valeurs étrangères).

D. 17 novembre 1894.

L. N. 1894. 3. 180. — D. P. 1896-5-23. — S. 1895-1072.

Droit de courtage à percevoir par les ag. de change dans les Bourses de comm. non pourvues de parquets, pour la négociat. des effets publics.

L. fin. 28 décembre 1895.

L. N. 1896-3-14. — D. P. 1896-4-39. — S. 1896-68. — P. F. 1896-3-81. — V. Commentaire *Lois nouv.*, 1896-1-93.

Art. 3 à 7 : Droit de timbre au comptant sur les titres étrangers.

Mode de perception, contraventions, amendes.

Art. 8 : Réduction du droit de timbre prévu par la L. 28 avril 1893 quand l'opérat. porte sur des rentes françaises.

D. 2 janvier 1896.

L. N. 1896-3-40. — D. P. 1896-4-108. — S. 1896-85.

Création de nouveaux types de timbres pour l'exécution du texte précédent.

D. 10 août 1896.

L. N. 1896-3-190. — D. P. 1897-4-90. — S. 1896-191. — P. F. 1897-3-96.

Émission et négociation en France des valeurs étrangères.

L. fin. 13 avril 1898.

L. N. 1898-3-93. — D. P. 1898-4-97. — S. 1898-600. — V. Commentaire, *Lois nouv.* 1898-1. 322.

Art. 12 : Valeurs mobil. étrang. émises ou souscrites en France.

Amende prévue par les art. 4 de la L. 29 juin 1872 et 3 de la L. 25 mai 1872. — Représentant responsable.

Art. 13 : Timbre, fonds d'Etat étrangers, L. 13 mai 1863, art. 6.

Art. 14 et 15 : Remplaçant l'art. 29 de la L. 28 avr. 1893. Timbre des bordereaux. Contrôle de l'administrat.

I. Enregistrement 31 mai 1898.

L. N. 1898-3-299. — S. 1898-646.

Applicat. des textes sus-visés.

D. 29 juin 1898 (3 textes).

L. N. 1898-3-232. — D. P. 1899-4-62. — S. 1898-648. — P. F. 1898-3-140. — V. Commentaire, *Lois nouv.* 1898-1-365.

Règlem. d'admin. publ. et décret pour l'exécut. du texte précédent.

EFFETS PUBLICS 3

I. Enregistrement 30 juin 1898.

S. 1898-647.
Pour l'exécut. des art. 14 et 15 de la L. fin. 13 avril 1898.

D. 25 janvier 1899.

L. N. 1899-3-11. — S. 1900-952. — P. F. 1899-3-100. — *J. off.* du 2 février.
Admettant les Soc. étrang. dont les titres sont passibles du droit de timbre par abonnement, à bénéficier des faveurs de la L. 5 juin 1850, art. 24.

L. 12 mars 1900.

L. N. 1900 3-123. — D. P. 1900-4-28. — S. 1900-993. — P. F. 1901-3-49. — G. P. 1900-1-1. — *J. off.* du 18. — V. Commentaire *Lois nouv.*, 1900-1-449.
Ayant pour objet de réprimer les abus commis en matière de vente à crédit des valeurs de Bourse.

D. 26 juillet 1900.

D. P. 1901-4-8. — *J. off.* du 9 août.
Création de nouveaux types de timbre, pour le timbrage gratuit des titres étrangers remis en remplacement de titres antérieurement timbrés.

L. fin. 25 février 1901.

L. N. 1901-3-35. — D. P. 1901-4-33. — S. 1901 140. — P. F. 1902-3-33. — G. P. 1901-1-5. — *J. off.* du 26. — V. Commentaire *Lois nouv.*, 1901-1-189 et 321.
Art. 20 : fixant à 8 0/0 la taxe sur les lots payés aux créanciers et porteurs d'oblig. et autres effets publics.

L. 8 février 1902.

L. N. 1902-3-73. — D. P. 1902-4-30. — S. 1902-321. — P. F 1902-3-81. — G. P. 1902-1-857. — *J. off.* du 9.
Portant modific. de la L. 15 juin 1872 sur les titres au porteur.

D. 8 mai 1902 (2 textes).

L. N. 1902-3-193 et 194. — S. 1902-325. — G. P. 1902-1-863. — *J. off.* du 9.
Réglem. d'adminis. pub. pour l'exécut. : 1° de l'art. 19 ; 2° de l'art. 15, § 6, L. 15 juin 1872, modif. par la L. 8 février 1902.

ELECTIONS. — ÉLIGIBILITÉ

V. aussi : Commune. — Députés. — Sénat.

L. 24 janvier 1889.

L. N. 1889-3-14. — D. P. 1889-4-45. — S. 1889-576. — P. F. 1889-3-50. — G. P. 1889-1-1. — *J. off.* du 25. — V. Commentaire, *Lois nouv.* 1889-1-14.

Rendant à diverses catégories de condamnés leurs droits de vote et d'éligibilité à l'expiration ou à la remise de leur peine.

L. 17 juillet 1889.

L. N. 1889-3-198. — D. P. 1889-4-57. — S. 1890-603. — P. F. 1890-3-22. — G. P. 1889-2-15. — *J. off.* du 18.

Sur les candidatures multiples.

L. 22 juillet 1893.

L. N. 1893-3-197. — D. P. 1894-4-1. — S. 1894-769. — *J. off.* du 23.

Modif. le tableau des circonscript. électer. annexé à la L. 13 février 1889.

L. 10 mars 1898.

L. N. 1898-3-50. — G. P. 1898-1-2. — *J. off.* du 12. — V. Commentaire *Lois nouv.*, 1898-1-231.

Destitut. des officiers ministér. — Conséquences sur les droits élector.

L. 30 mars 1902.

L. N. 1902-3-147. — D. P. 1902-4-28. — *J. off.* du 31.

Modif. le tableau des circonscrip. électorales annexé à la L. 13 févr. 1889.

L. 30 mars 1902.

L. N. 1902-3-148. — D. P. 1902-4-29. — P. F. 1902-3-69. — *J. off.* du 31.

Rel. à la répression des fraudes en mat. élector.

L. fin. 30 mars 1902.

L. N. 1902-3-130. — P. F. 1902-3-70. — *J. off.* du 30. — V. Commentaire *Lois nouv.* 1902-1-229.

Art. 44 : Affiches élector. ; prohib. des combinaisons des couleurs nationales bleu, blanc et rouge.

ÉLECTRICITÉ

D. 15 juin 1888.

L. N. 1888-2-69. — D. P. 1888-4-47.— S. 1888-358. — P. F. 1888-3-27. — G. P. 1888-2-1.

Relatif aux installations de l'électricité.

L. 25 juin 1895.

L. N. 1895-3-104. — D. P. 1895-4-83. — S. 1895-1133.

Établiss. des conducteurs d'énergie électriq. autres que les conducteurs télégraph. et téléphon.

D. 25 avril 1896.

L. N. 1896-3-107. — D. P. 1897-4-107. — S. 1896-135. — P. F. 1896-3-139.

Rendant obligat. le système internat. d'unités électriq. (ohm, ampère, volt), ds. ts. les marchés, contrats passés pr. le compte de l'Etat et ds. ts. les cahiers des charges de travaux publics.

ENFANTS

(Pour tout ce qui concerne le travail des enfants, (V. Travail).

L. 24 juillet 1889.

L. N. 1889-3-236. — D. P. 1890-4-15. — S. 1890-772. — P. F. 1889-3-50.

Sur la protection des enfants maltraités ou moralement abandonnés.

C. 31 septembre 1889.

L. N. 1889-3-295.

Sur l'applicat. de ce texte.

C. 15 janvier 1895.

L. N. 1895-3-137.

Protection des enfants du 1er âge et applicat. de l'art. 8 § 2 de la L. 23 décembre 1874.

Lettre Garde des Sceaux, 6 février 1896.

L. N. 1896-3-180.

Sur l'applicat. aux étrangers de la L. 24 juill. 1889.

L. 25 mars 1896.

L. N. 1896-3-89. — D. P. 1896-4-26. — S. 1896-97. — P. F. 1896-3-65. — G. P. 1896-1-2. — V. Commentaire *Lois nouv.* 1896-1-177.

Droits des enfants naturels ds. la success. de leurs père et mère.

Décis. ministér. 1896 (sans date).

L. N. 1896-3-204.

Sur l'application de la L. 24 juill. 1889. Père déchu de la puissance paternelle, droit de la mère touchant le consentem. au mariage de l'enfant qui est sous la tutelle de l'Assist. publiq.

Lettre Garde des Sceaux (sans date).

L. N. 1897-3-127.

Sur les noms des enfants natur. reconnus.

L. 19 avril 1898.

L. N. 1898-3-133. — D. P. 1898-4-41. — S. 1898-567. — P. F. 1898-3-113. — G. P. 1898-1-14. — V. Commentaire *Lois nouv.* 1898-1-386 et 1899-1-49.

Répress. des violences, voies de fait, attentats et actes de cruauté commis envers les enfants.

ENFANTS 2

(Pour tout ce qui concerne le travail des enfants (V. Travail).

C. 31 mai 1898.

L. N. 1898-3-211.
Mesures à provoquer de la part des Tribun. pr. faciliter l'amendement des mineurs de 16 ans traduits en justice.

C. 5 janvier 1900.

L. N. 1900-3-88.
Applicat. aux Enfants de l'Instruction, exclusion à leur égard de la procédure des flagrants délits.

C. 15 février 1900.

L. N. 1900-3-241.
Enfants moralem. abandonnés. Dépenses d'entretien. Fixation par le tribunal de la part contributive des parents.

C. 27 juillet 1901.

L. N. 1901-3-293.
Du min. int. — Protection des enfants du premier âge ; applic. de l'art. 8, L. 23 déc. 1874.

L. 21 novembre 1901.

L. N. 1901-3-332. — *J. off.* du 22.
Modif. les art. 300 et 302 C. pén. (infanticide).

L. 5 décembre 1901.

L. N. 1901-3-336. — *J. off.* du 6.
Portant adjonction à l'art. 357 C. pén. (enlèv. et détourn. de mineurs)

ENGRAIS

L. 4 février 1888.

L. N. 1888-2-23. — D. P. 1888-4-9. — S. 1888-365.— P. F. 1888-3-10. — G. P. 1888-1-2.
Répression des fraudes ds. le commerce des engrais.

D. 10 mai 1889.

L. N. 1889-3-112. — D. P. 1890-4-67. — S. 1889-489. — P. F. 1889-3-10.
Réglem. d'Administration publ. pr. l'application de ce texte.

C. 11 mars 1896.

L. N. 1896-3-128.
Sur l'application des textes ci-dessus.

ENREGISTREMENT

(V. Frais de justice; hypothèque).

I. 20 juin 1881.

S. 1881-172.

Applic. des art. 3 et 4 de la L. 28 déc. 1880 (taxe de 3 0/0 sur les val. mobil. et droits de mutation relatifs aux accroissements entre associés).

L. 3 novembre 1884.

L. N. 1884-2-66. — D. P. 1885-4-17. — S. 1885-723. — V. Commentaire *Lois nouv.* 1885, 3e section, 1 à 17.

Droits fiscaux à percevoir sur les échanges d'immeubl. ruraux.

I. 4 novembre 1884.

L. N. 1885-1. (3e section), 17. — S. 1885-727.

Sur l'applic. du texte précédent.

L. fin. 28 décembre 1884.

L. N. 1885 (4e section) p. 1 à 51. — V. Commentaire et instruction enreg. *ibid.* p. 41 à 51.

Art. 9 : impôt des associations et congrégations religieuses.

L. fin. 28 avril 1893.

L. N. 1893-3-96. — D. P. 1893-4-79. — S. 1893-620. — P. F. 1893-3-65. — V. Commentaire *Lois nouv.* 1893-1-189.

Art. 19 : transform. le droit fixe gradué en droit proportionn.

Art. 20 : main levées part. d'hypoth. — Contrats de mariage.

Art. 21 : dissimulations, droit en sus.

Art. 22 : actes extrajud. droit fixe, réduction de 1/3.

Art. 23 : procédure de purge, délaiss., saisie-immobil. et ordre; distrib. droit unique.

Art. 24 : avis de parents, nominat. de tut. ou curt. scellés, réduction.

Art. 25 : acceptat. et renonciat. de success., droit fixe unique.

D. 11 janvier 1897.

L. N. 1897-3-39. — D. P. 1898-4-10. — S. 1897-245. — P. F. 1897-3-53.

Déléguant au direct. génér. (jusqu'à 3000 fr. et aux directeurs départem. (jusqu'à 500 fr.) le pouvoir de statuer sur les demandes en remise d'amendes, de droits ou 1/2 droits en sus.

D. 8 mars 1899.

L. N. 1899-3-33. — P. F. 1899-3-87.

Étendant les pouvoirs conférés aux direct. départem. par le texte ci-dessus, en matière de remises.

V. Frais de justice ; hypothèque.

D. 7 juillet 1899.

S. 1901-12.
Remises minima des receveurs des 3e, 4e et 5e classes.

L. fin. 25 février 1901.

L. N. 1901-3-35. — D. P. 1901-4-33. — S. 1901-140. — P. F. 1902-3-33. — G. P. 1901-1-5. — *J. off.* du 23. — V. Commentaire *Lois nouv.*, 1901-1-189 et 321.
Art. 2 et suiv. : déduction des dettes dans les mutations par décès.
Art. 16 : enregistrement des mutations par décès.
Art. 17 : expertise.
Art. 18 : droit d'enregistrement des donations entre-vifs.
Art. 62 : abrog. en mat. de divorce, l'art. 12, L. 26 février 1892.

Instr. 26 février 1901.

L. N. 1901-3-86.
De la Régie (n° 3049), relative à l'exécution des articles 2 à 22 de la loi ci-dessus, modifiant, notamment, le régime fiscal des successions, des mutations de nue-propriété et d'usufruit et des donations.

Instr. 30 mars 1901.

L. N. 1901-3-124.
Id. — Droits de mutation par décès. Obligations imposées aux départements, communes, établissements publics, sociétés, compagnies d'assurances, agents de change, changeurs, banquiers, escompteurs, officiers publics ou ministériels et agents d'affaires.

Instr. 16 juillet 1901.

L. N. 1901-3-296 (note).
Id. — Exécution des dispos. de la L. fin., concernant la réforme du régime fiscal des successions.

D. 26 décembre 1901.

L. N. 1902-3-11. — D. P. 1902-4-22. — *J. off.* du 26.
Exemption du droit de 2, 50 p. 100. sur les marchés admin. passés pour approvis. milit.

ENREGISTREMENT 3

L. fin. 30 mars 1902.

L. N. 1902-3-130. — P. F. 1902-3-70. — *J. off.* du 30 mars. — V. Commentaire *Lois nouv.* 1902-1-229.

Art. 10 : Fixant les taux des droits de mutation par décès, établis par la L. 25 février 1901, pour les parts successorales supérieures à un million.

Art. 11 : Par dérogat. à l'art. 2, L. 27 ventôse an IX, le droit de mutation par décès suivra les sommes de franc en franc, lorsqu'il s'agira de parts nettes ne dépassant pas 500 francs.

ENSEIGNEMENT

(Primaire, Secondaire, Supérieur).

V. Facultés et Instruction publique.

L. 20 juillet 1899.

L. N. 1899-3-167. — D. P. 1899-4 85. — S. 1900-953. — P. F. 1901-3-81. — G. P. 1899-2-2.— *J. off.* du 25.— V. Commentaire *Lois nouv.* 1899-1-593.

Sur la responsabilité civile des membres de l'Enseignement.

L. 23 décembre 1901.

L. N. 1902-3-10. — *J. off.* du 25.

Réprim. les fraudes dans les examens et concours publics

D. 26 février 1902.

L. N. 1902.3.112. — *J. off.* du 2 mars.

Modif. les art. 7 à 11. D. 23 nov. 1889 (V. *suprà*, v° Armée).

Dispenses au titre de l'engagement décennal dans l'enseignement.

ÉPIZOOTIES

V. Code rural et Police sanitaire.

ESPIONNAGE

L. 18 avril 1886.

L. N. 1886-2-92. — D. P. 1886-4-58. — S. 1886-91. — P. F. 1886-3-72.

C. 15 février 1900.

L. N. 1900-3-218.
Précautions à prendre en ce qui concerne les poursuites.
Discrétion des magistrats et auxiliaires de la justice.
Huis-clos. Avis de la décision rendue à donner à la Chancellerie.

ÉTABLISSEMENTS DANGEREUX, INSALUBRES ET INCOMMODES

D. 26 février 1881.

D. P. 1882-4-55. — S. 1881-136.
Complétant la nomenclature de ces établissements.

D. 20 juin 1883.

L. N. 1883-2-68. — D. P. 1884-4-4. — S. 1883-493.
Même objet.

D. 3 mai 1886.

L. N. 1886-2-122. — D. P. 1887-4-32. — S. 1886-74.
Même objet.

D. 5 mai 1888.

D. P. 1888-4-45. — S. 1888-305. — P. F. 1888-3-40.
Même objet.

D. 15 mars 1890.

L. N. 1890-3-125. — D. P. 1891-4-87. — S. 1891-201.
Même objet.

D. 26 janvier 1892.

L. N. 1892-3-41.— D. P. 1892-4-69.— S. 1893-582.— P. F. 1893-3-88.
Même objet.

D. 13 avril 1894.

L. N. 1894-3-65. — D. P. 1896-4-16. — S. 1895-963. — P. F. 1895-3-56.
Même objet.

D. 6 juillet 1896.

L. N. 1896-3-142. — D. P. 1897-4-88. — S. 1896-165. — P. F. 1896-3-40.
Même objet.

D. 24 juin 1897.

L. N. 1897-3-141.— D. P. 1897-4-89.— S. 1898-460.— P. F. 1898-3-92.
Même objet.

D. 17 août 1897.

L. N. 1897-3-192. — D. P. 1897-4-89. — S. 1898-568. — P. F. 1898-3-106.
Même objet.

ETABLISSEMENTS DANGEREUX, INSALUBRES ET INCOMMODES 2

D. 29 juillet 1898.

L. N. 1898-3-273. — D. P. 1900-4-4. — S. 1900-1046. — P. F. 1899-3-30. — *J. off.* du 6 août.
Même objet.

D. 19 juillet 1899.

D. P. 1900-4-9. — S. 1900-1046. — *J. off.* du 12 août.
Même objet.

D. 18 septembre 1899.

D. P. 1900-4-9. — S. 1900-1047. — *J. off.* du 21.
Même objet.

D. 22 décembre 1900.

L. N. 1901-3-6. — P. F. 1901-3-68. — *J. off.* du 30.
Même objet.

D. 25 décembre 1901.

L. N. 1902-3-23. — *J. off.* du 10 janvier 1902.
Même objet.

ÉTABLISSEMENTS PUBLICS

Établissements d'utilité publique.

D. 1er février 1896.

L. N. 1896-3-71. — D. P. 1896-4-105. — S. 1896-45. – P. F. 1896-3-29. — G. P. 1896-1-1. — *J. off.* du 4.
Procédure à suivre en matière de legs concernant ces établissements.

Note minist. 1896 (sans date).

L. N. 1896-3-132.
Sur l'application de ce texte.

C. 20 mars 1896.

S. 1896-46. — P. F. 1896-3-121.
Même objet.

L. 4 février 1901.

L. N. 1901-3-34. — G. P. 1901-1-5. — *J. off.* du 6 février 1901. — V. Commentaire *Lois nouv.*, 1901-1-401.
Sur la tutelle administrative en matière de dons et legs.

L. fin. 25 février 1901.

L. N. 1901-3-35. — D. P. 1901-4-33. — S. 1901-140. — G. P. 1901-1-5. — *J. off.* du 26.
Art. 19 : droit réduit de 9 0/0 sur les dons et legs aux étab. publics.

C. 10 juin 1901.

L. N. 1901-3-264.
Du min. int. — Dons et legs (acceptation des) ; tutelle administrative ; loi du 4 février 1901.

C. 22 octobre 1901.

L. N. 1902-3-20.
Du même. — Libéralités aux établissements publics d'assistance.

D. 24 décembre 1901.

L. N. 1902-3-11. — *J. off.* du 1er janvier 1902.
Modif. l'art. 1er, D. 1er février 1896 (procédure en matière de legs aux établis. publics ou reconnus d'utilité publique).

ÉTALONS

V. Police sanitaire.

ÉTAT CIVIL

Actes de l'État civil.

L. 5 juin 1893.

L. N. 1893-3-148. — D. P. 1894-4-2. — S. 1893-561. — P. F. 1895-3-31.

Modif. celle du 12 févr. 1872 sur la reconstitution des actes de l'État civil de Paris.

L. 8 juin 1893.

L. N. 1893-3-150. — D. P. 1894-4-4. — S. 1893-561. — P. F. 1894-3-57. — V. Commentaire *Lois nouv.* 1894-1-285.

Modif. les disposit. du C. civ. relatives à certains actes de l'État civil et aux testam. faits aux armées ou au cours d'un voyage maritime.

C. 21 juin 1894.

L. N. 1895-3-133.

Transcript. des actes de l'État civil concernant les militaires.

Lettre 13 mars 1895.

L. N. 1895-3-139.

Vérificat. des registres de l'État-civil.

L. 17 août 1897.

L. N. 1897-3-184. — D. P. 1897-4-76. — S. 1897-281. — P. F. 1898-3-98. — G. P. 1897-2-2. — V. Commentaire *Lois nouv.* 1897-1-405.

Modif. les art. 49, 76, 331, 45 et 70 du Code civil, mentions des actes d'État civil.

C. 1er octobre 1897.

L. N. 1897-3-246. — S. 1897-382.

Sur l'application de ce texte.

ETAT CIVIL

Actes de l'État civil.

D. 26 novembre 1899.

L. N. 1899-3-240. — D. P. 1900-4-25. — S. 1900-988.

Modif. le réglem. d'Administration publ. du 30 mars 1808, et décidant que les appels des jugem. concernant l'état civil des citoyens seront désormais jugés en audience ordinaire.

L. 17 mai 1900.

L. N. 1900-3-222. — D. P. 1900-4-47. — S. 1900-1057.— G. P. 1900-1-3.

Complétant celle du 8 juin 1893.

ÉTRANGERS

D. 2 octobre 1888.

L. N. 1888-2-139. — D. P. 1888-4-51. — S. 1889-445. — P. F. 1888-3-33. — G. P. 1893-2-7.
Etrangers résidant en France.

L. 8 août 1893.

L. N. 1893-3-265. — D. P. 1893-4-110. — S. 1894-712.— P. F. 1895-3-1.— V. Commentaire *Lois nouv.* 1893-1-446, 1894-1-325 et 1895-1-173.
Séjour des étrangers en France, protection du travail national.

C. 8 février 1897.

L. N. 1897-3-280.
Applicat. aux étrangers de la L. 24 juill. 1889. (Enfants maltraités ou moralem. abandonnés, déchéance de la puiss. patern.).

ÉVASIONS

V. Code pénal.

EXPLOSIFS

V. Code pénal.
V. aussi : Dynamite. Poudres et salpêtres.

EXTRADITION

Traités internat. y relatifs.

D. 31 janvier 1890.

L. N. 1890-3-68. — D. P. 1891-4-15. — S. 1891-109. — P. F. 1890-3-30.
Approuv. la convent. franco-belge du 14 nov. 1889, modif. celle du 15 août 1874.

D. 19 février 1896.

L. N. 1896-3-78. — D. P. 1896-4-106. — S. 1896-63. — P. F. 1897-3-29. — G. P. 1896-1-1.
Promulg. la convent. franco-anglaise du 13 févr. 1896, qui modifie les art. 7 et 9 du traité d'extradition du 14 août 1876.

C. 11 juin 1896.

L. N. 1896-3-156.
Notifiant une déclarat. de réciprocité échangée entre le Gouvernement français et l'Allemagne, au sujet du délit de recel de malfaiteurs, (art. 248 C. pén.). — Extradition possible.

D. 19 avril 1898.

L. N. 1898-3-147. — S. 1899-724. — P. F. 1898-3-110.
Promulg. la convent. signée à Paris le 24 décembre 1895 entre la France et les Pays-Bas, pr. l'extradition des malfaiteurs.

L. 28 février 1899.
D. 8 juillet 1900.

L. N. 1899-3-29. — S. 1901-37. — P. F. 1900-3-123.
Approuvant la convent. d'extradit. signée à Paris le 5 juillet 1897 entre la France et la Républ. de Libéria, et décret portant promulg. de cette convention.

L. 21 janvier 1900.

P. F. 1901-3-74. — *J. off.* du 26 janvier 1900.
Portant approb. de la conv. d'extrad. conclue entre la France et l'État indép. du Congo le 18 nov. 1899.

C. 22 février 1901.

L. N. 1901-3-184.
Du min. just. — Conventions de réciprocité avec les Pays-Bas, la République de Libéria et l'Etat indépendant du Congo. — Procès-verbal d'interrogatoire ; indic. de la date de l'arrestation aux fins d'extradition. — Liste à ce jour des puissances signataires de conventions de réciprocité.

EXTRADITION 2

Traités intern. y relatifs.

Note mars-avril 1902.

L. N. 1902-3-232.

Déclarations de réciprocité ; Alsace-Lorraine ; Brésil ; Mexique ; Wurtemberg ; modif. la circ. 22 février 1901.

FACULTÉS

D. 30 juillet 1883.

L. N. 1883-2-84. — D. P. 1884-4-15. — S. 1883-494.
Régime des cours dans les Facultés et écoles supérieures.

D. 25 juillet 1885.

L. N. 1885-2-90. — D. P. 1886-4-11. — S. 1885-808.
Condit. d'acceptat. et d'emploi des dons et legs faits aux Facultés et Ecoles d'enseignement supérieur de l'État.

D. 25 juillet 1885.

L. N. 1885-2-92. — D. P. 1886-4-12. — S. 1885-808.
Administration et gestion financière des biens propres aux Facultés et Écoles d'Enseignement supér. de l'État.

D. 28 décembre 1885.

L. N. 1885-2-229. — D. P. 1886-4-12. — S. 1886-67.
Organisat. des Facultés et des écoles d'enseignement supérieur

C. 31 décembre 1885.

L. N. 1885-3-48. — S. 1886-69.
Applicat. du texte précédent.

L. fin. 26 février 1887.

D. P. 1887-4-81. — S. 1887-235.
Art. 1er : Rétablissant le droit d'inscript. dans les Facultés de l'État.

D. 31 mars 1887.

L. N. 1887-2-76. — D. P. 1887-4-85. — S. 1887-245.
Exécut. du texte précédent.

A. 31 mars 1887.

L. N. 1887-2-77.
Relatif aux demandes de dispense du droit d'inscript.

D. 29 décembre 1887.

D. P. 1888-4-29. — S. 1888-282.
Péremption des inscript. dans les Facultés de Droit.

D. 24 juillet 1889.

L. N. 1889-3-242. — S. 1890-805. — P. F. 1889-3-52.
Matières de l'Enseignement des Facultés de Droit.

D. 5 octobre 1889.

L. N. 1889-3-322. — D. P. 1891-4-32. — S. 1891-90.
Modif. l'art. 1er du D. 31 mars 1887 (inscriptions).

C. 9 octobre 1889.

L. N. 1889-3-327.
Application aux étudiants de la L. 15 juill. 1889 (Recrutement).

D. 22 février 1890.

L. N. 1890-3-98. — D. P. 1891-4-43. — S. 1891-192.
Réglement d'administration publ. sur la comptabilité des Facultés et Établissements d'Enseignement supérieur assimilés.

D. 31 juillet 1890.

L. N. 1890-3-298. — D. P. 1891-4-101. — S. 1891-82.
Suspend. le cours des inscript. pendant le temps passé sous les drapeaux pour les aspirants au doctorat en Droit.

D. 5 juin 1891.

L. N. 1891-3-125. — D. P. 1892-4-4. — S. 1891-82.
Diplômes à fournir par les aspirants à la Licence ou au Doctorat en Droit, au Doctorat en Médecine, aux Licences ès-sciences, ès-lettres, et au grade de pharmacien de 1re classe.

D. 31 juillet 1891.

L. N. 1891-3-150. — S. 1892-272. — P. F. 1892-3-78.
Honorariat des Profess. de Facultés.

L. fin. 28 avril 1893.

L. N. 1893-3-96. — D. P. 1893-4-79. — S. 1893-620. — P. F. 1893-3-65.
Art. 71 : Personnalité civile des Facultés. Elles sont représentées par le Conseil Général des Facultés.

D. 31 juillet 1893.

D. P. 1894-4-112. — P. F. 1895-3-68.
Portant réorganisat. des Études Médicales.

D. 9 août 1893.

L. N. 1893-3-266.—D. P. 1895-4-19.— S. 1894-887.— P.F. 1894-3-63.
Modif. celui du 28 décembre 1885 (organisation des Facultés).

FACULTÉS 3

D. 10 août 1893.

L. N. 1893-3-268.—D. P. 1895-4-19.— S. 1894-888.—P. F. 1894-3-78.
Règlement d'Administration publ. sur le régime financier et la comptabilité des Facultés.

D. 31 juillet 1894.

L. N. 1894-3-135. — S. 1895-998. — P. F. 1895-3-126.
Modif. celui du 28 décembre 1885, art. 35 *in fine*, (profess. titul.), délégués à d'autres fonctions, traitement.

D. 31 décembre 1894.

L. N. 1895-3-20. — S. 1895-1087. — P. F. 1895-3-77.
Relatif à la licence ès-lettres.

D. 30 avril 1895.

L. N. 1895-3-62. — D. P. 1895-4-38. — S. 1895-1029. — P. F. 1896-3-41.
Relatif à la Licence en Droit.

2e D. 30 avril 1895.

L. N. 1895-3-65. — D. P. 1895-4-39. — S. 1895-1030. — P. F. 1896-3-41.
Relatif au Doctorat en Droit.

A. 30 avril 1895.

L. N. 1895-3-68. — D. P. 1895-4-40. — S. 1895-1031. — P. F. 1896 3-41.
Programme de l'épreuve de Droit civil du Doctorat en Droit (Sciences juridiques).

2e A. 30 avril 1895.

L. N. 1895-3-68. — D. P. 1895-4-40. — S. 1895-1031.— P. F. 1896-3-41.
Conférences dans les Facultés de Droit.

A. 24 juillet 1895.

L. N. 1895-3-127. — S. 1895-1072. — P. F. 1896-3-78.
Répartition des matières du Droit civil entre les examens des trois années de la Licence.

FACULTÉS 4

D. 22 janvier 1896.

L. N. 1896-3-66. — D. P. 1897-4-21. — S. 1896-45. — P. F. 1897-3-27.
Sur la Licence ès-sciences.

A. 23 juillet 1896.

L. N. 1896-3-147. — D. P. 1897-4-89. — S. 1896-168. — P. F. 1897-3-30.
Réorganisant l'agrégation des Facultés de droit.

A. 9 juillet 1897.

L. N. 1897-3-146. — D P. 1897-4-89. — P. F. 1898-3-107.
Modif. l'art. 10 du statut du 27 décembre 1880 (Agrégat. de Droit).

D. 12 juillet 1897.

L. N. 1897-3-161. — S. 1898-494.
Modif. celui du 31 décembre 1894, sur la licence ès-lettres.

D. 21 juillet 1897.

L. N. 1897-3-171. — D. P. 1897-4-136. — S. 1899-700. — P. F. 1898-3-22.
Règlem. d'admin. publ. pr. l'acceptat. des dons et legs faits aux Universités, Facultés et écoles d'enseignement supér.

D. 8 août 1898.

L. N. 1898-3-274. — S. 1900-984. — P. F. 1899-3-27.
Modif. celui du 30 avril 1895 (Doctorat en Droit).

D. 24 juillet 1899.

S. 1901-62.
Relat. au doctorat en médecine.

2e D. 24 juillet 1899.

S. 1901-47.
Relatif à la licence ès-lettres, mention « langues vivantes ».

D. 23 juillet 1900.

S. 1901-63. — P. F. 1901-3-48.
Relatif à la licence ès-lettres, mention « histoire ».

2e D. 23 juillet 1900.

P. F. 1901-3-48.
Rel. à la 1re partie du 3e examen du doctorat en médecine.

FACULTÉS 5

D. 12 juillet 1901.

L. N. 1901-3-190. — *J. off.* du 16 juillet 1901.
Rendant la résidence oblig. pour les membres des facultés et écoles assimilées.

FAILLITE. — LIQUIDATION JUDICIAIRE

L. 4 mars 1889.

L. N. 1889-3-29.—D. P. 1889-4-9. —S. 1889-449. — P. F. 1889-3-13. — G. P. 1889-1-2. — V. Commentaire *Lois nouv.* 1889-1-169.
Modif. la législat. des faillites et instituant la liquidation judiciaire.

L. 4 avril 1890.

L. N. 1890-3-144. — D. P. 1890-4-105. — S. 1890-727. — P. F. 1890-3-27. — G. P. 1890-1-12.
Modif. le § 1er de l'art. 5 du texte précédent (suspension des actions et des exécutions individuelles).

C. 14 novembre 1891.

L. N. 1891-3-201.
Applicat. de l'art. 489 Code comm. (deniers provenant des ventes et recouvrements en cas de faillite ; versem. à la Caisse des Dépôts et consignations).

L. 6 février 1895.

L. N. 1895-3-35. — D. P. 1895-4-34. — S. 1895-937. G. P. 1895-1-2. — V. Commentaire *Lois nouv.* 1895-1-208.
Modif. l'art. 549 Code de comm. (Privilège des commis).

C. 17 février 1900.

L. N. 1900-3-242.
Casier judiciaire. — Nécessité de signifier tous les jugements déclaratifs. Avance des frais par le Trésor.

C. 10 mai 1900.

L. N. 1900-3-296.
Syndics. Liquidateurs. Obligation de consigner les deniers. Registre de gestion. Devoirs des greffiers civils et commerc.

FAMILLES AYANT RÉGNÉ EN FRANCE

L. 22 juin 1886.

L. N. 1886-2-143. — D. P. 1886-4-57. — S. 1886-95.
Relative aux membres des familles ayant régné en France.

FAUSSES NOUVELLES

V. Code pénal.

FEMMES

Femmes (travail des) et des filles mineures dans l'industrie
V. Travail.

Femme (hypothèque légale de la)
V. Hypothèque.

Femmes (témoins dans les actes).
V. Témoins.

Femmes (électorat des) dans les élections aux Tribunaux de commerce.
V. Tribunaux de commerce.

Femmes-avocats. V. Avocats.

FÊTES

(Jour férié).

L. 6 juillet 1880.

D. P. 1880-4-57. — S. 1880-634.
Établissant un jour de fête nationale annuelle.

L. 12 juillet 1880.

D. P. 1880-4-92. — S. 1880-644.
Abrogeant celle du 18 nov. 1814 sur le repos du dimanche et des fêtes religieuses.

C. 22 juin 1882.

S. 1883-412.
Fête nation., drapeaux, illuminations, églises, presbytères, sonneries de cloches.

L. 8 mars 1886.

L. N. 1886-2-41. — D. P. 1886-4-17. — S. 1886-73. — P. F. 1886-3-36.
Déclarant fériés le lundi de Pâques et le lundi de la Pentecôte.

L. 20 juin 1892.

L. N. 1892-3-114. — D. P. 1892-4-104. — S. 1893-461.
Célébration du centenaire de la proclam. de la 1re Républ.

L. 13 avril 1895.

L. N. 1895-3-45. — D. P. 1895-4-71. — G. P. 1895-1-3. — V. Commentaire, *Lois nouv.*, 1895-1-197.
Modif. l'art. 1033 C. pr. civ. (jour férié dernier jour d'un délai).

FONDS DE COMMERCE (Nantissement des).

V. Nantissement.

FORÊTS

(V. Pêche fluviale).

D. 3 novembre 1880.

D. P. 1881-4-40. — S. 1881-18.
Réorganisat. de l'Ecole forestière.

D. 1er août 1882.

D. P. 1883-4-54. — S. 1883-492.
Organis. des conservat. forest.

D. 22 septembre 1882.

L. N. 1882-2-174. — D. P. 1883-4-53. — S. 1883-437.
Réorganis. sur de nouvelles bases le corps des chasseurs forestiers.

D. 25 septembre 1882.

D. P. 1883-4-54. — S. 1883-490.
Divis. territor. de la France en conserv. forest.

D. 2 juin 1883.

D. P. 1883-4-54. — S. 1884-622.
Organis. du corps des chass. forest. — Assimilat. des grades.

L. 23 octobre 1883.

L. N. 1883-2-108. — D. P. 1884-4-135. — S. 1885-716.
Organisat. du service forest.

L. 23 novembre 1883.

D. P. 1884-4-1. — S. 1884-630. — V. Commentaire *Lois nouv.* 1884-1-160.
Modif. l'art. 105, C. forest., (partage des bois d'affouage).

D. 22 janvier 1884.

L. N. 1884-2-6. — D. P. 1884-4-135. — S. 1885-739.
Divis. territor. de la France en conservat. forest.

D. 8 août 1884.

D. 1885-4-15. — S. 1885-739.
Assimilat. de grade et emplois qui peuvent être donnés dans l'Armée aux Élèves de l'École forestière.

D. 17 décembre 1884.

D. P. 1885-4-84. — S. 1885-803.
Arrêtant la division territoriale en conservat. forestières.

D. 30 mars 1886.

D. P. 1886-4-85. — S. 1886-114. — P. F. 1886-3-183.
Modif. les art. 78 et 98 de l'ordonn. réglem. du C. forest. (1827). Balivage, martelage et récolement.

D. 9 janvier 1888.

L. N. 1888-2-1. — D. P. 1888-4-36. — S. 1889-441.
Recrutement de l'école forestière.

D. 14 janvier 1888.

L. N. 1888-2-13. — D. P. 1888-4-37. — S. 1889-533.
Réorganis. l'École des Barres et modif. l'organis. de la direction des Forêts.

D. 17 février 1888.

L. N. 1888-2-31. — D. P. 1888-4-14. — S. 1889-534.
Extension des attributions des conserv. des Forêts.

D. 25 février 1888.

L. N. 1888-2-37. — P. F. 1888-3-14.
Adjudications forest. ds. les cantons et communes river. des Forêts.

D. 29 décembre 1888.

D. P. 1890-4-33. — S. 1889-534.
Division territor. de la France en conservat. forest.

D. 9 avril 1889.

S. 1891-26.
Division de la France en conservat. forest.

D. 12 octobre 1889.

L. N. 1889-3-333.—D. P. 1890-4-102.—S. 1891-5.— P. F. 1891-3-28.
Réorganisat. de l'école nation. forestière.

D. 18 novembre 1890.

D. P. 1891-4-107. — S. 1892-247.
Réorganisat. des chasseurs forestiers.

FORÊTS 3

D. 19 mars 1891.

D. P. 1891-4-112. — S. 1893-469. — P. F. 1895-3-89.
Modif. l'art. 82 de l'ordonn. 1er août 1827 (adjudications, condit. gén., cah. des charges).

L. 4 mai 1892.

L. N. 1892-3-81. — D. P. 1892-4-55. — S. 1893-447. — P. F. 1894-3-46.
Liquidation des pensions des agents et préposés forestiers domaniaux ou mixtes, soumis aux prescript. des D. 22 septembre 1882 et 18 nov. 1890 (tarifs des gendarmes et douaniers).

D. 17 août 1892.

D. P. 1894-4-8. — S. 1894-738. — P. F. 1894-3-74.
Règlem. d'admin. publ. pr. l'exécut. de la L. 4 mai 1892.

D. 23 février 1894.

D. P. 1895-4-120. — S. 1895-932.
Situation des agents forestiers en disponibilité.

D. 2 juillet 1894.

S. 1895-997.
Abrog. et remplac. l'art. 1er du D. 9 janvier 1888 (Recrutem. des élèves de l'école nation. forest.).

D. 3 décembre 1896.

D. P. 1897-4-91. — S. 1897-240. — P. F. 1897-3-80.
Règlem. d'administration publ. pr. l'exécut. de l'art. 67 de la L. fin. 16 avril 1895 sur les pensions des Inspect. des forêts.

C. 26 mars 1897.

L. N. 1897-3-281.
Droit de transaction. Frais de justice.

D. 19 avril 1898.

S. 1900-962.
Sur la dénomination des agents et préposés forestiers.

L. 21 juin 1898.

L. N. 1898-3-194. — D. P. 1899-4-4. — S. 1899-828. — P. F. 1899-3-125.
Modif. les art. 31 et 103 du Code forestier, et abrog. l'art. 32.

2e L. 21 juin 1898.

L. N. 1898-3-194. — D. P. 1899-4-3. — S. 1899-830. — *J. off.* du 23.
Abrog. l'art. 153 et modif. l'art. 154 du Code forestier.

D. 11 novembre 1899.

S. 1901-230. — P. F. 1900-3-31. — *J. off.* du 12.
Recrutement des élèves de l'école nation. des Eaux et Forêts.

C. 31 décembre 1899.

L. N. 1900-3-180.
Exécut. des jugem., rendus à la requête de l'Admin. des Eaux et Forêts. Amendes, condamnat. pécun. et frais de justice.

L. 19 avril 1901.

L. N. 1901-3-105. — D. P. 1901-4-78. — G. P. 1901-1-14. — *J. off.* du 21. — V. Commentaire *Lois nouv.*, 1901-1-350.
Portant modific. de l'art. 105 Code forestier (affouage).

C. 16 juillet 1901.

L. N. 1902-3-178.
Exécut. des jugem. rendus à la requête de l'admin. des eaux et forêts.

C. 25 août 1901.

L. N. 1902-3-176.
Poursuite des délits ; destruct. des engins saisis comme prohibés en mat. de pêche fluviale.

FRAIS DE JUSTICE

(V. Enregistrement, Hypothèques, Officiers publics et ministériels).

L. fin. 26 janvier 1892.

L. N. 1892-3-24. — D. P. 1892-4-9. — S. 1892-303. — P. F. 1892-3-33. — G. P. 1892-1-3. — *J. off.* du 27. — V. Commentaire *Lois nouv.* 1892-1-9, 91 et 414.

Réforme des Frais de Justice.

Instr. Enregistrem., 31 mai 1892.

L. N. 1892-3-96. — D. P. 1892-4-49. — S. 1892-339.

Exécut. de la L. 26 janvier 1892.

C. 17 juin 1892.

L. N. 1892-3-129.

Chambre des avoués près le tribunal de la Seine (application de la L. 26 janvier 1892).

D. 23 juin 1892.

L. N. 1892-3-115. — D. P. 1892-4-83. — S. 1892-343. — G. P. 1892-2-1. — *J. off.* du 26.

Fixant les émolum. des Greffiers concernant les expéditions, mandements ou border. de collocat. délivrés par eux.

2e D. 23 juin 1892.

L. N. 1892-3-117. — D. P. 1892-4-84. — S. 1892-343. — P. F. 1893-3-89. — G. P. 1892-2-1. — *J. off.* du 25.

Fixant la qualité et la dimension du papier servant à la signification des actes d'avoué à avoué.

C. 20 juillet 1896.

L. N. 1896-3-203.

Communication aux parties des états de frais détaillés avant taxe.

L. 24 décembre 1897.

L. N. 1897-3-297. — D. P. 1898-4-1. — S. 1898-545. — G. P. 1897-2-8. — *J. off.* des 26-27. — V. Commentaire *Lois nouv.* 1898-1-117.

Recouvrement des frais dus aux notaires, avoués et huissiers.

D. 26 décembre 1898.

L. N. 1899-3-8. — D. P. 1899-4-111. — *J. off.* du 30.

Portant modific. au D. 16 février 1807 (tarif des frais et dépens dans le ressort de la Cour d'appel de Paris).

FRAIS DE JUSTICE 2

(V. Enregistrement, Hypothèques, Officiers publics et ministériels).

C. 25 avril 1899.

L. N. 1899-3-59.
Application de la L. 26 janvier 1892. Indicat. de l'acte initial.

C. 1er octobre 1899.

L. N. 1900-3-82.
Déchéance de la puiss. patern. — Actions d'office. — Assist. judic. — Transmiss. des extraits de jugem. pr. le recouvrem. des frais.

D. 15 août 1900.

L. N. 1900-3-282.— D. P. 1901-4-8.— S. 1900-1128.— P. F. 1900-3-116. — *J. off.* du 17.
Supprimant l'obligat. relative à l'indication de l'acte initial.

A. 4 décembre 1900.

L. N. 1900-3-336. — *J. off.* du 5.
Instituant une commission chargée d'examiner les modifications à apporter au tarif des frais et dépens en matière civile.

C. 10 décembre 1900.

L. N. 1900-3-110.
Témoins ; transport par mer ; rappel de la décision du 1er nov. 1866.

C. 7 juin 1901.

L. N. 1901-3-152.
Notaires ; tarif légal ; frais d'adjudication à forfait.

C. 28 octobre 1901.

L. N. 1902-3-182.
Frais de just. crim. ; aff. d'assist. jud.; nécessité de présenter des mémoires.

C. 20 janvier 1902.

L. N. 1902-3-196.
Office (suppression, cession ou vacance d') ; destit. d'un offi. min. ; frais d'insertion (paiement, recouvrement et imputation des) ; privilège du Trésor.

V. Enregistrement ; Hypothèques ; Officiers publics et ministériels.

Décis. janvier-février 1902.

L. N. 1902-3-197.

Frais de justice ; faux ; copies de minutes d'un acte notarié.

Décis. janvier-février 1902.

L. N. 1902-3-198.

Lycées (rétributions scolaires des) ; frais de pension ; recouvrement ; huissiers, greffiers ; imputation.

C. 7 mars 1902.

L. N. 1902-3-247.

Ventes judic. d'immeubles dont le prix ne dépasse pas 2000 fr. ; vérific. des frais (V. vente).

C. 14 mars 1902.

L. N. 1902-3-248.

Révision des procès criminels ; affiches ; insertions ; mentions de condamnations dans l'arrêt ou le jugement.

C. 14 avril 1902.

L. N. 1902-3-249.

Déchéance de la puissance paternelle ; frais (recouvrement des) ; huissiers ; greffiers ; extraits ; expéditions.

Note mars-avril 1902.

L. N. 1902-3-252.

1° Subdivisions au budget en mat. de frais de justice et d'indemnités pour erreurs judiciaires ; 2° Avances aux liquidat. des biens détenus par les congrégat. ; 3° Frais urgents ; 4° Offices minist. vacants ; frais de publicité ; 5° Certificats d'indigence ; suppression de la légalisat. de la signature des maires ; 6° Loi du 25 février 1901 ; parts successorales ; documents de comptabilité.

D. 25 avril 1902.

L. N. 1902-3-304. — *J. off.* du 21 août.

Portant modific. du tarif des huissiers et des frais de garde en matière de contribut. dir., de taxes assimilées et d'amendes.

FRAIS DE JUSTICE 4

V. Enregistrement ; Hypothèques ; Officiers publics et ministériels.

C. 16 juin 1902.

L. N. 1902-3-327.
Frais de justice criminelle ; huissiers ; greffiers ; rédaction et envoi des mémoires.

C. 20 juin 1902.

L. N. 1902-3-330.
Liquidat. des biens des congrégations ; recouvrement des frais ; greffiers ; états de liquidation.

FUNÉRAILLES

L. 15 novembre 1887.

L. N. 1887-2-185. — D. P. 1887-4-101.— S. 1888-345.— P. F. 1888-3-9. — *J. off.* du 18.— V. Commentaire *Lois nouv.* 1888 (2e section) 1. Sur la liberté des funérailles.

D. 27 avril 1889.

L. N. 1889-3-87. — D. P. 1889-4-56. — S. 1889-470. — *J. off.* du 4 mai Règlement d'Administration publ. déterminant les conditions applicab. aux divers modes de sépulture.

L. fin. 30 mars 1902.

L. N. 1902-3-130. — P. F. 1902-3-70. — *J. off.* du 30.

Art. 62 : Réglant les condit. de délégat. des commissaires de pol. aux opérat. d'exhumation, réinhumation et translation des corps.

GARDES PARTICULIERS

L. 12 avril 1892.

L. N. 1892-3-75. — D. P. 1892-4-43. — S. 1893-465. — P. F. 1893-3-87.

Arrêtés administrat. agréant des Gardes-particuliers.

Av. Cons. d'État 4 juillet 1892.

S. 1893-467.

Pouvoirs du Préfet et du Sous-préfet en ce qui concerne l'agrément des Gardes-particul.

C. 12 février 1893.

P. F. 1894-3-44.

Pour l'exécution de la L. 12 avril 1892.

GENDARMERIE

D. 6 avril 1886.

L. N. 1886-2-91.
Réorganisat. de la Gendarmerie.

D. 3 juillet 1897.

S. 1899-757.
Modif. celui du 1er mars 1854 sur l'organis. et le service de la gendarmerie.

GRACE (Droit de).

Av. Cons. d'État 21, 28 juillet et 4 août 1892.

S. 1893-991.

La grâce ne peut s'appliquer aux peines disciplin., notamment à l'interdiction tempor. ou absolue du droit d'enseigner qui constitue en même temps qu'une peine disciplin. une incapacité non susceptib. de disparaître par suite de la grâce.

C. 12 septembre 1901.

P. F. 1902-2-13.

Du garde des sceaux, relative aux recours en grâce.

GREFFE-GREFFIER

(Pour les matières spéciales, accidents, casier judiciaire, warrants... etc..., v. ces mots).

D. 25 mars 1880.

D. P. 1880-4-83. — S. 1880-584.
Tenue aux greffes commerciaux d'un registre mentionnant, pr. chaque faillite, les actes relatifs à l'adm. des syndics.

D. 18 juin 1880.

D. P. 1880-4-83. — S. 1880-607.
Emoluments attribués aux greffiers des trib. de commerce.

D. 7 septembre 1880.

D. P. 1881-4-92. — S. 1881-10.
Tenue au greffe des trib. de 1re inst. d'un registre mentionn. les liquid. et partages ordonnés par le tribunal.

D. 23 juin 1892.

L. N. 1892-3-115. — D. P. 1892-4-83.—S. 1892-343.—G. P. 1892-1-1.
Fixant les émolum. des greffiers concern. les expéditions, mandements ou border. de collocat. délivrés par eux, pour application de la L. fin. 26 janvier 1892. (V. budget, frais de justice).

D. 13 juillet 1899.

L. N. 1899-3-156. — S. 1900-1040. — P. F. 1900-3-29. — G. P. 1899-2-2.
Honorariat des greffiers

C. 25 juillet 1899.

L. N. 1900-3-80.
Relative à l'applicat. de ce texte.

HABITATIONS A BON MARCHÉ

L. 30 novembre 1894.

L. N. 1895-3-4. — D. P. 1895-4-41. — S. 1895-1013. — P. F. 1896-3-97. — G. P. 1894-2-6.
Relative aux habitations à bon marché.

D. 21 septembre 1895.

L. N. 1895-3-161. — D. P. 1896-4-73. — S. 1895-1129. — P. F. 1896-3-49.
Réglem. d'admin. publiq. pr. l'exécut. de ce texte.

D. 8 octobre 1895.

D. P. 1896-4-77. — S. 1895-1132.
Fixant la composit. du Cons. supér. des habitat. à bon marché.

L. 31 mars 1896.

L. N. 1896-3-98. — D. P. 1896-4-77. — S. 1896-58. — P. F. 1896-3-110. — V. Commentaire *Lois nouv.* 1896-1-377.
Modif. l'art. 11 et complét. l'art. 5 de la L. 30 novembre 1894.

C. 13 avril 1896.

L. N. 1896-3-104. — S. 1896-147. — P. F. 1896-3-126.
Sur l'application de ce dernier texte.

C. 10 mars 1897.

L. N. 1897-3-73. — P. F. 1897-3-76.
Sur les prêts aux Sociétés de construct. d'habit. à bon marché.

HAUTE COUR DE JUSTICE

V. Sénat.

HEURE LÉGALE

L. 14 mars 1891.

L. N. 1891-3-118. — D. P. 1891-4-82. — S. 1891-140. — P. F. 1892-3-26. — G. P. 1891-1-7. — V. Commentaire *Lois nouv.* 1892-1-1.

Adoptant l'heure temps moyen de Paris comme heure légale en France et en Algérie.

C. 30 juin 1891.

L. N. 1891-3-138. — S. 1891-141. — P. F. 1892-3-74.

Sur l'application du texte précédent.

C. 31 juillet 1891.

L. N. 1891-3-150. — P. F. 1892-3-26.

Même objet (Les P. F. donnent, en outre, la longitude des principales villes de chaque département, en France, en Corse et en Algérie).

HOTELIER

L. 18 avril 1889.

L. N. 1889-3-67. — D. P. 1889-4-47. — S. 1889-550. — P. F. 1889-3-17. — G. P.-1889-1-10. — V. Commentaire *Lois nouv.*, 1890-1-257.
Complétant l'art. 1953 C. civ. (dépôt nécessaire, responsabilité).

L. 31 mars 1896.

L. N. 1896-3-100. — D. P. 1896-4-33. — S. 1896-109. — P. F. 1896-3-108. — G. P. 1896-1-3. — V. Commentaire *Lois nouv.* 1896-1-141.
Vente des objets abandonnés ou laissés en gage par les voyageurs.

HUILES DE PÉTROLE

Schiste, Essence et autres hydrocarbures.

D. 12 juillet 1884.

L. N. 1884-2-39. — D. P. 1884-4-136. — S. 1885-715.
Modif. l'art. 14 du D. 19 mai 1873.

D. 20 mars 1885.

L. N. 1885-2-18. — D. P. 1885-4-80. — S. 1885-804.
Modif. les art. 9, 10, 11, 12 et 13 du D. 19 mai 1873 (fabrication, magasinage et vente du pétrole et de ses dérivés).

D. 5 mars 1887.

L. N. 1887-2-53. — D. P. 1887-4-74. – S. 1888-305.
Modif. les art. 10 § 2 et 12 § 1 du D. 19 mai 1873, en ce qui touche les approvisionnements d'essence de térébenthine.

L. 27 juillet 1894.

L. N. 1894-3-120. — D. P. 1896-4-19. — S. 1895-978.
Suppress. de l'impôt intérieur sur les huiles minérales.

L. 30 décembre 1895.

P. F. 1895-3-89.
Accordant des encouragements spéciaux à l'industrie des huiles de schiste.

L. 10 juillet 1899.

S. 1900-983.
Encouragements spéciaux à l'industrie des huiles de schiste.

D. 19 janvier 1901.

S. 1901-84.
Règlement d'ad. pub. pour l'exécution de cette loi.

HUISSIERS (Actes d').

V. aussi : Officiers publics et ministériels.

L. 8 mars 1882.

D. P. 1882-4-57. — S. 1882-335. — *J. off.* du 10. — V. Commentaire *Lois nouv.*, 1882-1-10.

Modif. l'art. 69 § 9 C. proc. civ. (défend. résid. à l'étranger).

L. 15 février 1899.

L. N. 1899-3-10. — D. P. 1899-4-9. — S. 1899-842. — P. F. 1899-3-97. — G. P. 1899-1-1. — *J. off.* du 17. — V. Commentaire *Lois nouv.* 1899-1-144.

Modif. l'art. 68 C. pr. civ. (secret des actes signifiés par huiss.).

C. 26 juillet 1899.

L. N. 1900-3-82.

Emoluments en applic. de l'art. 2, L. 15 février 1899.

D. 13 novembre 1899.

L. N. 1899 3-227. — S. 1900-988.— P. F. 1900-3-32. — *J. off.* du 15.

Réglant l'allocation due aux huissiers pr. l'applicat. de ce texte.

C. 23 janvier 1902.

L. N. 1902-3-86.

Du min. just. — Prohibition de la présentation et de l'encaissement des effets de commerce par huissier.

C. 27 février 1902.

L. N. 1902-3-197.

Prorog. au 1er août 1902 du délai de tolér. imparti par la circ. du 23 janvier 1902.

Circ. 13 mars 1902.

L. N. 1902-3-154.

Frais de justice ; transport hors de la résidence ; mandements exprès ; justifications ; transports dans les cantons où il y a plusieurs huissiers ; transports à réunir.

D. 25 avril 1902.

L. N. 1902-3-304. — *J. off.* du 21 août.

Portant modificat. du tarif des huissiers et des frais de garde en mat. de contrib. dir., de taxes assimilées et d'amendes.

HUISSIERS (Actes d') 2.

V. aussi : Officiers publics et ministériels.

C. 22 juillet 1902.

L. N. 1902-3-323.
Du min. just. ; rapport. la circ. rel. à l'encaissement des effets de commerce.

HUITRES

V. Pêche maritime.

HYGIÈNE ET SÉCURITÉ DES TRAVAILLEURS

V. Travail.

HYGIÈNE PUBLIQUE

D. 27 septembre 1883.

D. P. 1884-4-76. — S. 1885-778.
Créant, au minist. du comm., un comité consultatif des laboratoires municip. et départementaux.

D. 30 septembre 1884.

D. P. 1885-4-19. — S. 1885-738.
Fixant les attributions et la composit. du Comité consultatif d'Hygiène publ. de France.

D. 30 décembre 1884.

L. N. 1884-2-83. — D. P. 1885-4-72.
Supprimant le Comité créé par le décret du 27 sept. 1883, et transférant ses attributions au Conseil d'Hygiène publique.

D. 23 avril 1888.

L. N. 1888-2-49. — D. P. 1888-4-45. — S. 1888-391. — P. F. 1888-3-30.
Inspection générale des services de l'hygiène publique.

D. 8 janvier 1889.

D. P. 1889-4-72. — S. 1889-544.
Modif. l'art. 9 du D. 30 septembre 1884.

D. 3 mai 1893.
D. 23 juin 1893.

D. P. 1894-4-80. — S. 1894-874.
Même objet.

D. 29 juin 1895.

L. N. 1895-3-108. — D. P. 1896-4-69. — S. 1895-1128. — P. F. 1896-3-28.
Mesures particul. de protection et de salubrité à prendre dans les fabriques d'acéto-arsénite de cuivre (vert de Schweinfurt).

D. 3 février 1896.

S. 1897-218.
Composit. et fonctionnement du Comité consultat. d'Hygiène publ. en France.

HYGIÈNE PUBLIQUE 2

A. 11 décembre 1900.

P. F. 1901-3-47. — *J. off.* du 15.
Du min. com. — Instituant une commission d'hygiène industrielle, et nommant les membres de cette commission.

L. 15 février 1902.

L. N. 1902-3-77. — *J. off.* du 19.
Rel. à la protection de la santé publique.

HYPOTHÈQUE

L. 10 juillet 1885.

L. N. 1885-2-80. — D. P. 1886-4-17. — S. 1886-9. — P. F. 1886-3-14.

Modif. celle du 10 décembre 1874 sur l'hypoth. maritime.

D. 18 juin 1886.

L. N. 1886-2-140. — D. P. 1886-4-85. — S. 1886-72. — P. F. 1886-3-109.

Fixant le tarif des droits à percevoir par les Recev. des Douanes chargés du Service de l'hypoth. marit. — Cautionnements.

L. 13 février 1889.

L. N. 1889-3-25. — D. P. 1889-4-24. — S. 1890-597. — P. F. 1889-3-8. — G. P. 1889-1-2. — V. Commentaire *Lois nouv.* 1900-1-85.

Modif. l'art. 9 de la L. 23 mars 1855 (Hypoth. légale de la femme).

L. 27 juillet 1900.

L. N. 1900-3-258. — D. P. 1900-4-57. — S. 1900-1145. — P. F. 1901-3-6. — G. P. 1900-1-2. — V. Commentaire *Lois nouv.* 1900-1-425.

Relative à la transformation en une taxe proportionn. des droits perçus sur les formalités hypothécaires.

Instr. 1er Août 1900.

L. N. 1900-1-429.

Application du texte ci-dessus.

D. 23 novembre 1900.

L. N. 1901-3-109. — D. P. 1900-4-73. — S. 1900-1155. — P. F. 1901-3-55.

Remaniant diverses circonscriptions des conservations d'hypothèques.

Instr. 14 décembre 1900.

L. N. 1901-3-108.

Sur l'application du décret du 23 novembre 1900, ci-dessus.

Circ. 28 janvier 1901.

L. N. 1901-3-111.

Du Crédit foncier de France, relative aux élections de domicile à faire dans les limites des nouvelles circonscriptions, pour les inscriptions hypothécaires à prendre au profit de cet établissement.

L. fin. 25 février 1901.

L. N. 1901-3-35. — D. P. 1901-4-33.

Art. 18 : la formalité de la transcription des donations aux bureaux de conservation ne donnera plus lieu à aucun droit proport. autre que la taxe établie par la L. 27 juillet 1900.

IDENTITÉ JUDICIAIRE

D. 11 août 1893.

L. N. 1893-3-275. — D. P. 1894-4-109. — S. 1894-890. — P. F. 1894-3-80.

Création, à la Préfecture de Police, du service de l'identité.

IMPOT FONCIER

L. fin. 26 juillet 1893.

L. N. 1893-3-246. — D. P. 1894-4-45. — S. 1894-721.
Art. 3 et suiv., fixant le taux de la contribution foncière.

L. fin. 21 juillet 1894.

L. N. 1894-3-115. — D. P. 1895-4-89. — S. 1895-1032. — P. F. 1895-3-121.

Art. 4 : Évaluat. nécess. pr. transform. la contribution foncière des propr. non bâties en un impôt sur le revenu net de ces propriétés.

L. fin. 17 juillet 1895.

L. N. 1895-3-114. — D. P. 1896-4-36. — S. 1896-65. — P. F. 1896-3-47.

Art. 15 : Abrog. les art. 118, 119 et 120, et modif. l'art. 117 de la L. 3 frimaire an VII (réclamations en matière d'exemption tempor. de l'impôt foncier — procédure, jugement).

L. fin. 29 mars 1897.

L. N. 1897-3-76. — D. P. 1897-4-33. — S. 1897-318. — G.P. 1897-2-3. — V. Commentaire *Lois nouv.* 1897-1-280.

Art. 3 : modif. l'art. 116 de la L. 3 frimaire an VII. Terrain défriché et planté en bois. Réduction des 3/4 de l'impôt pendant les 30 premières années.

L. fin. 21 juillet 1897.

L. N. 1897-3-154. — D. P. 1898-4-93. — S. 1898-591. — P. F. 1898-3-25. — G. P. 1897-2-1.

Art. 1er : Remises sur la contribution foncière des propriétés non bâties.

Art. 2 : Dégrèvement sur cette contribution.

Art. 3 : Taux de la contribution foncière sur propriétés bâties.

Art. 16 : Déclarant l'art. 80 de la L. 3 frim. an VII inapplicab. aux terrains ayant cessé d'être alternativem. en étang et en culture.

D. 4 décembre 1897.

L. N. 1898-3-1. — S. 1898-597. — P. F. 1898-3-92.
Règlem. d'admin. publ. pr. l'applicat. du texte ci-dessus.

IMPRIMERIE NATIONALE

D. 28 août 1889.

L. N. 1889-3-281. — S. 1891-88.
Réglementant les rapp. de l'Impr. nat. avec les Administrations publ.

IMPUTATION DE LA DÉTENTION PRÉVENTIVE SUR LA DURÉE DES PEINES

V. Détention préventive.

INCENDIE

V. aussi : Assurances.

L. 5 janvier 1883.

D. P. 1883-4-17. — S. 1883-410. — V. Commentaire *Lois nouv.* 1883 (2e section), 1 à 16.

Modif. l'art. 1734 C. civ. sur les risques locatifs.

L. 19 février 1889.

L. N. 1889-3-26. — D. P. 1889-4-28. — S. 1889-549. — G. P. 1889-1-2. — V. Commentaire *Lois nouv.* 1889-1-305.

Attribut. des indemnités d'assur. aux créanc. privil. et hypoth.

INCINÉRATION

V. Funérailles.

INCOMPATIBILITÉS PARLEMENTAIRES

V. Sénat.

INHUMATIONS

V. Funérailles.

INJURE

V. Diffamation et Presse.

INSTITUT

D. 17 janvier 1888.

D. P. 1888-4-41. — S. 1888-353.
Approuvant le Règlem. de l'Acad. des Sciences mor. et polit.

D. 12 novembre 1901.

S. 1902 327. — P. F. 1902-3-93. — *J. off.* du 14.
Modif. le D. 1er février 1873 sur l'organis. du Collège de France.

D. 28 novembre 1901.

S. 1902-327. — P. F. 1902-3-109. — *J. off.* du 5 décembre.
Modif. divers articles du réglem. de l'Académie des sciences morales et politiques.

INSTITUT PASTEUR

L. 16 juin 1886.

L. N. 1886-2-138. — S. 1887-214. — P. F. 1886-3-96.
Fondation d'un établiss. pour le traitement de la rage.

INSTRUCTION PRÉPARATOIRE.

V. Code d'instruct. crimin.

INSTRUCTION PUBLIQUE

V. aussi Facultés

L. 27 février 1880.

D. P. 1880-4-36. — S. 1880-609.
Conseil supér. de l'instr. publiq. et conseils académ.

D. 16 mars 1880.

D. P. 1880-4-45. — S. 1880. 618.
Élection des membres du conseil supér. et des conseils acad.

L. 18 mars 1880.

D. P. 1880-4-17. — S. 1880-513.
Liberté de l'Enseig. supérieur.

D. 20 mars 1880.

D. P. 1881-4-47. — S. 1880-574.
Gratuité des inscript. prises dans les facultés de l'État.

D. 11 mai 1880.

D. P. 1881-4-61. — S. 1881-13.
Cons. supér. de l'Instr. publiq.

D. 22 juin 1880.

D. P. 1881-4-89. — S. 1880-631.
Concours académ. et concours génér. entre les lycées et collèges des départements.

D. 26 juin 1880.

D. P. 1880-4-85. — S. 1880-645.
Conseils académiques.

INSTRUCTION PUBLIQUE 2

V. aussi Facultés.

L. 3 juillet 1880.

D. P. 1880-4-25. — S. 1881-49.
Caisse des lycées nationaux, collèges communaux et écoles primaires.

L. 21 décembre 1880.

D. P. 1881-4-57. — S. 1881-89.
Sur l'enseignement secondaire des jeunes filles.

D. 19 janv. 1881.

D. P. 1882-4-52.
Concessions de bourses dans les lycées et collèges.

D. 1er févr. 1881.

D. P. 1882-4-53.
Fixant le taux des bourses nationales, départementales et communales.

L. 16 juin 1881.

D. P. 1882-4-24. — S. 1882-278.
Titres de capacité de l'enseignement primaire.

2e L. 16 juin 1881.

D. P. 1882-4-26. — S. 1882-281.
Etablissant la gratuité absolue de l'enseign. primaire dans les écoles publiques.

D. 28 juillet 1881.

D. P. 1882-4-88. — S. 1881-159.
Organisat. des établissements publics d'instr. second. pour les jeunes filles.

D. 29 juill. 1881.

D. P. 1882-4-98. — S. 1882-374.
Organisation des Écoles normales.

L. 2 août 1881.

D. P. 1882-4-38. — S. 1882-301.
Dotation de la caisse des lycées, collèges et écoles primaires.

INSTRUCTION PUBLIQUE 3

V. aussi Facultés.

D. 4 août 1881

D. P. 1882-4-62.
Modif. celui du 19 janv. 1881.

D. 10 octobre 1881.

D. P. 1882-4-105. — S. 1882-313.
Écoles de hameau.

D. 26 octobre 1881.

D. P. 1882-4-114.
Subvent. accordées aux communes pour les dépenses des écoles prim.

D. 24 décembre 1881.

D. P. 1882-4-114. — S. 1882-358.
Enseign. et exercices religieux dans les établissements publ. d'enseignement secondaire.

D. 14 janvier 1882.

L. N. 1882-3-10. — D. P. 1883-4-21. — S. 1883-433.
Organisant l'enseignement secondaire des jeunes filles.

L. 28 mars 1882.

D. P. 1882-4-64. — S. 1882-303. — V. Commentaire, *Lois nouv.* 1883 (3e section) 1.
Rendant obligatoire l'enseignement primaire.

D. 28 juillet 1882.

L. N. 1882-2-157. — D. P. 1883-4-51. — S. 1883-443.
Bourses d'enseign. secondaire dans les lycées et collèges de jeunes filles.

C. 7 septembre 1882.

S. 1882-358.
Application de la L. 28 mars 1882 (Instr. prim. obligat.).

D. 9 janvier 1883.

L. N. 1882-3-40. — L. N. 1882-1-2. — D. P. 1883-4-88.
Modif. celui du 29 juill. 1881 sur les Écoles normales.

INSTRUCTION PUBLIQUE 4

V. aussi Facultés.

L. 20 mars 1883.

L. N. 1883-2-41. — D. P. 1883-4-49. — S. 1884-540. — V. Commentaire, *Lois nouv.* 1883-1-17.

Caisse des lycées, collèges et écoles primaires ; fonds de subvention et d'avances ; maisons d'école, constructions, communes.

D. 28 juill. 1883.

L. N. 1882-2-78. — D. P. 1884-4-70. — S. 1884-619.

Modif. celui du 28 juill. 1882 (bourses dans les lycées de jeunes filles.)

L. 20 juin 1885.

L. N 1885-2-72. — D. P. 1886-4 35. — S. 1886-2.—P. F. 1886-3-11.

Subvent. de l'État pour construct. et appropriation d'établiss. destinés au service de l'Enseign. supér., second. et primaire.

A. 29 juillet 1885.

L. N. 1885-2-122.

Relatif aux concours d'agrégat. de l'Enseign. secondaire classique.

L. de fin. 8 août 1885.

L. N. 1885-2-135. — S. 1886-41.

Art. 27 : Père de famille ayant 7 enfants vivants. Bourse. L. 29 nivôse an XIII, modification.

C. 28 septembre 1885.

L. N. 1885-3-34. — S. 1886-47.

Bourses à concéder en vertu du texte précédent.

C. 9 janvier 1886.

L. N. 1886-1, 2e sect. p. 1.

Ecoles et constructions de maisons d'école.

D. 15 février 1886.

L. N. 1886-2-16. — S. 1888-260.

Précisant et complétant les disposit. qui doivent assurer l'exécution du texte précédent.

L. 30 octobre 1886.

L. N. 1886-2-225. — D. P. 1887-4-1. — S. 1887-166. — P. F. 1886-3-177. — V. Commentaire *Lois nouv.*, 1887 (3e section), 1 à 120.

Organisat. de l'Enseign. primaire.

INSTRUCTION PUBLIQUE 5

V. aussi Facultés.

C. 8 novembre 1886.
C. 30 novembre 1886.
C. 3 décembre 1886.

L. N. 1886-3-114. — S. 1887-202 et 203.
Applic. de la L. 30 octobre 1886.

D. 4 décembre 1886.

L. N. 1887-2-21. — D. P. 1887-4-22. — S 1887-212.
Conseils départem. de l'Enseign. primaire. Procédure.

D. 18 janvier 1887.

D. P. 1887-4-16. — S. 1887-203. — P. F. 1887-3-5.
Exécut. de la L. 30 octobre 1886, organiq. de l'Enseign. prim.

D. 26 mars 1887.

L. N. 1887-2-64. — S. 1888-259. — P. F. 1887-3-40.
Modif. divers art. du D. 18 janvier 1887.

D. 7 avril 1887.

L. N. 1887-2-82. — S. 1888-261.
Création et installation des Écoles primaires publiques.

D. 4 février 1888.
C. 8 février 1888.

L. N. 1888-2-25. — S. 1888-335. — P. F. 1888-3-8.
Sur les Écoles publiques facultatives.

D. 27 mai 1888.

L. N. 1888-2-63. — S. 1890-758. — P. F. 1888-3-37.
Sur le classement génér. des écoles primaires publ.

C. 30 juin 1888.

L. N. 1888-2-76.
Sur l'applicat. du texte précédent.

L. 19 juillet 1889.

L. N. 1889-3-211. — D. P. 1890-4-35. — S. 1890-739.
Dépenses ordin. de l'instr. prim. publ. et traitement du personnel de ce service.

INSTRUCTION PUBLIQUE 6.

V. aussi Facultés.

D. 29 mars 1890.

L. N. 1890-3-130. — S. 1890-761.
Règlem. d'admin. publ. sur l'adminis. et la comptabil. des écoles norm. prim. et les prestat. en nature à fournir au personnel.

D. 8 août 1890.

A. 8 août 1890.

L. N. 1890-3-314 et 316. — D. P. 1891-4-102. — S. 1890-805.
Instit. un baccalauréat uniq. de l'Enseign. second. classiq. et fixant les conditions de cet examen.

D. 5 février 1891.

L. N. 1891-3-55. — S. 1893-454. — P. F. 1891-3-63.
Conditions de présentation à l'examen du Baccalauréat de l'enseignement secondaire classique.

D. 4 juin 1891.

L. N. 1891-3-122. — D. P. 1892-4-3. — S. 1891-81. — P. F. 1892-3-55.
Portant réorganisat. de l'Enseignement secondaire spécial.

D. 5 juin 1891.

L. N. 1891-3-122.—D. P. 1892-4-4.— S. 1891-81.— P. F. 1892-3-56.
Baccalauréat de l'Enseignem. secondaire spécial.

D. 28 août 1891.

S. 1893-517. — P. F. 1893-3-3.
Service et situation des répétiteurs ds. les lycées et collèges.

D. 29 août 1891.

S. 1893-518. — P. F. 1893-3-4.
Classement des répétiteurs ds. les lycées et collèges.

D. 29 août 1891.

L. N. 1891-3-163. — S. 1893-519. — P. F. 1893-3-5.
Condit. d'âge et droits à percevoir pr. le Baccalauréat d'Enseignement secondaire moderne.

INSTRUCTION PUBLIQUE 7

V. aussi Facultés.

—

D. 18 janvier 1893.

L. N. 1893-3-21. — P. F. 1893-3-111.
Modif. divers art. du D. 18 janvier 1887 (Enseignement prim.).

D. 21 janvier 1893.

L. N. 1893-3-23. — P. F. 1893-3-110.
Organisat. des écoles primaires supér. publ.

L. 25 juillet 1893.

L. N. 1893-3-212.—D. P. 1894-4-34.—S. 1894-705. — P. F. 1895-3-97.
Modif. celle 19 juill. 1889 (classem. et traitem. des instituteurs).

D. 15 janvier 1894.

L. N. 1894-3-24.
Modif. l'art. 186 du D. 18 janvier 1887.

D. 16 janvier 1894.

L. N. 1894-3-25. — S. 1895-932. — P. F. 1895-3-50.
Pensionnats primaires installés dans les écoles prim. publ.

D. 28 juillet 1894.

P. F. 1895-3-60.
Concours général des lycées et collèges des départem.

Ar. 2 août 1894.

P. F. 1895-3-60.
Relatif au texte ci-dessus.

D. 4 novembre 1894.

L. N. 1894-3-175. — S. 1895-1027. — P. F. 1895-3-135.
Règlem. d'administ. publ. sur les écoles primaires annexées aux établissements de bienfaisance et d'assistance publique fondés et entretenus par l'État, les départements et les communes.

D. 8 janvier 1895.

L. N. 1895-3-25. — S. 1895-1073.
Établissement des cours d'adultes subventionnés.

INSTRUCTION PUBLIQUE 8

V. aussi Facultés.

C. 14 mars 1896.

P. F. 1896-3-87.
Instructions à remettre aux familles des écoliers atteints de maladies épidémiques et contagieuses.

D. 1er août 1898.

S. 1900-1105.
Sur la comptabilité des lycées.

D. 7 janvier 1899.

S. 1900-1107. — P. F. 1901-3-35.
Sur la comptabilité des collèges communaux.

D. 24 juillet 1899.

S. 1901-63.
Interrog. de langue vivante à la 1re partie du baccalauréat de l'enseignements secondaire classique.

D. 14 janvier 1900.

S. 1901-63.
Autor. l'usage du dictionnaire pour l'épreuve de la version latine au baccalauréat de l'enseignement secondaire classique.

D. 20 janvier 1900.
D. 14 juillet 1900.

P. F. 1900-3-95, et 1901-3-25.
Instituant une section étrangère à l'École française d'Athènes.

D. 8 juillet 1900.

S. 1901-56.
Complétant le décret du 11 mars 1898 sur le règlement intérieur du conseil supérieur de l'instr. pub.

D. 10 juillet 1900.

P. F. 1901-3-26.
Relatif au Conseil d'administration institué auprès des Écoles professionnelles.

L. 12 juillet 1900.

L. N. 1900-3-253. — D. P. 1900-4-84. — S. 1901-42. — P. F. 1901-3-26.
Relative aux collèges communaux.

L. 13 juillet 1900.

D. P. 1900-4-84. — S. 1901-44. — *J. off.* du 14.
Remboursement anticipé de la part contributive de l'Etat dans les prêts scolaires.

A. 31 juillet 1900.

L. N. 1901-3-266. — *J. off.* du 1er août.
Simplification de l'enseignement de la syntaxe française.

D. 14 août 1900.

S. 1901-43. — *J. off.* du 24.
Subventions à allouer par l'État aux collèges communaux, par applic. de la L. 13 juillet 1900.

L. 27 décembre 1900.

D. P. 1901-4-72. — S. 1901-93. — P. F. 1901-3-69. — *J. off.* du 28.
Org. et fixant les traitem. du personnel des écoles professionnelles de Paris.

D. 5 janvier 1901.

P. F. 1901-3-75. — *J. off.* du 20.
Org. le Cons. sup. de l'enseignement technique, au min. du comm., de l'industrie, des postes et des télégr.

L. 8 juillet 1901.

D. P. 1901-4-100. — P. F. 1901-3-142. — *J. off.* du 12.
Remise aux communes des excédents sur les annuités concédées en vertu de la L. 11 juin 1885 pr. la construct. d'étab. d'enseign. primaire.

D. 12 juillet 1901.

L. N. 1901-3-190. — P. F. 1901-3-133. — *J. off.* du 16.
Rendant la résidence oblig. pour les membres des facultés et écoles assimilées.

L. 14 juillet 1901.

L. N. 1901-3-202.— D. P.1901-4-102. — P. F.1901-3-133.— *J. off.* du 23.
Créant une caisse de recherches scientifiques, relevant du min. de l'instr. pub.

L. 14 juillet 1901.

L. N. 1901-3-191. — D. P. 1901-4-102. — *J. off.* du 19.
Modif. l'art. 44 § 5, L. 30 octobre 1886 (élection des instituteurs au conseil départemental de l'instruction primaire).

D. 14 juillet 1901.

P. F. 1901-3-154. — *J. off.* du 26.
Modif. le D. 20 janvier 1900 (instit. une section étrangère à l'école française d'Athènes).

D. 20 juillet 1901.

L. N. 1901-3-205. — *J. off.* du 4 août 1901.
Modif. le D. 1er août 1898, sur la comptabilité des lycées.

D. 31 juillet 1901.

P. F. 1901-3-134. — *J. off.* du 2 août.
Modif. le D. 22 février 1893 (conditions d'avancement des direct. et du personnel enseignant des écoles prat. de commerce et d'industrie).

D. 18 novembre 1901.

P. F. 1902-2-16. — *J. off.* du 20.
Modif. les D. du 29 août 1891 et 20 mai 1897 (classem. des répétiteurs).

D. 10 décembre 1901.

L. N. 1902-3-2. — S. 1902-292. — *J. off.* du 13.
Modif. l'art. 102, D. 18 janvier 1887, rel. aux oppos. à l'ouverture d'une école primaire privée.

D. 23 décembre 1901.

L. N. 1902-3-26. — P. F. 1902-3-27. — *J. off.* du 17 janvier 1902.
Modif. le D. 26 nov. 1897 (admin. centrale du ministère de l'instr. publ. et des beaux-arts).

D. 26 février 1902.

L. N. 1902-3-112. — *J. off.* du 2 mars.
Mod. les art. 7 à 11, D. 23 nov. 1889 (v. *suprà*, v° Armée).
Dispenses au titre de l'engagement décennal dans l'enseignement.

L. fin. 30 mars 1902.

L. N. 1902-3-130. — P. F. 1902-3-70. — *J. off.* du 30.
Art. 69-71 : Disposit. rel. à la laïcisation de l'enseignement public.

INSTRUCTION PUBLIQUE 11

D. 31 mai 1902 (5 textes).

L. N. 1902-3-219 et s. — *J. off.* du 2 juin.
Relatifs : 1° aux subventions allouées par l'Etat aux lycées nationaux de garçons ;
2° à l'administration financière des lycées recevant de l'État une subvention fixe ;
3° aux conditions de grades et de titres exigés des proviseurs et des principaux, et au classement des proviseurs ;
4° aux plans d'études secondaires ;
5° au baccalauréat de l'enseignement secondaire.

D. 3 juillet 1902.

L. N. 1902-3-263. — *J. off.* du 6 juillet.
Réglem. d'ad. pub. pr. l'organisat. et le fonctionn. de la caisse des recherches scientifiq. (L. 14 juillet 1901.)

D. 22 juillet 1902.

L. N. 1902-3-323. — *J. off.* du 24.
Rel. aux sanctions du baccalauréat de l'enseignem. secondaire (D. 31 mai 1902).

INTERDICTION

Conseil judiciaire.

L. 16 mars 1893.

L. N. 1893-3-61. — D. P. 1893-4-38. — S. 1893-550. — P. F. 1893-3-49.

Publicité à donner à la décision qui prononce l'interdiction, ou qui pourvoit un individu d'un Conseil judiciaire.

D. 9 mai 1893.

L. N. 1893-3-121. — D. P. 1893-4-51. — S. 1893-550. — P. F. 1895-3-78.

Règlem. d'Administration publique pr. l'exécution de ce texte.

C. 6 juin 1893.

L. N. 1893-3-294.

Même objet.

INTÉRÊT DE L'ARGENT

L. 27 août 1881.

S. 1882-295.
Fixant le taux de l'intérêt légal en Algérie.

L. 12 janvier 1886.

L. N. 1886-2-4. — D. P. 1886-4-32. — S. 1886-23. — P. F. 1886-3-64. — V. Commentaire *Lois nouv.* 1886 (2e section)-1-192.
Taux de l'intérêt de l'argent en matière commerciale.

L. 7 avril 1900.

L. N. 1900-3-159. — D. P. 1900-4-43. — S. 1900-1017. — P. F. 1900-3-97. — G. P. 1900-1-2. — V. Commentaire *Lois nouv.* 1900-1-193.
Sur le taux de l'intérêt légal.

INVALIDES

D. 21 mars 1882.

L. N. 1882-2-33. — D. P. 1883-4-23. — S. 1883-429.
Modif. celui du 29 juin 1863 sur l'organisation de l'Hôtel des Invalides et les conditions d'admission.

D. 17 novembre 1885.

L. N. 1885-2-202. — D. P. 1886-4-70. — S. 1886-61.
Modific. du service de l'établissement des Invalides de la Marine.

D. 8 mars 1887.

D. P. 1887-4-70. — S. 1887-215.
Réorganis. la commiss. supér. de l'Établissement des Invalides de la Marine.

JOURS FÉRIÉS

V. Fêtes.

JUGE DE PAIX

(Pour tout ce qui concerne l'application de la L. 9 avril 1898 V. Accidents).

L. 22 mars 1896.

L. N. 1896-3-91. — D. P. 1896-4-32. — S. 1896-57. — P. F. 1896-3-86. — G. P. 1896-1-2. — V. Commentaire *Lois nouv.* 1896-1-125.

Tenue par les juges de paix d'audiences foraines.

. 27 mars 1897.

L. N. 1897-3-129.

Sur l'application de ce texte.

C. 8 juin 1898.

L. N. 1899-3-37.

Prétoire. — Autorisation de disposer de la salle d'audience.

D. 12 juillet 1899.

L. N. 1899-3-156. — S. 1900-1040. — P. F. 1899-3-156. — G. P. 1899-2-1.

Honorariat des juges de paix.

C. 25 juillet 1899.

L. N. 1900-3-80.

Relative à l'application de ce texte.

L. fin. 25 février 1901.

L. N. 1901-3-35.

Art. 41 : Réunion du service de plusieurs just. de paix.

JUSTICE MILITAIRE

(Armée de terre et de mer).

L. 16 mars 1880.

D. P. 1880-4-81. — S. 1880-633.
Amnistie aux déserteurs et insoumis des armées de terre et de mer.

L. 19 juillet 1889.

L. N. 1889-3-223. — D. P. 1889-4-109.
Sur l'amnistie (art. 2 et 3 : Insoumis et déserteurs).

D. 2 août 1889.

L. N. 1889-3-258. — D. P. 1889-4-110.
Application du texte précédent.

C. 3 août 1889.

L. N. 1889-3-262.
Application de la L. et du D. visés ci-dessus.

D. 4 octobre 1889.

L. N. 1889-3-311. — D. P. 1890-4-97. — S. 1891-77.
Modif. celui du 21 juin 1858 portant Règlement d'administration publ. pr. l'application aux colonies du C. de just. milit. pr. l'armée de mer.

D. 11 janvier 1892.

L. N. 1892-3-19.— P. 1892-1-2.
Appliq. aux colonies le code de Just. milit. pr l'armée de mer.

L. 21 avril 1892.

L. N. 1892-3-79. — D. P. 1892-4-55. — S. 1892-397. — P. F. 1893-3-96.
Modif. l'art. 3 du C. de just. milit. pr. l'armée de terre (Cons. de guerre perman. — Composit.).

D. 29 avril 1893.

S. 1894-848.
Fixant la compos. des conseils de guerre appelés à juger le personn. administrat. secondaire de la Marine.

L. 9 avril 1895.

L. N.1895-3-41.— D. P. 1895-4-75.—S. 1895-1068.—P.F.1896-3-129. — G. P. 1895-1-2.

Modif. le Code de justice milit. pr. l'armée de mer.

JUSTICE MILITAIRE 2

(Armée de terre et de mer).

D. 7 octobre 1895.

L. N. 1895-3-173.

Concernant le personnel, les archives et les dépendances du service de la justice maritime.

L. 24 décembre 1896.

L. N. 1897-3-10. — D. P. 1897-4-2. — S. 1897-209.

Sur l'inscript. maritime. — Tableau A, art. du code de just. milit. applicab. dans les cas prévus par les art. 58 et 80 de ce texte.

D. 24 avril 1897.

L. N. 1897-3-115. — S. 1897-302. — G. P. 1897-1-7.

Modif. celui du 4 octobre 1889 (Tribun. marit. spéciaux dans les colonies affectées à la transportat. des condamnés aux trav. forcés).

D. 13 janvier 1899.

S. 1900-1059.

Fixant les attribut. de la direction du contentieux et de la justice militaire au Ministère de la Guerre.

D. 31 janvier 1899.

S. 1900-1059.

Composit. et fonctionnem. du comité du contentieux institué au Minist. de la Guerre.

L. 15 juin 1899.

L. N. 1899-3-128. — D. P. 1899-4-72. — S. 1899-921. — P. F. 1900-3-30. — G P. 1899-1-2.

Etendant certaines disposit. de la L. 8 décembre 1897 (sur l'instruct. préalable), à la procédure devant les conseils de Guerre.

C. 3 juillet 1899.

L. N. 1899-3-140. — D. P. 1899-4-74.

Portant application du texte ci-dessus.

D. 17 septembre 1900.

P. F. 1900-3-121.

Organis. le cadre des offic. d'admin. des Tribun. militaires (armée territor.).

JUSTICE MILITAIRE 3

(Armée de terre et de mer)

D. 19 septembre 1900.

P. F. 1900-3-120.
Organis. le corps des offic. d'admin. du service de just. milit.

D. 6 janvier 1901.

L. N. 1901-3-25.
Organisant provisoirem. le service de la just. militaire pour les troupes coloniales.

L. 2 avril 1901.

L. N. 1901-3-103. — D. P. 1901-4-76. — P. F. 1901-3-94. — G. P. 1901-1-13. — *J. off.* du 4 avril 1901. — V. Commentaire *Lois nouv.* 1901-1-421.
Modifiant l'article 200 du Code de justice militaire.

L. 11 juin 1901.

L. N. 1901-3-161. — *J. off.* du 12 juin 1901.
Portant fixation d'une limite d'âge pour les sous-officiers du service de la justice militaire.

L. 19 juillet 1901.

L. N. 1901-3-205. — *J. off.* du 21 juillet 1901. — V. Commentaire, *Lois nouv.*, 1901-1-461.
Rendant applic. l'art. 463 C. pén. (circ. attén.), à tous les crimes et délits réprimés par les Codes ci-dessus

LÉGION D'HONNEUR

V. aussi : Décorations.

D. 10 mars 1886.

L. N. 1886-2-124. — P. F. 1886-3-85.
Réglant le cérémonial à observer pour la remise de leurs insignes aux militaires nommés ou promus.

D. 23 mars 1889.

D. P. 1890-4-92. — S. 1891-6. — P. F. 1891-3-42.
Réorganisat. de l'admin. centr. de la Grande Chancellerie.

L. 4 juillet 1890.

D. P. 1891-4-4. — S. 1891-141. — P. F. 1891-3-33.
Nomin. ou promotions au titre étranger.

D. 11 avril 1891.

L. N. 1891-3-96. — S. 1893-471. — P. F. 1892-3-49.
Réorganis. de l'admin. centrale de la Grande Chancellerie.

D. 29 décembre 1892.

S. 1894-873.
Fixant le prix des décorations de la Légion d'honneur.

L. fin. 16 avril 1895.

L. N. 1895-3-45. — D. P. 1895-4-92. — S. 1895-1041. — P. F. 1896-3-17. — G. P. 1895-1-3.
Art. 34. — Forme des nominations pour services exceptionnels.

D. 19 mai 1896.

L. N. 1896-3-113. — D. P. 1897-4-109. — S. 1896-144. — P. F. 1896-3-127.
Modifiant l'art. 9 § 1 du D. 14 avril 1874 sur la discipline des légionnaires.

D. 3 juillet 1896.

S. 1896-163. — P. F. 1897-3-93.
Réorganisat. de l'admin. centr. de la Grande Chancellerie.

L. 28 janvier 1897.

L. N. 1897-3-42. — D. P. 1897-4-16. — S. 1897-242. — P. F. 1897-3-69.
Sur les récompenses nationales.

LÉGION D'HONNEUR 2

V. aussi : Décorations.

L. 27 décembre 1899.

P. F. 1900-3-86.
Modifiant le texte précéd.

D. 15 mars 1901.

P. F. 1901-3-54.
Rel. au tableau d'avancement et de concours pour la Légion d'honneur et la méd. militaire.

LETTRE DE CHANGE

V. Change (agents de) ; effets publics.

L. 7 juin 1894.

L. N. 1894-3-80. — D. P. 1895-4-54. — S. 1894-753. — P. F. 1895-3-17.— G. P. 1894-1-3. — V. Commentaire *Lois nouv.* 1894-1-309.
Modifiant les art. 110, 112 et 632 C. com. sur la lettre de change.

LIBERTÉ COMMERÇIALE ET INDUSTRIELLE

L. 21 août 1900.

L. N. 1900-3-284. — V. Commentaire *Lois nouv.* 1900-1-443.
Interdisant la création de conditions privées en concurrence avec des conditions publiques antérieurement établies.

LIQUIDATION JUDICIAIRE

V. Faillite, Liquidation judiciaire.

LOUAGE

L. 5 janvier 1883.

D. P. 1883-4-17. — S. 1883-410. — *J. off.* du 7. — V. Texte et commentaire *Lois nouv.* 1883-1-1.
Modif. l'art. 1734 C. civ. sur les risques locatifs.

L. 19 février 1889.

L. N. 1889-3-26. — D. P. 1889-4-29. — S. 1889-549. — P. F. 1889-3-8. — G. P. 1889-1-2. — *J. off.* du 20. — V. Commentaire *Lois nouv.* 1889-1-305.
Restrict. du privil. du bailleur d'un fonds rural et attribut. des indemnités d'assurance.

L. 11 juillet 1892.

L. N. 1892-3-127. — D. P. 1892-4-88. — S. 1892-397. — P. F. 1894-3-75. — G. P. 1892-2-5. — *J. off.* du 13. — V. Commentaire *Lois nouv.* 1892-1-445.
Ajoutant un paragr. à l'art. 2280 C. civ. (revendicat. du bailleur).

L. fin. 17 juillet 1895.

L. N. 1895-3-114. — D. P. 1896-4-36. — S. 1896-65. — P. F. 1896-4-47. — *J. off.* du 18.
Art. 4 : Voitures, chevaux et mulets de louage, taxe à la charge des preneurs.

L. 8 février 1897.

L. N. 1897-3-53. — D. P. 1897-4-13. — P. F. 1897-3-49. — G. P. 1897-1-1. — *J. off.* du 9.
Modif. celle du 5 août 1791 sur les domaines congéables.

L. 8 mars 1898.

L. N. 1898-3-48. — D. P. 1898-4-35. — S. 1898-553. — P. F. 1899-3-81. — G. P. 1898-1-2 — *J. off.* du 11. — V. Commentaire *Lois nouv.* 1898-1-208.
Vignes à complant.

L. 25 juin 1902.

L. N. 1902-3-259. — *J. off.* du 4 juillet. — V. Commentaire *Lois nouv.* 1902-1-349.
Sur le Code rural (livre 1er, titre 5) ; du bail emphytéotique.

LOUAGE D'OUVRAGE ET DE SERVICES

L. 2 juillet 1890.

L. N. 1890-3-211. — D. P. 1890 4-121. — S. 1891-16. — G. P. 1890-2-3. — *J. off.* du 3.

Mode de constatat. du contrat de louage (abrog. les livrets d'ouvriers).

L. 27 décembre 1890.

L. N. 1891-3-30. — D. P. 1891-4-33. — S. 1891-1130. — P. F. 1894-3-1. — G. P. 1891-1-1. — *J. off.* du 28. — V. Commentaire *Lois nouv.* 1891-1-337.

Sur le contrat de louage et les rapp. des agents de chem. de fer avec les Cies.

L. 25 juillet 1891.

L. N. 1891-3-159. — D. P. 1891-4-68. — S. 1892-209. — P. F. 1895-3-88. — G. P. 1891-2-4. — *J. off.* du 29. — V. Commentaire *Lois nouv.* 1891-1-745.

Etend. à certains travaux l'applic. du D. 26 pluviôse-27 ventôse an XI.

L. 6 février 1895.

L. N. 1895-3-35. — D. P. 1895-4-34. — S. 1895-937. — P. F. 1895-3-49. — G. P. 1895-1-2. — *J. off.* du 9. — V. Commentaire *Lois nouv.* 1895-1-208.

Modif. l'art. 549 C. com. (Privilège des commis).

L. fin. 13 avril 1898.

L. N. 1898-3-93. — D. P. 1898-4-97. — S. 1898-600. — G. P. 1898-1-14. — *J. off.* du 14. — V. Commentaire *Lois nouv.* 1898-1-322.

Art. 55 : Fix. à 2,50 p. 100 l'intér. des Cautionnem. en numéraire versés au Trésor (abrog. des L. L. 4 août 1844, art. 7, et 28 avril 1893, art. 55).

Lettre min. 10 août 1899.

L. N. 1900-3-86.

Sur l'interprétat. de l'art. 1794 C. civ. (marchés à forfait).

L. 18 juillet 1901.

L. N. 1901-3-191. — D. P. 1902-4-13. — P. F. 1901-3-153. — S. 1902-297. — G. P. 1901-2-745. — *J. off.* du 19 juillet 1901. — V. Commentaire *Lois nouv.* 1901-1-433.

Garantissant leur travail et leur emploi aux réservistes et aux territoriaux appelés à faire leur période d'instr. militaire.

L. 10 avril 1902.

L. N. 1902-3-175. — G. P. 1902-1-863. — *J. off.* du 12.

Complét. l'art. 2, L. 28 déc. 1890.

MADAGASCAR

L. 6 mars 1886.

L. N. 1886-2-39. — D. P. 1887-4-27. — S. 1888-363. — P. F. 1886-3-35.
Approuv. le traité conclu le 17 décembre 1885 entre le Gouvernement français et la reine de Madagascar.

D. 8 mars 1886.

S. 1888-364.
Attributions judiciaires conférées aux agents du Gouvernement français à Madagascar.

D. 11 mars 1886.

L. N. 1886-2-44. — D. P. 1887-4-28. — S. 1888-365.
Investissant les Résidents de Madagascar des attributions des chancel. de Consulat.

D. 2 juillet 1887.

L. N. 1887-2-137. — S. 1888-365.
Poursuite et jugement des délits et crimes commis par des Français à Madagascar.

L. 2 avril 1891.

L. N. 1891-3-94. — D. P. 1891-4-112. — S. 1892-275. — P. F. 1894-3-47. — G. P. 1891-1-8.
Instituant des Tribunaux français à Madagascar.

D. 23 août 1892.

L. N. 1892-3-146. — S. 1893-432. — P. F. 1893-3-105.
Instituant 3 tribun. de 1re instance (Tamatave, Tananarive et Majunga).

D. 11 décembre 1895.

L. N. 1896-3-8. — D. P. 1896-4-96. — S. 1896-13. — P. F. 1897-3-20.
Rattachant l'administr. de Madagascar au Minist. des Colonies.

D. 11 décembre 1895.

L. N. 1896-3-9. — D. P. 1896-4-96. — S. 1896-14. — P. F. 1897-3-23.
Règlant les pouvoirs du résident général de Madagascar.

D. 28 décembre 1895.

L. N. 1896-3-29. — D. P. 1896-4-98. — S. 1896-15. — P. F. 1897-3-20.
Organisat. de la justice française à Madagascar.

MADAGASCAR 2

2e D. 28 décembre 1895.

L. N. 1896-3-34. — D. P. 1896-4-99. — S. 1896-16. — P. F. 1897-3-22.
Cours et tribunaux à Madagascar.

3e D. 28 décembre 1895.

L. N. 1896-3-35. — D. P. 1896-4-97. — S. 1896-16. — P. F. 1896-3-59.
Organisant le personnel des résidences à Madagascar.

D. 9 juin 1896.

L. N. 1896-3-116. — D. P. 1896-99. — S. 1896-161. — P. F. 1897-3-24.
Organisat. de la justice à Madagascar et dépendances.

D. 4 juillet 1896.

L. N. 1896-3-144. — S. 1896-163. — P. F. 1897-3-37.
Créant à Madagascar une direction des finances et du contrôle.

D. 17 juillet 1896.

L. N. 1896-3-149. — S. 1896-171.
Régime des mines d'or, métaux précieux et pierres précieuses à Madagascar.

L. 6 août 1896.

L. N. 1896-3-162. — D. P. 1896-4-92. — S. 1896-178. — P. F. 1897-3-44. — G. P. 1896-2-1.
Déclarant colonie française Madagascar et ses dépendances.

D. 12 février 1897.

S. 1897-263.
Complét. celui du 9 juin 1896 (Recours en Cassation).

D. 16 juillet 1897.

S. 1898-464. — P. F. 1898-3-55.
Régime de la propriété foncière à Madagascar.

2e D. 16 juillet 1897.

S. 1898-472. — P. F. 1898-3-71.
Domaine public à Madagascar.

MADAGASCAR 3

D. 20 juillet 1897.

S. 1898-510.
Mines autres que celles des métaux précieux et pierres précieuses à Madagascar.

D. 9 juillet 1898.

S. 1900-1019.
Condit. de la transformat. en contrats de vente définitive des baux emphythéotiques consentis par l'ancien gouverneur Malgache ou par des indigènes.

D. 25 octobre 1898.

L. N. 1898-3-306. — S. 1900-1099. — P. F. 1899-3-32.
Réorganis. la justice à Madagascar.

D. 24 novembre 1898.

L. N. 1898-3-309. — S. 1900-1099. — P. F. 1899-3-127.
Même objet et organisat. de la justice indigène à Madagascar.

D. 31 janvier 1899.

S. 1900-1142.
Organis. le personn. des agents des affaires civiles à Madagascar.

D. 31 janvier 1899.

S. 1900-1143.
Organis. le corps des comptables de Madagascar.

D. 10 février 1900.

P. F. 1900-3-81.
Etablissant le régime forestier applicab. à Madagascar.

D. 22 février 1900.

P. F. 1900-3-98.
Établissant une taxe de consommation à Madagascar.

D. 20 avril 1900.

S. 1900-1142. — P. F. 1900-3-112.
Modif. le siège et la composit. des Cons. de Guerre siégeant. à Madagascar.

D. 19 juin 1900.

P. F. 1901-3-23. — *J. off.* du 25.
Régl. la création et l'exploit. des magasins généraux à Madagascar

D. 10 décembre 1900.

L. N. 1901-3-2. — P. F. 1901-3-56. — *J. off.* du 13.
Modif. l'organ. de la justice à Madagascar.

D. 20 décembre 1900.

P. F. 1902-3-47. — *J. off.* du 9 janvier 1901.
Création d'un cadre temporaire d'ingénieurs, conducteurs et commis des travaux pub. à Madagascar.

D. 7 juillet 1901.

P. F. 1902-3-79. — *J. off.* du 13.
Appliq. à Madagascar le D. 30 sept. 1887 (répression discipl. des infract. commises par les indigènes du Sénégal non citoy. franç.)

D. 29 août 1901.

P. F. 1902-3-8. — *J. off.* du 3 septembre.
Contrôle hygiéniq. des boissons alcooliques à Madagascar et dépendances.

D. 19 décembre 1901.

L. N. 1902-3-10. — *J. off.* du 22 déc. 1901.
Investiss. les admin. des colonies à Madagascar des fonctions d'officier de pol. jud.

D. 2 janvier 1902.

P. F. 1902-3-32. — *J. off.* du 8.
Admiss. au cons. d'admin. de Madagascar d'habitants notables.

D. 6 janvier 1902.

L. N. 1902-3-26. — P. F. 1902-3-32. — *J. off.* du 14 janvier 1902.
Réglant la prestation de serment des magistrats, off. min. et agents résidant à Madagascar.

D. 20 février 1902.

J. off. du 27 mai.
Régl. la rech. et l'exploit. de l'or, des pierres et métaux précieux à Madagascar.

D. 24 février 1902.

L. N. 1902-3-203. — P. F. 1902-3-62. — *J. off.* du 26.
Portant modific. du service de la justice à Madagascar.

D. 27 mars 1902.

L. N. 1902-3-159. — *J. off.* du 8 avril.
Attrib. à Madagascar les fonctions d'officier de pol. jud. aux sous-off. et commandants de brigades et de postes de gendarmerie.

L. 6 juillet 1902.

L. N. 1902-3-286. — *J. off.* du 15.
Portant créat. d'une taxe de timbre et d'enregistrem. à Madagascar.

MAGASINS GÉNÉRAUX

D. 21 avril 1888.

L. N. 1888-2-50. — D. P. 1888-4-45. — S. 1888-391. — P. F. 1888-3-10.

Modif. l'art. 12 du Règlem. du 12 mars 1859 sur les magasins génér.

MAGISTRATS

V. Organisation judiciaire.

MARCHÉS ADMINISTRATIFS

V. aussi : Travaux publics.

D. 18 novembre 1882.

D. P. 1883-4-56. — S. 1883-438.
Adjudications et marchés passés au nom de l'État.

D. 4 juin 1888.

L. N. 1888-2-65. — D. P. 1888-4-46. — S. 1888-344. — P. F. 1888-3-26.

Conditions exigées des Soc. d'ouvr. franc. pr. soumissionner les trav. ou fournit. faisant l'objet des adjudications de l'Etat.

L. 29 juillet 1893.

L. N. 1893-3-260. — D. P. 1894-4-53. — S. 1894-676. — P. F. 1895-3-101.

Admettant les assoc. d'ouvr. franç. à soumissionner pr. les trav. commun. ds. les condit. fixées par le précéd. texte en ce qui concerne les trav. de l'Etat.

L. fin. 16 avril 1895.

L. N. 1895-3-45. — D. P. 1895-4-92. — S. 1895-1041. — P. F. 1896-3-17. — G. P. 1895-1-3.

Art. 68 : Insertion au Journ. offic. des condamnat. à la prison pr. fraudes commises ds. les fournitures à l'État (Guerre, Marine et Colonies).

D. 10 août 1899.

L. N. 1899-3-179. — D. P. 1900-4-72. — S. 1900-1052. — P. F. 1899-3-170.

Conditions du travail ds. les marchés passés au nom de l'État.

2e D. 10 août 1899.

L. N. 1899-3-181. — D. P. 1900-4-73. — S. 1900-1053. — P. F. 1899-3-171.

Conditions du travail ds. les marchés passés avec les départements.

MARCHÉS ADMINISTRATIFS 2

V. aussi : Travaux publics.

3e D. 10 août 1899.

L. N. 1899-3-182. — D. P. 1900-4-73. — S. 1900-1053. — P. F. 1899-3-171. — *J. off.* du 11.

Condit. du travail ds. les marchés passés au nom des communes et des établiss. publ. de bienfaisance.

L. 26 décembre 1901.

L. N. 1902-3-11. — *J. off.* du 27 déc. 1901.

Exemption du droit de mutation de 2 0/0 sur les marchés admin. passés pour l'entretien des approvisionn. militaires.

MARCHÉS A TERME

V. Effets publics.

MARIAGE

V. Actes de l'État-Civil.

L. 31 mai 1889.

L. N. 1889-3-117. — *J. off.* du 2 juin. — V. Commentaire *Lois nouv.*, 1890-1-122.
Convention franco-belge (mariage des indigents).

L. 20 juin 1896.

L. N. 1896-3-126. — D. P. 1896-4-57. — S. 1896-121. — P. F. 1896-3-113. — G. P. 1896-1-4. — *J. off.* du 24. — V. Commentaire *Lois nouv.* 1896-1-321.
Modif. plusieurs disposit. légales relatives au mariage, ds. le but de le rendre plus facile.

C. 23 juillet 1896.

L. N. 1896-3-171.
Sur l'application de ce texte.

L. 17 août 1897.

L. N. 1897-3-184.—G. P. 1897-2-1.— *J. off.* du 22.—V. Commentaire *Lois nouv.*, 1897-1-405.
Modifiant divers articles du Code civil (mentions).

Note janvier-mars 1900.

L. N. 1900-3-239.
Militaires libérés du service ; les art. 166 et 167 C. civ. ne prescrivent pas de publications dans la ville de garnison.

C. 10 décembre 1900.

L. N. 1901-3-59.
Mariage ; pièces dont la production est exigée ; actes de naissance ; actes de décès des ascendants ; cas où ces actes ont été reçus dans la commune où le mariage doit être célébré ; jugement de divorce transcrit dans cette même commune.

V. Actes de l'État-Civil.

L. 29 novembre 1901.

L. N. 1901-3-334.— D. P. 1902-4-18. — S. 1902-313. — P. F. 1902-3-31. — G. P. 1901-2-752. — *J. off.* du 30.

Modif. les art. 170 et 171 C. civ., en conférant aux agents diplomatiques et aux consuls le droit de procéder à l'étranger, à la célébr. du mar. entre un Français et une étrangère.

D. 29 décembre 1901.

L. N. 1902-3-24. — S. 1902-314. — P. F. 1902-3-31. — *J. off.* du 4 janvier 1902.

Autor. les agents diplom. de France à procéder au mar. des Français avec des étrangères en pays de juridiction.

Note janvier-février 1902.

L. N. 1902-3-199.

Échelles du Levant ; applic. de la L. 29 novembre 1901.

MARINE

Militaire et Marchande.

V. Code de Commerce, navigation.

D. 24 juin 1880.

D. P. 1881-4-51. — S. 1880-620.
Mobilisation des inscrits maritimes.

D. 12 juillet 1880.

D. P. 1881-4-63. — S. 1881-63.
Marins inscrits en Algérie pr. le service de la flotte.

D. 2 octobre 1880.

D. P. 1881-4-110. — S. 1880-645.
Admiss. au command. des bâtiments du commerce.

L. 29 janvier 1881.

D. P. 1882-4-13. — S. 1881-147.
Sur la marine marchande.

L. 11 avril 1881.

D. P. 1882-4-29. — S. 1881-142.
Pensions de retraite attribuées aux inscrits maritimes.

D. 17 août 1881.

D. P. 1882-4-82. — S. 1881-151.
Exécution de la L. 29 Janvier 1881.

L. 18 août 1881.

D. P. 1882-4-81. — S. 1881-183.
Pensions des anciens militaires et marins, et de leurs veuves.

D. 30 juillet 1883.

L. N. 1883-2-83. — D. P. 1884-4-112. — S. 1885-696.
Recrutement et organis. des offic. de réserve de l'armée de mer.

L. 8 août 1883.

D. P. 1884-4-74. — S. 1884-654.
Pensions de retraite du personnel non officier de la marine.

D. 3 janvier 1884.

D. P. 1884-4-80. — S. 1885-698.
Règlem. d'adm. pub. pour l'organis. des conseils d'enquête de l'armée de mer.

MARINE 2

Militaire et Marchande.

V. Code de Commerce, navigation.

D. 8 mars 1884.

D. P. 1884-4-119 et 120. — S. 1885-696.
Sur l'état des officiers de réserve de l'armée de mer.

D. 2 août 1884.

L. N. 1884-2-53.
Réorg. l'établiss. des Pupilles de la marine.

D. 18 mars 1885.

D. P. 1885-4-24. — S. 1886-86.
Créant une succursale de la Caisse d'Épargne postale dans les divisions navales et à bord de chaque bâtiment.

D. 26 mars 1885.

L. N. 1885-2-20.
Réorganisat. du corps de santé de la marine.

L. 15 avril 1885.

L. N. 1885-2-36. — D. P. 1885-4-81. — S. 1885-762.
Pensions des Armées de terre et de mer.

L. 12 août 1885.

D. P. 1886-4-22.
Modif. divers art. du Liv. II du C. de comm. (comm. marit.).

D. 17 novembre 1885.

L. N. 1885-2-202. — D. P. 1886-4-70. — S. 1886-61.
Modif. le service des Invalides de la Marine. Mode de paiement des pensions civ. et milit. de la marine et des colonies.

D. 6 mars 1886.

L. N. 1886-2-30.
Réorganisat. du service des défenses sous-marines.

2e D. 6 Mars 1886.

L. N. 1886-2-37.
Réorg. le service hydrographique de la marine.

Militaire et Marchande.

V. Code de commerce, navigation.

D. 3 avril 1886.

L. N. 1886-2-84. — S. 1886-122. — P. F. 1886-3-97.
Création d'un corps d'offic. mécan. torpilleurs et modificat. de la Règlementat. antérieure de cette matière.

D. 10 août 1886.

L. N. 1886-2-189. — D. P. 1890-4-64. — S. 1886-104.
Modif. ceux des 20 août et 27 nov. 1884 (pensions à titre d'infirmités)

D. 28 octobre 1886.

L. N. 1886-2-246.
Modif. le D. 23 octobre 1871 sur le Conseil d'Amirauté.

A. 29 octobre 1886.

L. N. 1886-2 247.
Sur le texte précédent.

D. 22 novembre 1886.

L. N. 1887-2-12.
Succursales navales de la Caisse nationale d'épargne.

D. 31 décembre 1886.

D. P. 1887-4-62. — S. 1887-137. — P. F. 1887-3-39.
Apposition des scellés en cas de décès d'un officier de marine en activité de service.

D. 5 mars 1887.

L. N. 1887-2-49. — S. 1888-415.
Approvisionn. de la Marine.

D. 8 mars 1887.

D. P. 1887-4-70. — S. 1887-215.
Réorganis. la Commiss. supér. de l'Établiss. des Invalides de la Marine.

D. 20 juillet 1887.

L. N. 1887-2-141.
Réorganisation du Conseil d'Amirauté.

D. 6 septembre 1888.

S. 1889-508.
Organisat. et comptabilité des trav. de la Marine.

Militaire et Marchande.

V. Code de commerce, navigation.

D. 23 janvier 1889.

D. P. 1900-4-31. — S. 1889-470.
Détermin. le ressort des Cons. de Guerre et des Tribun. marit. des arrondiss. marit. de toute l'étendue du territoire.

D. 15 mai 1889.

. N. 1889-3-100. — D. P. 1890-4-65. — S. 1891-27.
Modif. celui du 10 août 1886 (pensions à titre d'aggravat. de blessures ou infirmités).

D. 25 mai 1889.

L. N. 1889-3-111.
Rattachant au départem. de la Marine toutes les troupes coloniales.

D. 8 octobre 1889.

L. N. 1889-3-326. — S. 1890-724.
Conditions d'admiss. aux Écoles de la médecine navale.

D. 5 décembre 1889.

L. N. 1890-3-5. — D. P. 1890-4-103.
Création d'un Conseil supér. de la Marine.

D. 24 décembre 1889.

L. N. 1890-3-14. — D. P. 1891-4-12. — S. 1890-719. — P. F. 1891-3-38.
Engagem. volont. et rengagem. dans le Corps des équipages de la Flotte.

D. 28 janvier 1890.

L. N. 1890-3-49. — D. P. 1891-4-32. — S. 1890-721.
Engagem. et rengag. de l'armée de mer.

D. 28 janvier 1890.

L. N. 1890-3-54. — S. 1891-107. — P. F. 1890-3-30.
Récolte des herbes marines.

D. 31 mars 1890.

L. N. 1890-3-141. — S. 1891-202.
Attrib. au Direct. du Service de Santé de la Marine le Service des hôpit. maritimes.

MARINE 5

Militaire et Marchande.

V. Code de commerce, navigation.

L. 10 avril 1890.

L. N. 1890-3-150. — D. P. 1891-4-10. — S. 1891-11. — P. F. 1891-3-31.

Portant création d'une École de Santé de la Marine et de trois annexes.

D. 13 mai 1890.
Réglem. 21 avril 1890.

L. N. 1890-3-157. — S. 1892-213.

Détermin. en cas de mobilis. les attribut. des Préf. marit. et des command. de secteurs du Littor. pr. les défenses des côtes.

L. 26 juin 1890.

L. N. 1890-3-208. — D. P. 1891-4-3. – S. 1891-111.

Autoris. le Ministre à conserver provisoirement sous les drapeaux, quand les circonstances l'exigent, les hommes convoqués pr. une période d'instr. quelconq.

D. 22 juillet 1890.

L. N. 1890-3-289. — D. P. 1891-4-12. — S. 1892-237. — P. F. 1890-3-77.

Créant à Bordeaux une École de médecine navale.

L. 31 juillet 1890.

L. N. 1890-3. — G. P. 1890-2-1. — V. Commentaire *Lois nouv.* 1891-1-471.

Prorog. les art. 9 et 10, L. 29 janvier 1881.

D. 15 août 1890.

L. N. 1890-3-333.

Remplac. la Direct. génér. des Torpilles par un Service des défenses sous-mar.

D. 21 octobre 1890.

L. N. 1890-3-441.

Supprim. le Cons. d'Amirauté et créant des inspect. génér. de la Marine.

D. 31 octobre 1890.

L. N. 1890-3-439.

Réorganis. le Service hydrograph. de la Marine.

Militaire et Marchande.

V. Code de Commerce, navigation.

D. 22 septembre 1891.

L. N. 1891-3-177. — D. P. 1892-4-57. — S. 1893-544. — P. F. 1893-3-20.
Rapatriement des gens de mer.

D. 21 octobre 1891.

L. N. 1891-3-186. — P. F. 1893-3-22.
Attributions de certains chefs de service ds. les Ports militaires.

D. 21 janvier 1892.

L. N. 1892-3-20. — S. 1893-580. — P. F. 1893-3-56.
Organisat. de l'Etat-major général de la Marine.

D. 2 février 1892.

L. N. 1892-3-52. — S. 1894-758. — P. F. 1893-3-64.
Modif. celui du 21 octobre 1890 portant réorganis. du Cons. supér. de la Marine.

L. 3 août 1892.

D. P. 1892-4-45. — S. 1893-481.
Organisat. du Corps des officiers mécaniciens de la Marine.

C. 25 août 1892.

S. 1893-516.
Applic. par les Trib. marit. commerc. de la L. 26 mars 1891 (Loi Bérenger).

D. 18 septembre 1892.

L. N. 1892-3-157.
Modif. celui du 13 juillet 1884 (armement, essais, entretien et conservat. des bâtiments de la Marine nation.).

D. 19 octobre 1892.

S. 1894-750.
Réglem. sur le fonctionn. général des Sociétés d'assistance aux blessés des armées de terre et de mer.

MARINE 7

Militaire et Marchande.

V. Code de Commerce, navigation.

L. 20 décembre 1892.
D. 1er décembre 1893.

L. N. 1893-3-316. — D. P. 1895-4-21. — S. 1895-919.
Réglem. l'arrimage des marchandises à bord des navires de commerce.

L. 30 janvier 1893.

L. N. 1893-3-33.—D. P. 1893-4-60.—S. 1893-585.—P.F. 1895-3-57.
Sur la Marine marchande.

D. 26 avril 1893.

S. 1894-846.
Organisat. de l'Administr. centr. des Invalides de la Marine.

D. 29 avril 1893.

S. 1894-846.
Réorganisat. du personn. administrat. secondaire de la Marine.

2e D. 29 avril 1893.

S. 1894-848.
Fixant la composit. des Cons. de Guerre appelés à juger le personn. administr. secondaire de la Marine.

D. 25 juillet 1893.

L. N. 1893-3-233.—D.P. 1894-4-116.—S. 1893-589.—P.F. 1895-3-92.
Réglem. d'Admin. publ. pr l'applicat. de ce texte.

D. 3 septembre 1893.

P. F. 1894-3-56.
Attributions des chefs de service ds les ports en temps de guerre.

D. 18 septembre 1893.

S. 1895-900. — P. F. 1895-3-102.
Condit. d'admiss. au commandt. des navires du commerce, création d'un diplôme d'élève de la Marine Marchande.

D. 21 septembre 1894.

S. 1895-1006.
Réorganis. l'État-Major génér. de la Marine et le Cabinet du Ministre.

Militaire et Marchande.

V. Code de commerce, navigation.

D. 10 avril 1895.

S. 1895-1110.
Condit. d'admiss. au command. des navires du commerce.

D. 9 juillet 1895.

S. 1895-1120.
Portant création d'une section technique des constr. navales.

D. 27 novembre 1895.

S. 1896-120.
Fixant à 15 ans révolus la limite d'âge inférieure pr. entrer à l'Ecole Navale.

D. 27 décembre 1895.

S. 1896-23. — P. F. 1897-3-27.
Création au Minist. de la Marine d'une École sup. de Guerre.

L. fin. 28 décembre 1895.

L. N. 1896-3-14.—D. P. 1896-4-39.— S. 1896-68. — P. F. 1896-3-81.
Art. 41 : Pension de la veuve d'un marin retraité pr/ blessures ou infirmités, quand son mariage est antérieur aux dites infirmités.

D. 21 avril 1896.

L. N. 1896-3-105. — S. 1896-135. — P. F. 1896-3-89.
Instituant un Conseil supér. de la Marine Marchande.

D. 30 mai 1896.

S. 1896-143.
Organisat. de l'État-Major génér. de la Marine et du cabinet du Ministre.

L. 10 juin 1896.

D. P. 1896-4-79. — S. 1896-112. — P. F. 1897-3-35.
Organisant le corps des offic. de la Marine et celui de équipages de la Flotte.

D. 13 octobre 1896.

D. 13 octobre 1896.

S. 1897-207. — P. F. 1897-3-45.
Créant et organisant l'Ecole des Hautes études de la Marine.

D. 8 décembre 1896.

L. N. 1897-3-30. — S. 1897-251. — P. F. 1897-3-68.
Modif. l'organisat. du personnel des officiers et maîtres de port.

MARINE 9

Militaire et Marchande.

V. Code de Commerce, navigation.

L. 24 décembre 1896.

L. N. 1897-3-10. — D. P. 1897-4-2. — S. 1897-209. — P. F. 1898-3-34.
Sur l'inscription maritime.

D. 6 février 1897.

L. N. 1897-3-46.
Attributions des services techniques pr. la passation des marchés.

L. 3 novembre 1897.

L. N. 1897-3-256. — D. P. 1897-4-132. — S. 1898-438. — P. F. 1899-3-44.

Modif. l'art. 18 du D. 27 vendém. an 11 sur la vente des navires.

L. 23 décembre 1897.

L. N. 1897-3-307. — S. 1898-497. — P. F. 1899-3-45.
Modif. les condit. de perception du droit de quai (L. 30 janv. 1872, art. 6).

L. 28 janvier 1898 (2 textes).

L. N. 1898-3-19. — D. P. 1898-4-29. — S. 1898-502. — P. F. 1899-3-48 et 86.
Modif. et complét. celle du 24 décembre 1896 sur l'inscription maritime.

L. 23 mars 1898.

L. N. 1898-3-55. — D. P. 1899-4-18. — S. 1898-500. — P. F. 1899-3-83.
Complét. l'art. 4 de la L. 23 décembre 1897 (Droits de quai).

L. 15 avril 1898.

L. N. 1898-3-116. — D. P. 1899-5-19. — S. 1899-817. — P. F. 1899-3-122.
Modif. le Décret-Loi disciplin. et pénal du 24 mars 1852 sur la Marine Marchande.

L. 21 avril 1898.

L. N. 1898-3-137. — D. P. 1898-86. — S. 1899-809.
Créant une Caisse de prévoyance entre les Marins français, contre les risques et accidents de leur profession.

MARINE 10

Militaire et Marchande.

V. Code de Commerce, navigation.

L. 17 juillet 1898.

L. N. 1898-3-254. — D. P. 1899-4-2. — S. 1899-816. — P. F. 1899-3-64.
Etendant aux besoins de mer les dispositions de la L. 3 juillet 1877 sur les Réquisit. militaires.

D. 20 décembre 1898.

L. N.1899-3-6. — S. 1899-812. — D. P. 1900-4-8. — P. F. 1899-3-1-31.
Réglem. d'adm. publ. pr. l'exécut. de la L. 21 avril 1898.

D. 19 janvier 1899.

D. P. 1900-4-22. — S. 1900-1110. — P. F. 1899-3-160.
Modif. celui du 18 septembre 1893 (Commandem. des navires du commerce).

L. 2 mai 1899.

S. 1900-1001.
Concernant : 1° Les officiers auxiliaires, mécaniciens du commerce et maîtres au cabotage ; 2° l'engagement volontaire, en cas de guerre, de diverses catégories du personnel de la marine.

D. 29 juin 1899.

S. 1900-1003.
Engagem., pr. la durée de la guerre, des marins embarqués sur des navires de commerce.

D. 9 octobre 1899.

S. 1900-1110.
Modif. celui du 20 septembre 1893 (admiss. au command. des navires de commerce).

D. 8 mai 1900.

L. N. 1900-3-204. — S. 1901-14.
Réglem. d'Admin. publ. sur les réquisitions militaires de l'armée de mer. (L. 17 juillet 1898).

D. 31 janvier 1900.

P. F. 1900-3-75.
Suppress. des châtiments corporels à bord des bâtiments de la Flotte.

MARINE 11

Militaire et Marchande.
V. Code de Commerce, navigation.

D. 9 octobre 1900.

P. F. 1900-3-144.
Applicat. à la Marine de la C. 1er octobre 1900, relative au mariage des officiers (apport dotal).

C. 7 décembre 1901.

S. 1901-56. — *J. off.* du 18.
Appliq. aux gardes d'artillerie de la marine les disp. de la L. 2 juillet 1900, unifiant et modif. l'org. de certains personnels militaires.

L. 9 décembre 1900.

D. P. 1901-4-72. — *J. off.* du 10.
Rel. à l'augmentation de la flotte.

L. 30 décembre 1900.

D. P. 1901-4-33. — *J. off.* du 31.
Suppression, à partir du 1er janvier 1901, de la retenue de 3 0/0 sur la solde budgétaire du personnel non officier de la marine.

D. 8 février 1901.

P. F. 1901-3-79. — *J. off.* du 10.
Erigeant la Corse en sous-arrondiss. maritime et org. le service maritime en Corse.

L. fin. 25 février 1901.

L. N. 1901-3-35. — D. P. 1901-4-33. — S. 1901-140. — G. P. 1901-1-5. — *J. off.* du 26. — V. Commentaire *Lois nouv.*, 1901-1-321.
Art. 46, 47 et 48 : Pensions maritimes ; durée du service ; modific. de la L. du 18 avril 1831, art. 7.

L. 1er mars 1901.

D. P. 1901-4-95. — *J. off.* du 3.
Rel. à l'ouverture des ports de guerre et à l'étab. de bases d'opér. de la flotte.

D. 5 novembre 1901.

L. N. 1901-3-331. — *J. off.* du 6.
Rel. à la liberté de conscience et modif. le D. 20 mai 1885 et l'arrêté 24 juin 1886 sur le service à bord.

MARINE 12

Militaire et Marchande.
V. Code de Commerce; navigation.

D. 29 décembre 1901.

P. F. 1902-3-57. — *J. off.* du 31.
Cond. d'admiss. au commandem. des navires de comm. et à l'obtention des divers brevets.

L. 31 décembre 1901.

L. N. 1902-3-13. — D. P. 1902-4-23. — P. F. 1902-3-31. — *J. off.* du 3 janvier 1902.
Créat. d'un cadre d'off. de marine en résidence fixe.

L. 2 mars 1902.
D. 17 mars 1902.

L. N. 1902-3-156. — *J. off.* des 4 mars et 3 avril 1902.
Réglant le fonctionnement général du contrôle de l'admin. de la marine.

L. 27 mars 1902.

L. N. 1902-3-128. — *J. off.* du 29.
Modif. l'art. 8, L. 10 juin 1896 (organis. du corps des off. de la marine).

L. fin. 30 mars 1902.

L. N. 1902-3-130. — P. F. 1902-3-70. — *J. off.* du 30.
Art. 43 : L'art. 10, L. 2 mars 1902, n'aura pas d'effet rétroactif.
Art. 81 : Exonér. ou réduis., en faveur des patrons propriétaires de bateaux se livrant à la petite navigation, les taxes ou retenues imposées par la L. 21 avril 1898 et autres textes.

L. 7 avril 1902.

L. N. 1902-3-166. — *J. off.* du 10.
Sur la marine marchande.

MARQUES DE FABRIQUE

V. aussi : Traités internationaux.

L. 3 mai 1890.

L. N. 1890-3-154. — D. P. 1890-4-114. — S. 1891-7. — P. F. 1891-3-39. — *J. off.* du 4.

Modif. l'art. 2 de la L. 23 juin 1857 (Marq. de fabr. et de commerce).

D. 27 février 1891.

L. N. 1892-3-69. — D. P. 1892-4-6. — S. 1891-65. — P. F. 1891-3-36. — G. P. 1891-1-4. — *J. off.* du 28.

Réglem. d'admin. publ. pr. l'application du texte précédent.

L. 13 avril 1892.

L. N. 1892-3-77. — *J. off.* du 15.

Approuv. les arrangem. conclus avec divers États pour la protection internat. de la propriété industrielle.

D. 17 décembre 1892.

L. N. 1893-3-3. — D. P. 1894-4-94. — S. 1894-792. — G. P. 1892-2-14. — *J. off.* du 25.

Sur les marques de fabrique.

D. 25 avril 1893.

L. N. 1893-3-95. — D. P. 1894-4-94. — S. 1894-846. — P. F. 1894-3-23. — *J. off.* du 27.

Taxe de l'enregistrem. internation. des marques de fabrique.

L. 30 décembre 1899.

L. N. 1900-3-27. — S. 1900-1157. — *J. off.* du 31.

Protection de la propriété industr. pr. les objets admis à l'Exposit. univers. de 1900.

L. 9 juillet 1901.

L. N. 1901-3-167. — D. P. 1901-4-100. — *J. off.* du 10 juillet 1901.

Org. au Conservatoire national des arts et métiers un office national des brevets d'invention et marques de fabrique.

C. 10 septembre 1901.

L. N. 1901-3-287. — *J. off.* du 10.

Du min. comm., sur la création ci-dessus.

MARQUES DE FABRIQUE 2

V. aussi : Traités internationaux.

L. 13 décembre 1901.

L. N. 1902-3-7. — *J. off.* du 14.

Approuv. l'acte addit. à l'arrangem. du 14 avril 1891 (enregistrem. international des marques de fabrique ou de commerce), signé à Bruxelles le 14 décembre 1900.

D. 21 février 1902.

L. N. 1902-3-118. — P. F. 1902-3-64. — *J. off.* du 22.

Promulg. la conv. signée à Quito, le 17 mars 1900, entre la France et l'Equateur, pr. la protect. réciproq. des marques de fabriq. et de commerce.

D. 26 août 1902.

L. N. 1902-3-316. — *J. off.* du 5 septembre.

Portant promulgat. de l'acte addit. à l'arrangem. du 14 avril 1891.

MÉDECINE

L. 30 novembre 1892.

L. N. 1892-3-176. — D. P. 1893-4-8. — S. 1893-489. — P. F. 1894-3-33. — G. P. 1892-2-11.— V. Commentaire *Lois nouv.* 1893-1-53.

Sur l'exercice de la médecine.

L. 15 juillet 1893.

L. N. 1893-3-185. — D. P. 1894-4-22. — S. 1894-681.
Sur l'assistance médicale gratuite.

D. 25 juillet 1893.

L. N. 1893-3-220. — D. P. 1895-4-119. — S. 1894-882. — P. F. 1895-3-96.

Médecins pourvus d'un diplôme étranger aspirant au titre français de docteur en médecine.

D. 25 juillet 1893.

L. N. 1893-3-220. — D. P. 1895-4-119. — S. 1894-882. — P. F. 1895-3-159.

Conversion des inscriptions d'officier de santé en inscriptions de doctorat en médecine.

D. 31 juillet 1893.

D. P. 1894-4-112. — P. F. 1895-3-68.
Portant réorganisation des études médicales.

C. 9 octobre 1893.

L. N. 1893-3-297. — S. 1894-884. — P. F. 1895-3-32.
Sur l'officiat de santé et la L. 30 novemb. 1892.

D. 21 novembre 1893.

L. N. 1893-3-304. — D. P. 1895-4-5. — S. 1895-906. — P. F. 1894-3-43.

Médecins experts devant les Tribunaux, et révision des tarifs du D. 18 juin 1811 sur les honoraires, vacations et frais des médecins experts.

A. 23 novembre 1893.

L. N. 1894-3-12. — P. F. 1894-3-52.
Liste des maladies épidémiq. prévues par la L. 30 novemb. 1892, art. 15.

C. 1er décembre 1893.

P. F. 1894-3-54.
Sur la déclarat. obligatoire des cas de maladies épidémiq.

MÉDECINE 2

C. 9 mars 1894.

L. N. 1894-3-56.
Sur les règlements concernant les études médicales.

D. 24 juillet 1899.

P. F. 1900-3-48.
Sur le Doctorat en médecine.

D. 29 octobre 1899.

S. 1901-222. — P. F. 1901-3-83. — *J. off.* du 8 novembre.
Autor. les recteurs à nommer les jurys des concours pour les fonctions de suppléant et de chef des travaux dans les écoles de médecine et de pharmacie.

D. 23 décembre 1899.

L. N. 1900-3-26. — D. P. 1900 4-22. — S. 1900-1129. — P. F. 1900-3-86. — *J. off.* du 24.
Modif. l'art. 1er du D. 21 nov. 1893 (médecins-experts devant les tribunaux).

Note mars-avril 1902.

L. N. 1902-3-258.
Applicat. des LL. 30 nov. 1892 et 10 juillet 1893; diplôme de l'Etat et diplôme universitaire ; enregistrem.

MÉRITE AGRICOLE

V. aussi : Décorations.

D. 7 juillet 1883.

L. N. 1883-2-72. — D. P. 1884-4-5. — S. 1883-490.
Instituant l'ordre du Mérite agricole.

D. 18 juin 1887.

L. N. 1887-2-119. — D. P. 1888-4-3. — S. 1888-342.
Augmentant le contingent des croix de chevalier, et instituant des croix d'officier.

D. 11 mars 1893.

S. 1894-841. — P. F. 1894-3-46.
Instituant un Conseil de Discipline de l'Ordre du Mérite agricole.

D. 21 septembre 1894.

L. N. 1894-3-155. — S. 1895-1006. — P. F. 1895-3-126.
Conditions de promotion au grade d'officier.

D. 9 avril 1895.

L. N. 1895-3-41. — S. 1895-1112. — P. F. 1896-3-29.
Même objet.

D. 7 janvier 1896.

S. 1896-55.
Relatif aux promotions annuelles du 1er janvier et du 1er juillet.

D. 27 juillet 1896.

D. P. 1897-4-110. — S. 1896-184.
Ordre du Mérite agricole. — Composition. — Avancement. — Discipline.

MINES

Et Mineurs.

L. 27 juillet 1880.

D. P. 1881-4-33. — S. 1881-56.
Modifiant celle du 21 avril 1810.

D. 25 septembre 1882.

D. P. 1883-4-55. — S. 1883-443.
Modif. l'ordonn. du 26 mars 1843 sur les mines.

L. 8 juillet 1890.

L. N. 1890-3-219. — D. P. 1890-4-116. — S. 1891-71. — P. F. 1892 3-1. — G. P. 1890-2-4.
Délégués-mineurs.

D. 18 juillet 1890.

L. N. 1890-3-270. — D. P. 1891-4-96. — S. 1892-226.
Organisat. de l'École nation. supérieure des Mines.

D. 18 juillet 1890.

L. N. 1890-3-278. — D. P. 1891-4-99. — S. 1892-229.
Organisat. de l'École des Mines de St-Etienne.

D. 18 juillet 1890.

L. N. 1890-3-283. — D. P. 1891-4-98. — S. 1892-223.
Organisat. de l'Ecole des maîtres ouvriers mineurs d'Allais.

D. 18 juillet 1890.

L. N. 1890-3-285. — D. P. 1891-4-98. — S. 1892-228.
Organis. de l'École des maîtres ouvriers mineurs de Douai.

D. 3 janvier 1894.

D. P. 1895-4-32. — S. 1895-921.
Réorganisat. du personn. des commis des Mines.

D. 20 mars 1894.

D. P. 1895-4-86. — S. 1895-961.
Modif. l'art. 26 du D. 18 juill. 1890 (École nation. des Mines).

MINES 2

Et Mineurs.

L. 29 juin 1894.

L. N. 1894-3-87. — D. P. 1894-4-57. — S. 1894-774. — P. F. 1895-3-3. — G. P. 1894-2-1. — V. Commentaire *Lois nouv.* 1894-1-429.

Sur les caisses de secours et de retraites des ouvriers mineurs.

C. 30 juin 1894.

S. 1894-787. — P. F. 1895-3-9.

Sur l'applicat. de la L. 29 juin 1894.

D. 25 juillet 1894.

L. N. 1894-3-129. — D. P. 1894-4-68. — S. 1894-790. — P. F. 1895-3-123. — G. P. 1894-2-3.

Règlem. d'Admin. publ. pr. l'exécut. du précédent texte (art. 23,24, 26 et 27).

Ins. Enregistr. 4 août 1894.

L. N. 1895-3-134.

Applic. de la L. 29 juin 1894 (Caisses de Secours).

D. 14 août 1894.

L. N. 1894-3-147. — D. P. 1894-4-69. — S. 1894-791. — P. F. 1895-3-79.

Règlem. d'Admin. publ. pr. l'exécut. du même texte (art. 1, 2, 3, et 28).

C. 28 octobre 1894.

L. N. 1895-3-110.

Attributions conférées aux juges de paix par la L. 29 juin 1894, et le D. 25 juillet 1894 (Caisses de secours).

L. 19 décembre 1894.

L. N. 1895-3-18. — D. P. 1895-4-33. — S. 1895-980. — P. F. 1895-3-139.

Portant rectificat. de la L. 29 juin 1894.

L. 16 juillet 1896.

L. N. 1896-3-144. — D. P. 1896-4-87. — S. 1896-146. — P. F. 1897-3-41. — G. P. 1896-2-1.

Modif. l'art. 11 de la L. 29 juin 1894 (Caisses de secours).

D. 18 octobre 1896.

S. 1897-229. — P. F. 1897-3-90.

Organisat. de l'Ecole Nation. supér. des Mines.

MINES 3

Et Mineurs.

D. 21 juillet 1897.

L. N. 1897-3-182. — S. 1898-448.
Modif. l'art. 26 du texte précédent.

C. 9 décembre 1897.

L. N. 1898-3-261.
Déclarat. et enquêtes en suite d'accidents survenus dans les Mines, Minières et Carrières.

C. 5 mai 1899.

L. N. 1899-3-157.
Applic. de la L. 9 avril 1898 aux mines, minières et carrières.

C. 11 juillet 1899.

L. N. 1900-3-83.
Même objet. — Déclarations et enquêtes après accidents.

L. fin. 13 avril 1900.

L. N. 1900-3-143. — D. P. 1900-4-33. — S. 1900-1066. — P. F. 1900-3-100.
Art. 34 : L'École nation. supér. des Mines est investie de la personnalité civile.

C. 20 février 1901.

L. N. 1901-3-184.
Du min. just. — Exploitation des carrières; contraventions aux réglements; sécurité; répression; devoirs des parquets.

L. fin. 25 février 1901.

L. N. 1901-3-35. — D. P. 1901-4-33.
Art. 58 : Application et réglem. de la loi 13 avril 1900.

L. 25 mars 1901.

L. N. 1901-3-100. — D. P. 1901-4-75. — P. F. 1901-3-112. — G. P. 1901-1-13. — *J. off* du 29 mars 1901.
Modif. la L. 8 juill. 1890 sur les délégués à la sécurité des ouvriers mineurs.

MINES 4

Et mineurs.

D. 23 décembre 1901.
C. 21 janvier 1902.

L. N. 1902-3-54 et 57. — *J. off.* du 21 janvier 1902.
Conservation des explosifs dans les exploitations souterraines.

D. 6 avril 1902.

P. F. 1902-3-109. — *J. off.* du 17.
Conférant aux contrôleurs principaux, après cinq ans de fonctions, le titre de sous-ingénieur des mines.

MONNAIES

Et Conventions monétaires.

L. 29 décembre 1885.
D. 30 décembre 1885.

D. P. 1886-4-73. — S. 1886-128 et 129.
Approuv. la convent. monét. conclue à Paris le 6 novembre 1885 entre la France, la Grèce, l'Italie, la Suisse et la Belgique.

L. 22 mars 1894.
L. 24 mars 1894.

D. P. 1895-4-40. — S. 1894-801.
Approuv. la convent. monét. conclue à Paris le 15 novembre 1893 entre la France, la Belgique, la Grèce, l'Italie et la Suisse.

D. 22 juillet 1894.

D. P. 1895-4-123. — P. F. 1895-3-122.
Prohib. l'importat. des monnaies divisionn. italiennes en France et en Algérie.

D. 8 juillet 1895.

S. 1895-1147. — P. F. 1896-3-45.
Conditions de titre, de poids, de diamètre et de tolérance pr. la fabrication de la piastre française de commerce, et de ses subdivisions.

L. 30 novembre 1896.

L. N. 1896-3-202. — D. P. 1897-4-1. — S. 1897-233. — P. F. 1897-3-65. — G. P. 1896-2-2. — V. Commentaire *Lois nouv.* 1897-1-8.
Complétant le Décret-Loi du 11 mai 1807 sur la prohibition des monnaies de billon étrangères.

C. 15 décembre 1896.

L. N. 1897-3-99.
Sur l'applicat. de ce dernier texte.

L. 28 décembre 1898.
D. 20 janvier 1899.

D. P. 1900-4-8. — S. 1900-978.
Promulg. le protocole signé, le 15 mars 1898, additionnel à l'arrang. monétaire conclu à Paris le 15 novembre 1893, entre la France, la Belgique, la Grèce, l'Italie et la Suisse (V. ci-dessus L. 22 mars et D. 24 mars 1894).

MONNAIES 2

Et conventions monétaires.

D. 22 février 1899.
D. 20 juillet 1899.

S. 1901-88. — *J. off.* des 5 mars et 27 juillet.
Relatif au type des pièces d'or de 20 francs et de 10 francs.

L. fin. 30 mars 1902.

L. N. 1902-3-130. — P. F. 1902-3-70. — *J. off.* du 30 mars.
Art. 57 : Modif. l'intitulé et les art. 1 et 3, L. 11 juillet 1885 (interdiction de toute simul. de billets de Banque et de toutes monnaies franç. et étrangères.

MONUMENTS ET OBJETS HISTORIQUES

L. 30 mars 1887.

L. N. 1887-2-65. — D. P. 1887-4-57. — S. 1887-225.— P. F. 1887-3-44. — V. Commentaire, *Lois nouv.*, 1887 (1re section) 1 à 28.

Conservat. des monum. et objets d'art ayant un intérêt historiq.

D. 3 janvier 1889.

L. N. 1889-3-2. — S. 1889 417.

Réglem. d'admin. publ. pr. l'exécut. du texte précédent.

2e D. 3 janvier 1889.

L. N. 1889-3-6. — S. 1889-418.

Organisat. et mode de nominat. de la commiss. des monum. historiq.

D. 26 janvier 1892.

L. N. 1892-3-23. — S. 1893-582.

Travaux intéressant un édifice classé.

2e D. 26 janvier 1892.

L. N. 1892-3-24. — S. 1893-582.

Modif. le mode de nom. des architectes des monum. historiq.

D. 3 décembre 1895.

S. 1896-12.

Comprenant les inspect. génér. des bâtiments civils et palais nationaux parmi les membres de droit de la commiss. des monum. historiques.

L. 27 janvier 1902.

L. N. 1902-3-65. — *J. off.* du 29.

Modif. l'art. 16, L. 29 juillet 1881 (affichage sur les monuments ay. un caractère artistique).

MUNICIPALITÉ

V. Commune.

MUSÉES NATIONAUX

D. 5 septembre 1888.

S. 1888-392.
Réorganisat. et administr. des Musées nationaux.

L. fin. 16 avril 1895.

L. N. 1895-3-45. — D. P. 1895-4-92. — S. 1895-1041. — P. F. 1896-3-16. — G. P. 1895-1-3.
Art. 52 à 56 : Personnalité civile des Musées nation. — Musées départem. et communaux, acquisit. de la personnalité civile. — Administr. et ressources des Musées nationaux.

D. 14 janvier 1896.

D. P. 1897-4-22. — S. 1896-31.
Organisation, administrat. et Régime financier des Musées du Louvre, Versailles, Saint-Germain et Luxembourg.

L. 2 avril 1898.

L. N. 1898-3-75. — D. P. 1899-4-6. — S. 1898-504.
Augment. le nombre des membres du Cons. des Musées nationaux.

NANTISSEMENT

L. 31 mars 1896.

L. N. 1896-3-100. — D. P. 1896-4-33. — S. 1896-109. — P. F. 1896-3-108. — G. P. 1896-1-3. — V. Commentaire *Lois nouv.* 1896-1-141.
Vente des objets abandonnés ou laissés en gage par les voyageurs aux aubergistes ou hôteliers.

L. 1er mars 1898.

L. N. 1898-3-40. — D. P. 1898-4-20. — S. 1898-447. — P. F. 1898-3-81. — G. P. 1898-1-2. — V. Commentaire *Lois nouv.* 1898-1-165.
Modif. l'art. 2075 C. civ. (Nantissement des fonds de commerce. — Publicité).

NATIONALITÉ

L. 26 juin 1889.

L. N. 1889-3-150. — D. P. 1889-4-59. — S. 1889-577. — P. F. 1889-3-17. — G. P. 1889-2-1. — V. Commentaire *Lois nouv.* 1889-1-709.
Sur la Nationalité.

D. 13 août 1889.

L. N. 1889-3-267. — D. P. 1889-4-72. — S. 1889-587. — P. F. 1889-3-52. — G. P. 1889-2-22.
Régl. d'admin. publ. pr. l'exécution de ce texte.

C. 23 août 1889.

S. 1889-588.
Sur l'applic. de la L. 26 juin 1889.

L. 22 juillet 1893.

L. N. 1893-3-195. — D. P. 1893-4-108. — S. 1893-594. — P. F. 1894-3-49. — G. P. 1893-2-2. — V. Commentaire *Lois nouv.* 1894-1-17.
Modif. l'art. 8, § 3 et l'art. 9 C. civ. relativement aux déclarat. faites en vue d'acquérir ou de décliner la national. française.

Note minist. 1er juillet 1900.

L. N. 1900-3-278.
Sur l'acquisit. de la qualité de Français et la perte de la nationalité allemande.

NAVIGATION

V. aussi Marine, Code de Commerce.

L. 19 février 1880.

D. P. 1880-4-96. — S. 1880-596.
Suppression des droits de navigat. intér.

L. 27 mars 1882.

L. N. 1882-2-36. — D. P. 1882-4-109. — S. 1883-410.
Protégeant le balisage dans les eaux maritimes.

L. 3 avril 1882.

L. N. 1882-2-37. — D. P. 1882-4-110. — S. 1883-410.
Eclairage électrique des côtes de France, et installation de signaux sonores.

D. 9 avril 1883.

D. P. 1883-4-99. — S. 1883-466.
Bateaux à vapeur naviguant en eaux douces.

D. 31 août 1883.

D. P. 1884-4-75. — S. 1885-717.
Promulg. le traité de Londres 21 août 1883 relatif à la navig. du Danube.

D. 1er septembre 1884.

D. P. 1891-4-39. — S. 1884-674.
Concernant les prescriptions à observer pour éviter les abordages.

D. 10 novembre 1885.

L. N. 1885-2-167. — S. 1886-26.
Exercice de la pêche par les yachts et bateaux de plaisance.

D. 21 juillet 1887.

D. P. 1888-4-8. — S. 1888-306.
Modif. l'art. 20 du D. 24 mai 1873 (jaugeage des navires du commerce).

D. 19 août 1888.

L. N. 1888-2-107. — D. P. 1888-4-54. — S. 1889-575. — P. F. 1889-3-8.
Police de la navigat. relative aux bateaux étrangers circul. dans les eaux territor.

NAVIGATION 2

V. aussi : Marine, Code de commerce

D. 7 mars 1889.

L. N. 1889-3-39. — D. P. 1890-4-66. — P. F. 1889-3-42.
Complétant celui du 24 mai 1873 (jaugeage des navires).

L. 2 avril 1889.

L. N. 1889-3-59. — D. P. 1890-4-57. — S. 1890-609. — G. P. 1889-1-2.
Réservant au pavillon nation. la navigat. entre la France et l'Algérie.

D. 13 mai 1889.

L. N. 1889-3-93. — S. 1889-471.
Organisation du service électro-sémaphorique.

D. 4 mars 1890.

L. N. 1890-3-106. — D. P. 1891-4-46.
Concernant les limites d'applic. du D. 9 avril 1883.

L. 10 mars 1891.

L. N. 1891-3-80. — D. P. 1891-4-38. — S. 1891-143. — G. P. 1891-1-6.
Sur les accidents et collisions en mer.

L. 24 mars 1891.

L. N. 1891-3-91. — D. P. 1891-4-41. — S. 1891-145. — P. F. 1893-3-108. — G. P. 1891-1-7. — V. Commentaire *Lois nouv.* 1891-1-457.
Abrogeant le § 3 de l'art. 435 et modif. l'art. 436 C. com. (commerce marit., dommages pr. avaries).

L. 20 décembre 1892.
D. 1er décembre 1893.

L. N. 1893-3-316. — D. P. 1895-4-21. — S. 1895-919. — P. F. 1895-3-144. — G. P. 1892-2-14.
Règlement. l'arrimage des marchandises à bord des navires de commerce.

L. 30 janvier 1893.

L. N. 1893-3-33. — D. P. 1893-4-60. — S. 1893-585. — P. F. 1895-3-57.
Sur la Marine Marchande (Titre III : Navigat. marit.)

D. 31 janvier 1893.

L. N. 1893-3-38. — D. P. 1893-4-64. — S. 1894-828. — P. F. 1894-3-8.
Modif. les méthodes actuelles de jaugeage des navires.

NAVIGATION 3

V. aussi : Marine, Code de commerce.

D. 1er février 1893.

D. P. 1894-4-75. — S. 1894-828. — P. F. 1894-3-9.
Réglem. d'admin. publ. sur les appareils à vapeur des bateaux naviguant ds. les eaux marit.

D. 25 juillet 1893.

L. N. 1893-3-233. — D. P. 1894-4-116. — S. 1893-589. — P. F. 1895-3-92.
Règlem. d'admin. publ. pr. l'applicat. de la L. 30 janvier 1893.

D. 20 novembre 1893.

L. N. 1893-3-310. — D. P. 1895-4-12. — S. 1895-905.
Éclairage pendant la nuit, des bateaux et des obstacles à la navigation.

D. 9 juillet 1895.

L. N. 1895-113.
Création d'une section technique des construct. navales.

L. 18 juillet 1895.

L. N. 1895-3-119. — D. P. 1896-4-24. — S. 1895-1134.
Déterminat. et conservation des postes électro-sémaphoriques.

D. 25 novembre 1895.

L. N. 1896-3-1. — D. P. 1897-4-84. — S. 1896-12.
Modif. le D. 2 septembre 1874 sur la manutention du pétrole et autres matières inflammables.

2e D. 25 novembre 1895.

L. N. 1896-3-3. — D. P. 1897-4-85. — S. 1896-12.
Modif. celui du 31 juillet 1875 (transport des matières dangereuses sur les voies navigab. intérieures).

3e D. 25 novembre 1895.

D. P. 1897-4-85.
Modif. celui du 20 novembre 1893 sur l'éclairage des bateaux, radeaux et obstacles à la navigation.

NAVIGATION 4

V. aussi Marine, Code de Commerce.

D. 12 juin 1896.

S. 1896-160.
Règlem. pr. le temps de Guerre, des conditions d'admiss. et de séjour des bâtiments étrangers et français ds. les mouillages et ports du littoral français.

L. 12 février 1897.

L. N. 1897-3-57. — D. P. 1897-4-17. — S. 1897-282. — P. F. 1897-3-74.
Sur la militarisat. et l'organisat. des guetteurs des électro-sémaphores de la marine.

D. 21 février 1897.

L. N. 1897-3-71. — S. 1897-293. — P. F. 1898-3-50.
Ayant pour objet de prévenir les abordages en mer.

L. 20 juillet 1897.

L. N. 1897-3-158. — D. P. 1897-4-77. — S. 1898-393. — P. F. 1898-3-26.
Sur le permis de navigat. maritime.

L. 14 décembre 1897.

L. N. 1897-3-283. — D. P. 1898-4-10. — S. 1898-441. — G. P. 1897-2-7. — V. Commentaire *Lois nouv.* 1898-1-98.
Modif. les art. 407 et 433 C. com. (abordages, compétence, avaries, prescription).

L. 23 décembre 1897.

L. N. 1897-3-307. — S. 1898-497.
Modif. les condit. de perception du droit de quai (L. 30 janvier 1872, art. 6).

L. 23 mars 1898.

L. N. 1898-3-55. — D. P. 1899-4-18. — S. 1898-500.
— Complét. l'art. 4 du texte précédent.

D. 11 février 1899.

L. N. 1899-3-13. — S. 1900-1171.
Promulg. la convent. signée à Bruxelles le 4 févr. 1898 entre la France, l'Allemagne, la Belgique et les Pays-Bas sur le jaugeage des bateaux de navigation intérieure.

NAVIGATION 5

V. aussi Marine, Code de Commerce.

D. 1er avril 1899.

L. N. 1899-3-121. — S. 1900-1172. — P. F. 1899-3-141. — *J. off.* du 9 juin.

Portant réglement relatif : 1° à l'immatriculat. et au jaugeage des bateaux ; 2° à la statistique de la navigation intérieure.

L. 18 avril 1900.

L. N. 1900-3-154. — D. P. 1900-4-49. — S. 1900-1049. — *J. off.* du 21. — V. Commentaire *Lois nouv.* 1900-1-264.

Contrav. aux réglem. sur les appareils à vapeur ou à gaz et les bateaux qui en font usage.

D. 5 juillet 1900.

S. 1901-48. — *J. off.* du 12.

Relatif à la mise en service d'un nouveau Code international des signaux.

L. 31 juillet 1901.

L. N. 1901-3-237. — G. P. 1901-2-746. — *J. off.* du 6 sept. 1901.

Rendant applic. l'art. 463 C. pén. et l'art. 1er, L. 26 mars 1891, aux délits et contraventions en matière de pêches maritimes et de navigation.

D. 8 octobre 1901.

L. N. 1902-3-87. — *J. off.* du 5 février 1902.

Réglement général de police des voies de navigat. intérieure.

D. 15 février 1902.

L. N. 1902-3-102. — *J. off.* du 17 février 1902.

Instit. un Comité consultatif de la navig. intérieure et des ports.

NOTAIRES

V. aussi : Officiers publics et ministériels.

C. 3 novembre 1888.

L. N. 1888-2-142. — P. F. 1889-3-2.
Instruct. aux notaires dépositaires de testam. contenant des libéralités au profit d'établiss. publ.

D. 30 janvier 1890.

L. N. 1890-3-56. — D. P. 1890-4-7. — S. 1890-790. — P. F. 1890-3-1. — G. P. 1890-1-7. — V. Commentaire *Lois nouv.* 1890-1-144.
Complétant l'ordonn. du 4 janvier 1843 sur le Notariat.

D. 2 février 1890.

L. N. 1890-3-69. — D. P. 1890-4-8. — S. 1890-792. — P. F. 1890-3-4. — G. P. 1890-1-9.
Dépôt et retrait des sommes versées par les notaires à la caisse des dépôts et consignations.

A. 14 février 1890.

D. P. 1890-4-127. — S. 1890-793. — P. F. 1890-3-19.
Dépôts faits par les notaires à la Caisse des dépôts et consig.

A. 15 février 1890.

L. N. 1890-3-87. — D. P. 1890-4-9. — S. 1890-793. — P. F. 1890-3-4. — G. P. 1890-1-4.
Livres de comptabilité notariale.

C. 1er mars 1890.

D. P. 1890-4-11. — S. 1890-794 (discipline). — P. F. 1890-3-11.
Applicat. des D. 30 janvier et 2 février 1890.

A. 16 juillet 1892.

D. P. 1893-4-72. — S. 1894-704. — P. F. 1894-3-46. — P. F. 1895-3-89.
Fixant l'intérêt bonifié aux comptes de dépôts des notaires.

C. 22 décembre 1894.

L. N. 1895-3-19.
Inscription au stage des clercs de notaire.

V. aussi : Officiers publics et ministériels.

L. 20 juin 1896.

L. N. 1896-3-127. — D. P. 1896-4-87. — S. 1896-125. — P. F. 1898-3-123. — G. P. 1896-1-4.
Autoris. le Gouvernem. à fixer par règlem. d'admin. publ. les hon., frais et vacations dus aux notaires à l'occasion des actes de leur ministère.

L. 24 décembre 1897.

L. N. 1897-3-279. — D. P. 1898-4-1. — G. P. 1897-2-8. — V. Commentaire. *Lois nouv.* 1898-1 117.
Recouvrement des frais dûs aux notaires, avoués et huissiers.

D. 25 août 1898.

L. N. 1898-3-293. — D. P. 1899-4-110. — S. 1900-955. — P. F. 1898-3-128.
Fixant, pr. le ressort des diverses cours d'appel, le tarif des honoraires. frais et débours dus aux notaires à l'occasion des actes de leur ministère.

C. 3 décembre 1899.

L. N. 1900-3-76.
Dépôts des notaires et vérificat. de la comptabilité notariale.

C. 3 mai 1900.

L. N. 1900-3-229.
Sur l'applicat. de l'art. 3 du tarif légal des notaires.

C. 29 juin 1900.

L. N. 1900-3-302.
Notaires ; objet des circulaires précédentes relatives aux renseignements de statistique demandés aux Parquets. Modifications à apporter à l'organisation du notariat.

Instr. 8 novembre 1900.

L. N. 1901-3-83.
De la caisse des dépôts et consignations. — Honoraires à allouer aux notaires pour l'établissement des quittances à la charge de l'administration de la Caisse.

NOTAIRES 3

V. aussi : Officiers publics et ministériels.

Note Chanc., janvier-février 1901.

L. N. 1901-3-290.
Caisses d'épargne ; certific. de propriété ; femme mariée ; indicat. du régime matrimonial.

C. 7 juin 1901.

L. N. 1901-3-229.
Frais et honoraires; tarif légal ; frais d'adjudication à forfait.

L. 12 août 1902.

L. N. 1902-3-282. — *J. off.* du 14 août.
Portant modific. aux L. L. 25 ventôse an XI et 21 juin 1843 rel. au notariat.

C. 16 août 1902.

L. N. 1902-3-305.
Du min. just., rel. à la loi ci-dessus.

OCTROI

L. 5 avril 1884 (Loi municipale).

D. P. 1884-4-25. — S. 1884-553. — V. Commentaire *Lois nouv.* 1884-1 (2e section) 1 à 275.

Art. 168 : Abrogeant la L. 24 juill. 1867, à l'exception de l'art. 9 relatif à l'établissement du tarif général.

D. 19 juin 1888.

L. N. 1888-2-72. — D. P. 1888-4-47. — S. 1888-390. — P. F. 1888-3-35.

Modif. l'art. 8 du D. 12 févr. 1870.

L. 29 décembre 1897.

L. N. 1898-3-4. — D. P. 1899-4-55. — S. 1898-529. — P. F. 1899-3-48.

Suppress. des taxes d'octroi sur les boissons hygiéniques.

L. 9 mars 1898.

L. N. 1898-3-49. — D. P. 1899-4-109. — S. 1898-537.

Autorisant, pour les communes, l'applicat. anticipée de ce texte.

L. 29 juin 1899.

L. N. 1899-3-138. — S. 1899-891. — P. F. 1900-3-29.

Prorogeant jusqu'au 31 décembre 1900 les délais fixés pour l'application de ce même texte.

L. fin. 25 février 1901.

L. N. 1901-3-35. — D. P. 1901-4-33. — V. Commentaire *Lois nouv.* 1901-1-321.

Art. 34 : Circonstances atténuantes en matière de contraventions *communes* aux contrib. indir. et à l'octroi.

OFFENSE (Envers les Chefs d'États Étrangers).

V. Presse, L. 16 mars 1893.

OFFICIAT DE SANTÉ

V. Médecine.

OFFICIERS PUBLICS ET MINISTÉRIELS

V. aussi : Greffiers, Notaires, Huissiers.

C. 17 février 1893.

L. N. 1893-3-118.
Procédure à suivre, en matière disciplin., contre les notaires, d'une part, et contre les avoués, huissiers et commiss.-priseurs, de l'autre.

C. 12 juillet 1893.

L. N. 1893-3-296.
Sur la constitution des dossiers de présentation aux offices de notaires, avoués et huissiers.

Instr. Enregistr., 12 décembre 1893.

L. N. 1894-3-63.
Relative aux cessions d'office et à la restitut. des droits perçus.

C. 25 novembre 1895.

L. N. 1896-3-1.
Transmiss. des récépissés de versem. du cautionnement.

L. 24 décembre 1897.

L. N. 1897-3-297. — D. P. 1898-4-1. — S. 1898-545. — P. F. 1898-3-13. — G. P. 1897-2-8. — V. Commentaire *Lois nouv.* 1898-1-117.
Recouvr. des frais dus aux notaires, avoués et huissiers.

C. 8 janvier 1898.

L. N. 1898-3-268.
Visa à apposer sur les pièces justificatives des états taxés.

L. 10 mars 1898.

L. N. 1898-3-50. — D. P. 1898-4-91. — S. 1898-369. — P. F. 1889-3-33. — G. P. 1898-1-2. — V. Commentaire *Lois nouv.* 1898-1-221.
Destitut. des offic. ministér. — Conséquences pr. les Droits électoraux.

C. 11 mars 1898.

L. N. 1898-3-269. — D. P. 1898-4-149. — S. 1900-996.
Sur l'applicat. de la L. 10 mars 1898.

C. 7 mai 1898.

L. N. 1898-3-36.
Assist. jud., exécutoire, recouvrem. des frais dus aux not., avoués, huiss.

OFFICIERS PUBLICS ET MINISTÉRIELS 2

V. aussi : Greffiers, Notaires, Huissiers.

Décision mai-juin 1902.

L. N. 1902-3-331.

Cessions d'offices ; bulletin n° 2 du Casier judiciaire du candidat ; frais à sa charge.

OPÉRATIONS DE BOURSE

V. Agent de change; effets publics.

ORGANISATION ADMINISTRATIVE

L. 6 décembre 1897.

L. N. 1897-3-256. — D. P. 1898-4-16. — S. 1898 434. — P. F. 1898-3-89. — G. P. 1897-1-4 — *J. off.* du 7.— V. Commentaire, *Lois nouv.* 1898 1-379.

Prescrivant div. mesures de décentralisation et de simplification concernant les services du ministère des finances.

D. 14 août 1900.

L. N. 1900-3-305.

Signature dans les actes officiels ou administratifs ressortissant du ministère de l'Intérieur; interdiction de l'usage des signatures griffées.

D. 24 février 1901.

P. F. 1901-3-121. — *J. off.* du 27.

Réorgan. l'inspection gén. des services administratifs au min. de l'int.

D. 25 février 1901.

P. F. 1901-3-85. — *J. off.* du 27.

Modif. le réglem. d'admin. sur l'organisation de l'administ. centrale du min. du Com. et des Postes.

OPÉRATIONS DE BOURSE

V. Agent de Change. — Effets publics.

ORGANISATION JUDICIAIRE

V. aussi : Cours et Tribunaux

D. 12 juin 1880.

D. P. 1881-4-51. — S. 1880-574.
Fixant les audiences réglementaires pendant les vacances judic.

L. 30 août 1883.

D. P. 1883-4-58. — S. 1884-521. — V. Texte et commentaire *Lois nouv.* 1883-1-57.
Réforme de l'organisation judiciaire.

D. 4 juillet 1885.

L. N. 1885-2-78.— D. P. 1886-4-7.— S. 1885-777.—P. F. 1886-3-21.
Modif. la date des vacances judiciaires.

D. 15 juillet 1885.

L. N. 1885-2-85. — D. P. 1886-4-7. — S. 1885-777. — P. F. 1886-3-21.
Modif. celui du 12 juin 1880 (audiences réglement. pendant les vacances) et l'ordonn. du 11 octobre 1820 (seulement).

D. 15 juillet 1885.

L. N. 1885-2-85.— D. P.1886-4-7.— S. 1885-777.— P. F. 1886-3-21.
Modif. l'ordonn. du 27 févr. 1822 (Tribun. où les avoués peuvent plaider).

D. 22 novembre 1890.

L. N. 1890-3-459. — D. P. 1891-4-9. — S. 1891-146. — P. F. 1891-3-16.
Supprim. le titre et les fonctions de 1er avocat génér. près la Cour de Cass.

C. 14 février 1894.

L. N. 1894-3-64.
Sur l'obligat. pr. les juges aux ordres de procéder eux-mêmes à la confection des états de collocation.

ORGANISATION JUDICIAIRE 2

V. aussi : Cours et Tribunaux.

C. 11 juin 1895.

L. N. 1896-3-66.
Traitement des magistrats malades à la résidence.

L. 19 avril 1898.

L. N. 1898-3-133. — D. P. 1899-4-6. — S. 1898-504. — P. F. 1899-3-16. — G. P. 1898-1-14.
Complét. l'art. 6 de la L. 30 août 1883 (désignat. d'un juge suppléant pr. compléter un autre tribunal.)

C. 11 juin 1898.

L. N. 1899-3-37.
Sur l'applicat. du texte précédent.

D. 1er juin 1899.

L. N. 1899-3-125. — S. 1900-951. — P. F. 1900-3-28. — G. P. 1899-1-2.
Indemnités de déplacement accordées aux substituts ou juges suppl. délégués de conformité à la L. 19 avril 1898.

D. 26 novembre 1899.

L. N. 1899-3-240. — D. P. 1900-4-25. — S. 1900-988.
Modif. le Règlem. d'Adm. publ. du 30 mars 1808 et décidant que les appels des instances intéressant l'État-civil des citoyens seront désormais jugés en audience ordinaire.

L. fin. 13 avril 1900.

L. N. 1900-3-143. — D. P. 1900-4-33. — S. 1900-1066. — P. F. 1900-3-100. — V. Commentaire *Lois nouv.* 1900-2-217.
Art. 25 : Allouant un traitement annuel de 1500 fr. à cent juges suppléants. Extension à ces magistrats de toutes les dispositions concernant les incompatibilités ou inéligibilités.

D. 23 juin 1900.

L. N. 1900-3-237. — S. 1900-1135.
Appel des décisions des cons. de discipl. des avocats devant la Cour de Paris. Prestation de serment des magistrats.

ORTHOGRAPHE

—

A. 31 juillet 1900.

L. N. 1900-3-266.
Relatif à la simplification de l'enseignement de la syntaxe française.

OUTRAGE

V. Code pénal. Presse.

OUTRAGE AUX BONNES MŒURS

L. 2 août 1882.

D. P. 1882-4-105. — S. 1882-376. — V. texte et commentaire *Lois nouv*. 1882 (3e section), 1 à 9.
Répress. des outrages aux bonnes mœurs.

C. 7 août 1882.

S. 1882-377.
Exécution du précédent texte.

L. 16 mars 1898.

L. N. 1898-3-51. — D. P. 1898-4-22. — S. 1898-561. — P. F. 1899-3-65. — G. P. 1898-1. V. Commentaire *Lois nouv*. 1898-1-389.
Modif. celle du 2 août 1882.

OUVRIERS

V. Accidents. — Arbitrage. — Louage de services et d'industrie. — Marchés. — Mines. — Travail.

PALAIS NATIONAUX

Et Bâtiments civils.

D. 30 mars 1887.

L. N. 1887-2-68. — S. 1887-225.
Réorganis. l'administ. du mobil. nation. et les conservat. des Palais nation.

D. 3 mars 1891.

L. N. 1891-3-77. — D. P. 1892-4-7. — S. 1893-464. — P. F. 1891-3-47.
Réorganis. le Conseil génér. des bâtiments civils.

D. 3 mars 1891.

L. N. 1891-3-78. — D. P. 1892-4-7. — S. 1893-464. — P. F. 1891-3-47.
Instituant une commiss. sup. des bâtiments civils et des Palais nationaux.

D. 17 novembre 1891.

L. N. 1891-3-198. — D. P. 1892-4-60. — S. 1893-559. — P. F. 1893-3-27.
Réorganis. le service d'architecture des bâtiments civils et des Palais nationaux.

D. 13 novembre 1893.

L. N. 1893-3-303. — S. 1895-902. — P. F. 1894-3-51.
Modif. celui du 25 janvier 1862 (Comptabil. du service des bâtiments civils).

D. 3 décembre 1895.

S. 1896-12.
Comprenant les inspect. génér. des monum. histor. parmi les membres de droit de la commiss. des Palais nationaux et bâtiments civils.

PALAIS NATIONAUX 2

Et Bâtiments civils.

L. fin. 25 février 1901.

L. N. 1901-3-35.

Art. 56 : sur les restrictions à la concession de log. à titre gratuit dans les bâtiments de l'État.

PANAMA

L. 1er juillet 1893.

L. N. 1893-3-171. — D. P. 1894-4-30. — S. 1894-665. — P. F. 1894-3-53.

Liquidat. de la Cie univers. du canal interocéanique de Panama.

PARCOURS

V. Code rural.

PARI MUTUEL

V. Courses de chevaux.

PARIS (Ville de).

D. 22 juillet 1882.

D. P. 1883-3-45. — S. 1883-484.
Règlem. d'admin. publ. sur les alignements, saillies, droits de voirie, etc... pr. la ville de Paris.

D. 23 juillet 1884.

D. P. 1885-4-5. — S. 1885-685.
Règlem. sur la hauteur des maisons, les combles et les lucarnes de la Ville de Paris.

L. 29 mars 1886.

L. N. 1886-2-65. — D. P. 1886-4-60. — S. 1886-92. — P. F. 1886-3-71.
Appliq. à Paris l'art. 14 de la Loi municip. 5 avril 1884 (Liste des électeurs municip.).

L. 5 juillet 1886.

L. N. 1886-2-157. — D. P. 1886-4-85. — S. 1886-97. — P. F. 1886-3-108.
Publicité des séances du Cons. municip. de Paris et du Cons. génér. de la Seine.

D. 12 août 1886.

D. P. 1887-4-41. — S. 1886-104. — P. F. 1886-3-169.
Règlem. d'admin. publ. sur l'organisat. des secours à domicile ds. la ville de Paris.

D. 12 février 1889.

L. N. 1889-3-24. — D. P. 1890-4-31. — S. 1891-92.
Redevance annuelle que la Ville de Paris est autorisée à percevoir pr. l'établiss. et l'entretien des lignes télégr. et téléphon.

L. 4 avril 1889.

L. N. 1889-3-60. — D. P. 1891-4-30. — S. 1891-66. — P. F. 1889-3-24.
Utilisat. agricole des eaux d'égoût de Paris ; assainiss. de la Seine.

D. 8 mars 1890.

L. N. 1890-3-109. — D. P. 1891-4-78. — S. 1891-193. — P. F. 1890-3-41.
Modificat. à l'organisat. des Cons. des Prudhommes de Paris.

PARIS (Ville de) 2

L. 5 juillet 1890.

L. N. 1890-3-229. — D. P. 1891-4-7. — P. F. 1891-3-57.
Déclar. d'util. publ. les trav. destinés à l'adduction des eaux de la Vigne et de Verneuil.

L. 23 décembre 1890.

D. P. 1891-4-109. — S. 1891-138.
Autoris. la Ville de Paris à émettre les oblig. complément. de l'emprunt de 250 millions.

L. 25 juillet 1891.

L. N. 1891-3-158. — D. P. 1892-4-1. — S. 1892-401. — G. P. 1891-2-4.
Autoris. le Mont-de-Piété de Paris à faire des avances sur valeurs mobil. au porteur.

D. 11 février 1892.

L. N. 1892-3-53.
Approuv. une délibérat. du 31 décembre 1891 (Contrib. mobil. pr. la Ville de Paris).

L. 22 juillet 1892.

D. P. 1893-4-67. — S. 1894-679.
Autorisant la Ville de Paris à contracter un emprunt de 200 millions.

D. 7 août 1892.

D. 1er septembre 1892.

L. N. 1892-3-154. — D. P. 1893-4-45. — S. 1894-741. — P. F. 1893-3-106. — G. P. 1892-2-6.
Taxe applicab. aux colis postaux de Paris pour Paris.

D. 29 octobre 1892.

S. 1894-757.
Portant augmentat. de la Police municipale, et fixant la composit. du personnel.

L. 12 avril 1893.

D. P. 1894-4-8. — S. 1894-677.
Augmentant le nombre des circonscriptions cnatonales des arrondissements de Sceaux et de Saint-Denis.

D. 12 avril 1893.

D. P. 1894-4-8. — S. 1894-677.
Réglant les modific. apportées par le texte précédent à la compét. territor. des 2e et 3e bureaux des Hypothèques du départem. de la Seine.

L. 5 juin 1893.

L. N. 1893-3-148. — D. P. 1894-4-2. — S. 1893-561.
Modif. celle du 12 février 1872 sur la reconstitut. des actes de l'État-civil de Paris.

D. 28 juillet 1893.

L. N. 1893-3-260. — D. P. 1894-4-111. — S. 1894-858.
Portant réorganis. de la Police municipale.

L. 10 juillet 1894.

L. N. 1894-3-109. — D. P. 1895-4-56. — S. 1895-985.
Relative à l'assainissem. de Paris et de la Seine.

D. 21 février 1895.

D. P. 1896-4-56. — S. 1895-1111.
Modif. l'art. 7, § 1 du D. 8 août 1878 sur la comptabil. de la Ville de Paris.

Av. Cons. d'État, 8 mars 1895.

S. 1895-980.
Personnalité civile des Bureaux de bienfais. de la Ville de Paris distincte de celle de l'Assist. publ.

D. 15 novembre 1895.

S. 1896-7.
Règlem. d'admin. publ. pr. l'organisat. de l'assist. à domicile à Paris.

D. 10 décembre 1895.

L. N. 1896-3-5. — S. 1896-87. — P. F. 1897-3-18.
Organisat. de la Bourse du travail de Paris.

Or. mars 1896.

L. N. 1896-3-88.
Réglementant la circulation des vélocipèdes sur les voies publiq.

L. 2 avril 1896.

L. N. 1896-3-101. — S. 1896-58. — P. F. 1896-3-134.
Appliq. au Cons. municip. de Paris l'art. 41 de la L. 5 avril 1884.

D. 20 avril 1896.

L. N. 1896-3-104. — S. 1896-152.
Transmission des cartes ou enveloppes par tubes pneumatiques.

L. 11 juin 1896.

L. N. 1896-3-124.— D. P. 1896-4-83.—S. 1896-129.— P. F. 1897-3-41.
Portant réglementation des Halles centrales de Paris.

D. 17 septembre 1896.

S. 1897-237.
Même objet.

D. 23 avril 1897.

L. N. 1897-3-105. — D. P. 1897-4 99. — S. 1897-300.
Réglem. d'admin. publ. pr. l'exécution de la L. 11 juin 1896 sur les Halles centrales.

L. 21 juillet 1897.

L. N. 1897-3-157. — D. P. 1897-4-71. — S. 1898-397.
Déclarant d'utilité publ. les trav. à exécuter par la ville de Paris pr. le captage et l'adduction des sources dites du Loing et du Lunain.

D. 27 juillet 1898.

L. N. 1898-3-257. — S. 1900-1023.
Modif. l'art. 57 du D. 23 avril 1897 (Halles centrales).

D. 17 juillet 1900.

S. 1901-39. — P. F. 1901-3-27.
Rel. à la Bourse de travail de Paris.

L. 31 décembre 1900.

L. N. 1901-3-22. — S. 1901-105. — G. P. 1901-1-4. — *J. off.* du 1er janvier 1901. — V. Commentaire *Lois nouv.* 1901-1-313.
Autorisant la ville de Paris à établir des taxes directes ou indirectes en remplacement des droits sur les boissons hygiéniques.

D. 16 janvier 1901.

S. 1901-109. — *J. off.* du 17 janvier 1901.
Établiss., à l'octroi de Paris, un droit sur les oranges, citrons et limons.

L. 21 mars 1901.

L. N. 1901-3-82. — D. P. 1902-4-3. — S. 1901-109. — P. F. 1901-3-124. — G. P. 1901-1-12. — *J. off.* du 23 mars 1901. — V. Commentaire *Lois-nouv.* 1901-1-313.
Autorisant la ville de Paris à établir une taxe directe sur la valeur locative des locaux commerciaux et industriels.

D. 2 août 1901 (2 textes).
A. 5 août 1901.

P. F. 1901-3-135 et 136. — *J. off.* des 5 et 8 août 1901.
Conditions à remplir par les Candidats aux fonctions de professeur titulaire et de directeur des écoles professionnelles de la ville ; obtention du certificat d'aptitude.

L. 10 juillet 1902.

L. N. 1902-3-261. — *J. off.* du 11.
Autoris. la ville de Paris à percevoir une taxe en capital sur la valeur en capital des propriétés bâties et non bâties, et rapport. l'autoris. de percevoir div. autres taxes de remplacem.

PASSEPORTS

L. 16 juin 1888.

L. N. 1888-2-72. — D. P. 1888-4-46. — S. 1888-414. — P. F. 1888. 3-33.

Abaissant le prix des passeports à l'intérieur et à l'étranger.

PATENTES

L. 15 juillet 1880.

D. P. 1881-4-1. — S. 1881-19.
Sur les patentes.

L. 29 juin 1881.

D. P. 1882-4-30. — S. 1882-385.
Modification partielle des tableaux annexés au texte précédent.

L. fin. 30 juillet 1885.

L. N. 1885-2-127. — D. P. 1886-4-2.
Modification apportée aux tarifs et tableaux annexés à la L. 15 juillet 1880.

L. fin. 17 juillet 1889.

L. N. 1889-3-198. — D. P 1890-4-71.
Modifications apportées aux tarifs et tableaux.

L. fin. 8 août 1890.

L. N. 1890-3-322. — D. P. 1890-4-76. — S. 1891-147. — G. P. 1890-2-7.
Art 32, modif. certains droits de patente.

L. fin. 28 avril 1893.

L. N. 1893-3-96. — D. P. 1893-4-79. — S. 1893-620. — P. F. 1893-3-65.
Art. 5 et 9, modif. le tarif des patentes.

PÊCHE FLUVIALE

D. 2 avril 1880.

D. P. 1881-4-48. — S. 1880-588.
Désignant les parties des fleuves, rivières et canaux navigab. et flottab. réservées pr. la reproduction du poisson.

L. 21 décembre 1882.
D. 28 décembre 1882.

L. N. 1882-2-235 et 242. — D. P. 1883-4-78. — S. 1883-513 et 514.
Approuvant une convent. Franco-Suisse sur la pêche ds. le Lac Léman et ds. les eaux frontières, du 28 décembre 1880.

D. 27 juin 1883.

D. P. 1883-4-103. — S. 1885-704.
Réglementation de la pêche ds. les eaux du Lac Léman.

D. 16 juin 1885.

D. P. 1886-4-14. — S. 1886-58.
Désignant les parties des fleuves, rivières et canaux navigab. et flottab. réservées pr. la reproduction du poisson.

D. 24 décembre 1889.

D. P. 1891-4-14. — S. 1891-91. — P. F. 1891-3-56.
Désignant les parties des fleuves, rivières et canaux navig. et flottab. réservés pr. la reproduction du poisson.

D. 27 décembre 1889.

L. N. 1890-3-18. — D. P. 1891-4-14. — S. 1891-91. — P. F. 1890-3-33.
Règlement. la pêche du saumon et autres poissons.

D. 29 avril 1891.

L. N. 1891-3-104. — S. 1892-398. — P. F. 1892-3-51.
Promulg. la convent. franco-suisse du 12 mars 1891, modif. les art. 2, 3 et 8 de celle du 28 décembre 1880 (pêche ds. les eaux frontières).

D. 5 novembre 1891.

L. N. 1891-3-193. — S. 1897-392. — P. F. 1893-3-63.
Prohibant l'emploi de la dynamite comme procédé de pêche.

D. 9 avril 1892.

L. N. 1892-3-73. — D. P. 1893-4-19.
Modif. celui du 27 décembre 1889 (Interdiction annuelle de la pêche.)

PÊCHE FLUVIALE 2

L. 26 novembre 1892.
D. 29 décembre 1892.

L. N. 1893-3-14. — D. P. 1894-4-22. — S. 1893-547. — P. F. 1895-3-40.
Promulg. la convent. du 30 juill. 1891, additionn. à la convent. franco-suisse du 28 décembre 1880 (pêche ds. les eaux frontières).

D. 22 décembre 1894.

D. P. 1896-4-56.
Désignant les parties des fleuves, rivières et canaux navigables réservés pr. la reproduction du poisson.

D. 7 septembre 1896.

S. 1897-290.
Pêche ds. les eaux françaises du Lac Léman.

D. 7 novembre 1896.

L. N. 1896-3-192.—D. P. 1897-4-91.—S. 1897-239.—P. F. 1897-3-47.
Rattachant à l'Admin. des Forêts la surveillance de la police de la pêche fluviale.

C. 22 décembre 1896 (Direct. des Forêts).
C. 8 mai et 29 mai 1897. Id.
C. 5 juillet et 12 juillet 1897. Id.

L. N. 1898-3-195 et suiv.
Sur la pêche fluviale et le rattachem. de ce service à l'Admin. des Forêts. — Police de la pêche. — Poursuite des délits. — Transactions. — Droit des agents de circuler sur les rives des cours d'eau.

D. 20 mars 1897.

L. N. 1897-3-75.— D. P. 1897-4-91.— S. 1897-264. — G. P. 1897-1-3.
Transactions au sujet des infractions en matière de pêche.

C. 26 mars 1897.

L. N. 1897-3-281.
Police de la pêche fluviale. Répression des infractions, applic. du D. 7 nov. 1896.

D. 5 septembre 1897.

L. N. 1897-3-241.—D. P. 1898-4-148.—S. 1898-567.—P. F. 1898-3-78.
Sur la pêche fluviale.

PÊCHE FLUVIALE 3

C. min. 18 novembre 1897.

L. N. 1898-3-201.
Envoi aux Préfets du règlem. génér. du 5 sept. 1897. Portée des innovations introduites.

L. 18 novembre 1898.

L. N. 1899-3-1. — D. P. 1899-4-15. — S. 1899-874. — G. P. 1898-2-1. — *J. off.* du 23.
Modif. les art. 25 et 62 de la L. 15 avril 1829 (destruction des poissons). Prescription des actions en répar. de délits de pêche.

D. 22 décembre 1899.

D. P. 1901-4-136. — S. 1901-234. — *J. off.* du 31 déc. 1899.
Portant désignation des parties de fleuves et de rivières réservées pour la reproduction du poisson pendant une période de cinq ans.

D. 23 décembre 1899.

D. P. 1901-4-136. — *J. off.* du 31.
Id. pour les canaux et cours d'eau navigables canalisés. — Tableaux

C. 17 juillet 1900.

L. N. 1900-3-306.
Délits de pêche. Poursuites par l'admin. forestière.

C. 25 août 1901.

L. N. 1902-3-176.
Des eaux et forêts : Poursuite des délits et destruct. des engins saisis comme prohibés en mat. de pêche fluviale.

L. fin. 26 décembre 1901.

L. N. 1902-3-12. — *J. off.* du 27.
Art. 4 : Subst. l'admin. des Domaines aux contrib. indir. pour le recouvrement des fermages de pêche et chasse sur les cours d'eau.

L. 20 janvier 1902.

L. N. 1902-3-64. — G. P. 1902-1-857. — *J. off* du 22. — V. Commentaire *Lois nouv*. 1902-1-298.
Complét. l'art. 10, L. 15 avril 1829.

PÊCHE MARITIME

D. 5 mars 1881.

S. 1881-141.
Goëlettes armées à St-Pierre et Miquelon pr. la pêche de la morue.

D. 17 septembre 1881.

D. P. 1882-4-111. — S. 1882-373.
Même objet.

D. 12 janvier 1882.

D. P. 1883-4-3.
Vente, achat, transport et colportage des huîtres.

L. 15 janvier 1884.
D. 15 janvier 1884.
D. 5 avril 1884.

D. P. 1884-4-88 et 89. — S. 1885-742 et 744.
Police de la pêche dans la mer du Nord, et répression des infractions.

D. 10 novembre 1885.

L. N. 1885-2-167.
Exercice de la pêche pour les yachts et bateaux de plaisance.

D. 26 juillet 1886.

L. N. 1886-2-181. — P. F. 1886-3-138.
Modif. plus. art. du D. 6 févr. 1852 (pêche de Terre-Neuve).

D. 21 janvier 1888.

L. N. 1888-2-17. — D. P. 1888-4-30.
Règlement. la pêche de la sardine sur le littoral des 4 premiers arrondiss. marit.

L. 1er mars 1888.

L. N. 1888-2-38. — D. P. 1888-4-30. — S. 1889-573. — P. F. 1888-3-8. — G. P. 1888-1-3.
Interdiction de la pêche aux étrangers ds. les eaux territoriales de France et d'Algérie.

D. 19 août 1888.

S. 1889-575.
Règlem. pr. l'exécut. du texte ci-dessus.

PÊCHE MARITIME 2

D. 29 avril 1889.

L. N. 1889-3-87. — D. P. 1890-4-67.
Modif. celui du 5 mars 1881 (Pêche de la morue).

D. 30 mai 1889.

L. N. 1889-3-117. — D. P. 1890-4-64. — S. 1891-27.
Vente, achat, transport et vente des huîtres.

D. 1er février 1890.

L. N. 1890-3-71.—D. P. 1891-4-44.—S. 1891-109.—P. F. 1890-3-34.
Réglement. la pêche marit. concernant les espèces qui vivent alternativ. ds. les eaux douces et ds. les eaux salées.

D. 31 mai 1890.

L. N. 1890-3-178. — P. F. 1890-3-52.
Pêche des huîtres perlières ds. les Établiss. français d'Océanie.

D. 13 août 1890.

L. N. 1890-3-328. — S. 1892-240.
Vente et colportage des huîtres.

D. 29 décembre 1890.

L. N. 1891-3-30.
Autoris. la pêche, la vente et le colportage des moules en tout temps.

D. 2 avril 1891.

L. N. 1891-3-101. — S. 1893-470. — P. F. 1892-3-64.
Emploi des scaphandres pr. la pêche de la nacre ds. les Établiss. français d'Océanie.

D. 4 mai 1892.

L. N. 1892-3-82. — S. 1894-696.
Modif. au D. 30 mai 1889, art. 3

D. 19 juillet 1892.

D. P. 1893-4-32. — S. 1894-720.
Pêcheurs d'Islande, examen.

D. 17 février 1894.

D. P. 1895-4-66. — S. 1895-933.
Police de la pêche de la morue à Terre-neuve.

D. 11 février 1896.

S. 1896-120.
Prescrivant l'embarquement de coffres de médicaments à bord des navires de pêche ds. la mer du Nord.

D. 22 mai 1896.

S. 1896-144.
Étendant à la pêche en Islande les prescriptions du texte précédent.

D. 10 octobre 1897.

S. 1898-552.
Organisant un service des Pêches maritimes.

L. fin. 13 avril 1898.

L. N. 1898-3-93. — D. P. 1898-4-97. — S. 1898-600.
Art. 82 et suiv. : infractions en matière de pêche maritime. — Procès-verbaux. — Gardes-pêche. — Affirmations.

D. 13 mars 1900.

L. N. 1900-3-124.
Modif. les règlem. sur la pêche côtière dans les quatre premiers arrondissem. marit.

L. 29 décembre 1900.

L N. 1901-3-12. — D. P. 1901-4-20. — S. 1901-121. — *J. off.* du 31 déc. 1900.
Prorogation des encouragements accordés aux grandes pêches maritimes.

D. 26 juillet 1901.

L. N. 1901-3-208. — *J. off.* du 6 août 1901.
Modif. le D. 7 avril 1898 relatif aux encouragements accordés à la pêche à la morue.

L. 31 juillet 1901.

L. N. 1901-3-237. — *J. off.* du 6 septembre 1901.
Rendant applic. l'art. 463 C. pén. et l'art. 1er, L. 26 mars 1891, aux délits et contraventions en matière de pêches maritimes et de navigation.

PEINES

V. Amnistie. — Atténuation et aggrav. des peines (Loi Bérenger). — Casier judiciaire. — Circ. atténuantes. — Code pénal. — Colonies. — Détention préventive. — Extradition. — Frais de justice. — Prisons. — Récidive-Relégation. — Réhabilitation. — Révision. — Travaux forcés.

PENSIONS DE RETRAITE

V. aussi : Armée, Marine, Forêts.

L. fin. 26 janvier 1892.

L. N. 1892-3-24. — D. P. 1892-4-9.— S. 1892-303.— G. P. 1892-1-3.
Art. 51 : crédits d'inscriptions ouverts au budget de chaque année.

D. 8 août 1892.

L. N. 1892-3-143. — D. P. 1892-4-40. — S. 1893-453.
Réglem. d'administration publ. pr. l'exécution de ce texte.

L. fin. 28 avril 1893.

L. N. 1893-3-96. — D. P. 1893-4-79. — S. 1893-620. — P. F. 1893-3-65.

Art. 50 : Mode de calcul des services milit. compris dans la liquidation des pensions civiles.

L. fin. 28 décembre 1895.

L. N. 1896-3-14. — D. P. 1896-4-39. — S. 1896-68. — P. F. 1896-3-81.

Art. 40 et 42 : Fonctionn. en congé ou en disponibilité, retenue. — Agents coloniaux et diplomatiques.

C. 7 février 1896.

L. N. 1896-3-72.
Sur l'application du texte précédent.

D. 22 février 1896.

D. P. 1897-4-86. — S. 1896-48.
Retenues opérées sur le salaire des cantonniers de l'État, et bonification des pensions viagères provenant de ces retenues.

D. 27 mai 1897.

L. N. 1897-3-137. — D. P. 1897-4-102. — S. 1897-379. — P. F. 1898-3-48. — G. P. 1897-1-8.

Modif. celui du 9 novembre 1853 (fonctionn. admis à faire valoir leurs droits à la retraite).

D. 28 juillet 1897.

L. N. 1897-3-190. — D. P. 1897-4-102. — S. 1897-341. — P. F. 1899-3-7.

Retenue du 1/12 supportée par 1/4, sur les 4 premiers mois de traitem.

PENSIONS DE RETRAITE 2

V. aussi : Armée, Marine, Forêts.

L. fin. 13 avril 1898.

L. N. 1898-3-93. — D. P. 1898-4-97. — S. 1898-600. — G. P. 1898-1-14. — *J. off.* du 14. — V. Commentaire *Lois nouv.*, 1898-1-322.

Art. 37 et suiv. : Série de disposit. sur les pensions civiles et militaires (armée de terre, armée de mer, forêts, etc...)

D. 12 juillet 1899.

L. N. 1899-3-159. — D. P. 1901-4-90. — S. 1900-958. — *J. off.* du 13.

Régl. d'admin. pub. pour l'exécution de l'art. 59, L. 13 avril 1898 ; (pensions des sapeurs-pompiers victimes d'un accident du service).

L. fin. 25 février 1901.

L. N. 1901-3-35. — D. P. 1901-4-33. — S. 1901-140. — P. F. 1802-3 33. — G. P. 1901-1-5. — *J. off.* du 26. — V. Commentaire *Lois nouv.*, 1901-1-321.

Art. 46, 47 et 48 : Pensions ; armées de terre et de mer.

C. 21 mars 1901.

L. N. 1902-3-177.

Acte de notor. à dresser pr. l'obtention des pensions accordées par l'art. 11, L. 9 juin 1853.

Instr. 6 décembre 1901.

L. N. 1902-3-107.

Certificats de vie aux pensionnaires de l'État résidant à l'étranger et séjournant momentanément en France.

L. fin. 30 mars 1902.

L. N. 1902-3-130. — P. F. 1902-3-70. — *J. off.* du 30 mars.

Art. 42 : Modif. et complét. les tableaux n°s 2 et 3, L. 9 juin 1853, et 13 avril 1898 (art. 45).

Art. 45 : Modif. et complétant la 2e section du tableau 3 de l'art. 7, L. 9 juin 1853.

Art. 46 et 47 : Dispositions rel. aux instituteurs primaires détachés dans les lycées et à ceux du département de la Seine.

PHARMACIE

D. 13 février 1884.

L. N. 1884-2-15. — *J. off.* du 16.
Rendant obligat. le nouveau Codex medicamentarius.

D. 26 juillet 1885.

L. N. 1885-2-99. — D. P. 1886-4-61. — S. 1886-49. — *J. off.* du 28.
Réglement des études en vue des diplômes de pharmacien.

D. 25 juillet 1893.

L. N. 1893-3-224. — D. P. 1895-4-119. — P. F. 1894-3-80. — *J. off.* du 26.
Remplaçant les disposit. du D. 30 juill. 1886 sur le certificat d'études à exiger des aspirants au grade de pharmacien de 2e classe.

D. 7 janvier 1895.

P. F. 1895-3-80.
Relatif au Codex medicamentarius.

L. 19 avril 1898.

L. N. 1898-3-135. — D. P. 1898-4-147. — S. 1899-814. — P. F. 1899-3-83. — G. P. 1898-1-15. — *J. off.* du 21.
Unification du diplôme de pharmacien.

D. 24 juillet 1899 (2 textes).

S. 1901-47. — *J. off.* du 30.
Fixant la durée du délai d'ajournement aux examens probatoires pour le grade de pharmacien.
Relatif aux aspirants au diplôme de pharmacien de 2e classe.

L. fin. 30 mars 1902.

L. N. 1902-3-130. — P. F. 1902-3-70. — *J. off.* du 30 mars. — V. Commentaire *Lois nouv.* 1902-1-229.
Art. 50 à 57 : Réglementant et sanctionnant la fabrication et le débit de la saccharine.

PHOSPHORE

L. fin. 16 avril 1895.

L. N. 1895-3-45. — D. P. 1895-4-92. — S. 1895-1041. — P. F. 1896-3-17. — G. P. 1895-1-3. — V. Commentaire *Lois Nouv.* 1895-1-281.
Art. 21 : Fabrication, vente, circulation et emploi du phosphore.

D. 19 juillet 1895.

L. N. 1895-3-119. — S. 1995-1148. — P. F. 1895-3-154.
Réglementant l'industrie du phosphore.

PIGEONS VOYAGEURS

L. 22 juillet 1896.

D. 22 juillet 1896.

L N. 1896-3-157 et 159. — D. P. 1896-4-104. — S. 1896-145 et 146. — P. F. 1898-3-33. — G. P. 1896-2-1.
Relatifs aux pigeons voyageurs.

L. 4 mars 1898.

L. N. 1898-3-46. — D. P. 1898-4-31. — S. 1898-453. — P. F. 1898-3-34. — G. P. 1898-1-2. — V. Commentaire *Lois nouv.* 1898-1-648.
Modif. la L. 22 juill. 1896, art. 6.

POIDS ET MESURES

D. 8 octobre 1880.

D. P. 1882-4-11. — S. 1881-87.
Création à Paris d'un bureau scientif. et permanent.

D. 21 mars 1885.

L. N. 1885-2-19. — D. P. 1885-4-35. — S. 1885-805.
Conditions auxquelles sont assujetties les romaines oscillantes pour être admises à la vérification et au pointage.

D. 20 août 1885.

L. N. 1885-2-160. — D. P. 1886-4-67. — S. 1886-121. — P. F. 1886-3-24.
Autoris. la constr. de grandes mesures pour le mesurage des sels et engrais.

D. 7 février 1887.

L. N. 1887-2-36. — D. P. 1887-4-74. — S. 1887-219.
Remplaçant par de nouvelles disposit. l'art. 2 de l'ordonnance du 17 avril 1839.

D. 1er mai 1891.

L. N. 1891-3-110. — D. P. 1892-4-28. — S. 1893-485.
Assujettissant certaines profess. à la vérification.

D. 30 janvier 1892.

L. N. 1892-3-42. — D. P. 1892-4-67. — S. 1893-583. — P. F. 1893-3-61.
Autoris. l'emploi du nickel pur pour la construct. des mesures de capacité.

D. 17 décembre 1894.

S. 1895-1059.
Taxe de vérificat. périodiq. des Poids, mesures et instrum. de pesage.

D. 5 mars 1896.

L. N. 1896-3-96.—D. P. 1897-4-86.—S. 1896-90.—P. F. 1896-3-125.
Autoris. les mesures de longueur construites en ruban d'acier.

2e D. 5 mars 1896.

L. N. 1896-3-96. — D. P. 1897-4-86. — S. 1896-90. — P. F. 1896-3-86.
Rapportant l'art. 2 du D. 5 novemb. 1852 concernant les mesures à liquides.

POIDS ET MESURES 2

D. 4 décembre 1899.

D. P. 1901-4-82. — *J. off.* du 13.
Concernant la vérific. des poids et mesures (professions et commerces assujettis).

D. 17 février 1900.

D. P. 1901. 4.8. — *J. off.* du 21.
Concernant la construction des mesures de capacité.

D. 24 avril 1900.

L. N. 1900-3-178. — P. F. 1900-3-127. — *J. off.* du 29.
Autoris. la fabricat. et l'emploi de nouvelles mesures à lait.

D. 24 janvier 1901.

P. F. 1901-3-74. — *J. off.* du 31.
Créant un tableau d'avancement pour le personnel de la vérific.

C. 24 janvier 1902.

L. N. 1902-3-67. — *J. off.* du 9 février.
Du min. comm. — Vérific. des poids et mesures et instruments de pesage achetés dans l'intervalle de deux vérific. périodiq.

POLICE SANITAIRE

—

L. 21 juillet 1881.

D. P. 1882-4-32. — S. 1882-317.
Loi sur la police sanitaire des animaux.

D. 22 juin 1882.

D. P. 1883-4-11. — S. 1882-323.
Réglement d'administration publ. pr. l'exécution du texte précédent.

D. 6 avril 1883.

D. P. 1884-4-6.
Désignant les bureaux de Douane ouverts à l'importation et au transit des animaux des espèces chevaline, asine, bovine, caprine et porcine.

L. 14 août 1885.

L. N. 1885-2-152. — D. P. 1886-4-55. — S. 1887-8.
Relative à la surveillance des étalons.

D. 25 septembre 1885.

D. P. 1886-4-56. — P. F. 1886-3-24.
Règlem. pr. l'exécution du texte précédent.

D. 28 juillet 1888.

L. N. 1888-2-98. — D. P. 1890-4-64. — S. 1889-443.
Complétant la nomenclat. des maladies des animaux réputées contagieuses.

L. 24 juin 1889.

L. N. 1889-3-149. — V. Commentaire *Lois nouv.* 1889-1-681.
Inspection sanitaire des viandes fraiches abattues (modif. la L. 5 avril 1887).

D. 10 décembre 1893.

D. P. 1895-4-7. — S. 1895-908.
Promulg. la convention sanitaire signée à Venise, le 30 janvier 1892, entre la France, l'Allemagne, l'Autriche-Hongrie, la Belgique, le Danemark, l'Espagne, la Grande-Bretagne, la Grèce, l'Italie, les Pays-Bas, la Russie, la Suède, la Norvège et la Turquie.

POLICE SANITAIRE 2

D. 22 mai 1894.

L. N. 1894-3-70. — D. P. 1895-4-120. — S. 1895-965.
Promulg. la convent. conclue à Dresde le 15 avril 1893 entre la France, l'Allemagne, l'Autriche-Hongrie, la Belgique, le Luxembourg, la Russie, l'Italie, la Suisse et la Grande-Bretagne, pr. sauvegarder la santé publique en temps d'épidémie cholérique.

D. 25 mai 1895.

L. N. 1895-3-91. — D. P. 1896-4-68.
Étendant aux animaux de l'espèce porcine les disposit. des art. 2, 3, 4 et 7 de l'ordonn. 22 juillet 1822.

D. 20 juin 1895.

L. N. 1895-3-109. — D. P. 1896-4-69. — S. 1895-1119. — P. F. 1896-3-27.
Circonscript. sanitaires du littoral maritime de la France.

D. 18 janvier 1896.

L. N. 1896-3-44. — S. 1896-25.
Règlement de police sanitaire maritime.

D. 14 mars 1896.

L. N. 1896-3-91. — S. 1896-88. — P. F. 1896-3-127.
Soumettant à l'épreuve de la tuberculine les animaux de l'espèce bovine venant de l'étranger et non déclarés pour la boucherie.

L. fin. 13 avril 1898.

L. N. 1898-3-93. — D.P.1898-4-97. — S. 1898-600. V.— Commentaire *Lois nouv.* 1898. 1. 322.
Art. 81 : Saisies de viandes tuberculeuses. Indemnités aux propriétaires en règle avec la police sanitaire.

L. fin. 30 mai 1899.

L. N. 1899-3-75.— D. P. 1899-4-76.—S. 1899-853.—P. F. 1899-3-147.
Art. 41 : Réglant sur de nouvelles bases l'indemnité accordée par le texte précédent.

D. 15 juin 1899.

L. N. 1899-3-133. — P. F. 1900-3-30.
Modif. celui du 15 avril 1857 et celui du 4 janvier 1896 sur la police sanitaire maritime.

C. 26 septembre 1899.

L. N. 1899-8-212.
Sur les mesures à prendre pour combattre la propagation des maladies contagieuses du bétail.

POLICE SANITAIRE 3

D. 23 novembre 1899.

L. N. 1900-3-2. — S. 1901-83. — *J. off.* du 18 décembre.
Modif. celui du 4 janvier 1896 sur la police sanit. marit.

D. 23 septembre 1900.

P. F. 1900-3-144.
Ports où peuvent pénétrer les navires provenant de pays contaminés

A. 30 avril 1901.

P. F. 1901-3-95. — *J. off.* du 5 mai.
Du min. agr. — Introd. en France des animaux de l'espèce ovine prov. de Tunisie.

D. 13 décembre 1901.

L. N. 1902-3-7. — *J. off.* du 28.
Revis. le tableau instit. par l'art. 16, D. 4 janvier 1896 (police sanitaire maritime).

L. fin. 30 mars 1902.

L. N. 1902-3-130. — P. F. 1902-3-70. — *J. off.* du 30.
Art. 82 : Les indemnités prévues par la L. fin. 30 mai 1899 seront allouées au propriétaire de tout animal saisi dans un abattoir public, pour cause de tuberculose, par le vétérinaire inspecteur.

PONTS A PÉAGE

L. 30 juillet 1880.

D. P. 1881-4-24. — S. 1881-53.
Déterminant le mode de rachat.

PONTS ET CHAUSSÉES

D. 18 juillet 1890.

L. N. 1890-3-263. — D. P. 1891-4-94.
Organisat. de l'École nation. des Ponts et Chaussées.

D. 17 août 1893.

D. P. 1895-4-1. — S. 1894-891.
Organisat. du personnel des agents infér. du service des Ponts et Chaussées.

D. 3 janvier 1894.

D. P. 1895-4-32. — S. 1895-921.
Réorganisat. du personnel des commis des Ponts et Chaussées.

PORTES ET FENÊTRES (Impôt des).

L. fin. 18 juillet 1892.

L. N. 1892. 3. 133. — D. P. 1893-4-74. — S. 1893-606.
Art. 1er : Suppress. de l'impôt des portes et fenêtres.

POSTES

V. aussi : Caisse d'Épargne. — Colis postaux.

D. 3 janvier 1880.

D. P. 1881-4-113. — S. 1881-74.
Élévation de 500 à 1000 fr. du maxim. de valeurs recouvrables.

D. 17 juin 1880.

D. P. 1881-4-37. — S. 1881-81.
Taxe à percevoir sur la correspond. échangée entre les diverses colonies françaises.

L. 17 juillet 1880.

D. P. 1881-4-113. — S. 1881-74.
Recouvr. postal des effets soumis à protêt. Abaiss. du droit proport. d'encaiss. Réduction du droit d'abonn. par l'intermed. de la Poste.

D. 24 juillet 1880.

D. P. 1881-4-114. — S. 1881-75.
Abonn. aux journaux et recouvr. de valeurs par la Poste.

D. 15 février 1881.

D. P. 1882-4-22. — S. 1881-75.
Recouvr., en cas de protêt, des effets de comm. confiés à la Poste.

L. 9 avril 1881.

D. P. 1881-4-114. — S. 1882-288.
Création d'une Caisse d'Epargne postale.

Pour tout ce qui concerne cette institution,
V. Caisse d'Épargne.

L. 20 avril 1882.
D. 10 août 1882.
D. 7 novembre 1882.

L. N. 1882-2-41, 165 et 192. — D. P. 1882-4-116. — S. 1882-345 et 1883-478.
Création d'enveloppes et de bandes timbrées. — Réglementation.

D. 19 juin 1882.

L. N. 1882-2-92. — D. P. 1883-4-90. — S. 1883-478.
Élevant à 2.000 fr. le maximum des valeurs dont le recouvrement sera effectué par la Poste.

POSTES 2

V. aussi : Caisse d'Épargne. — Colis postaux.

L. 29 juin 1882.

L. N. 1882-2-110. — D. P. 1882-4-116. — S. 1882-401.
Création de bons de Poste de sommes fixes.

L. 15 juillet 1882.

D. P. 1882-4-117. — S. 1882-345.
Réduisant le délai de conservat. des valeurs confiées pr. le recouvr.

D. 1er mars 1884.

L. N. 1884-2-17. — D. P. 1884-4-120. — S. 1885-810.
Autorisant et tarifant le timbrage des cartes-lettres non pliées.

Av. Cons. d'État, 13 mai 1885.

S. 1885-774.
Portant que l'Admin. des Postes ne peut remettre la correspond. des incapables à leurs représentants légaux.

L. 16 mars 1887.

L. N. 1887-2-57. — D. P. 1887-4-69. — S. 1887-213. — P. F. 1887-3-30.
Réformant le régime en vigueur pr. les lettres expédiées après les levées générales.

D. 7 avril 1887.
A. 9 avril 1887.

L. N. 1887-2-92. — D. P. 1887-4-72. — S. 1887-254.
Conditions de fonctionn. des Bureaux auxiliaires de Poste.

L. 9 avril 1887.

L. N. 1887-2-94. — D. P. 1887-4-79. — S. 1887-243. — P. F. 1887-3-38.
Modif. les dimensions des boîtes de valeurs déclarées confiées à la Poste.

D. 20 mars 1888.

L. N. 1888-2-84. — D. P. 1888-4-32. — S. 1888-338.
Taxe des lettres aux milit. et marins à l'Etranger ou aux Colonies franç.

POSTES 3

V. aussi : Caisse d'Épargne. — Colis postaux.

D. 29 mars 1889.

L. N. 1889-3-56.
Échange des bijoux et objets précieux avec les Colonies et Établissements français.

D. 14 décembre 1889.

L. N. 1890-3-9. — G. P. 1890-1-1.
Succursales de la Caisse nation. d'épargne.

D. 5 mars 1892.

L. N. 1892-3-62. — D. P. 1892-4-53. — S. 1892-343. — P. F. 1893-3-85 — G. P. 1892-1-6.
Valeurs impayées présentées à l'encaissement par la Poste.

L. 25 mars 1892.

D. P. 1892-4-93.— S. 1892-396. — P.F. 1893-3-92.— G. P. 1892-1-6.
Taxe des lettres insuffisamm. affranchies et taxe des objets non affranchis.

L. 13 avril 1892.
D. 26 juin 1892.

D. P. 1892-4-91. — D. P. 1893-4-2. — P. F. 1893-3-96.
Promulg. la convent. post. universelle conclue à Vienne le 4 juillet 1891.

D. 27 juin 1892.

L. N. 1892-3-121.—D. P. 1892-4-95.—S. 1894-702.—P. F.1893-3-83. — G. P. 1892-2-2.
Échange des lettres et boîtes avec valeur déclarée.

2e D. 27 juin 1892.

L. N. 1892-3-123.—D. P. 1893-4-22.—S. 1894-701.— P. F. 1894-3-4. — G. P. 1892-2-5.
Service des recouvrements.

L. 20 juillet 1892.

L. N. 1892-3-139. — D. P. 1893-4-7. — S. 1893-463.
Autoris. l'expéd. par la Poste d'envois à livrer contre rembours.

D. 13 août 1892.

L. N. 1892-3-144.—D. P. 1893-4-44. —S. 1893-464.—P. F. 1894-3-7.
Relatif aux objets envoyés par la Poste contre remboursement.

V. aussi : Caisse d'Épargne. — Colis postaux.

D. 25 juillet 1893.

L. N. 1893-3-212. — D. P. 1894-4-111. — S. 1894-884.
Complétant celui du 13 août 1892 (envois contre rembours.).

A. 25 novembre 1893.

L. N. 1894-3-1. — S. 1895-941. — P. F. 1895-3-65.
Conditions d'admission des objets affranchis à prix réduits.

Ar. 19 février 1895.

L. N. 1895-3-38. — P. F. 1895-3-142.
Augmentant les facilités créées par le texte précédent.

L. fin. 16 avril 1895.

L. N. 1895-3-45. — D. P. 1895-4-92. — S. 1895-1041. — P. F. 1896-3-17. — G. P. 1895-1-3.
Art. 23 : Exemption partielle du droit postal sur les mandats concernant les militaires et marins en campagne.
Art. 25 : Circulat. des journaux et imprimés périodiq. Affranchiss.

D. 16 octobre 1895.

L. N. 1895-3-193. — D. P. 1897-4-20. — S 1896-5.
Autorisant la création de recettes auxiliaires des postes.

L. 27 décembre 1895.

L. N. 1896-3-11. — D. P. 1896-4-50.
Autoris. l'administ. des postes à mettre à la disposit. du public des mandats-carte moyennant taxe de factage de 0 fr. 10.

L. 27 décembre 1895.

L. N. 1896-3-12. — D. P. 1896-4-49. — S. 1896-1.
Abaissant à 5 cent. la taxe établie sur les lettres expédiées après les levées générales.

D. 13 mars 1896.

S. 1896-132.
Envoi à l'étranger de correspond. recommandées et de lettres avec valeurs déclarées, grevées de remboursement.

POSTES 5

V. aussi : Caisse d'Épargne. — Colis postaux.

—

D. 17 juillet 1897.

L. N. 1897-3-148. — V. Commentaire *Lois nouv.* 1897-1-473.
Concernant les colis postaux.

L. 21 décembre 1897.

L. N. 1897-3-308. — D. P. 1898-4-11. — S. 1898-439. — P. F. 1898-3-106. — G. P. 1897-2-8. — V. Commentaire, *Lois nouv.*, 1898-1-221.
Réduisant à 0 fr. 10 le droit fixe de recommandation applicable aux objets affranchis à prix réduit.

L. 4 avril 1898.

L. N. 1898-3-136. — D. P. 1899-4-7. — S. 1898-539. — P. F. 1898-3-109.
Modif. le droit à percevoir sur les mandats, et réduisant à 3 ans le délai de prescript. des valeurs confiées à la poste ou trouvées dans le service.

L. 8 avril 1898.
D. 26 décembre 1898.

S. 1900-1165.
Promulg. la convent. postale univers. suivie d'un protocole final et d'un règlem. de détail, signée à Washington le 15 juin 1897.

L. fin. 13 avril 1898.

L. N. 1898-3-93. — D. P. 1898-4-97. — S. 1898-600.
Art. 24 : Abrogeant l'art. 3 de la L. 25 mars 1892 (affranchiss. insuffis.).

D. 25 septembre 1898.

S. 1900-1084.
Modif. celui du 5 mars 1892 (recouvr. des eff. de comm. et valeurs).

D. 26 décembre 1898.

S. 1900-1169. — P. F. 1899-3-134.
Concernant l'échange des lettres et boîtes avec valeurs déclar.

2e D. 26 décembre 1898.

S. 1900-1170. — P. F. 1899-3-133.
Concern. l'échange des mandats poste et télégraph. dans les relations internat.

POSTES 6

V. aussi : Caisse d'Épargne. — Colis postaux.

3e D. 26 décembre 1898.

S. 1900-1170. — P. F. 1899-3-132.
Service des recouvrem. dans les relat. internation.

4e D. 26 décembre 1898.

S. 1900-1171. — P. F. 1899-3-131.
Taxes à percevoir sur les correspond. ordin. et recommandées à destinat. ou provenant de l'extér.— Livrets d'identité.

D. 13 juin 1899.

S. 1901-11.
Taxe des papiers d'affaires entre la France et les colonies.

L. 7 juillet 1899.

L. N. 1899-3-151.—D. P. 1899-4-95.—S. 1900-985.—P. F. 1899-3-156.
Concess. de boîtes aux lettres particulières.

D. 13 juillet 1899.

L. N. 1899-3-127. — P. F. 1900-3-25.
Fixant la taxe applicable aux papiers d'affaires dans les relations entre la France et les Colonies ou établissements français.

D. 31 juillet 1899.

L. N. 1899-3-172.—D. P. 1900-4-22.—S. 1900-986.—P. F. 1899-3-165.
Règlement des concessions.

D. 8 septembre 1899.

S. 1901-12.
Relat. aux abonnements téléphoniques.

D. 14 décembre 1899.

D. P. 1900-4-23.
Autorisant l'adminis. des postes à timbrer, pr. le compte des particul., cartes-postales, cartes-lettres, enveloppes, etc...

D. 11 avril 1900.

P. F. 1900-3-77.
Taxe des lettres adressées aux militaires et marins à l'étranger.

L. 24 juillet 1900.

D. P. 1900-4-85.
Portant réorganisation de la télégraphie militaire.

POSTES 7

V. aussi Caisse d'Épargne — Colis postaux.

D. 22 novembre 1900.

S. 1901-112. — *J. off.* du 25.
Echange des lettres avec valeur déclarée entre la France et la Bosnie-Herzégovine.

D. 9 décembre 1900.

P. F. 1901-3-56. — *J. off.* du 14.
Corresp. en franchise des fonctionnaires pub.

L. 29 décembre 1900.
D. 23 mars 1901.

D. P. 1901-4-70. — P. F. 1901-3 68 et 126. — *J. off.* des 31 déc. 1900 et 2 juin 1901.
Armée de terre et de mer ; franchise postale pour deux lettres par mois.

Arr. 30 janvier 1901.

P. F. 1901-3-64. — *J. off.* du 1er février.
Du min. du comm. Hygiène des bureaux de poste ;— conditions d'aptitude à remplir par les postulants ; — institut. une commiss. pour l'établiss. d'un sanatorium affecté aux agents tuberculeux.

D. 25 février 1901.

P. F. 1901-3-85. — *J. off.* du 7 avril.
Modif. le régl. d'admin. sur l'organis. de l'admin. centrale du min. du Comm. et des Postes.

L. 10 juillet 1901.

L. N. 1901-3-201. — D. P. 1901-4-102. — *J. off.* du 31.
Etendant aux cartes post. et à tous les obj. de corresp. affranchis à prix réduit les disp. des L. L. 16 mars 1887 et 27 déc. 1895, rel. aux lettres expédiées après les levées générales.

D. 30 octobre 1901.

L. N. 1901-3-329. — *J. off.* du 16 novembre.
Serment professionnel des employés des Postes et Télégraphes.

POSTES 8

V. aussi Caisse d'épargne. — Colis postaux.

D. 16 novembre 1901.

P. F. 1902-3-77. — *J. off.* du 21.
Instit. au sous-secrétariat des Postes un Conseil de discipline.

D. 17 décembre 1901.

P. F. 1902-3-16. — *J. off.* du 24.
Rel. aux cartes pneumatiques.

D. 9 janvier 1902.

P. F. 1902-3-32. — *J. off.* du 11.
Approuv. l'arrang. postal signé à Séoul (Corée) le 17 avril 1901.

D. 27 janvier 1902.

P. F. 1902-3-61. — *J. off.* du 2 février.
Rel. à l'échange des mandats de poste avec l'État indépendant du Congo.

L. fin. 30 mars 1902.

L. N. 1902-3-130. — D. P. 1902-4-60. — P. F. 1902-3-70. — *J. off.* du 30. — V. Commentaire *Lois nouv.* 1902-1-229.

Art. 22 : Tarif des circulaires et bulletins de vote.

Art. 23 : Appliq. le droit de la loi du 4 avril 1898 aux recouvrements par mandats.

Art. 24 : Modif. l'art. 7, L. 5 avril 1879 (responsabilité de l'Administration en cas de perte d'une lettre recommandée).

Art. 25 à 32 : Série de dispositions concernant les Postes.

Art. 38 : Franchise et régime des sommations avec frais.

Art. 74 : Le pay. des bons de poste pourra être obtenu, à défaut de présentation du titre, en vertu d'une autorisation spéciale.

D. 24 avril 1902.

L. N. 1902-3-302. — *J. off.* du 21 août.
Règlem. d'admin. pub. pr. la notific. par la Poste des sommations avec frais et des commandem. concernant les contrib. dir., les taxes y assimilées et les amendes et condamnat. pécuniaires.

D. 29 avril 1902.

L. N. 1902-3-193. — *J. off.* du 7 mai.
Portant réduction de la taxe d'exprès sur les objets de corresp. du régime internat.

POSTES 9

V. aussi Caisse d'épargne. — Colis postaux.

D. 1er juillet 1902.

L. N. 1902-3-262. — *J. off.* du 5 juillet.

Fixant, à partir du 1er août 1902, la mise à exécut. des disposit. des art. 23 et 25, L. fin. 30 mars 1902 (recouvrements postaux).

POUDRES ET SALPÊTRES

D. 11 juillet 1885.

L. N. 1885-2-85. — S. 1885-809.
Fixant le prix de la poudre de mine dite pulvérin.

D. 21 mai 1886.

L. N. 1886-2-130. — D. P. 1887-4-38. — S. 1886-72.
Réglement relatif aux poudres destinées à l'exportation.

Ar. 26 mai 1886.

L. N. 1886-2-131.
Prix de vente de ces poudres, et poudres de guerre destinées à l'exportation.

D. 12 août 1889.

D. P. 1890-4-91. — S. 1891-30.
Mise en vente de poudres à base de nitrate d'ammoniaque et de nitrate de soude.

D. 24 janvier 1890.

S. 1891-107.
Prix des poudres à feu destinées à l'exportation.

D. 12 juin 1890.

L. N. 1890-3-184. — S. 1892-215.
Prix de vente des poudres de mine et des cartouches comprimées au coton poudre et au nitrate d'ammoniaque.

Ar. 16 janvier 1891.

S. 1893-436.
Prix des poudres à feu destinées à l'exportation.

L. fin. 13 avril 1898.

L. N. 1898-3-93. — D. P. 1898-4-97. — S. 1898-600. — V. Commentaire, *Lois nouv.*, 1898-1-322.

Art. 23: Appliq. les pénalités de la L. 24 mai 1834 et de la L. 25 juin 1841 aux fabricants, débitants ou distributeurs de poudres. — Amende pour les détenteurs de poudres autres que celles de l'État.

D. 26 mai 1900.

P. F. 1900-3-128.
Vente de cartouches d'explosifs pour travaux des mines.

POUDRES ET SALPÊTRES 2

D. 23 décembre 1901.

L. N. 1902-3-54. — *J. off.* du 21 janvier 1902.
Conservation des explosifs dans les exploitations souterraines.

C. 21 janvier 1902.

L. N. 1902-3-57. — *J. off.* du 21 janvier 1902.
Pour l'applic. du décret ci-dessus.

PRÉSIDENT DE LA RÉPUBLIQUE

28 décembre 1885.

D. P. 1886-4-1. — S. 1886-1.
Réélection de M. Jules Grévy à la Présidence, pour 7 ans, à partir du 31 janvier 1886.

3 décembre 1887.

D. P. 1888-4-1. — S. 1888-257.
Élection de M. Carnot à la Présidence.

27 juin 1894.

D. P. 1894-4-56. — D. P. 1895-4-56.
Élection de M. Casimir-Périer à la Présidence.

17 janvier 1895.

D. P. 1895-4-124. — S. 1895-977.
Élection de M. Félix Faure à la Présidence.

18 février 1899.

D. P. 1899-4-1. — S. 1899-757.
Élection de M. Loubet à la Présidence.

PRESSE

V. Amnistie, Anarchistes.

—

L. 29 juillet 1881.

D. P. 1881-4-89. — S. 1882-234.
Amnistie des crimes et délits de Presse.

L. 29 juillet 1881.

D. P. 1881-4-65. — S. 1882-201.
Sur la liberté de la Presse.

C. 9 novembre 1881.

S. 1882-228.
Sur l'applicat. du texte précédent.

L. 2 août 1882.

D. P. 1882-4-105. — S. 1882-376. — V. texte et Commentaire, *Lois nouv.* 1882.-1 (5e section), p. 1 à 9.
Répress. des outrages aux bonnes mœurs.

C. 7 août 1882.

S. 1882-376.
Exécution du texte précédent.

L. 11 juin 1887.

L. N. 1887-2-116. — V. Commentaire, *Lois nouv.*, 1887-1 (1re section), 16.
Diffamation et injure par corr. postales ou télégr. circulant à découvert.

L. 19 mars 1889.

L. N. 1889-3-53. — D. P. 1889-4-47. — S. 1889-551. — P. F. 1889-3-16. — G. P. 1889-1-7. — V. Commentaire *Lois nouv.* 1889-1-506.
Annonces sur la voie publique.

L. 16 mars 1893.

L. N. 1893-3-62. — D. P. 1893-4-64. — S. 1893-510. — P. F. 1895-3-85. — V. Commentaire *Lois nouv.* 1893-1-405.
Modif. les art. 45-47 et 60 de la L. 21 juill. 1881 (offenses envers les chefs d'Etats et outrages envers les agents diplomat.)

L. 12 décembre 1893.

L. N. 1894-3-13. — D. P. 1894-4-9. — S. 1894-649. — P. F. 1895-3-33. — V. Commentaire *Lois nouv.* 1893-1-425.
Modif. des art. 24 § 1, 25 et 49 de la L. 29 juill. 1881 (provocat. à crimes et délits, apologie).

PRESSE 2

V. Amnistie, Anarchistes.

L. 28 juillet 1894.

L. N. 1894-3-120. — D. P. 1894-4-81. — S. 1894-809. — G. P. 1894-2-5. — V. Commentaire *Lois nouv.* 1894-1-357.
Ayant pr. objet de réprimer les menées anarchistes.

C. 6 août 1894.

L. N. 1894-3-121. — D. P. 1894-4-87. — S. 1894-823.
Sur l'application de ce texte.

L. 22 juillet 1895

L. N. 1895-3-125. — D. P. 1895-4-126. — P. F. 1896-3-77. — G. P. 1895-2-2.
Applicat. de l'art. 14 de la L. 29 juillet 1881 (journaux publiés en France en langue étrangère).

L. 2 avril 1896.

L. N. 1896-3-101. — D. P. 1896-4-35. — S. 1896-108. — P. F. 1896-3-134.
Appliq. en matière de Presse l'art. 368, C. instr. crimin.

L. 27 janvier 1902.

L. N. 1902-3-65. — *J. off.* du 29.
Modif. l'art. 16, L. 29 juillet 1881 (affichage sur les monuments ay. un caractère artistique).

PRISONS

D. 22 octobre 1880.

D. P. 1881-4-109. — S. 1881-41.
Concernant le reliquat du pécule disponib. des détenus au jour de la sortie des maisons centrales.

L. 25 décembre 1880.

D. P. 1881-4-53. — S. 1881-98.
Répression des crimes commis dans l'intérieur des prisons.

D. 3 janvier 1881.

D. P. 1882-4-15. — S. 1881-41.
Organisant le Cons. supér. des Prisons.

D. 26 janvier 1882.

D. P. 1883-4-18. — S. 1883-440.
Fixant la composition du Cons. supér. des Prisons.

D. 11 novembre 1885.

L. N. 1885-2-168. — D. P. 1886-4-75. — S. 1886-28.
Règlem. du service et du régime des prisons de courtes peines affectées à l'emprisonn. en commun.

L. 4 février 1893.

L. N. 1893-3-40. — D. P. 1893-4-48. — S. 1893-592. — P. F. 1894-3-45.
Réforme des prisons pour courtes peines.

D. 23 novembre 1893.

L. N. 1893-3-306. — D. P. 1895-4-7. — S. 1895-907. — P. F. 1894-3-52.
Fixant la portion revenant aux détenus dans les prisons départem. sur le produit de leur travail.

PRIVILÈGES

Privilège du Bailleur (restrictions au).— V. Louage. (L. 19 février 1889).
Privilège des frais de dernière maladie. — V. Médecine. (L. 30 novembre 1892).
Privilège des commis et employés. — V. Louage de services. (L. 6 février 1895).

L. 17 juin 1893.

L. N. 1893-3-192. — D. P. 1893-4-107. — S. 1893-568. — P. F. 1896-3-46.

Appliq. aux créances privilégiées l'art. 2151 C. civ.

PROPRIÉTÉ LITTÉRAIRE, ARTISTIQUE ET INDUSTRIELLE

V. Traités internationaux.
V. aussi Marques de Fabrique.

L. 30 décembre 1899.

L. N. 1900-3-27. — S. 1900-1157. — *J. off.* du 31.
Protection de la propr. industr. pr. les objets admis à l'Exposition universelle de 1900.

L. 11 mars 1902.

L. N. 1902-3-115. — G. P. 1902-1-862. — *J. off.* du 14.
Étendant aux œuvres de sculpture l'applic. de la L. 19-24 juillet 1793.

PRUD'HOMMES

L. 7 février 1880.

D. P. 1880-4-77. — S. 1880-602.
Présidence et Secrétariat du Cons. des Prud'hommes. Abrogation de l'art. 30 du D. 18 mars 1806.

L. 10 décembre 1884.

L. N. 1884-2-71. — S. 1885-728.
Sur les Conseils des Prud'hommes.

C. 15 juin 1895.

P. F. 1895-3-154.
Sur le fonctionnement des Conseils des Prud'hommes.

PUISSANCE PATERNELLE
(déchéance de la)

V. Enfants, L. 24 juillet 1889.

—

QUOTITÉ DISPONIBLE

—

L. 24 mars 1898.

L. N. 1898-3-55. — D. P. 1898-4-18. — S. 1898-541. — P. F. 1899-3-25. — G. P. 1898-1-4. — V. Commentaire, *Lois nouv.* 1898-1-273.

Modif. des art. 843, 844 et 919 C. civ.

L. 14 février 1900.

L. N. 1900-3-73. — D. P. 1900-4-25. — S. 1900-977. — P. F. 1900-3-65. — G. P. 1900-1-1. — V. Commentaire *Lois nouv.* 1900-1-228.

Modif. l'art. 1094 C civ.

L. fin. 25 février 1901.

L. N. 1901-3-35. — D. 1901-4-33. — V. Commentaire *Lois nouv.*, 1901-1-189.

Art. 18 : Droits d'enregistrement (sans décimes) entre époux.

RAGE

V. Institut Pasteur.

RAPPORTS A SUCCESSION

L. 24 mars 1898.

L. N. 1898-3-55. — D. P. 1898-4-18. — S. 1898-541. — P. F. 1869-3-25. — G. P. 1898-1-4. — V. Commentaire, *Lois nouv.* 1898-1-273. Modif. les art. 833, 844 et 919 C. civ.

RÉCIDIVE. — RELÉGATION

L. 27 mai 1885.

D. P. 1885-4-45. — S. 1885-819. — P. F. 1886-3-18. — V. texte et Commentaire *Lois nouv.* 1885-1 (2e section), 88.

Sur la relégation des récidivistes.

C. 8 juin 1885.

S. 1885-837. — P. F. 1886-3-20.

Applicat. de la loi sur les récidivistes.

C. 1er juillet 1885.

S. 1885-838.

Même objet.

L. 14 août 1885.

L. N. 1885-2-152. — D. P. 1885-4-60. — S. 1885-841. — P. F. 1886-3-17. — V. Commentaire *Lois nouv.* 1886-1 (3e section), 52.

Moyens de prévenir la récidive (Libération condit. — Patronage. — Réhabilitation).

D. 26 novembre 1885.

L. N. 1885-2-211. — D. P. 1885-4-86. — S. 1885-839. — P. F. 1886-3-25.

Régl. d'adm. publ. pr. l'applic. de la L. 27 mai 1885.

D. 20 août 1886.

L. N. 1886-2-196. — S. 1887-165.

Désignant l'Ile des Pins comme lieu de relégat. collective.

D. 11 juillet 1887.

L. N. 1887-2-140. — D. P. 1887-4-95. — S. 1887-249. — P. F. 1887-3-72.

Curatelle d'office des success. et biens vacants des Relégués.

D. 22 août 1887.

D. P. 1888-4-5. — S. 1887-249.

Organisat. du régime disciplin. des Relégués à titre collectif.

D. 5 septembre 1887.

D. P. 1888-4-6.

Organisat. des dépôts des relégués aux Colonies.

RÉCIDIVE. — RELÉGATION 2

D. 11 novembre 1887.

L. N. 1887-2-183. — D. P. 1888-4-16. — S. 1888-282. — P. F. 1888-3-4.
Formalités à remplir pr. le mariage des Relégués.

D. 25 novembre 1887.

L. N. 1887-2-187. — D. P. 1888-4-21. — S. 1888-282. — P. F. 1888-3-4.
Organis. la relégat. individuelle aux colonies.

D. 18 février 1888.

L. N. 1888-2-33. — D. P. 1888-4-51. — S. 1888-325. — P. F. 1888-3-12. — G. P. 1888-1-2.
Organisat. des groupes et détachements des Relégués à titre collectif.

D. 26 novembre 1888.

L. N. 1888-2-148. — D. P. 1889-4-32. — S. 1889-469. — P. F. 1889-3-7. — G. P. 1888-2-9.
Situation milit. des Relégables.

D. 9 juillet 1892.

L. N. 1892-3-132. — P. F. 1895-3-64. — G. P. 1892-2-4.
Formes et condit. des demandes des Relégués tendant à se faire relever de leur peine.

C. 22 février 1895.

L. N. 1895-3-138.
Déterminat. du point de départ de la période décennale.

D. 8 mai 1899.

S. 1901-9.
Réglant le régime des concessions de terrains à accorder aux relégués dans les colonies pénitentiaires.

D. 23 février 1900.

D. P. 1900-4-88. — S. 1901-14. — G. P. 1900-1-1.
Condition des engagements de travail à exiger des relégués employés par des particuliers.

C. 10 août 1900.

L. N. 1900-3-308.
Pièces de procédure. — Extrait du casier judiciaire. — Suppress. des extraits de jugem. — Extrait d'écrou.

RÉCIDIVE. — RELÉGATION 3

L. 10 juillet 1901.

L. N. 1901-3-178. — D. P. 1902-4-14. — G. P. 1901-2-744. — *J. off.* du 12 juillet 1901. — V. Commentaire *Lois nouv.* 1901-1-470.

Modif. l'art. 20, L. 27 mai 1885, relative aux récidivistes.

Circ. 2 décembre 1901.
Inst. 3 décembre 1901.

L. N. 1902-3-106-107.

Du min. int. aux préfets. Libération conditionnelle ; avis des préfets des départements où sont situées les maisons centrales, et de ceux où les libérés doivent fixer leur résidence.

C. 18 janvier 1902.

L. N. 1902-3-201.

Du même ; interdiction de séjour ; modific. à la nomenclature des localités interdites en exécut. de l'art. 19, L. 27 mai 1885.

RÉCOMPENSES INDUSTRIELLES

L. 30 avril 1886.

L. N. 1886-2-116. — D. P. 1886-4-65. — S. 1886-93. — P. F. 1886-3-81.

Usurpat. des médailles et récompenses industrielles.

RECRUTEMENT

V. Armée.

RÉHABILITATION

D. 12 octobre 1888.

L. N. 1888-2-143. — S. 1889-536.
Procédure des demandes de réhabilitation aux colonies.

L. 10 mars 1898.

L. N. 1898-3-49. — D. P. 1898-4-36. — S. 1898-574. — P. F. 1898-3-49. — G. P. 1898-1-2. — V. Commentaire. *Lois nouv.* 1898-1-197.
Rendant la réhabilit. applicab. aux condamnés qui ont prescrit contre l'exécution de la peine.

RENTES SUR L'ÉTAT

V. Dette publique.

RÉPUBLIQUE DE 1848.

L. 18 avril 1888.

L. N. 1888-2-46. — D. P. 1888-4-41. — S. 1889-495. — P. F. 1888-3-13.

Assurant, à titre de récompense nation., des pensions viagères aux survivants des blessés de févr. 1848, et à leurs ascendants, veuves et orphelins.

D. 5 juin 1888.

D. P. 1888-4-41. — S. 1889-496.

Exécut. de la loi qui précède.

RÉQUISITIONS MILITAIRES

V. Armée.

RÉUNIONS PUBLIQUES

L. 30 juin 1881.

D. P. 1881-4-101. — S. 1881-153. — V. texte et commentaire *Lois nouv*. 1882-1-1.

Sur la liberté de réunion.

RÉVISION

L. 8 juin 1895.

L. N. 1895-3-96. — D. P. 1895-4-80. — S. 1895-1089. — P. F. 196-3-33. — G. P. 1895-1-16. — V. Commentaire *Lois nouv.* 1896-1-1-8

Sur la révision des procès crimin. et correctionn. et les indemnités aux victimes d'erreurs judiciaires.

C. 28 octobre 1895.

L. N. 1896-3-66.

Sur l'application du texte précédent.

L. 1er mars 1899.

L. N. 1899-3-26.— D. P. 1899-4-66. — S. 1899-913. — G. P.1899-1-1.

Modif. l'art. 445 C. inst. crimin. (Révision).

SAGE-FEMME

L. 30 novembre 1892.

L. N. 1892-3-176. — D. P. 1893-4-8. — S. 1893-489. — G. P. 1892-2-11. — V. Commentaire *Lois nouv.*, 1893-1-53.

Sur l'exercice de la médecine. (Titres III et IV).

D. 25 juillet 1893.

L. N. 1893-3-221. — D. P. 1894-4-110. — S. 1894-883. — P. F. 1895-3-96.

Conditions d'études exigées des aspirantes aux diplômes de sage-femme.

SAISIE-ARRÊT

L 12 janvier 1895.

L. N. 1895-3-1. — D. P. 1895-4-13. — S. 1895-913. — P. F. 1896-3-1. — G. P. 1895-1-1. — V. Commentaire *Lois nouv.* 1895-1-1 et 348, 1896-1-138 et 1897-1-1.

Saisie-arrêt des salaires et petits traitements.

D. 8 février 1895.

L. N. 1895-3-36. — D. P. 1895-4-18. — S. 1895-919. — P. F. 1896-3-27. — G. P. 1895-1-2.

Fixat. des émolum. dus aux Greff. de just. de paix pour certains actes de procédure se rapportant au texte précédent.

S. Enregist. 15 février 1895.

L. N. 1895-3-100.

Pour l'exécution de la L. 12 janvier 1895.

C. 15 mars 1895.

L. N. 1896-3-139. — D. P. 1897-4-87. — 1893-493.

Sur l'application de la L. 12 janvier 1895 et de l'art. 569 C. pr. civ.

C. 5 novembre 1896.

L. N. 1896-3-202. — D. P. 1897-4-87. — S. 1898-494.

États de répartition. Mainlevées.

Lettre du Direct. de l'Enregistrement 27 novembre 1896.

L. N. 1896-3-201.

Sur l'applic. de la L. 12 janvier 1895. Mainlevées. Timbre et enregistrement.

C. 23 mars 1899.

L. N. 1899-3-58.

Émoluments des greffiers. Réclamations des huissiers. Abus.

C. 19 décembre 1899.

L. N. 1900-3-73.

Saisie-arrêt des salaires et petits traitements. Sommes dues par l'Etat. Renouvellement des oppositions.

C. 27 octobre 1900.

L. N. 1901-3-180.
Du ministre du commerce. — Saisie-arrêt des marchandises en cours de transport.

C. 12 février 1901.

L. N. 1901-3-180.
Du min. just. Enquête rel. aux modifications à apporter à la législation actuelle.

C. 7 septembre 1901.

L. N. 1902-3-17.
Du même. — Oppositions sur le traitement des employés de préfecture et de sous-préfecture.

C. 26 mai 1902.

L. N. 1902-3-336.
Du proc. gén. près la cour de Paris ; surveillance des répartitions amiables en mat. de saisie-arrêt des salaires.

SAISIE-IMMOBILIÈRE

L. 2 juin 1881.

D. P. 1882-4-30. — S. 1881-198.
Modif. l'art. 693. C. proc. civ.

SALUBRITÉ PUBLIQUE

V. Hygiène publique.

SAPEURS-POMPIERS

L. fin. 13 avril 1898.

L. N. 1898-3-93. — D. P. 1898-4-97. — S. 1898-600.

Art. 59 : Crédit ouvert au Minist. de l'Intér. sous ce titre: Subvent. aux communes pr. les sapeurs-pompiers et le matériel d'incendie.

D. 12 juillet 1899.

L. N. 1899-3-159. — S. 1900-958.

Réglem. d'admin. publ. pr. l'exécut. de ce texte.

SÉCURITÉ PUBLIQUE

V. Anarchistes. — Code pénal. — Presse.

SELS

D. 17 septembre 1896.

L. N. 1896-3-181. — D. P. 1897-4-90. — S. 1897-206.
Modif. celui du 8 novembre 1869 (sels employés pr. l'agriculture).

D. 7 juillet 1897.

L. N. 1897-3-152. — D. P. 1897-4-102. — S. 1898-448. — P. F. 1898-3-70.
Sels destinés à l'industrie.

L. fin. 21 juillet 1897.

L. N. 1897-3-154. — D. P. 1898-4-93. — S. 1898-591. — P. F. 1898-3-25. — G. P. 1897-2-1.
Art. 5 : Remplaçant l'art. 17 de la L. 17 juin 1840 sur la contrib. foncière des salins, salines, marais salants, bâtiments et terrains qui en dépendent.

D. 9 novembre 1897.

L. N. 1897-3-228. — S. 1899-869.
Modif. celui du 7 juill. 1897.

D. 2 février 1898.

L. N. 1898-3-21. — S. 1899-925. — P. F. 1898-3-94.
Complét. le D. 13 décemb. 1862, art. 1er (délivrance en franchise du sel destiné à la fabricat. de la soude).

L. 25 novembre 1898.

L. N. 1899-3-1. — D. P. 1899-4-23. — S. 1899-875. — P. F. 1899-3-157.
Complét. l'art. 5 de la L. du 21 juillet 1897.

D. 8 novembre 1899.

P. F. 1901-3-83. — *J. off.* du 16.
Portant modific. aux tableaux A. et B. annexés au D. 4 juill. 1897 (sels destinés à l'industrie).

D. 18 août 1901.

L. N. 1901-3-260. — *J. off.* du 24.
Modif. le D. 8 nov. 1869 relatif aux sels employés pour les besoins de l'agriculture.

D. 4 septembre 1901.

L. N. 1901-3-285. — *J. off.* du 15.
Conditions auxquelles les sels dénaturés destin. à l'industrie pourront être livrés en franchise des taxes de consommation.

SÉNAT

L. 8 décembre 1884.

L. N. 1884-2-69. — D. P. 1885-4-5. — S. 1885-696.
Susp. l'effet de l'art. 7 de la L. 24 févr. 1875 sur le remplac. des sénateurs inamovib.

L. 9 décembre 1884.

L. N. 1884-2-69. — D. P. 1885-4-1. — S. 1885-689.
Modif. les lois organiq. sur le Sénat et l'élection des Sénateurs.

C. 11 décembre 1884.

S. 1885-694.
Élections des délégués et établiss. des listes des électeurs sénator.

L. 26 décembre 1887.

L. N. 1887-2-195. — D. P. 1888-4-2. — S. 1888-371.
Sur les incompatibilités parlementaires.

L. 10 avril 1889.

L. N. 1889-3-63. — D. P. 1889-4-36. — S. 1890-609. — P. F. 1890-3-5. — G. P. 1889-1-8.
Procéd. à suivre dev. le Sénat pr. juger toute personne inculpée d'attentat contre la Sûreté de l'État (Haute-Cour).

SÉPARATION DE CORPS

V. Divorce. — Séparation de corps

SÉPULTURE

V. Funérailles.

SÉRICICULTURE

L. 13 janvier 1892.

L. N. 1892-3-18. — D. P. 1892-4 83. — S. 1892-391.
Encourag. spéciaux à donner à la sériciculture.

D. 4 avril 1892.

L. N. 1892-3-69. — D. P. 1897-4-104. — S. 1892-392.
Règlem. d'adminis. publ. pr. l'exécut. de ce texte.

D. 17 août 1895.

L. N. 1895-3-153. — D. P. 1897-4-105. — S. 1895-1170. — P F. 1896-3-79.
Modif. les art. 15 et 17 du D. 4 avril 1892.

L. 2 avril 1898.

L. N. 1898-3-76. — D. P. 1899-4-24. — S. 1898-586. — P F. 1899-3-76.
Prorogeant celle du 13 janvier 1892.

D. 28 mai 1898.

L. N. 1898-3-204. — D. P. 1899 4-25. — S. 1898-587.
Règlem. d'admin. publ. pr. l'exécution de ce texte.

L. fin. 13 juillet 1900.

L. N. 1900-3-249. — D. P. 1901-4-29. — P F. 1900-3-121.
Art. 7 : les frais de surveillance et de contrôle nécessités par l'application de la L. 2 avril 1898 sont mis à la charge des industriels intéressés.

SERVITUDES

V. Code rural; chemins vicinaux; eaux.

SÉRUMS THÉRAPEUTIQUES

L. 25 avril 1895.

L. N. 1895-3-60. — D. P. 1895-4-73. — S. 1895-1101. — P. F. 1895-3-145.
Préparation, vente et distribution des sérums thérapeutiques et autres produits analogues.

D. 15 mai 1895.

D. P. 1895-4-74. — S. 1895-1102.
Institut. une commiss. chargée d'étudier les questions relatives à l'applicat. de ce texte.

D. 26 janvier 1896.

S. 1896-55. — P. F. 1897-3-28.
Préparation, vente et distribution des sérums thérapeutiques et produits analogues.

D. 27 juin 1896.

D. P. 1897-4-108. — S. 1896-160. — P. F. 1897-3-42.
Même objet.

D. 5 août 1899.

P. F. 1900-3-10.
Prépar., vente et distrib. du sérum antipestueux.

SIMPLE POLICE

V. Code d'instruction criminelle.

SOCIÉTÉS

L. fin. 28 avril 1893.

L. N. 1893-3-96. — D. P. 1893-4-79. — S. 1893-620. — P. F. 1893-3-65. — G. P. 1893-1-3. — *J. off.* du 29. — V. Commentaire *Lois nouv.*, 1893-1-189.

Art. 36 : La L. 29 juin 1872 est inapplicab. aux emprunts des Sociétés en nom collectif pures et simples (pour l'avenir).

L. fin. 26 juillet 1893.

L. N. 1893-3-246. — D. P. 1894-4-45. — S. 1894-721. — *J. off.* du 27.

Art. 22 : Il n'y a pas lieu au recouvrem. des sommes pouvant encore être dues sur les intérêts des emprunts contractés par les Sociétés en nom collect. pures et simples (pour le passé).

L. 1er août 1893.

L. N. 1893-3-262. — D. P. 1893-4-68. — S. 1893-569. — P. F. 1895-3-81. — *J. off.* du 3. — V. Commentaire *Lois nouv.* 1896-1-397.

Modif. celle du 24 juillet 1867 sur les sociétés par actions.

L. fin. 28 décembre 1895.

L. N. 1896-3-14. — D. P. 1896-4-39. — S. 1896-68. — P. F. 1896-3-81. — *J. off.* du 29.

Art. 31 : La L. 29 juin 1872 est inapplicab. aux avances faites aux Sociétés au moyen d'endossements de warrants.

L. 3 février 1902.

L. N. 1902-3-72. — *J. off.* du 5.

Réglem. les soc. de prévoyance à partage et à durée illimitée.

L. 9 juillet 1902.

L. N. 1902-3-221. — D. P. 1902-4-53. — *J. off.* du 11.

Tendant à compléter l'art. 34 C. comm. et l'art. 3, L. 24 juillet 1867, en ce qui concerne les actions de priorité et les actions d'apport.

SOCIÉTÉS DE SECOURS MUTUELS

V. aussi : Accidents.

D. 28 novembre 1890.

L. N. 1890-3-467. — D. P. 1892-4-5. — S. 1892-252. — G. P. 1890-2-15.

Fixation des primes à payer pr. les assur. collectives contractées au profit des Sociétés de Secours Mutuels.

D. 31 mars 1894.

L. N. 1894-3-69. — D. P. 1895-4-120. — S. 1895 1085. — P. F. 1895 3-159.

Modif. le D. 26 avril 1856 sur les Soc. de Secours mutuel.

D. 30 mars 1896.

L. N. 1896-3-99.—D P. 1897-4-88.—S. 1896-92. — P. F. 1896-3-135

Modif. l'art. 6 du D. 26 avr. 1856 (constitut. d'un fonds de retraite)

C. 15 décembre 1897.

L. N. 1898-3-267.

Sur le cumul des indemnités à servir, en cas d'accident, par le Patron et par une Soc. de Secours mutuels.

L. 1er avril 1898.

L. N. 1898-3-63.— D. P. 1899-4-27.— S. 1899-729.—P. F. 1900-3-17 — G. P. 1898-1-4. — V. Commentaire *Lois nouv.* 1900-1-17.

Sur les Sociétés de secours mutuels.

D. 14 mai 1898.

L. N. 1898-3-204. — S. 1899-754.

Classant les soc. de sec. mut. appelées à bénéficier des dispos. de la L. 20 juill. 1895, art. 20, sur les Caisses d'Épargne.

Instr. Enreg. 25 juin 1898.

S. 1899-754.

Sur l'applicat. de la L. 1er avril 1898.

C. 29 juillet 1899.

L. N. 1900-3-32. — P. F. 1900-3-24.

Adressant aux Préfets une instruct. datée du 20 octobre 1898 sur l'exécut. de la L. 1er avril 1898 (ensemble de la Loi).

C. 25 septembre 1899.

L. N. 1899-3-228.

Applicat. de l'art. 27 § 4 de a L. 1er avril 1898.

SOCIÉTÉS DE SECOURS MUTUELS 2

V. aussi : Accidents.

L. 7 juillet 1900.

S. 1901-111. — P. F. 1901-3-90. — *J. off.* des 16-17 août 1900.
Autor. l'admin. des Postes à effectuer l'encaissem. des fonds des soc. de sec. mut. approuvées.

D. 25 mars 1901.

L. N. 1901-3-100. — P. F. 1901-3-124. — S. 1901-208. — *J. off.* du 29.
Créant des caisses autonomes pour les sociétés de secours mutuels et les unions de sociétés fonctionnant dans les conditions prévues par la loi du 1er avril 1898.

C. 20 mai 1901.

L. N. 1901-3-198.
Du min. just. — Soc. approuvées et libres ; tables de mortalité et de morbidité ; envoi des tableaux.

C. 13 juin 1901.

L. N. 1901-3-291.
Du min. just. — Extraits du casier jud. pour admiss. dans les soc. de sec. mutuels ; enregistr. gratis.

C. 10 août 1901.

L. N. 1902-3-14.
Subvention aux soc. de sec. mutuels ne constituant pas de pensions de retraites.

C. 15 septembre 1901.

L. N. 1902-3-18.
Sur l'applicat de l'art. 18, L. 1er avril 1898 (locaux, livrets et registres à fournir par les communes).

D. 28 novembre 1901.

L. N. 1901-3-333. — *J. off.* du 3 décembre.
Réglem. d'admin. pub. pour l'exécut. de la L. 7 juillet 1900.

SOCIÉTÉS DE SECOURS MUTUELS 3

Instr. 15 décembre 1901.

L. N. 1902-3-109.
Sociétés scolaires de secours mutuels ; états statistiques.

C. 15 mars 1902.

L. N. 1902-3-249.
Devoir des parquets de signaler aux autorités administratives les décisions de justice rel. à ces sociétés.

D. 14 avril 1902.

L. N. 1902-3-190. — *J. off.* du 23.
Modif. l'art. 2, D. 2 mai 1899, et l'art. 8. D. 13 juin 1899, portant règlement d'admin. pub. sur les élections au Conseil supér. des soc. de sec. mutuels.

STATISTIQUE

D. 19 février 1885.

L. N. 1885-2-11. — D. P. 1885-4-75. — S. 1885-802.
Instituant auprès du Minist.du Comm. un Cons. supér. de statistiq.

D. 8 décembre 1891.

S. 1893-577.
Modif. le précédent.

D. 22 juillet 1893.

S. 1894-864.
Portant réorganisat. du cons. supér. de statistique.

D. 20 novembre 1893.

S. 1894-864.
Modif. le précédent.

D. 27 janvier 1900.

P. F. 1900-3-96.
Instituant un comité permanent du Cons. sup. de Statistiq.

SUBSTANCES VÉNÉNEUSES

D. 20 août 1894.

L. N. 1894-3-155. — D. P. 1896-4-17.
Modificat. au tableau des subst. vénén. annexé au D. 8 juill. 1850.

SUCCESSIONS

Succession (droit de) du conjoint surviv. — V. Conjoint survivant.

(L. 9 mars 1891).

Succession (droit de) des enfants naturels. — V. Enfant.

(L. 25 mars 1896).

Succession (rapport à). — V. Rapport à success.

(L. 24 mars 1898).

Enregistr. des mutations par décès. — V. Enregistr.

(L. fin. 25 fév. 1901).

V. aussi : **Disp. entre-vifs et testamentaires ; quotité disponible.**

SUCRES

L. 19 juillet 1880.

D. P. 1881-4-44. — S. 1881-51.
Portant dégrèv. des droits sur les sucres et sur les vins.

D. 14 avril 1884.

L. N. 1884-2-27.
Établiss. un droit moyen uniq. sur les sucres destinés à l'exportat.

L. 29 juillet 1884.

L. N. 1884-2-46. — D. P. 1885-4-32. — S. 1885-721.
Droits sur les sucres.

D. 31 juillet 1884.

L. N. 1884-2-49. — D. P. 1885-4-35. — S. 1885-722.
Obligat. imposées aux fabricants de sucre abonnés.

D. 22 juillet 1885.

L. N. 1885-2-86. — D. P. 1886-4-11. — S. 1885-781. — P. F. 1886-3-23.
Règlem. d'Adm. publ. sur les mesures applicables à l'emploi des sucres pr. les vins, cidres et poirés.

L. 27 mai 1887.

L. N. 1887-2-112. — D. P. 1887-4-77. — S. 1887-255.
Établissant une taxe complément. de 10 fr. par 100 kgr. sur les sucres de toute espèce et de toute origine.

L. 4 juillet 1887.

L. N. 1887-2-158. — D. P. 1887-4-92. — S. 1888-267.
Sur le régime des sucres.

D. 25 août 1887.

D. P. 1887-4-94. — S. 1888-270.
Règlem. pr. l'exécut. du texte précédent.

L. 24 juillet 1888.

L. N. 1888-4-88. — D. P. 1888-4-53. — S. 1889-426 — P. F. 1889-3-1. — G. P. 1888-2-3.
Sur le régime des sucres.

L. 6 juin 1889.

L. N. 1889-3-118. — V. Commentaire *Lois nouv.* 1889-1-667.
Emploi de densimètres pour le contrôle de la richesse de la betterave.

L. 5 août 1890.

L. N. 1890-3-308. — D. P. 1890-4-111. — S. 1891-57. — P. F. 1891-3-44. — G. P. 1890-2-7.
Sur le régime des sucres.

D. 25 octobre 1890.

L. . 1890-3-146. — D. P. 1890-4-124. — S. 1891-61.
Surveillance des raffineries au point de vue des contributions.

D. 26 novembre 1890.

L. N. 1890-3-467.— S. 1892-252.— P. F. 1892-3-8.— G. P. 1890-2-15.
Modif. le dernier paragr. de l'art. 7 du Décret réglement. du 22 juill. 1885.

D. 13 mai 1891.

L. N. 1891-3-118. — D. P. 1892-4-7. — S. 1893-487.
Modif. l'art. 7 § 1 du D. 22 juill. 1885 (emploi du sucre pr. les cidres et poirés).

L. 29 juin 1891.

L. N. 1891-3-137. — D. P. 1891-4-71. — S. 1892-273. — P. F. 1892-3-74. — G. P. 1891-2-1.
Sur le régime des sucres.

D. 16 mars 1893.

L. N. 1893-3-60. — D. P. 1894-4-75. — S. 1894-843.
Modif. l'art. 1er du D. 26 novemb. 1892.

L. fin. 26 juillet 1893.

L. N. 1893-3-246. — D. P. 1894-4-45. — S. 1894-721.
Art. 23 à 30 : Modif. la L. 5 août 1890.

D. 30 août 1893.

L. N. 1893-3-281. — D. P. 1894-4-119. — S. 1894-893.
Concernant l'exercice des raffineries de sucre.

D. 23 juillet 1896.

L. N. 1896-3-159. — D. P. 1897-4-89. — S. 1896-168. — P. F. 1897-3-40.
Modif. les art. 34, 35 et 38 de l'ordonn. 29 août 1846 (impôt des sucres indigènes.

D. 26 juillet 1896.

L. N. 1896-3-160. — D. P. 1897-4-78. — S. 1896-178. — P. F. 1897-3-41.
Régime douanier des sucres.

D. 17 octobre 1896.

D. P. 1897-4-104. — S. 1897-229. — P. F. 1887-3-95.
Modif. celui du 25 août 1887 sur le régime des sucres.

L. 7 avril 1897.

L. N. 1897-3-90. — D. P. 1897-4-78. — S. 1897-345. — P. F. 1899-3-9. — G. P. 1897-1-4.
Sur le régime des sucres.

D. 18 juillet 1897.

L. N. 1897-3-149. — D. P. 1897-4-83. — S. 1897-360. — P. F. 1899-3-11.
Règlem. d'admin. publ. pr. l'applic. de ce texte.

D. 23 juillet 1897.

L. N. 1897-3-178. — D. P. 1897-4-104. — S. 1897-361. — P. F. 1898-3-46.
Contrôle des betteraves destinées aux fabriques de sucre.

D. 17 août 1897.

L. N. 1897-3-189. — D. P. 1897-4-90. — P. F. 1899-3-7.
Modif. l'ordonn. du 29 août 1846 et le D. 23 juill. 1896 sur les fabricants de sucre.

D. 14 octobre 1897.

L. N. 1897-3-245. — S. 1899-895. — P. F. 1899-3-15.
Complétant celui du 13 mai 1891 (dénaturat. des sucres).

D. 17 août 1898.

L. N. 1898-3-279. — S. 1900-985. — P. F. 1899-3-69.
Permis alloués aux sucres français destinés à l'exportat.

SUCRES 4

D. 19 août 1898.

L. N. 1898-3-279. — S. 1900-985. — P. F. 1899-3-71. — G. P. 1898-2-2. — *J. off.* du 24.
Modif. celui du 18 juillet 1897.

D. 11 août 1899.

D. P. 1900-4-23. — S. 1900-1125. — P. F. 1900-3-55. — *J. off.* du 13.
Délivrance du certificat d'enlèvem. pr. les sucres indigènes expédiés des fabriques, en suspension du paiement des droits.

L. 13 juillet 1900.

S. 1901-194. — *J. off.* du 14.
Taux des primes d'exportation des sucres pour 1899-1900.

D. 14 août 1900.

S. 1900-1126. — P. F. 1900-3-142. — *J. off.* du 15.
Fixant les primes d'export. allouées aux sucres indigènes.

C. 5 septembre 1900.

L. N. 1900-3-309.
Sur le sucrages des vins.

D. 20 juillet 1901.

L. N. 1901-3-206. — S. 1902-320. — *J. off.* du 1er août 1901.
Modif. le D. 22 juillet 1885 (emploi des sucres destinés au sucrage des vins, cidres et poirés).

D. 23 août 1901.

S. 1901-320. — *J. off.* du 24.
Taux de primes d'exportation des sucres à partir du 1er septembre 1901 pour la campagne de 1901-1902.

L. 31 décembre 1901.

D. P. 1902-4-23. — P. F. 1902-3-32. — *J. off.* du 4 janvier 1902.
Taux des primes d'exportation des sucres pour 1900-1901 (ratific. du D. 14 août 1900).

SYNDICATS

V. Associations syndicales.

SYNDICATS PROFESSIONNELS

L. 21 mars 1884.

D. P. 1884-4-129. — S. 1884-644. — V. texte et Commentaire *Lois nouv*. 1884-1 (1re section), 83.
Création des Syndicats professionnels.

C. 25 août 1884.

L. N. 1884-3-145. — S. 1884-653.
Applic. de ce texte.

TABACS

L. fin. 29 décembre 1882.

L. N. 1882. 2. 250. — D. P. 1883-4-81. — S. 1883-425. — *J. off.* du 30.
Art. 17 : Continuant jusqu'au 1er janvier 1893 l'effet de la L. 21 décembre 1872 portant prorogation des textes antér. et de la L. 28 avr. 1816 qui attribue à l'Etat l'achat, la fabrication et la vente des tabacs dans toute l'étendue du territoire.

D. 23 janvier 1883.

L. N. 1883. 2. 13. — S. 1884-618. — *J. off.* du 25.
Détermin. le mode d'approvisionn. des tabacs exotiques employés ds. les manufactures de l'Etat.

L. fin. 26 décembre 1892.

L. N. 1893-3-6. — S. 1893-614. — *J. off.* du 27.
Art. 25 : Prorogeant l'effet de la loi 29 déc. 1882 jusqu'à ce qu'il en ait été autrement ordonné.

D. 9 mai 1894.

S. 1895-991. — *J. off.* du 22.
Fixant la nomenclature et le prix de vente à l'intérieur des tabacs fabriqués.

L. fin. 16 avril 1895.

L. N. 1895-3-45. — D. P. 1895-4-92. — S. 1895-1041. — P. F. 1896-3-17. — G. P. 1895. 1. 3. — *J. off.* du 17.
Art. 16 : Délivrance de tabacs à prix réduits aux établiss. hospital.
Art. 17 : Détention et circulation des cigarettes autres que celles de la régie.

D. 9 juin 1895.

D. P. 1896-4-67. — S. 1895-1061. — *J. off.* du 10.
Réglementant la délivrance de tabacs à prix réduits aux établiss. hospital.

D. 18 août 1899.

S. 1901-217. — *J. off.* du 30.
Autoris. la Régie à mettre en vente des cigarettes roulées en tabacs.

L. fin. 30 mars 1902.

L. N. 1902-3-130. — P. F. 1902-3-70. — *J. off.* du 30.
Art. 12 : Modif. le tableau A annexé à la L. 11 janvier 1892 (tabacs fabriqués autres que pour la Régie).

TAXE MILITAIRE

V. Armée.

TÉLÉGRAPHES-TÉLÉPHONES

D. 16 avril 1881.

S. 1881-107.
Règles applicab. à la correspond. télégraphiq. intérieure.

L. 20 décembre 1884.

L. N. 1884-2-74. — D. P. 1888-4-34. — S. 1888-301.
Répress. des infract. à la convent. internat. du 14 mars 1884, relative à la protection des câbles sous-marins.

D. 31 décembre 1884.

L. N. 1884-2-84. — D. P. 1885-4-76. — S. 1885-804.
Fixant la taxe des communic. téléphoniques.

L. 28 juillet 1885.

L. N. 1885-2-120. — D. P. 1885-4-73. — S. 1886-8.
Établiss., entretien et fonctionn. des lignes télégr. et téléphon.

D. 28 juillet 1885.

L. N. 1885-2-121. — D. P. 1886-4-38 et 39. — S. 1885-810.
Autorisant les établiss. publ. tels que cercles, cafés, hôtels... abonnés aux réseaux, à mettre le téléph. à la disposition de leurs membres ou clients.

D. 29 mars 1888.

L. N. 1888-2-41. — D. P. 1888-4-39. — S. 1888-391.
Réorganisat. de l'école sup. de télégraphie.

D. 23 avril 1888.

D. P. 1888-4-33. — P. F. 1888-3-19.
Promulg. la convent. internat. signée à Paris le 14 mars 1884, pr. la protection des câbles sous-marins.

TÉLÉGRAPHES-TÉLÉPHONES 2

L. 16 juillet 1889.

L. N. 1889-3-197. — D. P. 1890-4-89. — S. 1890-728.
Autoris. le gouvern. à traiter avec les villes pr. l'établiss. de réseaux téléphon. d'intérêt local, et à emprunter à la Caisse des Dépôts et consign. pr. le rachat des réseaux exploités par la Soc. génér. des téléph.

D. 21 septembre 1889.

L. N. 1889-3-287. — D. P. 1890-4-96. — S. 1890-732.
Abonnem. aux réseaux téléphon. urbains.

D. 19 octobre 1889.

L. N. 1889-3-336. — D. P. 1891-4-6. — S. 1890-737.
Fixant la taxe des conversat. téléph. urbaines et interurb.

D. 20 octobre 1889.

L. N. 1889-3-337. — D. P. 1891-4-6. — S. 1890-737.
Transmission téléphoniq. des télégrammes.

L. 20 mai 1890.

L. N. 1890. 3-162. — V. Commentaire *Lois nouv.* 1890-1-788.
Concernant les téléphones inter-urbains.

D. 31 mai 1890.

L. N. 1890-3-173. — D. P. 1891-4-88. — S. 1890-738.
Abonnem. aux réseaux téléphon. urbains.

D. 9 juillet 1890.

L. N. 1890-3-226. — D. P. 1891-4-6. — S. 1891-111.
Surtaxe appliquée aux dépêches télégraph. transmises par téléph.

D. 31 octobre 1890.

L. N. 1890-3-451. — D. P. 1891-4-105. — S. 1892-251. — P. F. 1891-3-17.
Correspond. téléphoniq. inter-urbaine.

D. 7 novembre 1890.

L. N. 1890-3-454. — D. P. 1891-4-106. — S. 1892-251.
Réduction de l'abonn. téléphonique.

D. 31 décembre 1890.

L. N. 1891-3-41. — D. P. 1891-4-78. — S. 1892-263.
Service et comptabilité de l'agent comptable des téléphones.

D. 23 mars 1891.

L. N. 1891-3-90. — D. P. 1891-4-111. -- S. 1893-469.
Abonnements téléphoniq. spéciaux.

D. 1er mai 1891.

L. N. 1891-3-112. — D. P. 1892-4-7. — S. 1893-484. — P. F. 1892-3-68.
Messages téléphonés.

L. 19 juin 1891.
D. 22 juin 1891.

L. N. 1891-3-133 et 134. — S. 1892-309. — P. F. 1892-3-53.
Règlem. internat. adopté par la Conférence télégraph. internat. de Paris du 21 juin 1890.

D. 12 janvier 1894.

D. P. 1895-4-23. — S. 1895-927.
Correspond. télégraphiq. privée dans le régime intérieur.

D. 5 septembre 1895 (2 textes).
D. 7 septembre 1895.

D. P. 1897-4-19 et 20. — S. 1895-1174.
Taxe des conversations téléphoniques. — Messages téléphonés. — Organisation des réseaux téléphoniques locaux.

D. 19 novembre 1895.

L. N. 1895. 3. 205. — D. P. 1897-4-21. — S. 1896-10.
Taxe des télégrammes remis par exprès.

D. 4 mars 1896.

L. N. 1896-3-94. — S. 1896-87. — P. F. 1896-3-128.
Messages téléphonés.

D. 28 juin 1897.

L. N. 1897-3-141. — S. 1898-566. — P. F. 1898-3-91.
Modif. celui du 12 janvier 1894 (corresp. télégr. privée, ds. le régime intér.).

TÉLÉGRAPHES-TÉLÉPHONES 4

D. 29 décembre 1898.

D. P. 1900-4-10. — S. 1899-846. — P. F. 1899-3-92.
Tarifs téléphoniques.

D. 16 janvier 1899.

D. P. 1900-4-10. — S. 1899-847. — P. F. 1899-3-160.
Autorisant l'organisat. d'un service d'appel téléphoniq.

A. 17 janvier 1899.

D. P. 1900-4-11. — P. F. 1899-3-160.
Pour l'exécution de ce dernier texte.

L. 17 janvier 1900.
D. 28 janvier 1900.

S. 1901-63 et 64. — P. F. 1901-3-36.
Approuv. la conv. du 4 oct. 1898 et taxe des conversat. téléphon. entre la France et le Luxembourg.

L. 24 février 1900.
D. 15 mars 1900.
D. 30 mars 1900.

S. 1901-85.
Approbation et promulg. de la convention conclue à Paris, le 29 octobre 1898, entre la France et la Belgique, pour régler le service de la corresp. téléphon. — Taxe.

L. 24 février 1900.
D. 26 février 1900.

S. 1901-86.
Approb. et promulg. de la convention conclue à Paris, le 3 février 1899, entre la France et la Suisse, pour régler le service de la corresp. téléphon. entre les 2 pays.

L. 24 février 1900.
D. 8 juillet 1900.
D. 12 septembre 1900.

S. 1901-87.
Même objet ; convention franco-italienne du 16 juillet 1899 ; taxe ; service de nuit.

L. 4 mai 1900.
D. 15 mai 1900.

S. 1901-88.
Même objet ; convention franco-allemande du 28 mars 1900.

L. 24 juillet 1900.

D. P. 1900-4-85. — *J. off.* du 27.
Portant réorganis. de la télégraphie militaire.

L. 14 mars 1901.

P. F. 1901-3-80. — *J. off.* du 16.
Approuv. l'arrangem. addit. à la Convention franco-britanniq. du 8 déc. 1882 (mandats-poste télégraphiques).

D. 7 mai 1901.
A. 8 mai 1901.

L. N. 1901-3-113. — S. 1901-235. — P. F. 1901-3-104. — *J. off.* du 13 mai.
Modifiant les taxes téléphoniq., et rendant applicab. les disposit. nouvelles.

D. 9 mai 1901.

P. F. 1901-3-150. — *J. off.* des 17-18 mai 1901.
Taxe des communicat. téléphoniq. entre la France et l'Allemagne.

D. 10 mai 1901.

P. F. 1901-3-150. — *J. off.* des 17-18 mai 1901.
Rel. au versement d'un cautionnement par les régisseurs du service des postes et télégr. de Paris.

TÉMOINS

D. 22 juin 1895.

L. N. 1895-3-104. — D. P. 1896-4-69. — S. 1895-1062. — P. F. 1895-3-154. — G. P. 1895-1-17.

Fixant l'indemnité de voyage et les frais de séjour à allouer aux témoins entendus dans l'instruction ou le jugem. des affaires criminelles, correctionn., et de police.

L. 7 décembre 1897.

L. N. 1897-3-276. — D. P. 1897-4-133. — S. 1898-445. — P. F. 1898-3-13. — G. P. 1897-2-5. — V. Commentaire *Lois nouv.*, 1898-2-149.

Permett. aux femmes d'être témoins ds. les actes d'état civil et les actes instrumentaires.

TERRAINS EN MONTAGNE

L. 4 avril 1882.

L. N. 1882. 2. 39. — D. P. 1882-4-89. — S. 1882-362.
Restauration et conservation des terrains en montagne.

D. 11 juillet 1882.

L. N. 1882. 2. 115. — D. P. 1882-4-95. — S. 1882-365.
Règlement d'admin. publ. pr. l'exécut. du texte précéd.

D. 23 octobre 1883.

L. N. 1883. 2. 108. — S. 1885-716.
Créant à l'admin. des forêts un service temporaire pr. assurer la bonne applic. de la L. 4 avril 1882.

D. 16 septembre 1891.

D. P. 1892-4-59.
Communes assujetties à la réglementat. des pâturages par applicat. de la L. 4 avril 1882.

D. 26 septembre 1892.

D. P. 1894-4-16.
Remplaçant le tableau annexé au texte précédent.

TESTAMENT

L. 8 juin 1893

L. N. 1893-3-150. — D. P. 1894-4-4. — S. 1893-561. —P. F. 1894-3-57. — V. Commentaire *Lois nouv.* 1894. 1. 285.

Modif. les dispos. du C. civ. relatives aux testaments faits aux armées ou au cours d'un voyage maritime.

L. 25 mars 1899.

L. N. 1899-3-34. — D. P. 1899-4-17. — S. 1899-873. — P. F. 1899-3-129. — G. P. 1899. 1. 1.

Modif. l'art. 1007 C. civ. (Testament ologr. et mystiq.).

L. 17 mai 1900.

L. N. 1900-3-222. — S. 1900-1057. — G. P. 1900-1-3.

Complétant celle du 8 juin 1893.

THÉATRES. SPECTACLES

A. 2 août 1901.

P. F. 1901-3-135. — *J. off.* du 8.
Du min. instr. pub. — Fond. de la Caisse de secours et pensions viagères de l'Opéra.

D. 12 octobre 1901.

L. N. 1901-3-290. — *J. off.* du 13.
Chargeant l'admin. gén. de la Comédie-Franç. de la réception des pièces.

D. 5 novembre 1901.

L. N. 1901-3-331. — *J. off.* du 8.
Rel. à la situation des sociétaires de la Comédie-Française.

TIMBRE

V. : Affiches. — Assurances. — Chemins de fer. — Dette publique. — Effets publics.

C. 6 mars 1900.

L. N. 1900-3-233.
Relative au mode d'acquittem. de l'impôt du timbre des quittances.

D. 26 juillet 1900.

D. P. 1901-4-8.
Création de nouveaux types de timbres pour le timbrage gratuit des titres étrangers remis en remplacement de titres antérieurement timbrés.

L. 14 décembre 1900.

L. N. 1901-3-2. — D. P. 1901-4-28. — S. 1901-120. — P. F. 1901-3-80.— G. P. 1900-2-6. — *J. off.* du 16 déc. 1900.
Exemptant du timbre les rôles des licences municipales.

TONKIN

Annam.

L. 28 mai 1883.

L. N. 1883. 2. 65. — D. P. 1883-4-102. — S. 1884-680.
Etablissant l'exercice du protectorat au Tonkin.

D. 27 janvier 1886.

L. N. 1886-2-10. — D. P. 1887-4-23. — S. 1886-80.
Organisation du Protectorat de l'Annam et du Tonkin.

D. 3 février 1886.

D. P. 1887-4-24. — S. 1886-81.
Organisation du personnel des résidences.

D. 8 février 1886.

D. P. 1887-4-24. — S. 1886-81.
Attributions consulaires des Résidents.

D. 10 février 1886.

D. P. 1887-4-24. — S. 1886-81. — P. F. 1886-3-183.
Attributions judiciaires des Résidents.

D. 2 mars 1886.

P. F. 1886-3-31.
Promulguant la convention du 6 juin 1884 entre la Républ. française et le royaume d'Annam (Soumission de ce dernier au protectorat français).

D. 4 juin 1887.

L. N. 1887-2-115. — D. P. 1887-4. 79. — S. 1888-304. — P. F. 1887-3-67.
Modifiant le décret du 27 janvier 1886.

D. 29 juillet 1887.

D. P. 1887-4-81. — S. 1888-384. — P. F. 1887-3-80.
Naturalisation en Annam et au Tonkin.

D. 8 septembre 1888.

L. N. 1888-2-124. — D. P. 1888-4-56. — S. 1889-538. — G. P. 1888-2-4.
Organisation de la justice au Tonkin.

TONKIN 2

Annam.

D. 18 septembre 1888.

L. N. 1888-2-128. — S. 1889-539. — G. P. 1888-2-5.
Règlementant la procédure dans les matières civiles, criminelles, correctionnelles et de simple police.

D. 16 octobre 1888.

L. N. 1888-2-144. — S. 1889-446.
Régime des mines au Tonkin.

D. 29 janvier 1890.

L. N. 1890-3-55. — P. F. 1890-3-25.
Appliquant au Cambodge, à l'Annam et au Tonkin le D. 27 janvier 1883 sur le mariage des Français en Cochinchine.

D. 28 février 1890.

L. N. 1890-3-102. — S. 1892-271. — P. F. 1890-3-25.— G. P. 1888-1-10.
Organisation de la justice au Tonkin.

D. 8 février 1892.

L. N. 1892-3-58.
Organisat. de la trésorerie au Tonkin.

D. 14 juin 1893.

S. 1894-849.
Réglementant l'expropr. pr. cause d'utilité publ. en Annam et au Tonkin.

D. 13 janvier 1894.

D. P. 1895-4-86. — S. 1895-930. — P.F.1896-3-43.— G. P.1894-1-1.
Créant une cour d'appel à Hanoï.

2e D. 13 janvier 1894.

D. P. 1895-4-87. — S. 1895-931. — P. F. 1895-3-59.
Fixant la compétence des tribun. du Tonkin.

D. 21 septembre 1894.

L. N. 1894-3-155. — S. 1895-1005.
Création d'un conseil de protectorat de l'Annam-Tonkin.

Annam.

D. 12 novembre 1894.

L. N. 1894-3-179. — D. P. 1893-4-23. — S. 1893-1028. — *J. off.* du 14.
Modif. la compétence des tribun. de résidence au Tonkin.

D. 25 février 1895.

S. 1895-1111. — *J. off.* du 26.
Instituant un secrét. génér. du gouvern. de l'Indo-Chine, et supprimant l'emploi de résident sup. au Tonkin.

D. 15 septembre 1896.

L. N. 1896-3-176. — S. 1897-205. — P. F. 1897-3-119. — *J. off.* du 19.
Organisat. de la justice en Annam et au Tonkin.

D. 25 février 1897.

S. 1897-285. — P. F. 1898-3-67. — *J. off.* du 27.
Régime des Mines en Annam et au Tonkin.

D. 8 juin 1897.

S. 1898-404. — P. F. 1898-3-31. — *J. off.* du 11.
Rétablissant l'emploi de résident supér. du Tonkin.

D. 8 août 1898.

S. 1900-1029. — P. F. 1899-3-23. — *J. off.* du 12.
Réorganis. le conseil de Protectorat du Tonkin.

D. 3 février 1900.

P. F. 1901-3-37. — *J. off.* du 14.
Complétant le décret ci-dessus.

D. 1er novembre 1901 (2 textes).

L. N. 1901-3-329 et 331. — *J. off.* du 4.
Rel. au fonctionnem. de la justice au Tonkin.

TRAITÉS DE COMMERCE ET DE NAVIGATION

V. aussi : Douanes.

L. 29 décembre 1891.

L. N. 1892-3-3. — D. P. 1892-4-63. — S. 1892-386.
Autoris. la prorogat. de certaines clauses des traités avec la Belgique, l'Espagne, les Pays-Bas, le Portugal, les Royaumes-Unis de Suède et Norwège et la Suisse, et fixant le régime douanier applicab. le 1er février 1892 aux produits des pays qui bénéficient du tarif conventionnel.

L. 11 janvier 1892.

L. N 1892-3-13.— D. P. 1892-4-77.— S. 1892-344.— P. F. 1892-3-81.
Etablissement du tarif général des Douanes.

D. 30 janvier 1892.

L. N. 1892-3-43. — D. P. 1892-4-66. — S. 1893-583.
Promulg. la convent. franco-suédoise du 13 janvier 1892 (prorogat. partielle des traités de comm. et navigat. du 30 décembre 1881).

L. 30 janvier 1893.
D. 4 avril 1893.

L. N. 1893-3-33.—D. P. 1894-4-74.—S. 1894-715.—P. F. 1894-3-22.
Approuv. la convent. franco-roumaine du 28 février 1893 (clause de la nation la plus favorisée, propr. littér. artist., et industr.).

L. 30 janvier 1893.
D. 1er février 1893.

L. N. 1893-3-38 et 39. — D. P. 1894-4-71. — S. 1894-717. — P. F. 1893-3-108.
Approuv. la convent. franco-monténégrine du 18/30 juin 1892 (traitement réciproque de la nation la plus favorisée).

L. 30 janvier 1893.
D. 10 juin 1893.

L. N. 1893-3-160. — D. P. 1894-4-109. — S. 1894-716 et 717.
Approuv. la convent. conclue avec l'Uruguay le 4 juillet 1892 (clause de la nation la plus favorisée, réserve pr. le cabotage).

L. 30 janvier 1893.
D 10 juin 1893.

L. N. 1893-3-161.—D. P. 1894-4-109.—S. 1894-717.—P. F. 1894-3-48.
Approuv. la convent. conclue le 19 août avec la Républ. Argent. (clause de la nation la plus favorisée).

TRAITÉS DE COMMERCE ET DE NAVIGATION 2

V. aussi : Douanes.

L. 30 janvier 1893.
D. 1er juillet 1893.

D. P. 1894-4-110. — S. 1894-716 et 717. — P. F. 1895-3-44.
Approuv. la convent. conclue avec le Paraguay le 21 juillet 1892 (clause de la nation la plus favorisée).

L. 30 janvier 1893.
D. 25 octobre 1893.

D. P. 1895-4-3. — S. 1894-716.
Approuv. la convent. franco-colombienne du 30 mai 1892 (clause de la nation la plus favorisée).

D. 7 juillet 1893.

L. N. 1893-3-179. — D. P. 1894-4-96. — S. 1894-747.
Promulg. la convention signée, le 17 juin 1893, entre la France et la Russie.

L. 22 juillet 1893.
D. 25 juillet 1893.

L. N. 1893-3-219. — D. P. 1894-4-116. — S. 1894-715. — P F 1895-3-96.
Approuv. la convent. franco-serbe du 5 juillet 1893 (clause de la nation la plus favorisée).

L. 16 juillet 1894.
D. 3 décembre 1894.

L. N. 1895-3-10. — D. P. 1896-4-21. — S. 1895-939.
Approuv. la convent. franco-bolivienne du 15 septembre 1892 et le protocole interprétatif du 28 octobre 1893 (clause de la nation la plus favorisée et tarif minimum).

D. 19 octobre 1896.

S. 1897-201. — P. F. 1897-3-123.
Promulg. la convent. de commerce signée entre la France et la Chine, le 25 avril 1886, ainsi que les convent. additionn. du 26 juin 1887.

D. 19 octobre 1896.

S. 1897-204.
Promulg. les conventions de commerce conclues à Pékin, le 20 juin 1895, entre la France et la Chine (complém. des précédentes).

TRAITÉS DE COMMERCE ET DE NAVIGATION 3

V. aussi : Douanes.

L. 4 décembre 1897.
D. 26 janvier 1898.

S. 1898-559. — P. F. 1899-3-21.
Promulg. la convention de commerce signée à Sofia le 28 mai-4 juin 1897 entre la France et la Bulgarie.

L. 13 janvier 1898.
D. 30 juillet 1898.

L. N. 1898-3-11. — S. 1899-878.
Promulg. le Traité de commerce et de navigation signé à Paris, le 4 août 1896, entre la France et le Japon.

D. 11 février 1899.

L. N. 1899-3-13. — S. 1900-1171.
Promulg. la convention relative au jaugeage des bateaux de navig. intérieure, signée à Bruxelles, le 4 février 1898, entre la France, l'Allemagne, la Belgique et les Pays-Bas.

L. 28 février 1899.
D. 9 septembre 1899.

L. N. 1899-3-33. — S. 1900-979.
Promulg. le protocole signé à Montévidéo, le 24 juin 1898, entre la France et l'Uruguay, remettant en vigueur la convention de commerce et de navigation du 4 juill. 1892.

D. 16 octobre 1899.

S. 1901-228, — *J. off.* du 18.
Promulg. la convention complémentaire avec le Japon (25 déc. 1898).

L. 2 janvier 1901.

P. F. 1901-3-64.
Approuv. la convention commerciale signée le 31 juillet 1900, entre la France et la République d'Haïti.

L. 22 juillet 1901.
D. 23 janvier 1902.

L. N. 1901-3-208 et 1902-3-65. — *J. off.* des 24 juill. 1901 et 29 janvier 1902.
Approuv. et promulg. la Convention comm. signée à Paris le 9 janvier 1901, entre la France et la République du Salvador.

TRAITÉS DE COMMERCE ET DE NAVIGATION 4

L. 5 février 1902.
D. 20 février 1902.

L. N. 1902-3-101 et 120. — *J. off.* du 16 et du 22.

Approuv. et promulg. la Convention comm. signée à Paris le 7 juin 1901, entre la France et la Répub. de Costa-Rica.

L. 12 février 1902 (3 textes).
D. 21-22 février 1902.

L N. 1902-3-102, 118, 121. — P. F. 1902-3- 63. —*J. off.* des 16, 22 et 23 février.

Approuvant et promulguant 1° : La convention commerc. franco-congolaise, signée à Bruxelles le 31 octobre 1901 ; 2° l'arrangem. commerc. signé à Londres le 27 juin 1901, entre la France et le Zanzibar ; 3° la convention commerc. franco-danoise rel. aux Antilles danoises, du 12 juin 1901.

L. 15 avril 1902.

L. N. 1902-3-191. — *J. off.* du 19.

Approuv. la Convention de commerce et de navigation signée le 30 mai 1898 entre la France et l'Equateur.

TRAITÉS INTERNATIONAUX

Sommaire :

TRAITÉS INTERNATIONAUX

(Questions intéressant le Droit civil et la Procédure).

Pr. l'assist. judic. et la Caution judicat. solvi : V. ces mots.

L. 23 juin 1880.
D. 7 juillet 1880.

D. P. 1881-4-64. — S. 1881-64.

Promulg. la convent. franco-suisse du 23 juill. 1879, qui régularise la situation des enfants des Français naturalisés Suisses.

D. 13 mai 1882.

L. N. 1882-2-60. — D. P. 1883-4-35. — S. 1883-509 et 510.

Promulg. la convent. franco-suisse du 22 févr. 1882, sur l'Établiss. des Français en Suisse et des Suisses en France.

L. 25 juillet 1883.
D. 3 août 1883.

L. N. 1883-2-88. — D. P. 1884-4-8. — S. 1884-679.

Approuv. la convention franco-suisse du 27 septembre 1882, concernant les enfants abandonnés et les aliénés indigents.

D. 5 avril 1884.

L. N. 1884-2-25. — D. P. 1884-4-90. — S. 1885-720.

Approuv. la déclar. signée, le 14 mars 1884, entre la France et le Luxembourg (transmiss. des significat. judic. des 2 pays).

D. 27 avril 1886.

L. N. 1886-2-103. — D. P. 1887-4-36. — S. 1887-142. — P. F. 1886-3-75.

Approuv. la déclar. franco-danoise du 1er avr. 1886 (salaires des marins des 2 pays et success. des marins décédés).

D. 16 juin 1886.

L. N. 1886-2-138. — D. P. 1887-4-37. — S. 1887-143. — P. F. 1886-3-100.

Approuv. la déclar. franco-suédoise du 19 mai 1886 (salaires des marins des 2 pays et success. des marins décédés).

D. 18 juin 1887.

L. N. 1887-2-121. — D. P. 1887-4-78. — S. 1888-299. — P. F. 1887-3-72.

Approuv. la convent. franco-belge du 31 mai 1887 (salaires des marins des 2 pays et success. des marins décédés).

TRAITÉS INTERNATIONAUX 2

(Questions intéressant le Droit civil et la Procédure).

Pr. l'Assistance judiciaire et la Caution judicat. solvi :

V. ces mots.

D. 31 mai 1889.

L. N. 1889-3-117. — D. P. 1890-4-103. — S. 1891-28. — P. F. 1889 3-41.

Promulg. l'arrang. franco-belge du 12 décembre 1888 (mariage des indigents de l'un des 2 pays sur le territoire de l'autre).

D. 7 janvier 1892.

L. N. 1892-3-11. — D. P. 1892-4-66. — S. 1893-580. — P. F. 1893-3-55.

Approuv. la convent. franco-russe du 8/20 nov. 1891 (salaires des marins des 2 pays, et règlem. de leurs successions).

D. 14 septembre 1892.

L. N. 1892-3-156. — D. P. 1893-4-44. — S. 1894-742.

Approuv. la convent. franco-autrich. du 29 août 1892 en vue d'assurer la communicat. réciproq. des actes intéressant l'état civil des ressortissants.

D. 16 mai 1899.

L. N. 1899-3-62. — D. P. 1899-4-102. — S. 1900-981. — P. F. 1899-3-163.

Promulg. la convent. signée à La Haye, le 11 nov. 1896, entre la France et les princip. pays, ainsi que le protoc. additionn. du 22 mai 1897, en vue d'établir les règles communes concern. plusieurs matières de droit internat. relatives à la Procéd.

C. 19 mai 1899.

L. N. 1899-3-144.

Sur l'application de ce dernier texte.

D. 10 févr. 1900.

L. N. 1900-3-95. — D. P. 1900-4-88. — P. F. 1900-3-94.

Promulg. la convent. signée à Santiago du Chili, le 24 août 1899, en vue d'assurer la communicat. récipr. des actes de l'état civil concernant les nationaux de la France et du Chili.

TRAITÉS INTERNATIONAUX 3

(Questions intéressant le Droit civil et la Procédure).
Pr. l'Assist. judic. et la Caution judicat. solvi : V. ces mots.

L. 8 juillet 1900.
D. 30 juillet 1900.

L. N. 1900-3-262. — D. P. 1900-4-50. — S. 1901-25. — P. F. 1900-3-138. — G. P. 1900-2-1. — V. Commentaire *Lois nouv.* 1900-1-293.

Promulg. la convent. franco-belge du 8 juill. 1899 sur la compétence judiciaire, l'autorité et l'exécution des décisions, sentences arbitrales et actes authentiq. dans les 2 pays.

D. 3 décembre 1900.

L. N. 1901-3-1. — S. 1901-48. — P. F. 1900-3-32.

Portant approbation et public. de la déclaration signée à Paris le 16 novembre 1900, entre la France et la Belgique, concernant la transmission des actes judiciaires et extra-judiciaires en matière civile et commerciale.

C. 27 décembre 1900.

L. N. 1901-3-84.

Sur l'exécution de la convention ci-dessus.

TRAITÉS INTERNATIONAUX

(Propr. litt., artist. industr. — Marq. de fabr.).

D. 24 avril 1880.

D. P. 1881-4-40. — S. 1881-11.
Approuv. la convent. franco-danoise du 7 avr. 1880 sur la protection des marq. de fabr.

D. 24 avril 1880.

D. P. 1881-4-41. — S. 1881-11.
Approuv. la déclar. signée le 27 mars 1880 entre la France et le Luxembourg pr. la protection des marq. de fabr.

L. 20 juillet 1880.
D. 22 juillet 1880.

D. P. 1881-4-65. — S. 1881-65.
Approuv. la convent. franco-espagn. du 16 juin 1880, sur la protection des œuvres littér. et artistiq.

D. 13 mai 1882.

L. N. 1882-2-60. — D. P. 1883-4-36. — S. 1883-507.
Promulg. la convent. franco-suisse du 23 févr. 1882 pr. la garantie des marq. de fabr., noms commerciaux, dessins, modèles, prop. littér. et artistiq.

D. 15 mai 1882.

L. N. 1882. 2. 79. — D. P. 1883-4-33. — S. 1883-501.
Promulg. la convent. franco-belge du 31 décembre 1881 pr. la garantie de la prop. littér., artist. et industr.

L. 20 mai 1882.
D. 27 mai 1882.

L. N. 1882-2-87. — D. P. 1883-3-44. — S. 1883-515.
Promulg. la convent. signée le 9 juin 1880 entre la France et le Salvador pr. la garantie des œuvres d'esprit et d'art.

L. 7 juillet 1883.
D. 21 août 1883.

L. N. 1883-2-94. — D. P. 1883-4-93. — S. 1884-627.
Approuv. la convent. franco-allemande du 19 avril 1883, sur la garantie de la propr. littér. et artistiq.

TRAITÉS INTERNATIONAUX 2

(Propr. litt.. artist., industr.—Marq. de fabr.).

D. 8 novembre 1883.

L. N. 1883-2-110. — D. P. 1884-4-77. — S. 1884-629.
Pour l'exécution du texte précédent.

L. 25 janvier 1884.
D. 6 juillet 1884.

L. N. 1884-2-35. — D. P. 1884-4-117. — S. 1885-730.
Promulg. la convent. signée, le 20 mars 1883, entre la France, la Belgique, l'Espagne, le Guatémala, l'Italie, les Pays-Bas, le Portugal, le Salvador, la Serbie et la Suisse, et constituant une Union internat. pr. la protection de la propr. industr.

D. 29 juillet 1884.

L. N. 1884-2-45. — D. P. 1885-4-14. — S. 1885-778.
Promulg. l'arrang. franco-suédois du 15 févr. 1884 pr. la garantie de la propr. des œuvres d'esprit.

L. 20 décembre 1884.
D. 23 janvier 1885.

L. N. 1885-2-6. — D. P. 1885-4-70. — S. 1885-789. — P. F. 1886-3-5.
Approuv. la convent. franco-italienne du 9 juill. 1884, pr. la garantie de la propr. littér. et artist.

D. 20 avril 1885.

L. N. 1885-2-39. — D. P. 1885-4-83. — S. 1885-791.
Réglem. d'admin. publ. pr. l'exécut. de ces derniers textes.

L. 6 août 1885.
D. 19 novembre 1885.

L. N. 1885-2-193. — D. P. 1886-4-59. — S. 1886-126.
Promulg. le traité de navig. signé à Paris, le 9 avril 1884, entre la France et l'Autriche-Hongrie.

D. 10 août 1885.

L. N. 1885-2-142. — D. P. 1886-4-43. — S. 1886-131.
Promulg. la convent. franco-holland. signée à la Haye le 19 avril 1884 (commerce, marq. de fabr., œuvres d'esprit et d'art.

TRAITÉS INTERNATIONAUX 3

(Propr. littér., artist., industr. — Marq. de fabriq.)

D. 8 février 1887.

L. N. 1887-2-37. — D. P. 1887-4-68. — S. 1888-295. — P. F. 1887-3-30.
Approuv. l'arrang. additionn. à la convent. franco-suisse du 23 févr. 1882, signé le 27 janvier 1887 (marq. de fabr.).

L. 28 mars 1887.
D. 12 septembre 1887.

L. N. 1887-2-168. — D. P. 1888-4-4. — S. 1888-257. — P. F. 1887-3-82.
Promulg. la convent. de Berne du 9 septembre 1886, pr. la création d'une Union internat. destinée à protéger les œuvres littér. et artist.

D. 19 avril 1887.

L. N. 1887-2-98. — D. P. 1887-4-72. — S. 1888-296.
Approuv. la convent. franco-italienne du 16 mars 1887 (propr. industr. des Sociétés et établiss. de commerce.

D. 10 août 1889.

L. N. 1889-3-264. — D. P. 1890-4-91. — S. 1891-29. — P. F. 1889-3-56.
Promulg. la convent. signée à Bukarest, le 12 avril 1889, entre la France et la Roumanie (marq. de fabr. et de comm.).

D. 30 juin 1890.

L. N. 1890-3-209. — D. P. 1891-4-89.
Approuv. la convent. franco-bolivienne du 8 septembre 1887 (propr. littér., artistiq. et industr.)

L. 13 avril 1892.
D. 15 juin 1892.

L. N. 1892-3-77. — D. P. 1893-4-51. — S. 1893-444 et 446. — P. F. 1893-3-81.
Approuv. les arrang. signés des 14 et 15 avril 1891 entre les divers États compos. l'Union internat. pr. la protection de la propr. industr.

L. 27 juillet 1895.
D. 8 octobre 1895.

D. P. 1897-4-18. — S. 1895-1147.
Approuv. la convent. franco-roumaine signée à Bukarest le 11 mars-27 févr. 1895 pr. la répress. des fausses indications sur les marchandises.

TRAITÉS INTERNATIONAUX 4

(Propr. littér., artist., industr. — Marq. de fabr.).

L. 30 juillet 1897.
D. 8 décembre 1897.

L. N. 1897-3-291. — S. 1898-452. — P. F. 1898-3-86.
Promulg. la convent. franco-péruvienne signée à Lima le 16 octobre 1896 pour la garantie récipr. de la propriété industr.

D. 17 août 1897.

L. N. 1897-3-200. — S. 1899-877.
Adhésion de la France à la convent. conclue à Montévideo entre divers États de l'Amériq. du Sud, le 11 janvier 1889 (Propr. littér. et artistiq.).

2e D. 17 août 1897.

L. N. 1897-3-202. — S. 1898-454.
Promulg. la convent. conclue le 8 juill. 1896 entre la France et Costa-Rica pr. la protection récipr. des marq. de fabr.

3e D. 17 août 1897.

L. N. 1897-3-203. — S. 1898-455.
Promulg. la convent. signée le 28 août 1896 entre la France et Costa-Rica pr. la protection récipr. de la propr. littér. et artistiq.

D. 29 septembre 1897.

L. N. 1897-3-277. — D. P. 1899-4-111. — S. 1898-442.
Promulg. l'acte addit. du 4 mai 1896 modif. la convent. de Berne de 1886 sur la protection de la propr. littér. et artist.

D. 11 novembre 1897.

L. N. 1897-3-235. — S. 1898-443. — P. F. 1898-3-83.
Promulg. la convent. signée le 21 août 1895 entre la France et le Guatemala pour la protect. récipr. de la propr. littér. et artistiq.

D. 13 novembre 1897.

L. N. 1897-3-233. — S. 1898-444. — P. F. 1898-3-88.
Promulg. la convent. signée, le 12 novembre 1895, entre la France et le Guatemala, pour la protect. récipr. des marq. de fabr. et de comm.

L. 4 mars 1899.
D. 3 novembre 1899.

S. 1900-979.
Promulg. la convent. signée à Quito, le 9 mai 1898, entre la France et l'Equateur, pour la garantie récipr. de la propr. littér. et artistiq.

(Prop. littér., artistiq., indust. — Marq. de fabr.).

D. 15 octobre 1899.

S. 1901-36. — *J. off.* du 21.

Approuvant et pub. la déclaration signée à Luxembourg, le 9 sept. 1899, à l'effet de considérer comme caduque la convention littéraire des 16 déc. 1865 et 4-6 juill. 1856.

D. 24 mai 1900.

L. N. 1900-3-222. — S. 1901-47. — P. F. 1901-3-5. — G. P. 1900-1-3. — *J. off.* du 27.

Portant exécution en ce qui touche les rapports de la France et du Paraguay, de la convent. signée à Montevideo, le 11 janvier 1889, pour la garantie réciproq. de la prop. littér. et artist.

D. 20 septembre 1900.

P. F. 1902-3-80. — *J. off.* du 4 octobre.

Promulg. la conv. signée à Mexico le 19 avril 1899, pr. la prot. réciproq. de la prop. industr.

L. 13 mars 1901.
D. 21 février 1902.

L. N. 1902-3-118. — P. F. 1901-3-128. — *J. off.* des 14 mars et 22 fév. 1902.

Portant approb. et promul. d'une convention, signée le 17 mars 1900, entre la France et l'Equateur, pour la protection réciproq. des marques de fabrique et de commerce.

L. 13 décembre 1901.
D. 26 août 1902.

L. N. 1902-3-7 et 316. — *J. off.* des 14 déc. 1901 et 5 septembre 1902.

Approuv. et promul. l'acte addit. à l'arrangem. du 14 avril 1891 (enregistrem. internat. des marques de fabrique ou de commerce), signé à Bruxelles le 14 décembre 1900.

L. 15 avril 1902.
D 26 août 1902.

L. N. 1902-3-191 et 318. — *J. off.* des 19 avril et 5 sept. 1902. — V. Commentaire *Lois nouv.* 1902-1-389.

Approuv. et promulg. l'acte addit. signé à Bruxelles, le 14 déc. 1900, modif. la convention du 20 mars 1883 (protect. internat. de la propriété indust.), et le protocole de clôture annexé à cette convention.

TRAITÉS INTERNATIONAUX

(Traités politiques).

L. 27 mai 1881.

D. P. 1882-4-54. — S. 1881-145.
Approuv. le Traité franco-tunisien du 12 mai 1881.

L. 17 juillet 1885.
D. 25 janvier 1886.

L. N. 1886-2-7. — D. P. 1886-4-80. — S. 1886-133. — P. F. 1886-3-44.
Approuv. le traité de paix, d'amitié et de commerce, conclu entre la France et la Chine à Tien-Tsin, le 9 juin 1885.

L. 17 juill. 1885.
D. 9 janvier 1886.

L. N. 1886-2-3. — D. P. 1886-4-79. — S. 1886-132.
Approuv. la convent. signée, à Pnom-Penh, le 17 juin 1884, entre la France et la Cambodge, pr. régler les rapp. respect. des 2 pays.

L. 6 mars 1886.

L. N. 1886-2-39.
Approuv. le traité conclu le 17 décembre 1885 entre le Gouvernement français et la Reine de Madagascar.

D. 16 mars 1886.

L. N. 1886-2-45. — D. P. 1887-4-28. — S. 1888-362.
Promulg. la convent. du 5 févr. 1885 entre la Républ. franç. et l'Associat. nation. du Congo, pr. la délimitat. de leurs possess. respect.

D. 26 mars 1886.

L. N. 1886-2-66. — P. F. 1886-3-73.
Approuv. la convent. franco-vénézuélienne du 26 nov. 1885, pr. le rétablissement des relations d'amitié.

D. 30 avril 1886.

L. N. 1886-2-105. — D. P. 1887-4-37. — S. 1890-729. — P. F. 1886-3-75.
Promulg. l'acte génér. de la confér. de Berlin, (26 févr. 1885). Traite des Esclaves, Etablissements du Congo. Navigat. du Niger.

TRAITÉS INTERNATIONAUX 2

(Traités politiques).

L. 5 juillet 1886.
D. 11 août 1886.

L. N. 1886-2-157. — S. 1887-157. — P. F. 1886-3-147.
Promulg. le protocole signé à Berlin, le 24 décembre 1885, sur les possess. françaises et allemandes en Océanie et à la Côte occidentale d'Afrique.

L. 22 juillet 1887.
D. 10 septembre 1887.

S. 1888-333.
Promulg. la convent. franco-portugaise du 12 mai 1886, sur la délimitat. des possess. des 2 pays dans l'Afriq. Occident.

D. 28 janvier 1889.

D. P. 1889-4-55. — S. 1889-440.
Promulg. le traité internat. conclu, le 29 octobre 1888, pour l'établiss. d'un régime définitif garantissant le libre usàge du canal de Suez.

D. 12 mars 1890.

L. N. 1890-3-110. — S. 1891-199. — P. F. 1890-3-39.
Approuv. l'arrang. franco-anglais du 10 août 1889 (délimit. des possess. franç. et angl. sur la côte occident. d'Afrique).

L. 29 décembre 1891.
D. 12 février 1892.

L. N. 1892-3-3. — D. P. 1892-4-70. — S. 1892-419 et 420.
Approuv. l'acte génér. de la confér. de Bruxelles du 2 juillet 1890 et la déclarat. du même jour (traite des nègres).

L. 2 février 1894.
D. 5 février 1894.

D. P. 1895-4-85. — S. 1894-799. — P. F. 1895-3-106.
Promulg. le traité conclu à Bang-Kok, le 3 octobre 1893, entre la France et le Siam.

D. 13 août 1894.

L. N. 1894-3-142. — S. 1895-940.
Promulg. la convent. signée à Berlin, le 15 mars 1894, pr. la délimitat. du Congo français et du Cameroun, et des sphères d'influences franç. et allem. ds. la région du Lac Tchad.

TRAITÉS INTERNATIONAUX 3

(Traités politiques).

2e D. 13 août 1894.

L. N. 1894-3-145. — S. 1895-939.
Promulg. l'arrang. signé à Paris, le 8 décembre 1892 (délimitat. des posses. françaises et territ. de la Républ. de Libéria).

L. 21 décembre 1894.
D. 27 décembre 1894.

L. N. 1895-3-19. — S. 1895- 1064. — P. F. 1895-3-139.
Approuv. l'arrang. franco-congolais du 14 août 1894, pr. la délimit. du territoire du Haut-Oubanghi.

L. 4 juin 1896.
D. 10 octobre 1896.

D. P. 1897-4-107. — S. 1897-203 et 204.
Promulg. la convent. signée à Pékin, le 20 juin 1895, entre la France et la Chine (délimitat. de frontières et commerce).

D. 2 septembre 1896.

S. 1897-205.
Approuv. la déclar. franco-belge du 30 juin 1896 (délimit. de frontières).

L. 31 janvier 1898.
D. 24 juin 1898.

S. 1899-926.
Promulg. la convent. consul. franco-bolivienne du 5 août 1897.

L. 5 juin 1899 (deux textes).
D. 27 juin 1899.

S. 1901-45.
Approbation et promulg. : 1° de la convention conclue à Paris, le 14 juin 1898, entre la France et la Grande-Bretagne, pour la délimitation des possessions franc. de la Côte-d'Ivoire, du Soudan et du Dahomey et des colonies britanniques de la Côte-d'Or et du Lagos, et la délimitation des poss. et sphères d'influence des deux pays à l'est du Niger ; 2° de la déclaration additionnelle à ladite convention signée à Londres le 21 mars 1899.

D. 16 janvier 1900.

D. P. 1901-4-99. — S. 1901-44. — P. F. 1901-3-35. — *J. off.* du 1er février.
Approb. et public. de l'accord signé à Bayonne le 4 mai 1899 entre la France et l'Espagne (droits et privilèges des frontaliers).

TRAITÉS INTERNATIONAUX 4

(Traités politiques).

D. 28 novembre 1900.

L. N. 1900-3-312. — D. P. 1901-4-84. — *J. off.* du 1er décembre 1900.

Promulg. les actes internat. signés, le 29 juillet 1899, à la Haye (conférence de la Paix).

D. 17 janvier 1902.

L. N. 1902-3-63. — *J. off.* du 25.

Promulg. une convention rectificative de la frontière franco-belge.

L. 27 juin 1902.

L. N. 1902-3-260. — *J. off.* du 11 juillet.

Approuv. la conv. signée le 28 mars 1900, entre la France et l'Espagne, pour régler l'exercice de la juridiction dans l'île de la Conférence.

TRAITÉS INTERNATIONAUX

(Matières diverses).

D. 21 décembre 1882.

L. N. 1882-2-235. — D. P. 1883-4-78. — S. 1883-513.
Approuv. la convent. franco-suisse du 28 décembre 1880, sur la pêche ds. le lac Léman et les eaux frontières.

D. 31 août 1883.

D. P. 1884-4-75. — S. 1885-517.
Promulg. la Convent. de Londres du 21 août 1883 (navigat. du Danube).

D. 15 janvier 1884.
D. 5 avril 1884.

D. P. 1884-4-88 et 89. — S. 1885-742 et 744.
Approuv. la convent. de la Haye du 6 mai 1882 sur la police de la pêche de la mer du Nord et la répress. des infractions.

L. 6 août 1885.
D. 7 août 1885.

L. N. 1885-2-132 et 133. — D. P. 1886-4-16. — S. 1886-131.
Promulg. la convent. franco-suisse du 31 octobre 1884, additionn. de celle du 23 févr. 1882 (délits de chasse, rapp. de voisinage et surveill. des forêts limitrophes).

L. 21 avril 1886.
D. 23 avril 1886.

L. N. 1886-2-98. — D. P. 1886-4-86. — S. 1887-160.
Approuv. la convent. franco-belge du 6 août 1885, pr. la répress. des délits de chasse.

D. 24 juillet 1887.

S. 1888-296. — P. F. 1887-3-85.
Approuv. la convent. franco-suisse du 9 juill. 1887 (navigat. du Léman).

D. 13 juin 1888.

L. N. 1888-2-67. — D. P. 1888-4-45. — S. 1889-505. — P. F. 1888-3-34.
Approuv. la convent. franco-suisse du 14 décembre 1887 (Écoles primaires).

TRAITÉS INTERNATIONAUX 2

(Matières diverses).

C. 31 juillet 1888.

L. N. 1888-2-102.
Sur l'application de ce texte.

D. 22 novembre 1889.

L. N. 1890-3-2. — D. P. 1890-4-99. — S. 1891-95.
Approuv. la convent. franco-anglaise du 23 octobre 1889, pour régler les questions de sauvetage des navires naufragés sur les côtes de France et d'Angleterre.

D. 20 mai 1890.

D. P. 1892-4-62. — S. 1894-825.
Approuv. l'arrang. franco-russe du 16 avril 1890 (Frais occasionnés par l'exécut. des commiss. rogat. en matière crimin.).

D. 29 avril 1891.

L. N. 1891-3-106. — D. P. 1892-4-5.
Promulg. la convention franco-suisse du 12 mars 1891 qui modifie les art. 2,3 et 8 de celle du 28 décembre 1880 (pêche ds. les eaux frontières).

L. 30 décembre 1891.

L. N. 1892-3-4. — D. P. 1892-4-63. — S. 1892-399. — P. F. 1893-3-1.
Promulg. la convent. franco-belge du 31 juillet 1891, pr. l'applicat. des lois réglant le service milit. des 2 pays.

D. 24 mai 1892.

L. N. 1892-3-90. — D. P. 1893-4-18. — S. 1894-696. — P. F. 1894-3-48.
Promulg. la convent. franco-belge du 3 août 1891, pr. l'échange des docum. offic. parlem. et administr. destinés à la publicité.

D. 12 juillet 1892.

L. N. 1892-3-128. — D. P. 1893-4-32. — S. 1894-718.
Approuv. la déclar. franco-espagnole du 2 mai 1892, qui modif. celle du 7 janvier 1862, art. 5 (service milit.).

D. 20 juin 1893.

D. P. 1894-4-94. — S. 1894-853.
Promulg. la convent. signée à Athènes le 23 févr. 1887 entre la France et la Grèce (Fouilles archéolog. de Delphes).

TRAITÉS INTERNATIONAUX 3

(Matières diverses).

L. 13 juillet 1897.
D. 6 septembre 1897

S. 1898-439. — P. F. 1899-3-15.
Promulg. la convent. franco-belge du 4 mars 1897 (Caisse d'Épargne).

D. 11 février 1899.

L. N. 1899-3-13. — S. 1900-1171. — P. F. 1901-3-37.
Promulg. la convent. de Bruxelles du 4 févr. 1898 entre la France, l'Allemagne, la Belgique et les Pays-Bas, sur le jaugeage des bateaux de navigat. intérieure.

L. 7 juin 1900.
D. 8 juillet 1900.

S. 1901-47.
Approbation et promulg. de la convention intern. signée à Bruxelles le 8 juin 1899, pour la révision du régime des spiritueux en Afrique.

TRAMWAYS

V. Chemins de fer.

TRANSPORTS

V. aussi : Chemins de Fer. — Marine. — Navigation.

D. 26 janvier 1887.

D. P. 1887-4-72. — S. 1887-218. — P. F. 1887-3-41.
Transport et manutention des munitions dites de sûreté.

L. 11 avril 1888.

L. N. 1888-2-43. — D. P. 1888-4-17. — S. 1889-418. — P. F. 1888-3-10. — G. P. 1888-1-4. — V. Commentaire *Lois nouv.* 1888-1 (3e section), 1.

Modif. les art. 105 et 108 du C. Comm.

L. fin. 26 janvier 1892.

L. N. 1892-3-24. — D. P. 1892-4-9. — S. 1892-303. — P. F. 1892-3-33. — G. P. 1892-1-3. — V. Commentaire *Lois nouv.* 1892-1-154.

Arti 26 : Suppress. de la taxe additionn. de 10 0/0 établie par l'art. 12 de la L. 16 septembre 1871 (transport, voyageurs et bagages, prix des places, messageries, transp. en grande vitesse.., etc...).

D. 23 mars 1901.

L. N. 1901-3-112.

Complétant la nomenclature du règlement d'administration publique du 12 août 1874 sur le transport des matières dangereuses.

TRAVAIL

(Pour tout ce qui concerne la L. 9 avril 1898, V. Accidents). V. encore : Arbitrage ; étrangers.

D. 3 avril 1889.

L. N. 1889-3-60. — D. P. 1890-4-67. — S. 1891-25.
Modif. l'art. 1er du D. 17 mai 1851 sur la durée maxim. du travail ds. certaines industries.

L. 8 juillet 1890.

L. N. 1890-3-219. — D. P. 1890-4-116. — S. 1891-71. — P. F. 1892-3-1. — G. P. 1890-2-4.
Délégués-mineurs.

D. 10 juillet 1890.

L. N. 1890-3-261. — D. P. 1891-4-93.
Enfants employés ds. les ateliers de tréfilerie.

D. 22 janvier 1891.

L. N. 1891-3-30. — D. P. 1891-4-69. — S. 1893-437.
Création d'un Conseil supér. du Travail.

L. 20 juillet 1891.

L. N. 1891-3-141. — D. P. 1891-4-70. — S. 1892-233. — P. F. 1892-3-76. — G. P. 1891-2-2.
Création d'un Office du Travail.

D. 10 août 1891.

L. N. 1891-3-160. — D. P. 1891-4-71. — S. 1892-234. — P. F. 1892-3-77.
Organisant l'office du travail.

D. 26 janvier 1892.

D. P. 1892-4-69. — S. 1893-581.
Travail des enfants dans certains établiss. industr.

D. 4 février 1892.

L. N. 1892-3-53. — S. 1892-237.
Modif. le précédent.

L. 2 novembre 1892.

L. N. 1892-3-163. — D. P. 1893-4-25. — S. 1893-521. — P. F. 1894-3-65. — G. P. 1892-2-70. — V. Commentaire *Lois nouv.* 1894-1-65
Travail des enfants, filles mineures et femmes ds. les établiss. industr.

TRAVAIL 2

D. 13 décembre 1892.

L. N. 1892-3-181. — D. P. 1893-4-49. — S. 1893-525. — P. F. 1894-3-74.— G. P. 1892-2-13.
Inspection du travail ds. l'industrie.

C. 26 janvier 1893.

L. N. 1893-3-31. — S. 1893-528. — P. F. 1893-3-109.
Emploi des enfants dans les théâtres et cafés-concerts.

D. 3 mai 1893.

L. N. 1893-3-120. — D. P. 1894-4-90. — S. 1893-528.
Règlem. d'adminis. publi. pr l'applic. de la L. 2 novembre 1892.

D. 13 mai 1893.

L. N. 1893-3-124. — D. P. 1894-4-91. — S. 1893-528. — P. F. 1893-3-8.
Travail des enfants, fi[1] mineureset femmes dans les manufactures.

L. 12 juin 1893.

L. N. 1893-3-158. — D. P. 1894-4-32. — S. 1893-566. — P. F. 1894-3-17.
Hygiène et sécurité des travailleurs dans les établissements industr.

D. 15 juillet 1893.

L. N. 1893-3-225. — D. P. 1895-4-3. — S. 1894-863. — P. F. 1895-3-89.
Travail des femmes et filles âgées de plus de 18 ans.

D. 10 mars 1894.
C. 27 mars 1894.

. N. 1894-3-58. — D. P. 1895-4-88. — S. 1892-955. — P. F. 1895-3-115. — V. Commentaire *Lois nouv*. 1894-1-345.
Règlem. d'admin. publ. pour l'applic. de la L. 12 juin 1893.

C. 1er mai 1894.

L. N. 1894-3-78.
Relative aux décisions de simple police pour contravention à la Loi 2 novembre 1892.

D. 13 juin 1894.

L. N. 1894-3-85. — S. 1895-996. — P. F. 1895-3-120.
Modif. l'organisat. de l'office du travail.

TRAVAIL 3

A. 31 juillet 1894.

L. N. 1894-3-146. — P. F. 1895-3-60.
Travail des jeunes ouvriers et ouvrières, âgés de moins de 18 ans, dans l'industrie.

D. 29 juin 1895.

L. N. 1895-3-108. — D. P. 1896-4-69. — S. 1895-1128. — P. F. 1896-3-28.
Mesures particul. de protection et de salubrité à prendre dans les fabriques d'acéto-arsénite de cuivre (vert de Schweinfurt).

D. 26 juillet 1895.

L. N. 1895-3-128. — S. 1895-1151. — P. F. 1895-3-156.
Modif. celui du 15 juill. 1893 (travail des femmes et des enfants).

C. 28 novembre 1896.

L. N. 1897-3-99.
Contraventions à la L. 2 novembre 1892. — Minimum des amendes. — Circonstances atténuantes. — Cumul des peines.

D. 6 juin 1897.

L. N. 1897-3-138. — S. 1898-405. — P. F. 1897-3-122.
Modif. l'organis. de l'Office du Travail.

D. 21 juin 1897.

L. N. 1897-3-139. — D. P. 1897-4-102. — S. 1898-408. — P. F. 1898-3-92.
Modif. la nomenclat. des Établiss. dans lesquels l'emploi des enfants, filles mineures et femmes est autorisé.

D. 29 juillet 1897.

L. N. 1897-3-183. — D. P. 1897-4-102. — S. 1898-464. — P. F. 1898-3-96.
Complét. la nomenclature des industries admises à bénéficier des tolérances prévues par la L. 2 novembre 1892.

D. 24 février 1898.

L. N. 1898-3-39. — S. 1899-930. — P. F. 1898-3-87.
Même objet.

TRAVAIL 4

L. 9 avril 1898.

L. N. 1898-3-78. — D. P. 1898-4-49. — S. 1899-761. — G. P. 1898-1-8. — V. Commentaire *Lois nouv.* 1899-1 165.

Responsabil. des accidents dont les ouvriers sont victimes dans leur Travail.

(Pour ce texte et ceux qui lui font suite, V. Accidents).

D. 20 avril 1899.

D. P. 1900-4-10. — S. 1900-1124.

Modif. la nomenclat. des tableaux annexés au D. 13 mai 1893.

D. 1er juillet 1899.

L. N. 1899-3-150. — S. 1900-1124. — P. F. 1899-3-156.

Complétant la nomenclat. des industr. admises à bénéficier des tolérances prévues par la L. 2 novembre 1892.

D. 10 août 1899.

L. N. 1899-3-179. — D. P. 1900-4-72. — S. 1900-1052. — P. F. 1899-3-170.

Conditions du travail dans les marchés passés au nom de l'État.

2e D. 10 août 1899.

L. N. 1899-3-181. — S. 1900-1053. — P. F. 1899-3-171.

Condit. du travail dans les marchés passés au nom des départements.

3e D. 10 août 1899.

L. N. 1899-3-182. — S. 1900-1053. — P. F. 1899-3-171.

Condit. du travail dans les marchés passés au nom des communes et Établissem. de bienfaisance.

C. 17 août 1899.

L. N. 1899-3-189. — P. F. 1900-3-55.

Sur les commiss. départem. chargées de surveiller l'applicat. de la L. 2 novembre 1892.

D. 1er septembre 1899.

D. P. 1900-4-24. — P. F. 1899-3-169.

Réorganisant le Conseil supér. du travail.

C. 21 octobre 1899.
C. 5 novembre 1899.

L. N. 1899-3-218 et 217.
Sur l'applicat. de la L. 2 nov. 1892 (travail des enfants, filles et femmes dans les manufactures).

A. 4 novembre 1899.

L. N. 1899-3-229. — P. F. 1900-3-66.
Réglementat. de la durée du travail et des repos des mécaniciens et chauffeurs des chemins de fer.

A. 4 novembre 1899.

L. N. 1899-3-231. — P. F. 1900-3-66.
Réglementat. de la durée du travail des agents des chem. de fer.

A. 23 novembre 1899.

L. N. 1899-3-233. — P. F. 1900-3-67.
Même objet.

C. 24 novembre 1899.

L. N. 1899-3-235. — P. F. 1900-3-67.
Même objet.

D. 10 décembre 1899.

L. N. 1900-3-7. — S. 1900-1124. — P. F. 1900-3-70.
Modif. les textes antérieurs relatifs au travail des adultes.

C. 19 janvier 1900.

L. N. 1900-3-92.
Adressée : 1° Aux inspect. division. du Travail ; 2° Aux secrétaires des Syndic. profess. ouvriers et des Bourses du travail.

C. 2 février 1900.

L. N. 1900-3-94.
Surveillance à exercer pour assurer l'exécut. de la réglementat. concernant la durée du travail des agents de chem. de fer.

L. 30 mars 1900.

L. N. 1900-3-126. — D. P. 1900-4-44. — S. 1900-1089. — P. F. 1900-3-129. — G. P. 1900-1-1 — V. Commentaire *Lois nouv.* 1900-1-237.
Modif. celle du 2 novembre 1892 (travail des enfants, filles mineures et femmes).

TRAVAIL 6

D. 3 mai 1900.

L. N. 1900-3-202. — P. F. 1900-3-87.
Modif. la nomenclat. des tableaux annexés au D. 13 mai 1893 (emploi des enfants, filles mineures et femmes).

C. 17 mai 1900.

L. N. 1900-3-208. — P. F. 1901-3-41.
Au sujet des modificat. apportées à la L. 2 novembre 1892 sur le travail des enfants, filles mineures et femmes.

C. 5 juin 1900.

L. N. 1900-3-298.
Applicat. de la L. 2 novembre 1892. — Inspect. du travail. — Obligat. de leur faire connaître les décisions rendues sur leurs procès-verbaux.

D. 17 septembre 1900.

L. N. 1900-3-293. — S. 1901-31. — P. F. 1900-3-118.
Créant et organisant des Conseils du travail.

D. 20 octobre 1900.

S. 1901-31. — P. F. 1901-3-31.
Portant modific. à la composit. du Cons. sup. du Travail.

L. 29 décembre 1900.

L. N. 1901-3-12. — D. P. 1901-4-19. — S. 1901-41. — V. Commentaire *Lois nouv.* 1901-1-295.
Fixant les conditions du travail des femmes employées dans les magasins, boutiques et autres locaux en dépendant.

D. 2 janvier 1901.

L. N. 1901-3-66. — S. 1901-32. — P. F. 1901-3-57.
Modifiant les articles 5, 6, 7 et 9 du décret du 17 septembre 1900, instituant les conseils du travail.

Arr. 13 fév. 1901.

P. F. 1901-3-56.
Du min. des trav. pub., créant des comités du travail sur les chemins de fer de l'Etat.

C. 25 février 1901.

L. N. 1901-3-85. — P. F. 1901-3-57.
Relative à l'organisation des conseils du travail.

D. 18 avril 1901.

L. N. 1901-3-105. — S. 1902-296. — G. P. 1901-1-14. — *J. off.* du 24.

Complétant la nomenclature des industries admises à bénéficier des tolérances prévues par la loi du 2 nov. 1892, en ce qui concerne le travail de nuit.

D. 14 juillet 1901.

L. N. 1901-3-204. — P. F. 1901-3-154. — *J. off.* du 26.

Modif. le D. 10 mars 1894 concernant l'hygiène et la sécurité des trav. dans les établissements industriels.

A. 10 octobre 1901.

L. N. 1901-3-294. — G. P. 1901-2-751. — *J. off.* du 19.

Régl. la durée du trav. effectif des agents des chem. de fer.

D. 11 mars 1902.

L. N. 1902-3-151. — P. F. 1902-3-90. — *J. off.* du 16.

Surveillance de l'exécution des prescriptions rel. au travail des agents des chemins de fer.

D. 23 mars 1902.

L. N. 1902-3-124. — *J. off.* du 27.

Modif. l'art. 16, D. 1er sept. 1899, portant réorgan. du Cons. sup. du travail.

D. 28 mars 1902.

L. N. 1902-3-206. — S. 1902-328. — *J. off.* du 17 mai.

Réglem. sur la durée du trav. effectif journalier des ouvriers adultes.

A. 20 mai 1902.

L. N. 1902-3-242. — *J. off.* du 6 juin.

Modif. l'arrêté du 4 nov. 1899, rel. à la durée du travail et des repos des mécaniciens et chauffeurs.

D. 4 juillet 1902.

L. N. 1902-3-265. — *J. off.* du 5.

Complét. la nomenclature des industries admises à bénéf. des tolérances prévues par la L. 2 nov. 1892 en ce qui concerne le repos hebdomadaire et la durée du travail.

D. 18 juillet 1902.

L. N. 1902-3-323. — *J. off.* du 19.
Réglem. l'emploi de la céruse dans les trav. de peinture en bâtiments.

D. 6 août 1902.

L. N. 1902-3-135. — *J. off.* du 12 août.
Modif. l'art. 4, D. 10 mars 1894 (hygiène et salubrité ds. les établissem. industr.)

TRAVAUX FORCÉS

D. 18 juin 1880.

D. P. 1881-4-37. — S. 1880-628.
Régime disciplinaire des établiss. de travaux forcés.

D. 13 janvier 1888.

L. N. 1888-2-3.— D. P. 1888-4-13.— S. 1888-324.— P. F. 1888-3-11. — G. P. 1888-1-1.
Mode de constat. de la présence des libérés tenus de résider ds. les colonies pénitentiaires.

D. 30 août 1889.

L. N. 1889-3-282. – D. P. 1890-4-97.
Concernant les debits de boissons, cafés, restaurants, hôtels, etc..dans les colonies pénitentiaires de la Guyane et de la Nouvelle-Calédonie.

D. 4 octobre 1889.

L. N. 1889 3-309. — D. P. 1890 4-96.. — S. 1891-63.
Constituant des trib. marit. spéciaux ds. les colonies affectées à la transportation des individus condamnés aux trav. forcés.

D. 5 octobre 1889.

L. N. 1889-3-324. — D. P. 1890-4-101. — S. 1891-64.
Appliq. aux condamnés aux trav. forcés les Lois pénales en vigueur dans chaque colonie pénitent.

D. 29 septembre 1890.

L. N. 1890 3 380.—D. P. 1891-4-110.—S. 1892-246.—P. F. 1891-3-14. — G. P. 1890-2 10.
Complétant celui du 13 janvier 1888.

D. 30 juin 1891.

L. N. 1891-3-140. — D. P. 1892 4-30.—S. 1893-513. — G. P. 1891-2-1.
Fixant les élém. constitut. du délit d'évasion commis par les réclusionn. coloniaux.

D. 4 septembre 1891.

L. N. 1891-3-164.— S. 1892-281.— P. F. 1893-3-10.— G. P.1891-2-5.
Régime disciplin. des Établiss. de trav. forcés aux colonies.

D. 15 septembre 1891.

L. N. 1891-3-172. – S. 1893-520.— P. F.1893-3-18. — G.P.1891-2-8.
Emploi aux colonies de la main-d'œuvre des condamnés aux trav. forcés.

A. 4 juillet 1892.
D. 27 février 1893.

S. 1894-840. — P. F. 1894-3-23.
Réglem. d'applicat. des D. 13 janvier 1888 et 29 septembre 1890 sur le régime des libérés, réglant le mode de constatat. de leur présence et de leurs moyens d'existence, et determin. les profess. qui leur sont interdites.

D. 20 décembre 1892.

S. 1894-804. — P. F. 1893-3-97.
Réorganisat. du personnel de l'Administ. pénitentiaire aux colonies.

D. 25 avril 1893.

L. N. 1893-3-120. — D. P. 1894-4-111. — S. 1895-846.
Etendant ce texte aux déportés libérés des trav. forcés ayant à subir réclusion ou emprisonn.

D. 13 décembre 1894.

L. N. 1895-3-13. — S. 1895-1078. — P. F. 1895-3-137.
Modif. celui du 15 septembre 1891 sur l'emploi de la main-d'œuvre des condamnés aux trav. forcés.

D. 18 janvier 1895.

L. N. 1895-4-27. — S. 1895-1081. — P. F. 1895-3-139.
Réglement. sur de nouvelles bases le régime des concessions accordées aux transportés dans les colonies pénitentiaires.

D. 29 mai 1895.

D. P. 1896-3-68. — S. 1895-1145.
Approuvant l'arrêté du 30 janvier 1895 pris par le Gouvern. de la Guyane, relatif à la visite des navires quittant la colonie.

D. 24 avril 1897.

L. N. 1897-3-115. — S. 1897-302. — G. P. 1897-1-7.
Modif. celui du 4 octobre 1889 sur les Trib. marit. spéciaux dans les colonies affectées à la transportat. des condamnés aux trav. forcés.

D. 30 août 1898.

S. 1900-1047. — P. F. 1899-3-31.
Modif. celui du 13 décembre 1894 (emploi de la main-d'œuvre des condamnés).

TRAVAUX FORCÉS 3

D. 29 mars 1901.

L. N. 1901-3-103. — P. F. 1901-3-94. — *J. off.* du 5 avril.
Portant modific. au D. 30 août 1898 sur l'emploi de la main-d'œuvre pénale dans les Colonies pénitentiaires.

D. 9 octobre 1901.

L. N. 1901-3-321. — *J. off.* du 24.
Modif. le D. 18 janvier 1895 sur le régime des concessions à accorder aux condamnés aux travaux forcés et aux libérés.

TRAVAUX PUBLICS

V. aussi : Marchés administratifs.

L. 25 juillet 1891.

L. N. 1891-3-159. — D. P. 1891-4-68. — S. 1892-209. — P. F. 1895-3-88. — G. P. 1891-2-4. — V. Commentaire *Lois nouv.* 1891-1-745.
Étendant à certains travaux l'applic. du D. 26 pluviôse, 28 ventôse an II.

A. 16 février 1892.

D. P. 1892-4-84.
Fixant les nouvelles clauses et condit. génér. imposées aux Entrepren. des Ponts et chaussées (Modific. au cahier de 1866).

L. 29 décembre 1892.

L. N. 1893-3-16. — D. P. 1893-4-56. — S. 1893-505. — P. F. 1895-3-26.
Dommages causés à la propr. privée par l'exécut. de trav. publ.

C. 15 mars 1893.

P. F. 1895-3-28.
Exécution de la loi du 29 décembre 1892 ci-dessus.

TRIBUNAL DES CONFLITS

D. 15 juillet 1885.

L. N. 1885-2-85. — S. 1885-777. — P. F. 1886-3-21.
Modif. le Réglem. d'admin. publ. du 26 octobre 1849 sur la procédure à suivre au Tribun. des conflits.

D. 24 juillet 1885.

S. 1885-810. — P. F. 1886-3-21.
Modif. le précédent relativement aux vacances du Tribun. des Conflits.

TRIBUNAUX

V. Cours et Tribunaux. — Organisation judiciaire.

TRIBUNAUX DE COMMERCE

L. 8 décembre 1883.

L. N. 1883-2-113. — D. P. 1884-4-9. — S. 1884-633. — V. Commentaire *Lois nouv.* 1884-1 (1re section), p. 1 à 84.
Élection des membres des Tribun. de Commerce.

C. 13 février 1884.

L. N. 1884-3-17. — D. P. 1884-4-11 (note). — S. 1884-637.
Sur l'applic. de ce texte.

L. 18 juillet 1889.

L. N. 1889-3-211. — S. 1890-596. — P. F. 1889-3-49. — G. P. 1889-2-16. — V. Commentaire *Lois nouv.* 1889-1-685.

Modif. l'art. 617 C. com. (Composit. des Trib. de comm.).

L. 23 janvier 1898.

L. N. 1898-3-13. — D. P. 1898-4-14. — S. 1898-540. — P. F. 1899-3-17.— G. P. 1898-1-1.
Conférant l'électorat aux femmes pr. l'élection aux Trib. de comm.

TUNISIE

L. 27 mai 1881.

D. P. 1882-4-54. — S. 1881-145.
Approuvant le traité franco-tunisien du 12 mai 1881.

L. 27 mars 1883.

L. N. 1883-2-46. — D. P. 1883-4-96. — S. 1883-454.
Organisant la juridiction française en Tunisie.

D. 22 décembre 1883.

L. N. 1883-2-118. — D. P. 1884-4-79. — S. 1885-778.
Ouvrant les bureaux de Poste de la Tunisie au service de la Caisse d'Épargne postale.

L. 9 avril 1884.

D. P. 1885-4-16. — S. 1885-746.
Approuv. la convent. conclue avec le Bey de Tunis le 8 juin 1883 (Emprunt).

D. 18 juin 1884.

D. P. 1884-4-126. — S. 1885-701.
Portant organisat. de l'Assist. jud. en Tunisie.

D. 23 juin 1885.

L. N. 1885-2-74.
Définissant les attribut. du Représent. de la Républ. en Tunisie.

D. 29 juillet 1887.

D. P. 1887-4-80. — S. 1888-287. — P. F. 1887-3-80.
Naturalisation en Tunisie.

D. 1er octobre 1887.

D. P. 1888-4-7. — S. 1888-304.
Soumettant les avocats en Tunisie aux règles de discipline de l'ordonn du 20 novemb. 1822.

D. 3 mai 1888.

D. P. 1888-4-43. — S. 1888-359. — P. F. 1888-3-18. — G.P.1888-1-4.
Modif. celui du 18 juin 1884 (Assist. jud. en Tunisie).

D. 17 juillet 1888.

L. N. 1888-2-82. — S. 1900-1129. — P.F. 1888-3-34. — G.P.1888-2-3.
Déterminat. de la Compét. des juridict. franç. en Tunisie en matière immobil.

D. 24 janvier 1890.

D. P. 1891-4-89. — S. 1891-108.
Paiement et recouvr. des frais de justice répressive et des amendes prononcées par les Tribun. français.

L. 25 juin 1892.

D. P. 1893-4-24. — S. 1893-461.
Autoris. le Bey de Tunis à convertir en 3 0/0 l'emprunt amortiss. de 3 1/2 0/0 garanti par la Républ. française.

D. 29 novembre 1893.

L. N. 1893-3-308. — D. P. 1895-4-6. — S. 1895-904. — P. F. 1895-3-47.
Règlem. d'Admin. publ. pr. l'exécut. de la L. 27 mars 1883 (organis. de la juridict. franç. en Tunisie).

D. 28 février 1899.

L. N. 1899-3-27. — S. 1900-1085. — P. F. 1899-3-111.
Sur la naturalisation en Tunisie.

D. 5 décembre 1899.

L. N. 1900-3-5. — S. 1900-1129.
Règlem. d'admin. publ. concernant : 1° les conditions auxquelles est subordonné en Tunisie le titre de médecin-expert ; 2° la réforme du tarif des honor., vacat., frais de transport et de séjour des médecins.

D. 4 mai 1900.

L. N. 1901-3-203. — D. P. 1900-4-87. — S. 1901-8.
Rel. aux officiers de police judic. en Tunisie.

D. 7 janvier 1901.

P. F. 1901-3-46.
Conditions dans lesquelles les instituteurs en Tunisie peuv. être admis au bénéf. de l'art. 11, D. 16 juin 1899 (assimilation au personnel des écoles publiq. ordinaires).

D. 16 mai 1901.

L. N. 1901-3-122.
Sur l'exercice de la profession d'avocat en Tunisie.

TUNISIE 3

D. 5 août 1901.

L. N. 1901-3-210. — *J. off.* du 9 août 1901.

Réglem. d'admin. publ. pour l'application en Tunisie des L. L. 5 août 1899 et 11 juillet 1900 (casier judic. et réhabilitation de droit).

TUTELLE

L. 27 février 1880.

D. P. 1880-4-47. — S. 1880-546. — V. Commentaire *Lois nouv.* 1882, 1 (appendice), p. 1.

Aliénat. des val. mobil. des mineurs et interdits ; convers. des titres.

C. 20 mai 1880.

S. 1880-553.

Application du texte précédent.

UNIVERSITÉS

—

L. 10 juillet 1896.

L. N. 1896-3-141. — D. P. 1896-4-85. — S. 1896-157. — P. F. 1897-3-81. — G. P. 1896-2-1.
Constitution des Universités.

D. 21 juillet 1897.

L. N. 1897-3-166. — D. P. 1897-4-134. — S. 1899-698. — P. F. 1898-3-20.
Régime scolaire et disciplinaire des Universités.

2° D. 21 juillet 1897.

L. N. 1897-3-171. — D. P. 1897-4-136. — S. 1899-700. — P. F. 1898-3-22.
Règlem. d'admin. publ. pr. l'acceptat. des dons et legs faits en faveur des Universités, facultés et Écoles d'Enseign. supér.

D. 22 juillet 1897 (2 textes).

L. N. 1897-3-172 et 175. — D. P. 1899-4-65. — S. 1899-700 et 701. — P. F. 1898-3-22.
Règlem. d'admin. publ. sur le régime financier et la comptabil. des Universités.

D. 24 juillet 1897.

L. N. 1897-3-161. — S. 1899-697. — P. F 1898-3-19.
Portant réglement pr. l'organisat. du Conseil des Universités.

D. 31 juillet 1897.

L. N. 1897-3-199. — D. P. 1897-4-103. — S. 1899-702.
Règlem. sur les droits à percevoir au profit des Universités

L. fin. 30 mai 1899.

L. N. 1899-3-75. — D. P. 1899-4-76. — S. 1899-853. — P. F. 1899-3-147.
Art. 23: Autorisant au profit des Universités la perception de rétribut. pr. études et examens, en vue des titres scientifiq. institués par elles.

VAINE PATURE

V. Code rural.

VALEURS MOBILIÈRES

V. Agent de change. — Effets publics. — Tutelle.

VÉLOCIPÈDES

L. fin. 28 avril 1893.

L. N. 1893-3-96. — D. P. 1893-4-79. — S. 1893-620. — P. F. 1893-3-65.

Art. 10 à 18 : établissant et réglementant une taxe.

L. fin. 13 avril 1898.

L. N. 1898-3-93. — D. P. 1898-4-97. — S. 1898-600. — V. Commentaire *Lois Nouv.* 1898-1-322.

Art. 5 à 8 : modif. les chiffres de la taxe instituée par le texte précéd. et imposant une plaque de contrôle.

D. 10 décembre 1898.

L. N. 1899-3-4. — D. P. 1899-4-58. — S. 1900-945. — P. F. 1899-3-130.

Règlem. d'admin. publ. pr. l'applic. de ce texte.

D. 6 janvier 1899.

L. N. 1899-3-66.

Transport par bacs des vélocipèdes et automobiles.

VÉLOCIPÈDES 2

C. 24 février 1899.

L. N. 1899-3-69.
Du Direct. de l'Admin. départem. et comm. — Vélocipèdes possédés en vertu de règlem. administ.

D. 22 août 1899.

L. N. 1899-3-212. — S. 1900-1042.
Déterminant le modèle de la plaque de contrôle des vélocipèdes.

L. fin. 24 février 1900.

L. N. 1900-3-97. — D. P. 1900-4-32. — S. 1900-1065.
Art. 4 à 8 : Plaques de contrôle, délivrance et renouvellement. — Soustraction et perte. — Remplacement. — Défaut de déclaration, taxe supplémentaire. — Contraventions. — Pénalités.

D. 11 mai 1900.

L. N. 1900-3-207. — D. P. 1900-4-86. — S. 1900-1081. — P. F. 1900-3-127. — G. P. 1900-1-2.
Déclarat. prévue par l'art. 5 du texte précédent, en cas de perte ou de soustraction de la plaque de contrôle.

L. fin. 13 juillet 1900.

L. N. 1900-3-249. — D. P. 1901-4-29. — P. F. 1900-121.
Art. 6 : modif. la L. 13 avril 1898 (vélocipèdes ; exemption).

VENTE

L. 23 octobre 1884.

L. N. 1884-2-65. — D. P. 1885-4-9. - S. 1885-706. — *J. off.* du 25. — V. Commentaire *Lois nouv.* 1885-1 (1re section), p. 53.
Sur les ventes judiciaires d'immeubles.

Instr. 3 décembre 1884.

L. N. 1885-1 (1re section), 101. — S. 1885-709.
Sur l'application du texte précédent.

C. 10 mars 1890.

L. N. 1890-3-146. — P. F. 1890-3-24.
Même objet.

D. 9 juin 1896.

L. N. 1896-3-140. — D. P. 1897-4-88. — S. 1896-159. — P. F. 1896-3-135. — *J. off.* du 25.
Modif. les art. 1 et 2 du Réglem. d'administ. publ. du 12 mars 1859, sur les Salles de Ventes publiques.

D. 4 décembre 1898.

S. 1901-217.
Rel. à la vente des obj. en dépôt au Minis. des Aff. étrangères et non réclamés depuis 30 ans.

C. 12 mai 1899.

L. N. 1899-3-143.
Ventes judic. d'immeub. Valeur infér. à 2000 fr: Restitut. des frais. Certificat du greffier et acquit de la partie prenante. Formule unique.

C. 29 décembre 1899.

L. N. 1900-3-78.
Petites ventes judic. d'immeubles. Frais excessifs. Mesures à prendre.

C. 7 mars 1902.

L. N. 1902-3-247.
Ventes judic. d'immeubles dont le prix ne dépasse pas 2000 fr. ; vérification des frais.

VENTES ET ÉCHANGES D'ANIMAUX DOMESTIQUES

V. Code rural.

VÉTÉRINAIRES

D. 21 octobre 1881.

D. P. 1882-4-111. — S. 1881-193.
Réglement pr. les Ecoles nationales vétérinaires.

D. 18 février 1887.

L. N. 1887-2-38. — S. 1887-216.
Organisation des Ecoles nation. vétérinaires.

VINAIGRES

D. 11 août 1884.

D. P. 1885-4-7. — S. 1885-688.

Règlem. d'admin. publ. pr. l'exécut. de la L. 17 juillet 1875 sur les vinaigres et acides acétiques.

VINS

L. 19 juillet 1880.

D. P. 1881-4-44. — S. 1881-51.
Portant dégrèvement des droits sur les sucres et sur les vins.

L. 14 août 1889.

L. N. 1889-3-269. — D. P. 1889-4-110. — S. 1890-618. — P. F. 1889-3-53.— G. P. 1889-2-23. — V. Commentaire *Lois Nouv.* 1889-1-793.
Sur les fraudes ds. les ventes de vins.

L. 26 juillet 1890.

L. N. 1890-3-294. — D. P. 1890-4-109. — P. F. 1891-3-34. — G. P. 1890-2-6. — V. Commentaire *Lois Nouv.* 1891-1-644.
Fabricat. et impositions des vins de raisins secs.

D. 7 octobre 1890.

L. N. 1890-3-393. — D. P. 1891-4-81. — S. 1891-14. — P. F. 1891-3-35.
Obligations imposées aux fabric. de vins de raisins secs

C. 1er avril 1891.

L. N. 1891-3-94.
Vins plâtrés.

L. 11 juillet 1891.

L. N. 1891-3-146. — D. P. 1891-4-65. — S. 1892-249. — P. F. 1895-3-40. — G. P. 1891-2-2. — Commentaire *Lois nouv.* 1891-1-605 et 1892-1-125.
Répression des fraudes ds. la vente des vins.

D. 25 janvier 1892.

L. N. 1892-3-23. — D. P. 1892-4-83. — S. 1892-389. — P. F. 1893-3-58. — G. P. 1892-1-3.
Modif. celui du 7 octobre 1890.

L. 24 juillet 1894.

L. N. 1894-3-118. — D. P. 1894-4-105. — S. 1894-870. — P.F. 1895-3-123. — V. Commentaire *Lois nouv.* 1895.1.317.
Fraudes commises ds. la vente des vins (alcoolisation et mouillage).

VINS 2

L. 6 avril 1897.

L. N. 1897-3-89. — D. P. 1897-4-47. — S. 1897-273. — P. F. 1898-3-73.—G. P. 1897-1-4.—V. Commentaire *Lois nouv*. 1897-1-229 et 319.
Fabrication, circulation et vente des vins artificiels.

D. 6 août 1897.

L. N. 1897-3-189. — D. P. 1897-4-103. — S. 1898-511. — P. F. 1898-3-74.
Abrogat. du D. 25 janv. 1892 et modific. au D. 7 octobre 1890.

L. fin. 13 avril 1898.

L. N. 1898-3-93. — D. P. 1898-4-97. — S. 1898-600.
Art. 21 et 22 : Régime fiscal exceptionnel des vermouths et vins de liqueurs. Vins doux naturels.

D. 19 avril 1898.

L. N. 1898-3-203. — S. 1900-962. — P. F. 1898-3-111.
Vins suralcoolisés.

C. 5 septembre 1900.

L. N. 1900-3-309.
Sur le sucrage des vins.

VOIRIE

V. aussi : Chemin de fer.

D. 22 juillet 1882.

D. P. 1883-3-45. — S. 1883-484.
Réglem. d'admin. publ. sur les alignements, saillies, droits de voirie... etc... pr. la ville de Paris.

D. 23 juillet 1884.

D. P. 1885-4-5. — S. 1885-685.
Réglem. sur la hauteur des maisons, les combles et les lucarnes ds. la ville de Paris.

L. 19 mars 1889.

L. N. 1889-3-53. — D. P. 1889-4-47. — S. 1889-551. — P. F. 1889-3-16. — G. P. 1889-1-7. — V. Commentaire *Lois nouv.* 1889-1-505.
Annonces sur la voie publique.

Av. Cons. d'État 21 et 27 juin 1893.

S. 1894-657. — P. F. 1894-3-62.
Concess. des distrib. d'eau et de lumière pr. les voies publiq. du territoire communal ; compétence.

C. 15 août 1893.

S. 1894-657. — P. F. 1694-3-60.
Canalisat. sur les voies publiques.

D. 30 janvier 1894.

L. N. 1894-3-31. — S. 1895-932.
Complét. l'art. 5 du D. 6 août 1881 (établiss. de voies ferrées sur le sol des voies publiq.).

L. 6 décembre 1897.

L. N. 1897-3-256. — D. P. 1898-4-16 — S. 1898-434. — G. P. 1897-2-4. — V. Commentaire *Lois nouv.* 1898-1-379.
Art. 2 et 3 : Portions délaissées des routes nation. Classem.

C. 10 février 1900.

L. N. 1900-3-232.
Délits et contravent. en matière de voirie vicinale.

VOIRIE PAR EAU

V. Navigation.

VOITURIER

V. Transport.

WARRANTS

L. fin. 28 décembre 1895.

L. N. 1896-3-14. — D. P. 1896-4-39. — S. 1896-68. — P. F. 1896-3-81.

Art. 31 : La L. 29 juin 1872 est inapplicab. aux avances faites aux Sociétés au moyen d'endossements de warrants.

L. 18 juillet 1898.

L. N. 1898-3-254. — D. P. 1898-4-89. — S. 1898-655. — P. F. 1899-3-93. — G. P. 1898-2-1. — V. Commentaire *Lois nouv.* 1899-1-1.

Sur les warrants agricoles.

C. 16 août 1898.

L. N. 1898-3-290. — S. 1898-661.

Sur l'exécution des textes susvisés.

D. 29 octobre 1898.

L. N. 1898-3-298. — S. 1899-704. — P. F. 1899-3-86. — G. P. 1898-2-3.

Émolum. des greffiers de paix pr. l'applicat. de la L. 18 juillet 1898.

EN VENTE AUX BUREAUX DES LOIS NOUVELLES

31 *bis*, rue du Faubourg-Montmartre, PARIS

Instruction préalable. — La réforme de l'instruction préalable par H. de Soubeyran de Saint-Prix. — 1 vol. br. prix . . . . 1 fr.

Justice militaire pour l'armée de terre. — Organisation et fonctionnement. — Réformes et améliorations désirables, par J. Chanson, conseiller à la cour de Toulouse, capitaine au 134e territorial d'infanterie. — 1 vol. br. 4 fr. 50

Louage. — Commentaire de la loi du 27 décembre 1890 sur le contrat de louage et sur les rapports des agents des chemins de fer avec les compagnies, par E. Schahffhauser. — 1 vol. br. prix . . . . 2 fr.

Médecine. — Les médecins et la loi du 30 novembre 1892. — Etude historique et juridique sur l'organisation de la profession médicale et sur ses conditions d'exercice, par E. Rolland, docteur en droit, avoué près le tribunal civil de Gray. — 1 vol. gr. in-8, br. prix. . . . . 3 fr. 50

Nationalité. — Commentaire de la loi du 26 juin 1889 sur la nationalité, par R. Vincent, avocat à la cour de Paris. — 1 vol. br. prix . . . . 3 fr.

Nationalité. — La loi du 22 juillet 1893 sur la Nationalité, par Albert Teissier, professeur à la faculté de droit de Dijon. — 1 vol. br. prix. 2 fr.

Peines. — De l'imputation de la prison préventive. — Commentaire des articles 23 et 24 du code pénal modifiés par la loi du 9 novembre 1892, par E. Mesnard, docteur en droit, procureur de la République à Châlons-sur-Marne. — 1 vol. br. prix . . . . 2 fr.

Pouvoir disciplinaire. — Audience. — Pouvoir disciplinaire des tribunaux sur les fautes commises ou découvertes à l'audience par F. L. Malepeyre, président du tribunal civil de Melun — 1 vol. br. prix. . . . . 2 fr. 50

Presse. — Commentaire de la loi du 28 juillet 1893, ayant pour objet de réprimer les menées anarchistes, par E. Lefrançois, docteur en droit, avocat à la Cour de Grenoble. — 1 vol. br. prix. . . . . 2 fr.

Rapports à succession. — Commentaire de la loi du 24 mars 1898 sur les rapports à succession par A. Tissier, professeur à la faculté de droit de Dijon, 1 vol. br. prix. . . . . 1 fr.

Saisie-arrêt. — La saisie-arrêt des gages, salaires et petits traitements. — Commentaire de la loi du 12 janvier 1895, par E. Schaffhauser et H. Chevresson. — 1 vol. br. prix. . . . . 4 fr. 50

Secours mutuels. — Commentaire de la loi du 1er avril 1898 sur les Sociétés de secours mutuels par Raoul de la Grasserie, juge au tribunal civil de Rennes. — 1 vol. br. prix. . . . . 2 fr. 50

Séparation de corps. — Explication de la loi du 6 février 1892, pour la modification du régime de la séparation de corps par Jules Cabouat, professeur à la faculté de droit de Caen. — 1 vol. br. prix. . . . . 2 fr. 50

Commentaire des Tarifs en matière civile, par O. Raviart, ▣ avoué à Beauvais, *Vice-Président de la conférence des avoués de première instance des départements*, Directeur du *Bulletin de la taxe*. Deuxième édition, revue et considérablement augmentée. — Un fort volume in-8°, prix. . . . 3 fr.

Commentaire des Tarifs des actes d'huissiers par O. Raviart, ▣ avoué à Beauvais. — Un volume in-8°, prix. . . . . 3 fr. 50

Traité international. — Convention franco-Belge. — Commentaire de la convention du 8 juillet 1900, sur la compétence judiciaire et sur l'autorité par l'exécution judiciaire, des sentences arbitrales et des actes authentiques par C. Renard, docteur en droit. — 1 vol. br. prix. . . . . 3 fr.

Travail des femmes et des enfants dans l'industrie. — Commentaire de la loi du 2 novembre 1892, par E. Mesnard, procureur de la République de Châlons-sur-Marne. — 1 vol. br. prix. . . . . 4 fr.

Vins artificiels. — Commentaire de la loi du 6 avril 1897 sur les vins artificiels par E. Vollat avocat à la Cour de Montpellier. — 1 vol. br. prix. 1 fr. 50

Vins. — La fabrication et l'imposition des vins de raisins secs. — Commentaire de la loi du 26 juillet 1890. Les fraudes dans la vente des vins. — La loi du 11 juillet 1901, par E. Schaffhauser. — 1 vol. br. prix. . . . 2 fr.

Warrants agricoles. — La loi du 18 juillet 1898 sur les Warrants agricoles par Victor Emion, juge de paix à Paris. — 1 vol. br. prix. 1 fr. 50

Mayenne, Imp. Ch. COLIN. — *Spécialité de publications périodiques.*

www.ingramcontent.com/pod-product-compliance
Lightning Source LLC
LaVergne TN
LVHW020950300926
849160LV00007B/106
* 9 7 8 2 0 1 3 7 4 9 8 7 9 *